ハワイ作戦
南方攻略作戦
中部・南部太平洋方面攻略作戦
蘭印攻略作戦
インド洋作戦

【決定版】写真 太平洋戦争 1

「丸」編集部 編

潮書房光人社

ハワイ作戦

真珠湾攻撃

オアフ島ヒッカム飛行場上空を飛行する空母瑞鶴の搭載機である九七艦攻——昭和16年12月8日未明、ハワイ北方洋上に在った六隻の空母から飛び立った第一次攻撃隊は、一波、二波合計350機、搭乗員765名であった

単冠湾を出て真珠湾に向かって航行中の空母瑞鶴から見た空母加賀——山本五十六連合艦隊司令長官が構想した乾坤一擲の作戦が開始された。劣勢のものが優勢なものに対抗する方策として立てられた奇襲作戦であった

単冠湾に機動部隊集結

真珠湾攻撃を想定して飛行訓練にはげむ加賀所属の九七艦攻――小高い山に囲まれた天然の要港真珠湾を急襲するためには、通常の洋上強襲とはまったく異なる攻撃パターンが必要となる。このため機動部隊の飛行隊は鹿児島湾を中心に〝軍港奇襲〟というまったく新しい訓練に入った。訓練初期にはこの異状な訓練に疑問を持つ搭乗員もいたが、うすうす重大な目標のための訓練であることが、日時がたつにつれて熱の入ったものになっていった

開戦を目前にひかえ洋上出動訓練中の５航戦――左より翔鶴、瑞鶴。５航戦は編成直後でもあり、練度がまだ低く、ハワイ作戦計画初期においては作戦参加は無理であろうと考えられていた。しかし大型空母２隻の攻撃力は無視できず、攻撃隊にくわえられた。ただ１航艦内部ではやはり５航戦の練度に疑問を抱いており、攻撃分担から雷撃をはずし、地上制圧爆撃に使うこととした。しかし現実の練度は後の作戦で示したように、すでに充分な力を備えていた

昭和16年11月18日、佐伯湾における光景と思われる赤城――赤城は原速で航行中である。艦橋トップの測距儀は左舷を向いており、訓練中であろうか。出入港の時などは在泊艦を目標とした測的訓練をよく行ったものである。左舷前部の25ミリ連装機銃群の艦首寄りのポケットに単装の九二式 7.7 ミリ機銃をつけているが、これは個有のものではなく、飛行機搭載のものを艦内工作で作った銃架に据えたものであろう。後方の空母は 5 航戦の翔鶴、瑞鶴である

佐伯湾に集結した第17駆逐隊の駆逐艦 ―― 左より浜風、谷風、磯風。ハワイ攻撃には空母の護衛隊として参加したが、護衛そのものよりも荒れる北太平洋を波にもまれながら、大型空母について航海すること自体が大変な難事業であった

予備役海軍少尉吉川猛夫

ハワイ諜報作戦の遂行

―― 梅野和夫

昭和十六年に入ると日米関係は悪化の一途をたどり、日本は対米開戦に備え戦争準備と作戦研究を進めていた。日本海軍の対米作戦の基本的戦略は、渡洋進攻してくる米主力艦隊を内南洋で迎え撃ち、これを航空部隊、水雷戦隊、主力艦隊で撃滅せんとするものであったが、時の連合艦隊司令長官山本五十六大将は、この基本戦略に再検討をくわえ、彼の育てあげた航空母艦を基幹とする機動部隊により、長駆ハワイまで進攻し、開戦へき頭、真珠湾に在泊する米主力艦隊を航空部隊で撃滅しようとするハワイ進攻作戦を発案した。

山本司令長官は昭和十六年一月、第11航空艦隊参謀大西少将に、機動部隊によるハワイ攻撃作戦の検討を指示した。大西少将は、これに基づき具体的作戦計画の作成を第1航空艦隊参謀源田中佐に命じた。

源田中佐はただちにハワイ攻撃作戦計画の立案に着手したが、攻撃計画立案のためには真珠湾の詳細な港湾状況、防備状況、米太平洋艦隊の動向を調査する必要があった。

日本海軍は昭和十三年九月いらい、ハワイにドイツ人のベルナルド・ユニウス・ホットーキューンをスパイとして送り込んでおり、オットーキューンは、その娘ルースと共に諜報活動を実施しており、その情報は日本総領事館経由で日本に送られていたが、ハワイ攻撃作戦計画立案のためには、さらに詳細かつ具体的な情報を入手する必要があった。

このため昭和十六年三月、予備役海軍少尉吉川猛夫が、森村正の偽名で外務省書記正としてホノルルの日本総領事館に派遣された。吉川猛夫は喜多長雄総領事、奥田乙治郎副領事の下で、真珠湾の港湾状況、防備状況、米太平洋艦隊の動向に関する情報を精力的に収集することに務め、その情報は総領事の名前で東郷外務大臣あてに暗号電報で送信された。

真珠湾に関する情報の暗号電報は、昭和十六年五月十二日の第一信から、十二月六日の第二五四信にまでおよび、多量の情報がもたらされたが、その情報内容はオアフ島に点在するヒッカム飛行場、ホイラー飛行場、パーパス飛行場の航空施設および対空陣地を中心とする防備施設、フォード島を中心とする米海軍港湾施設、米太平洋艦隊の出入動向、主要港湾の水深など詳細にわたり、ハワイ攻撃作戦計画立案のための貴重な情報となった。

ハワイ攻撃作成計画は、昭和十六年八月に完成し、十六年九月十六、十七日の両日、海軍大学でハワイ攻撃作戦特別図上演習が行なわれ、引き続き十月九日から五日間、室積沖に停泊中の連合艦隊旗艦長門の艦上で、図上演習が実施された。

ハワイ攻撃作戦については連合艦隊の上層指揮官の中にも反対が強かったが、山本連合艦隊司令長官の強い意向で実施が決定され、十六年十月十九日、軍令部総長は正式に決裁をあたえた。

この決定に先立ち日本海軍は、ハワイ攻撃作戦実施のための最後の現地偵察、諜報作戦を実施した。

昭和十六年七月、第3艦隊参謀として、南支那海の旗艦長良艦上にあって華南沿岸の封鎖作戦に従事中だった鈴木英海軍少佐は、海軍省出任兼軍令部出任を命ぜられた。

鈴木少佐は情報担当の第3部長に着任すると、ハワイ攻撃作戦実施に先立ち現地を偵察し、米艦隊の動向を調査すると共に、ハワイ総領事に依頼してある各種資料と情報を受領するよう命ぜられた。

鈴木少佐は、潜水艦によるハワイ攻撃作戦の事前偵察任務を命じられた潜水学校教官前島寿英海軍中佐と共に、昭和十六年十月二十二日、横浜を出港する日本郵船の客船大洋丸に乗船した。鈴木少佐、前島中佐が海軍軍人であることは厳重に秘密とされ、彼らの身元を知っているのは大洋丸の船長と事務長のみであった。鈴木少佐は日本郵船本社から派遣された事務員鈴木武を名乗り、前島中佐は塚田船医と名乗った。

大洋丸は日本政府の命令で、日本在住の外国人八

日本郵船の客船大洋丸

○○名を乗船させ、ハワイ・ホノルルへ向かい、ここで日本へ引き揚げる海外在住日本人を乗せ、日本に帰ることとなっていたが、本船には一般乗客にまじって、もう一人の日本海軍軍人が乗船していた。

それは後に特殊潜航艇でシドニーを攻撃して戦死した松尾敬宇海軍中尉で、松尾中尉は特殊潜航艇作戦の実施のため、軍令部の命令で真珠湾事前偵察のため本船に乗船したものである。

大洋丸は十月二十二日、横浜を出航したが、本船には別の重大任務があたえられていた。普通、日本からハワイへ向かう商船は南寄りの航路を航行するが、大洋丸は一般航路から大きくはずれた北寄りの航路を航行した。この北航路はハワイ作戦の機動部隊が進撃を予定していた航路で、鈴木少佐はこの航路の天候、気象、海象を調査すると共に、通行する艦船の有無を調査した。

大洋丸は現地時間で、十月三十日夜半ハワイ近海に到達し、翌十一月一日早朝ホノルル港外に仮泊したが、米海軍の沿岸警戒は厳重をきわめ、大洋丸にも米海兵隊員が多数乗り込み、警戒にあたる中で、大洋丸はホノルル港アロハ桟橋に横付けした。

入港した大洋丸は、乗船していた外国人を降ろし、在住日本人を乗船させたが、この間、鈴木少佐らは大洋丸船上から、警戒の米海兵隊員の目をぬすんで入出港する米艦船の動向を調査すると共に、真珠湾、ヒッカム飛行場方向にも目を向け、防備状況、離着陸する航空機の動向を調査した。

またハワイ総領事館の領事や吉川猛夫予備役海軍少尉も大洋丸を訪れ、収集した諸資料や情報を秘かに鈴木少佐らに手渡した。鈴木少佐にあたえられた重要任務の一つは、米主力艦隊の泊地はどこか、日曜日には艦隊は存泊するかどうかにあった。

これはハワイ攻撃の日時を決定する重要なポイントであったが、鈴木少佐は各種の情報およびホノルル在泊中の十一月三日、日曜日の米艦隊の動向から、米主力艦隊の泊地は真珠湾で、日曜日には、艦隊は泊地に在泊する可能性が高いとの結論を得た。また潜水艦関係の前島中佐も、真珠湾の港湾状況、防潜網の展開状況などの調査、情報収集につとめた。

大洋丸は予定より一日遅れ、十一月五日午後ホノルルを出航し、一路帰国の途についたが、帰路は南寄りの航路を北上し、十一月十七日、横浜港外に到着した。鈴木少佐、前島中佐は、帰路も大洋丸船上で乗船している在留邦人から情報収集につとめ、調査報告書として「ハワイ方面偵察報告、昭和十六年十一月十七日」をまとめたが、報告書は海軍罫紙二六枚にまとめられていて、行動概要、調査事項、一般事項から成っており、特務調査事項は艦艇の動向、飛行場施設、航空機の動向、港湾施設などについて詳細に記述されていた。

大洋丸が横浜港外に到着するや、前島中佐、松尾中尉は海軍の内火艇に移乗し、横須賀航空隊基地へ向かい、横須賀航空隊から輸送機に搭乗し、呉へ急行した。潜水艦部隊のうち先遣部隊の第1、2、3潜水部隊は、すでに内地を出港してハワイ方面に出動していたが、特殊潜航艇を搭載した特別攻撃隊の潜水艦は呉に在泊中であり、前島中佐らはハワイ偵察報告を行なった。

航空関係を担当した鈴木英少佐は、十一月十八日、東京に帰ると海軍軍令部総長以下に偵察報告を行なったが、ハワイ攻撃作戦を担当する攻撃部隊にも直接、鈴木少佐より報告を行なわせることになった。

この当時、機動部隊の艦艇はすでに内地の各軍港から、ひそかに千島エトロフ島単冠湾に向かっていたが、鈴木少佐は十一月十八日夜、木更津沖に仮泊中の第3戦隊旗艦比叡に乗艦し、単冠湾に向かった。

比叡は十一月二十二日単冠湾に到着し、鈴木少佐は第1航空艦隊旗艦赤城に移乗した。

鈴木少佐は赤城に集合した各戦隊司令部、指揮官に偵察報告を行ない、十一月二十四日には各飛行隊搭乗員に対して、オアフ島の模型を前に詳細な説明を行なった。

かくしてハワイ攻撃部隊は、ホノルルの日本領事館の関係者、鈴木少佐、前島中佐のハワイ諜報任務により、真珠湾攻撃に先立ち詳細な情報を入手し、攻撃任務に出撃することが出来たわけである。

撮影時期については不明だが、飛龍に薄く航跡が見られることと、利根、阿武隈が見えることから、あるいは11月18日の佐伯湾出港時の姿ではないかと思われる。また撮影者の水面上の高さが飛龍の飛行甲板と同じであることから、2航戦旗艦蒼龍からの撮影の可能性も考えられる。ことさら書きくわえられた「軍極秘」の文字は、撮影者がすでにハワイ攻撃のための出撃であることを知っていたことを示すのではないだろうか

単冠湾に停泊する赤城の飛行甲板上で待機中の零戦（第58号機、ＡⅠ－158）──零戦は中国戦線で華々しいデビューを飾っていたが、開戦直前になってもまだ生産ははかどらず、ハワイ攻撃のために零戦を集めるのがやっとで、４航戦の龍驤などは開戦後も一時は九六艦戦を使用していたほどであった。塗装はライトグレー、カウリングは黒、胴体の帯は１航戦１番艦を示す赤一本であろ

11月22日、下写真と同じく左より霧島、タンカー(日本丸クラス)、加賀、比叡——雪に覆われた択捉島の山が寒ざむとした北の海の空気を伝えている。ハワイ攻撃にあたって機動部隊にその所在の秘匿に万全の努力をはらい、この単冠湾への集結も人目を避けるのが最大の目的であった。とうじ呉を中心に機動部隊の各空母の呼出符号を使った欺瞞通信がさかんに行なわれ、あたかも空母が柱島周辺に行動中のような通信を行なっていた

▶昭和16年11月22日、単冠湾に集結中の機動部隊——左より霧島、タンカー、加賀。加賀の背後にかすかに比叡の一部が見えている。この高速戦艦と空母による機動部隊の編成こそ、海戦に新しい時代を開いたものである。瑞鶴の25ミリ3連装機銃ごしに撮影したこの写真は、太平洋の戦いの様相を象徴しているような、まさに暗示的な一葉である

11月22日、単冠湾に停泊中の瑞鶴——4日後の出撃を前にひっそりと停泊する姿であるが、艦橋にはロープによる弾片防御が施され、静かな中にも緊張感がただよっている。この艦橋は当初、飛龍と同様に左舷中央に予定されていたが、飛龍の実績により右舷に訂正されたものである。画面左のスノコ状のものは遮風柵といい、甲板作業のときなどに立てて風を防ぐ装置である

赤城飛行甲板上の九一式改2航空魚雷——日本の航空魚雷の主力をなしたこの九一式魚雷は空気式ではあったが信頼性が高く、雷撃隊の主要兵器であった。この魚雷には空中雷道と水中雷道を安定させるための安定機が付けられるようになっており、これによって真珠湾での浅海面発射が成功したのである。ただこの安定機の開発は非常に遅れ、機動部隊の出撃直前にやっと間に合うという有様だった。後方に飛龍、右手に蒼龍が見えている

◀11月22日、単冠湾における瑞鶴の後部甲板上の搭載機群——飛行甲板上の零戦のエンジンには保温用のカバーが掛けられているが、これは寒令地などでの起動を確実にするためのもので、長く垂れ下がったカバーの下に豆灰コンロなどを置いて保温したものである。保安上ははなはだ危険なものであったが、特別に事故はなかったようである。左後方の翔鶴は、いま錨を揚げている最中で、錨鎖を洗っている水しぶきが目を引く

11月26日午前8時、単冠湾からハワイ目指して出港作業中の瑞鶴——場所は前部錨甲板で揚錨作業中である。2本の支柱は飛行甲板の前端部を支えているもので、右上に飛行甲板の転落防止ネットの一部が見えている。瑞鶴型は赤城以降の空母建造の経験をすべて投入したもので、乗組員には好評であった

真珠湾へ進撃開始

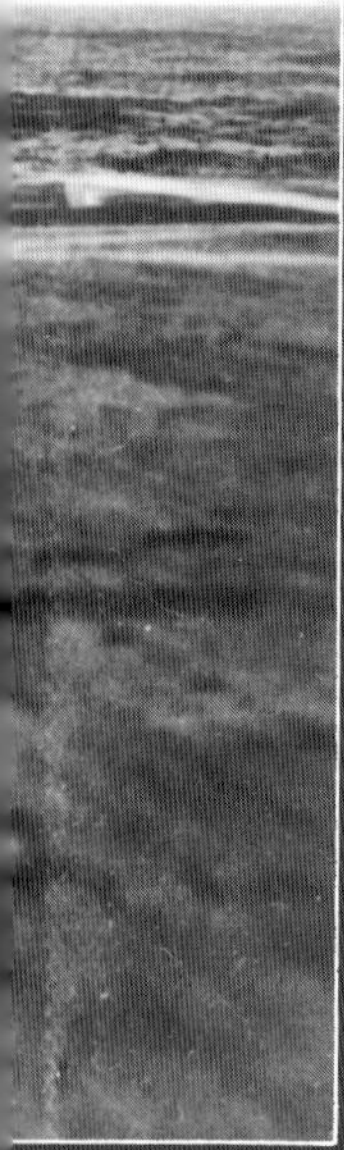

11月下旬、ハワイを目指し航海中の赤城艦首部——一見したところさほど荒天とは思えないが、艦首は大きく波をかぶっている。このアングルから見ると錨甲板の上に張り出した格納庫の様子が良くわかる

瑞鶴よりみた1航戦の空母——前頭より赤城、加賀で、瑞鶴の前部飛行甲板の様子が良くわかる。飛行甲板の縁は滑り止めがほどこされており、その外には甲板に沿って転落防止ネットが張られている。中央の白線は甲板のセンターラインを示すもので発着艦時の基準であり、前方の放射状の白線は先端から蒸気を出して甲板上の風の流れを見るときのマーク。その左に写真ではいくらか見づらいが、上空からの識別用に大きくカタカナで「ス」と書かれている

右下写真と同じく瑞鶴の飛行甲板――左に見えるのは２番12.7センチ連装高角砲で、上空射界を広げるために飛行甲板の一部が切り込まれている。甲板上の短い２本の白線は高角砲の位置を示しており、このマークのそばの飛行甲板を横切っている黒線はジョイント部で、その手前の短い白線は２番制動索の位置である。甲板上に点々と見える黒点は飛行機繋止用の金具が埋め込んであるのだが、この鋳物の金具には水抜きがなく、全部で3,000個を越える金具の手入れには頭が痛かったという

赤城より見た加賀、瑞鶴――右舷舷外通路より撮影したものである。12センチ連装高角砲は煙突の排煙から砲員をまもるためシールドされている。手前の円柱も高角砲の支柱である。赤城、加賀はともに起倒式のアンテナ支柱を倒しているが、いずれにせよ空母の通信能力は充分とはいえず、重要な通信のときなどは護衛の高速戦艦などを中継することも考えられていた

赤城後甲板より見た加賀、瑞鶴── 後部飛行甲板下に下がっている箱状のものは九二式110センチ探照燈の格納庫位置である。後部支柱の両側に見える（丸）と8の字（右）のマークは舵柄信号器、左の支柱の下部に見えているのは作業燈。通常この後甲板は内火艇甲板として使用されていたが、ハワイ攻撃にあたって不要の艇は降ろして出撃したため、かなり広いスペースとなった

11月26日、単冠湾を出撃した機動部隊は、一路、東に向かった。写真は赤城後甲板より続航する加賀、瑞鶴を見たもので、調整のためか両艦とも艦上機の一部を飛行甲板に上げている。両側の傾斜した柱は後部飛行甲板を支えるもので、人物と比較して相当にゴツイものであることがわかる

ハワイに向け進撃中の赤城――甲板上には零戦と九七艦攻が見える。零戦はグレー塗装で胴体後部に1航艦1番艦を示す赤帯が一本書かれている。尾翼のAは1航戦、Ⅰは1番艦を示すマークである。九七艦攻はグリーン塗装で胴体には800キロ爆弾が装着されている。倒されたアンテナ支柱の間に見える白いランプは着艦指導燈で、パイロットに着艦進入角を知らせる装置である。これは当時の米空母が着艦指揮官の手旗で着艦していたのにくらべて、数段進歩した装置だった

攻撃をひかえて艦橋に弾片防御のマントレットを装着中の赤城――このハンモックを使った弾片防御は、日露戦争いらい日本海軍のお気に入りの姿であるが、わざわざ可燃物を縛り付けているように見えないこともない。手前の零戦のカウリングにカバーが掛けられているが、この写真撮影の直後にカバーは外され試運転が行なわれた

ハワイ作戦での補給問題

木俣滋郎

ハワイ空襲には補給上、二つの難点があった。一つは兵器に関するもの、いま一つは燃料に関するものであった。

兵器に関するものでは、航空兵器を真珠湾という特殊性により改造し、空襲に間に合わせる時間との戦いであった。九七式艦攻の一部は九九式八〇〇キロ徹甲爆弾一発を抱いて、米戦艦の厚さ一二センチの甲板装甲を貫通させようとした。

それは陸奥クラスの四〇センチ砲弾を改造した、先の尖った固い爆弾である。ところが九一式徹甲弾を抱くよう投下器を改造するのに間にあわない。

航空魚雷の直径は四五センチであり、これでは特殊爆弾に太すぎると判明したのが、昭和十六年十一月上旬のことであった。

そこで北千島の単冠湾で工員を乗せ、やっと出撃に間にあわせるという危機一髪ぶりだった。この特殊爆弾は赤城、加賀の各一五機、蒼龍、飛龍の各一〇機が搭載し、第一次第一波攻撃で使用された。

もう一つは九一式四五センチ航空魚雷の改造である。浅海面用として深く潜らぬようベニア板でヒレをつけた特殊魚雷であり、これによりショックをやわらげようというのである。これをすべての魚雷に細工するのを待っていたら、出撃が遅れてしまうことになる。

機動部隊は爆弾や砲弾の補給用として給兵艦日朗丸（六、五三四総トン・日産汽船）を持っていたけれど、速力が低くてあまり期待できない。そこで機動部隊が内地を出撃後、空母加賀だけが十一月十七日まで佐世保に残った。

そして魚雷を搭載後、本隊より一日おくれて後を追い、単冠湾で他の空母に追いついて、この魚雷を渡した。これは赤城、加賀の九七式艦攻各一二機、蒼龍、飛龍の各八機に搭載されて米戦艦オクラホマ、カリフォルニア、ウエスト・バージニアに命中させている。

なお機動部隊は給糧艦豊光丸（一、五二一総トン・日魯漁業）を持っていたが、各艦とも三カ月ぶんに近い食糧を搭載していたから、食糧、清水の補給上の心配はいらなかった。

つぎは燃料の問題である。これはタンカーよりの洋上補給と、各艦に規定外の余分な燃料をドラム缶に入れて運ぶ方法の両方が併用された。後者は法規上のルール違反となる。

だが機動部隊司令官・南雲忠一中将の責任において、海軍省の軍務局長・岡敬純少将の暗黙の了解を得た。廊下などにドラム缶入りの燃料を並べるのは火災の危険もあり、交通の妨害となるので禁止されている。しかし荒天などの理由で洋上給油ができぬことを考えると、是が非でも強行しなければならなかった。ただし航続力の充分な比叡、翔鶴、瑞鶴と船体の強度上、問題のある軽巡阿武隈および波に弱い駆逐艦には搭載されなかった。

二〇〇リットル入りドラム缶は合計三千五百本、一八リットル入り石油缶は四万四千五百本であり、各艦の航続力は左表のとおりであった。

もちろん危険を減らすため、庫外燃料から先に使って、後に艦底の燃料タンクにある重油を使用する。

一四ノット航行のさいの航続力

艦名	カイリ	ドラム缶の庫外搭載（カイリ）
赤城	九、二〇〇	一一、五〇〇
加賀	一三、四〇〇	
蒼龍	八、六〇〇	一〇、六〇〇
瑞鶴	一五、四〇〇	
比叡	一三、〇〇〇	
利根	一二、〇〇〇	一四、五〇〇
阿武隈	五、七〇〇	
駆逐艦	五、七〇〇	

片道三、〇〇〇カイリの航海だった

機動部隊に幸いしたのは、数十年の統計にもないほど海が静かだったことである。心配された火災を発生した艦は一隻もなかった。なにしろ片道約三、〇〇〇カイリの大航海である。

第一次大戦中、日本海軍は地中海や太平洋の東岸に、ドイツ艦隊との戦いのため兵力を送ったことがあった。これをのぞけばハワイ空襲こそ、日本海軍の経験する未曽有の大遠征だったのである。

つぎは洋上補給である。日本海軍には旧式な給油艦知床型（一四、〇五〇トン）一〇隻があった。

しかしレシプロ・エンジンでやっと一二ノットの速力しか出ないので、機動

荒天の北太平洋を進む健洋丸――本船は国洋汽船が川崎造船に発注した高速タンカーで、昭和15年2月29日に竣工し、16年9月5日付けで特設艦船に編入されて連合艦隊に所属していた

この写真は赤城の写真班が16ミリ・ムービーカメラで撮影した加賀と瑞鶴で、開戦直後ニュース映画として公開されたもので、3万トンを越える巨体が大きくピッチングしながら航行するダイナミックなシーンである。飛行甲後方の四角いものは、一杯に上げられた中央エレベーター

部隊の一四ノットの航海速力について行けない。

日本海軍には平時から高速の給油艦を建造する財政的な余裕などなかったのだ。そこで日米戦を予想した日本政府は昭和十二年以降、優秀船建造の助成を行ない、その建造費の一部を政府が支払うという方針をとってきた。

これなら高価な高速船を建造しても、船会社の赤字はまぬがれるであろう。この助成の中心は高速タンカーであった。日本海軍の七七隻の徴用タンカーのうち三四隻は連合艦隊に所属していた。

		最高速力	所有会社
第1補給部隊			
極東丸	一〇、〇五一総トン	19・3ノット	飯野海運
国洋丸	一〇、〇二六〃	19・6〃	国洋汽船
健洋丸	一〇、〇二四〃	20・2〃	〃
神国丸	一〇、〇二〇〃	19・7〃	神戸棧橋
第2補給部隊			
東邦丸	九、九九七総トン	20・1ノット	飯野海運
東栄丸	一〇、〇二二〃	19・4〃	日東汽船
日本丸	九、九七四〃	19・2〃	山下汽船
あけぼの丸	一〇、一二一〃	20・0〃	日本海運

極東丸の船長は補給部隊兼第1補給部隊の指揮をとる。
東邦丸の船長は第2補給部隊の指揮をとる。

ハワイ空襲では八隻の高速タンカーが機動部隊に随伴した。これらは第1補給隊、第2補給隊にわかれ、右表のとおりであった。

航海速力は極東丸のみが一六ノット、他はすべて一七ノットであり、機動部隊の航海速力一四ノットに充分だった(極東丸は戦後、引き揚げられて日本油槽船の「かりほるにあ丸」に変身した)。タンカーの船長、船員はみな会社の人びとであり、ただ通信手と砲手だけ海軍から送られた水兵だった。

洋上給油は苦労の一つである。特設給油艦の船長も船員もみな海上生活のベテランであった。海の男としては海軍軍人に決して引けを取らない。ところが単独航海しかしたことのない商船は、隊列を乱して行方不明になったり、暗夜の燈下管制中、明かりを外にもらしたりして叱られた。もっとも困ったのは洋上給油の作業である。米国の会社から石油を買い付けて日本の精油所に荷上げする作業しか知らぬ船員に、下手をすれば衝突の可能性のある洋上補給をやらせようというのだから……。

重油をうける空母や戦艦についても、ほとんどが未経験だった。なぜなら日本海軍の戦略は多年、南洋群島や小笠原方面に進攻する米戦艦群を待ちうけて迎撃するというものだったから、遠洋航海など考えていなかったからである。

この点、米海軍の方が洋上補給の技術に一日の長があった。もちろん日本にも一応、洋上給油の教範(手引書)はできていた。これによると戦艦に洋上給油するさいは、タンカーが先とすべきこと、巡洋艦や駆逐艦なら戦艦と同じか、あるいは斜め曳航法を採用すべしと決っていた。

だが実際には、ハワイ作戦では空母や戦艦に対しては、教範と逆のタンカーを後とする縦曳法が採用され、巡洋艦や駆逐艦に対しては横曳法、あるいはタンカーを先とする縦曳法が実施された。いまなら殆んど横曳法だが当時はまだ暗中模索の状態だった。

はじめ衝突せぬかと九ノットで、びくびくしながら洋上給油の訓練を行なったが、次第に自信がついて一二ノットで洋上給油ができるようになった。

昭和十六年十一月中旬までに各艦とも三回ずつ訓練した。もちろん空母や戦艦の艦首、艦尾にパイプ用の導路を新設したり、タンカーもホースを支えるデリック棒を立てねばならなかった。またロープを球状に編んだ特殊防舷材も用意された。

困ったのは〃あけぼの丸〃の給油舵管の直径が、他のホースと合わぬことが判明したときである。やむなく同艦は内地に残留を命ぜられた。

十二月六日、第2補給部隊の三隻は本隊と分離し、次の待機地点へ先行した。翌七日昼すぎ最後の給油が完了すると第1補給部隊も本隊とわかれ、西の水平線上に消えていった。赤城のマストにZ旗が上がったのは、それからやや経ってからのことであった。

正面より見た赤城艦橋――右方の海側には上方より斉動信号燈、アンテナ支柱、２キロ信号燈、110 センチ探照燈と順に並んでいるが、電波装備などいかにも航空作戦の旗艦としては弱体であった。航海艦橋の窓ガラスが一部下ろされているが、戦闘中は破片による被害を避けるために全部下ろせるようになっていた。艦橋横で人が集まっているが、ハワイ攻撃への打ち合わせを行なっているのであろう

艦上で駐機中の零戦――右方はＡⅠ－101 で赤城戦闘機隊の１番機。手前は同じく 105 号機である。塗装はグレー、エンジン・カウリングが黒、日の丸は白フチの無いものである。ちなみに胴体の赤帯は機体の上側面のみで、下面が切れていることが良くわかり興味ぶかい

19 マントレットの装着を完了した赤城艦橋 —— 手前の4.5メートル高角測距儀にもロープとキャンバスで厳重な弾片防御がなされている。艦橋トップには方位測定用ループアンテナ、1.5メートル測距儀などが見られるが、このときは艦橋自衛用に飛行機用の九二式7.7ミリ単装機銃を用意していた。艦橋左上60センチ探照燈の前に空を指しているのがそれである

昭和16年12月7日、機動部隊の護衛部隊として作戦に参加した第1水雷戦隊旗艦阿武隈──写真はタンカーより攻撃直前の洋上給油を行なっているところで、この当時の本艦の艦橋構造物や前檣上の諸施設の詳細が、あますところなく写し出されている。各所に弾片防御用のマットレットが装着されており、敵陣めざして進撃する緊迫した雰囲気が、ひしひしと画面から伝わってくるようだ

▼昭和16年12月7日、最後の給油を終えてタンカーから離れて行く阿武隈──本艦は昭和16年、旗艦任務用のスペースをうかすために連装発射管を4連装にして、前部発射管のところを居住区画とした。写真でも前部発射管室が閉鎖されているのが見られる。ちなみに阿武隈は同型艦のなかで唯一の酸素魚雷搭載艦であった

ハワイ目指して進撃中の機動部隊――先頭より比叡、霧島、翔鶴である。比叡、霧島は29ノット以上の速力を発揮できる高速戦艦として初めて機動部隊と行動がとれるのであり、機動部隊の成立は空母の発達ばかりでなく、これら戦艦の能力向上も大きな要因の一つであったことを改めて評価すべきであろう

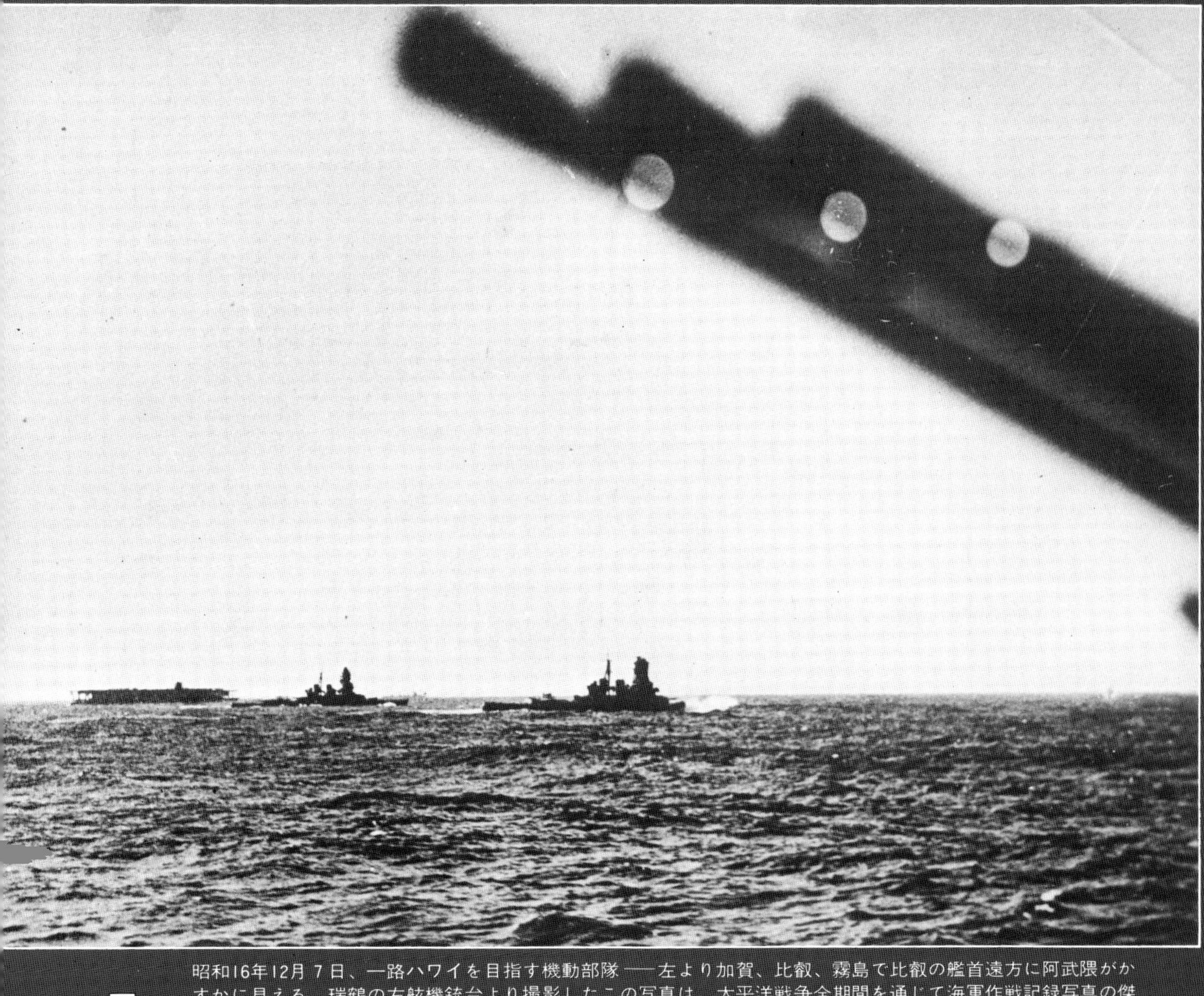

昭和16年12月7日、一路ハワイを目指す機動部隊――左より加賀、比叡、霧島で比叡の艦首遠方に阿武隈がかすかに見える。瑞鶴の左舷機銃台より撮影したこの写真は、太平洋戦争全期間を通じて海軍作戦記録写真の傑作の一つであろう。この十数時間後、日本は米国に対し宣戦を布告、運命の戦いへと突入したのであった

全機　発進！

出撃前の訓辞を受ける搭乗員たち――この写真は「海軍省許可第一〇一五」だが、残念ながら艦名はわからない。右舷に艦橋構造物を有する艦のようである。画面には修整がくわえられている

愛機に急ぐ搭乗員たち——出撃前の訓辞が終わり、一斉に自分の乗る機に向かって走っていくところ。この写真も「海軍省許可第一〇一五」で、艦名はわからない。飛行甲板に並んでいるのは零戦

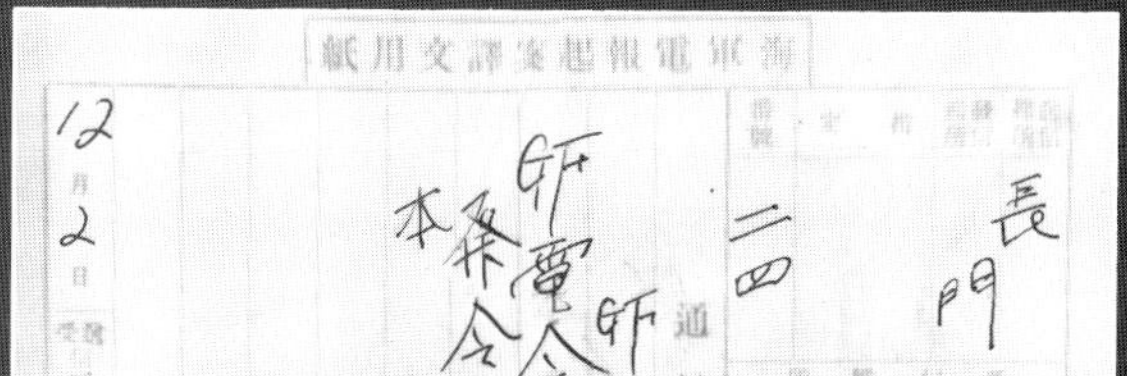

海軍電報起案譯文用紙

12月2日

長門

二四

GF

GF電令作第一〇號

本日 発令日時 十二月二日 一七三〇

本文「新高山登レ 一二〇八」

（終）

GF長官

425 267

「新高山登レ一二〇八」——武力発動時機を命ずる有名な電文である。写真はその受信文の控え。発令日時は12月２日1730となっている。受信艦所は記入されていないのでわからない。発信者は連合艦隊司令長官、発信艦所は連合艦隊旗艦長門

▶発艦準備作業が着ちゃくと進む赤城艦上——艦橋構造物に装着されたマントレットや、信号橋に掲げられた戦闘旗が、臨戦態勢の緊張した雰囲気を象徴している。艦橋構造物前面のフラットに小口径機銃が備えられているのに注目

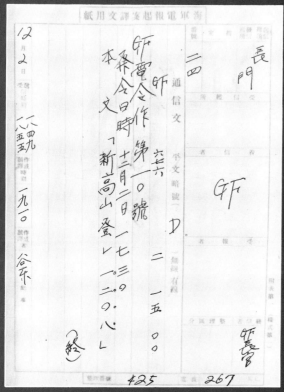

空母赤城――真珠湾攻撃機動部隊の旗艦で、第1航空艦隊司令長官南雲忠一中将が座乗した。未成巡洋戦艦を空母に改造し、昭和2年完成。昭和10～13年に改装。基準排水量36,500トン、速力31.2ノット。搭載機数72機（昭和16年10月1日現在の定数）

連合艦隊司令長官山本五十六大将――ハワイ奇襲作戦は彼の非凡な才能から生まれたものである。大正13年航空畑に入り、以後、航空軍備の整備に努力した。航空本部長、海軍次官を経て、昭和14年連合艦隊司令長官となった

「総飛行機発動」―― 赤城の飛行甲板に待機中の艦上機は一斉にエンジンを始動させた。この日の海上はうねりが大きく、一時は魚雷を抱いた九七艦攻が危ぶまれたほどだったが、第一波、第二波両攻撃隊とも無事全機発艦した

浅沈度魚雷の開発

鈴木範樹

昭和十六年十二月八日〇三一九（日本時間、以下同じ）、真珠湾を奇襲するわが第一波攻撃隊は、総指揮官機の発する「ト連送」により突撃を開始し、村田重治少佐率いる雷撃隊四〇機は〇三二七、米戦艦群に雷撃を敢行。魚雷を抱いた九七式艦上攻撃機は低空で接敵し、魚雷を発射した。魚雷の駛走率は訓練時よりも良好だったといわれ、実に九七・五パーセント（四〇本中三九本）を記録、しかもそのほとんど（三六本）が命中したのである。

発射した魚雷は九一式航空魚雷改二。九一式魚雷は原型が昭和五年に試作され、艦隊には同八年度から供給されるようになり、その後改一を経て改二に至ったもの。改二魚雷は直径四五センチ、全長五四二・七センチ、重量八三八キロ、炸薬量二〇四キロ、星型八気筒機関、速力四二ノット、駛走距離二、〇〇〇メートルという性能だった。

一般的にいって、航空魚雷による港湾停泊艦船の攻撃は、発射後の魚雷の沈度が五〇から一〇〇メートルにおよぶため、成功率はきわめて限られたものであった。しかも真珠湾の水深は一二メートルしかなく、従来の航空魚雷ではまったく役に立たない。そこで浅沈度魚雷の開発が切望された。以下はその歩みと魚雷の概要である。

日本海軍では早くから停泊艦船に対する航空魚雷攻撃に関心を持ち、浅海面で使用可能な魚雷の研究に力を入れ、それなりの成果を収めていた。すなわち、魚雷を空中から発射すると、魚雷が空中で長軸のまわりを回転し、そのことが沈度に関わっているのが判明していたのである。これは魚雷にマーキングをし、発射から着水までの状態を高速度写真撮影してわかったもので、多い場合は二回も回転するのが確認された。

これを防止するため、昭和十三年頃、魚雷の空中での安定用として尾部に装備されている框板に、転動防止片を取り付けることが考案された。そして沈度二七メートルの好成績を得たものの、まだ満足の域には達しなかった。さらに研究がつづけられ、框板の後部上方に角度板を装着し、魚雷が水中に入った直後、姿勢を引き越こすことが考え出された。

その結果、駛走率は七〇パーセントを記録すると共に、沈度も減じたといわれている。

しかし、それでも投下魚雷の状態は一定するまでに至らず、故障も少なくなかったようだ。

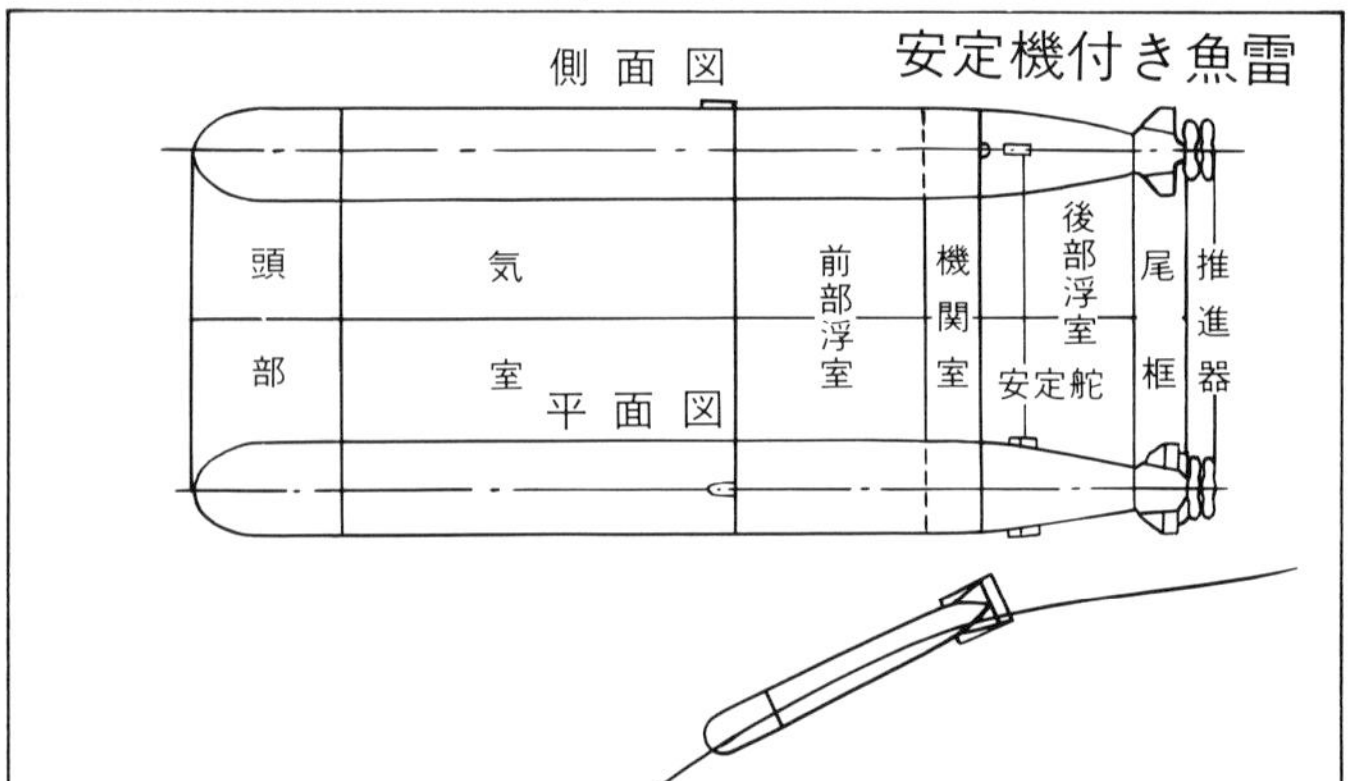
浅沈度魚雷
真珠湾の水深は12メートルしかない
普通の魚雷は水に落ちるとまず深くもぐる

これまでの研究は横須賀航空隊と航空廠の協同研究として進められてきたが、昭和十五年十一月の、英空母機によるイタリアのタラント軍港攻撃成功に刺激された日本海軍け、航空魚雷の改善に一段と力を入れるようになった。昭和十六年春、軍令部は沈度一二メートルと網切器の装備を要求し、これらの研究は大臣訓令による実験研究として大々的に開始された。

そうした中にあって、例の転動防止の研究は難航していたのだが、昭和十六年七月に至って遂に解決の糸口が実験により確認された。その功労者は航空廠雷撃部の部員・片岡政市少佐であった。

片岡少佐の考え出した方法は、魚雷に水平用ジャイロを増設し、魚雷が飛行機を離れた瞬間にこれを発動させ、これによって魚雷の両側に取り付けた木製の安定舵を動かし転動を防ぎ、安定舵は着水と同時にバラバラに飛び散るというものである。

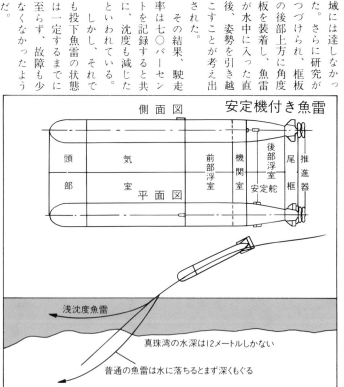

その上、この方式の魚雷だと、所定調定深度につくまでの駛走距離も短く、しかも安定し、炸薬量が増大できるなど、さまざまな副次効果をもたらすことになった。

安定機付き魚雷の副次効果の一つとして炸薬量の増大をあげたが、これについて少し説明しておこう。従来の航空魚雷の頭部には、空中雷道を安定させるための空室が設けられていたのだが、これが不要となり、その分だけ炸薬を多く詰めることができるようになったのである。

　魚雷の後部両側に取り付けられた安定機に連動する安定舵は、八センチ角くらいの鋼製翼に、幅一二センチ、長さ二〇センチの木製翼をかぶせたもので、

赤城を飛び立っていく九七式艦上攻撃機――第一波攻撃隊発艦時のスナップといわれる。第一波攻撃隊は総機数が183 機に達したが、そのうち九七艦攻は89機であった。機体下面の爆弾は800 キロ爆弾

左右逆に動くようになっていた。そして着水時には木製翼が衝撃によって除去されるわけである。
　この安定機付き魚雷の完成によって、水深一二メートルでの浅沈度発射可能の見通しがつき、真珠湾に停泊する米戦艦に対する雷撃作戦計画は大きく前進した。だが、時は迫っていた。海軍は長崎の三菱兵器製作所に特急工事として航空魚雷の改造を発注した。
　これにより第**1**航空艦隊では十月三十日、ようやく五～一〇本の改造魚雷を受け取り、同日から十一月四日まで講習を受け、発射訓練を開始するという忙しい有様だった。なお網切器の研究もいろいろと進められたのだが、これを装着すると沈度不良となるため、こちらは断念せざるをえなかった。
　浅沈度魚雷の射法は二つの方法が考えられ、それぞれ第一法、第二法と呼んだが、それぞれの諸元は次のとおりだった。
　第一法＝発射高度一〇～二〇メートル、発射時機速一六〇ノット、機首角度〇度
　第二法＝発射高度七メートル、発射時機速一〇〇ノット、機首角度プラス四・五度
　これらの射法で発射訓練を行なった結果は、沈度一二メートル以内の駛走率が、八三パーセントとなり、自信を深めたが、敵前での低速の不利を考え、第**1**航空艦隊はハワイ攻撃時には第一法をとることにした。
　数少ない改造魚雷での訓練は困難をきわめ、短時日での反復発射を可能にするため、魚雷整備員を横須賀航空隊から増派してもらうほどだったと伝えられている。魚雷は精密兵器だけに、手入れや調整が大変なのである。
　十一月二十二日、機動部隊の空母は加賀をのぞいて五隻（赤城、蒼龍、飛龍、瑞鶴、翔鶴）が単冠湾に集結した。加賀の到着は一日遅れの二十三日となったが、これは浅沈度魚雷の改造が順調に進捗しなかったためで、同艦はこれを受け取ってきたものである。機動部隊の出撃は十一月二十六日、まさにギリギリ一杯セーフという形であった。
　以上、真珠湾攻撃で使われた航空魚雷について説明したが、参考までに爆弾についても簡単に紹介しておこう。
　使用した爆弾は徹甲爆弾一種類、陸用爆弾二種類、通常爆弾一種類の計四種類で、徹甲爆弾と陸用爆弾は水平爆撃用、通常爆弾は急降下爆撃用である。搭載機は改めて説明するまでもないと思うが、前者は九七式艦上攻撃機、後者は九九式艦上爆撃機。各爆弾の制式名称は次のとおり。
　徹甲爆弾＝九九式八〇番五号爆弾
　陸用爆弾＝九七式六番陸用爆弾
　　　　　　九八式二五番陸用爆弾
　通常爆弾＝九九式二五番通常爆弾
　日本海軍では何番で爆弾重量を、何号で特殊爆弾を示した。ちなみに八〇番は八〇〇キロ、六番は六〇キロ、二五番は二五〇キロで、五号は徹甲爆弾の意である。通常爆弾というのは艦船用を示す。
　これらの爆弾の中で、注目に値するのは九九式八〇番五号爆弾である。この爆弾は米新型戦艦攻撃用に開発したもので、ベースになっているのは長門型戦艦用の四〇センチ砲弾（九一式徹甲弾）。この爆弾は高度二、五〇〇メートルから投下すれば、厚さ一五センチの鋼鈑を貫通する能力を有していた。正確な爆弾重量は七九六・八キロ、炸薬量は二二・八キロであった。元来が徹甲弾のため、爆弾に改造するにあたっては工作上、難点があったといわれるが、真珠湾では予想どおりの威力を発揮し、米戦艦撃沈で名を上げた。

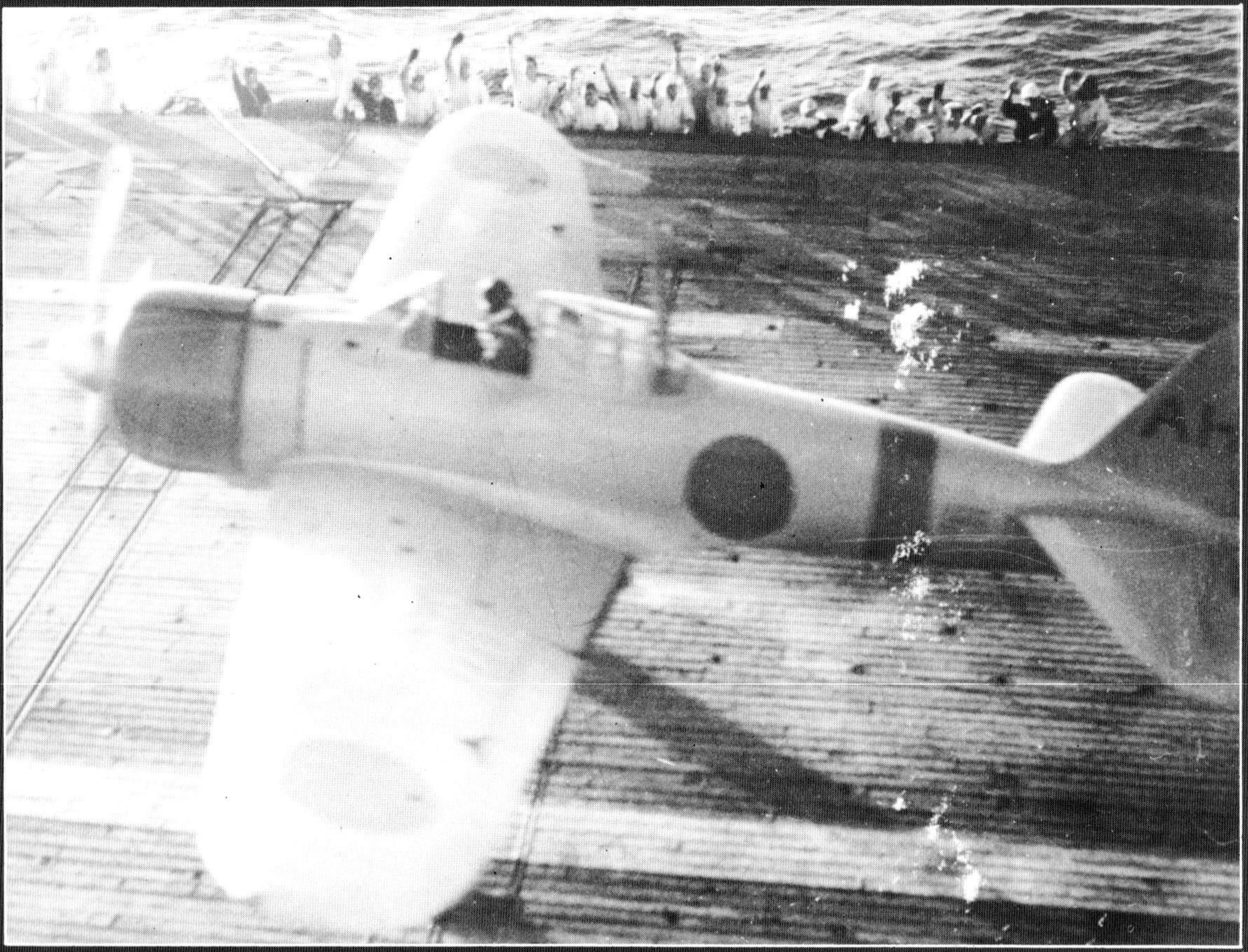

赤城を発艦していく零戦――滑走を開始した直後の姿。第一波攻撃隊赤城制空隊の1番機、板谷茂少佐の乗機と思われる。第一波攻撃隊の発艦時刻は0130(日本時間)、発艦位置はラナイ島西端0度230カイリの地点であった

攻撃隊発艦前の翔鶴型における艦上スナップ——零戦の主翼下から撮影したもので、艦橋構造物の脇には搭乗員たちが集合している。羅針艦橋の周囲にはスプリンター防御用のロープが装着されているのがわかる

第1航空艦隊司令長官南雲忠一中将——水雷畑を長く歩み、航空畑は素人であった。水雷学校長、海軍大学校長を経て、昭和16年第1航空艦隊司令長官となったもの。ハワイ奇襲には成功したが、機動部隊の指揮官には向いていなかったように思われる

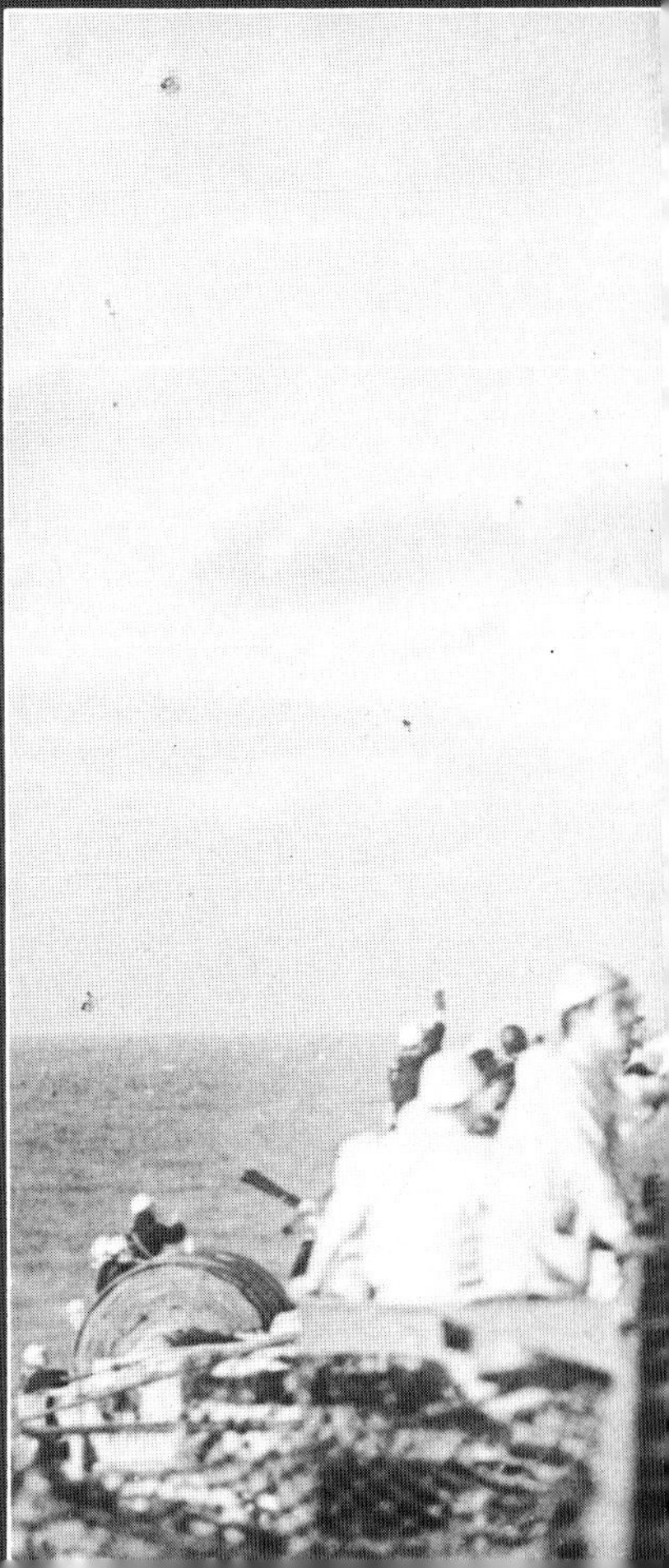

▶発艦作業中の赤城——増槽を装着した零戦が滑走を始めている。周囲はかなり明かるくなっており、おそらく第二波攻撃隊の発艦シーンであろう。第二波攻撃隊の発艦時刻は0245（日本時間)、発艦位置はラナイ島西端0度200カイリの地点であった

発艦機を見送る瑞鶴の乗員たち――画面右手に機首をのぞかせているのは九七艦攻である。〝帽振れ〟で送られる搭乗員たちの勇猛心はいかばかりであったろう。信号檣のディテールに留意されたい。中段に探照燈を持っているのは本艦の特長の一つである

オアフ島上空に到達した九七艦攻――第二波攻撃のおりの姿で、画面に写っている機影は翔鶴搭載機である。第二波攻撃に参加した九七艦攻はすべて飛行場攻撃を任務とし、うち翔鶴搭載機はカネオへ、フォード両飛行場を受け持った

攻撃を終えた九七艦攻――テールコードがよく見えないので、どの艦の搭載機は不明だが、識別線が2本入っているので、加賀、飛龍、瑞鶴のいずれかであることは確かだ。画面右手下方に真珠湾の油槽地帯が見える

三人のハワイ攻撃参加者その後

多賀一史

昭和十六年十二月八日未明（日本時間）、ハワイ北方洋上の六隻の空母から飛び立ち、一路真珠湾めざした第一次攻撃隊は、一波、二波合計三五〇機、その搭乗員七六五名であった。

この七六五名の男たちこそ、その攻撃力において文字どおり〝世界の最強の男たち〟だったのである。言いかえれば、彼らの戦力が日米開戦決定のカギをにぎっていたわけで、もしも日本海軍にこの機動部隊がなければ『ハワイ攻撃なくして日米戦はありえない』と考えていた山本五十六大将の作戦計画はまったく成立せず、昭和十六年の開戦はあり得なかったことを考えれば明らかであろう。

この一世一代の攻撃隊に参加した男たちは、ほとんどが日華事変においてすでに実戦の経験を積んだ者であり、このことは五〇〇名以上の搭乗員が准士官と下士官で占められていることからもわかる。この栄光の一瞬、翼下に炎上する真珠湾を見た男たちは、太平洋の闘いをどのように戦いぬいたであろうか。

真珠湾攻撃隊総指揮官・淵田美津雄中佐

まず第一に、攻撃隊総指揮官・淵田美津雄中佐をあげなくてはならないだろう。淵田中佐は海軍兵学校五十二期、当時三十九才になっていた。普通ならばもう空中指揮を取ることはほとんどない年齢であるが、この日本の運命をかけた大作戦のために、あえて〝総指揮官〟として出撃したのである。

淵田は後にこの日のことを回想して「海は荒れていたが、雲を抜ければ快晴だ。後ろを見れば、そこには一八二機の大編隊が整然と飛んでいる。私は男と生まれてこんなに良い気分のことはなかった」と卒直な感想を述べている。

淵田機は攻略開始後まもなく奇襲の成功を確認、電信員の水木徳信一飛曹に一通の電文の発信を命じた。それが『トラ、トラ、トラ（われ奇襲に成功せり）』であった。

淵田中佐はこの後も、機動部隊飛行隊の総指揮官としてインド洋作戦にその腕をふるっていたが、ミッドウェー作戦直前に盲腸にかかり、ミッドウェー攻撃では空中指揮ができず、やむを得ず友永丈一大尉に指揮をまかせたのであった。

以後、横空教官、海大教官などを勤めた後に、昭和十九年四月に連合艦隊航空参謀になったが、「あ号作戦」と「捷一号作戦」に敗北して、機動部隊をすべて失ってしまった。

戦後、淵田はクリスチャンとなり、米国を伝導して回ったが、「私がパールハーバーを爆撃した淵田です」という言葉ではじまる彼の講演は、非常な反響を呼んだものであった。日本海軍の一つの頂点をみた淵田美津雄は、昭和五十一年、七十三才でこの世を去った。

淵田中佐と反対に、操縦員としては最年少に属する一等飛行兵に小瀬本国雄（十九才）がいた。彼は昭和十三年に十六才で呉海兵団に入団、軍艦伊勢乗組ののち操縦練習生を志願して艦爆パイロットになった。

ハワイ攻撃では、蒼龍の第二波攻撃隊最後尾の一機として出撃、初陣を飾ったのである。

その後、インド洋作戦では艦爆隊の檜舞台となった英巡洋艦コーンウォールとドーセットシャーの撃沈や、同じく英空母ハーミスの撃沈に参加した。

ハーミス攻撃のときなどは、上空で攻撃の順番を待つあいだに見るみる沈んでいくハーミスを見て、「こんなに上手な人たちばかりでは、いつまでたっても自分たちのような新米の出番はないのではないか」と、また偵察員の高野義雄二飛曹も、「いつでも先頭の連中がみんな沈めてしまう」と、不満顔だったという。

彼はミッドウェー作戦の前に蒼龍から隼鷹に転勤となり、ミッドウェー攻撃の陽動作戦ともいうべきダッチハーバー攻撃へと向かった。そして、その帰途の洋上で隼鷹は、蒼龍の生き残りの乗組員を収容

愛機の前に立つ小瀬木国雄一等飛行兵

ヒッカム飛行場上空を飛ぶ九七艦攻——テールコードからわかるように瑞鶴の搭載機で、第2波攻撃のおりに撮影したもの。水平爆撃を完了した直後の姿である。画面左手が真珠湾の湾口、中央より少し上にフォード島が見える

し、ミッドウェーでの惨敗を知ったのである。

このころから、旧式の九九艦爆による攻撃は、大きな損失をともなう無謀な行為へとなって行くのである。小瀬本はその後、隼鷹で南太平洋海戦、マリアナ沖海戦、瑞鶴でレイテ沖海戦（エンガノ沖海戦）と、すべての機動部隊作戦に参加し、全滅にちかい状況の中から奇跡的に生還したのだった。

空母を失った後はレイテを転戦し、内地に引き上げてからは攻撃第5飛行隊の流星搭乗員となった。かつての少年飛行兵は、その時すでに『最後の決戦部隊』の先任搭乗員になっていたのである。

昭和二十年八月十四日、ハワイ攻撃いらいの歴戦の搭乗員である小瀬本飛曹長に特攻出撃の命令が下った。翌十五日午前十時、第7御楯隊第4流星隊として木更津基地を二機の流星が飛び立った。

これを見送る第3航空艦隊長官・寺岡謹平中将は、二時間後の終戦を知っていたが、彼らに死ぬことを要求したのだ。正午ちかく一機の流星が故障で帰ってきた。太平洋戦争の開戦の日と、終戦の日の作戦に飛行したただ一人の男、小瀬本飛曹長の生還であった。

ハワイ攻撃を語るとき、南雲忠一中将に触れずに通ることはできない。南雲中将こそ帝国海軍の歴史上、最強の艦隊を指揮した男なのである。南雲中将は昭和十六年四月に第1航空艦隊司令長官に着任いらい、猛烈な訓練に明け暮れていた。本来、水雷畑出身ではあったが、その勇猛さをかわれての人事であったと思われる。

淵田中佐も「南雲中将は、大佐時代から第1水雷戦隊司令官時代までは、いわば満点をあたえられるほどの人物であった」といい、多くの士官の目にも「将来の日本海軍を背負うべき人物」と映っていたのである。

この南雲中将の決断力を物語るものとして、次のような逸話が伝えられている。ハワイ攻撃隊発進直前のことであるが、思いのほか海が荒れて雷撃機の発進が危ぶまれるほどであった。航空参謀は雷撃機の発進中止を進言したが、これを聞いた隊員が騒ぎだした。

このとき南雲中将は雷撃隊員を前にして、「おまえたち、このローリングでも魚雷を抱えたまま、みごと発艦できるか」と一言聞き、「やれます！」との返事に対して、「よし、わかった」といって草鹿参謀長に「参謀長、いいではないか、出してやろう」といったという（「悲劇の南雲中将」松島慶三）。

もしも雷撃隊の発進がなければ、攻撃の戦果はだいぶ割り引かれたであろう。南雲中将の決断がハワイ攻撃成功の大きなポイントだったわけである。

一波、二波の攻撃の成功をみて、源田参謀は第二次攻撃の実行を進言したが、南雲中将は当初の目的を達成したとして、反転、帰投についた。

以後、ミッドウェー海戦までの南雲艦隊の進むところ敵なく、その将兵の士気は絶頂に達していた。ミッドウェー海戦で敗退したのちも新編成の第3艦隊長官として残り、なお機動部隊の〝南雲〟だったのである。

しかし、ついにミッドウェーの雪辱はならず、昭和十九年、自ら望んで中部太平洋方面艦隊長官となり、サイパン島に着任、壮烈な戦闘ののち七月六日にいたり『われら玉砕、もって太平洋の防波堤たらん』との通信を最後に、参謀長矢野英雄少将の介錯のもとに自刃して果てたのである。ある意味において、日本海軍の栄光と悲愴を一身に背負った生涯であった。

かつてハワイの空を飛んだ男たちのうち、戦いが終わったとき生きていたものは、わずか二〇パーセントにすぎなかった。

真珠湾攻撃に向かった空母陣

空母加賀——赤城とともに第1航空戦隊を編成、南雲司令長官の直率部隊として活躍した。未成戦艦を空母に改造し、昭和3年完成。昭和9～10年に改装。基準排水量38,200トン、速力28.3ノット。搭載機数72機（昭和16年10月1日現在の定数。以下同じ）

空母蒼龍——第2航空戦隊の旗艦で、同戦隊司令官山口多聞少将が座乗した。蒼龍型2隻のネームシップとして知られ、昭和12年の竣工である。基準排水量15,900トン、速力34.5ノット。搭載機数63機

空母瑞鶴 ——真珠湾攻撃機動部隊のなかで最新鋭の空母で、昭和16年の竣工。翔鶴型２隻の２番艦である。真珠湾攻撃時は第５航空戦隊の旗艦の任にあり、同戦隊司令官原忠一少将が座乗した。主要目については翔鶴の説明を参照されたい

▼空母翔鶴 ——翔鶴型のネームシップで、昭和16年に竣工した。瑞鶴とともに第５航空戦隊を編成。基準排水量25,675トン、速力34.2ノット。搭載機数81機。このクラスは蒼龍型の拡大改良型で、日本空母の決定版的な存在であった

空母飛龍 ——蒼龍型の２番艦で、ネームシップとともに第２航空戦隊を編成していた。昭和14年竣工。基準排水量17,300トン、速力34.3ノット。搭載機数63機。用兵上の要求から艦橋構造物の位置は蒼龍と逆になっている

ニイタカヤマ ノボレ

佐藤和正

全機発艦出撃せよ

昭和十六年十二月八日、午前零時三十分、第1航空艦隊を主力とする機動部隊の全艦に「総員戦闘配置」の号令が下った。

このとき機動部隊は、オアフ島の北方、約二五〇マイルの地点に達しており、予定どおり第六警戒航行序列の箱型陣形を成形しつつあった。いわゆる戦闘隊形である。

艦隊は、先頭に軽巡阿武隈と駆逐艦一隻を縦列におき、一〇キロ後方に巡洋戦艦比叡、霧島がつづき、その左右にはそれぞれ一五キロ離れて重巡筑摩、利根が占位した。

この先頭グループの後方に、七キロ間隔で空母赤城、蒼龍が並んで進み、さらに七キロ後方に同間隔で加賀、飛龍、同じく七キロ後方に瑞鶴、翔鶴が並んで続航する。各空母の後方三キロに、護衛駆逐艦が一隻ずつぴたりと随伴し、さらに空母群の左右遠く、それぞれ一五キロの位置に駆逐艦一隻ずつが両翼を固めた。

空はまだ暗く、月齢十九日の残月が黒い断雲に見えかくれしていた。東北東の風は強く、風速一三メートル。海面のうねりは高く、艦の動揺は最大一五度に達した。

各空母では、搭乗員の出撃の気がみなぎっていた。赤飯と、カチ栗で腹ごしらえを終えると、飛行服に着がえて待機室に集まった。

〇一〇〇（午前一時）、利根、筑摩から真珠湾の直前偵察に、零式水上偵察機が各一機、射出された。つづいて〇一二〇、東の空が明るくなりはじめたころ、六隻の空母はいっせいに風上に艦首をめぐらし、第四戦速二四ノットの発艦速度で波を蹴立てた。

旗艦赤城の搭乗員待機室では、総指揮官の淵田美津雄中佐が攻撃計画を説明していた。正面の黒板には、〇一三〇における旗艦の現在位置が書かれてあった。ラナイ島西端の真北二三〇マイルであった。

船体前半部が完全に破壊されたアリゾナ——水平爆撃隊の800キロ徹甲爆弾5発が命中し、うち1発は艦首甲板を貫き、燃料庫で爆発、さらに弾火薬庫に引火して誘爆が起こり、巨艦は一瞬のうち二つに裂け海底の泥の中に転覆した

「所定の計画に従って敵を撃滅せよ、出発」

淵田中佐の号令一下、搭乗員たちは待機室を出て飛行甲板へと散っていく。そのとき航空参謀の源田実中佐が顔を出した。

「おい、淵、たのむぞ」

と声をかけた。二人は兵学校五十二期の同期生である。

「おう、ちょっと行ってくるよ」

まるで近所に、タバコでも買いに行くような素振りの返事がかえってきた。

〇一三〇、旗艦赤城から、「全機発艦出撃せよ」

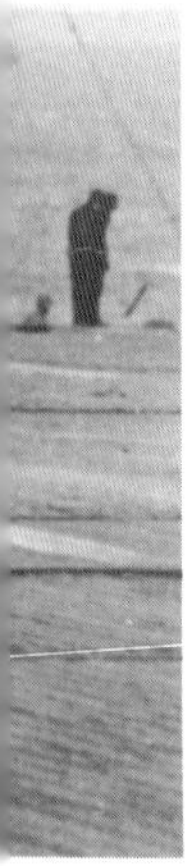

ハワイ作戦開始の待機点、単冠湾に進出した機動部隊。旗艦の赤城から撮影したもので、昭和16年11月23日早朝の状況と思われる。飛行甲板ごしに隷下の全空母が写っている。すぐ後ろは加賀で遠方には右より蒼龍、飛龍、瑞鶴、翔鶴が停泊している

の発火信号が各空母に向けて発信された。マストにはZ旗がひるがえり、並んで戦闘旗がはためいている。

六隻の空母の飛行甲板には、第一次第一波攻撃隊の飛行機、合計一八三機が並んでいた。編成は次のとおりである。

九七式艦上攻撃機（水平爆撃）四九機

九七式艦上攻撃機（雷撃）四〇機

九九式艦上爆撃機（急降下爆撃）五一機

零式艦上戦闘機（制空隊）四三機

赤城の発着艦指揮所から、青ランプの信号燈が大きく弧をえがいて振られた。発進の合図である。まず最前列の零戦から発進をはじめた。艦の動揺はあいかわらず激しい。飛行甲板がぐぐーっと傾く。ハッと息をのむ瞬間、機はフワリと甲板を離れた。

つづいて次の零戦が一番機のあとを追う。またもやぐらりと揺れる艦、しかし次の動揺が艦をゆする前に飛行機は空中に浮かんでいた。

発進のさいに、艦の動揺が一〇度をこせば、飛行機の発進は不可能とされている。ところが最大一五度という大傾斜のなかを、全機無事に飛び立ったということは、搭乗員たちの技術が並みはずれて高かったことを意味する。しかも全機発艦するのに十五分しかかかっていない。

淵田総指揮官の乗る九七艦攻機の直後には、水平爆撃隊の四八機がぴたりとつづいていた。そしてその右、五〇〇メートル離れ、高度差二〇〇メートル下げて、村田重治少佐の指揮する雷撃隊四〇機が位置を占めていた。また左には、同じく五〇〇メートルの距離をもって、高橋赫一少佐の指揮する急降下爆撃隊五一機が、高度差二〇〇メートル上げて随伴する。

これら三つの編隊の上空五〇〇メートルを、板谷茂少佐の指揮する制空零戦隊四三機が厳重に警戒、掩護する。第一波攻撃隊は、しだいに高度を上げながら、オアフ島に一路機首を向けた。

艦隊は、ふたたび南下しつつ第二波攻撃隊の発艦準備を行なった。〇一三五、空母群はまたも艦首を風上に向けて攻撃隊一六七機を発進させた。制空零戦隊三五機、水平爆撃隊五四機、急降下爆撃隊七八機が、いずれもみごとに飛び立った。指揮官は嶋崎重和少佐。第二波は強襲となるので雷撃隊は参加していない。全攻撃隊が事故もなく発進し終わって、機動部隊はホッと一安心した。あとは攻撃隊の奮闘を祈るだけであった。

山本長官のハワイ奇襲構想

連合艦隊司令長官山本五十六大将は、通常の作戦では、軍備力の大きい米国に対してとても勝ち目はないと考えていた。

劣勢なものが優勢なものに対抗するには、まず自主的作戦で先手を取り、その後も積極的に敵の痛いところを突いて、つねに敵を守勢に追い立てておき、その間に南方資源地域を確保して長期不敗態勢を確立する、というのが長官の基本的な対米作戦構想であった。

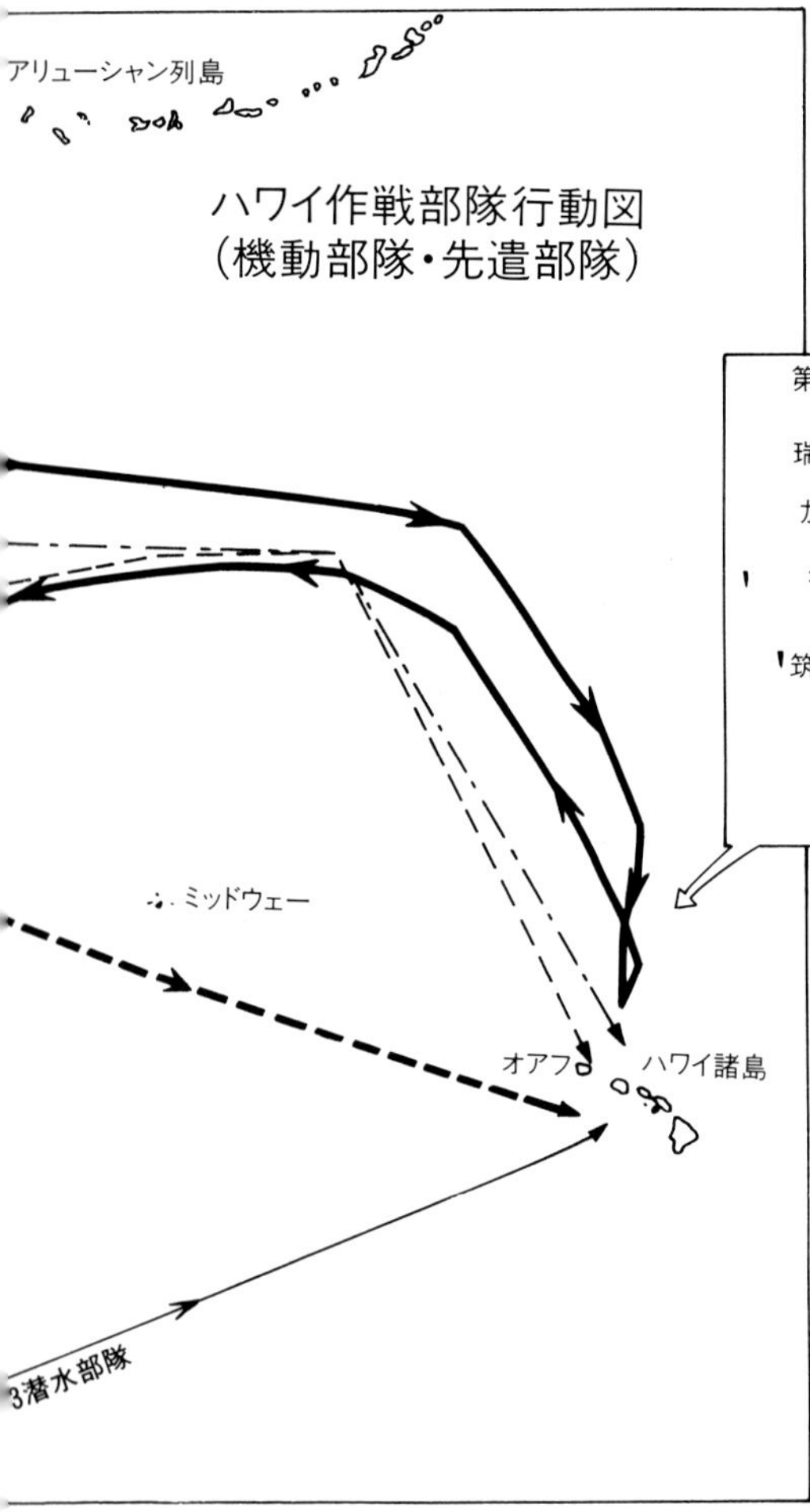

そして考えついたのが、開戦の第一撃を、空母機動部隊によって、ハワイの真珠湾を奇襲し、在泊する米太平洋艦隊の主力を飛行機で叩き潰すことであった。

従来、日本海軍が考えてきた作戦は、米主力艦隊が西太平洋に進攻してきたのを迎え撃ち、巨砲の海戦によって米艦隊を打ち破るというものだった。そのために永年にわたって訓練もし、大和、武蔵の巨艦を準備もしたのである。

とうぜん軍令部からも、艦隊の幹部からも、ハワイ作戦は危険な冒険であるとして反対の声が上がった。しかし山本長官の信念は堅く、「自分は職を賭しても断行する決意である」と強硬に主張し、十六年十月十九日、ついに軍令部も作戦の実行を容認したのであった。

この作戦を遂行するにあたって、主力空母六隻の全力使用が条件となった。さらに参加艦艇の選定が問題であった。まず航続力がもっとも重視された。さらに航空母艦と行動をともにできるだけの速力をもっている艦でなければならない。日本海軍は、対米守勢作戦の構想をもっていたので、艦艇の航続力は一般に短かった。その中で次の艦が選ばれた。

(1)第3戦隊第1小隊比叡、霧島——航続力は一八ノットで九、八〇〇マイル。最大速力二九・八ノット。空母と行動をともにすることができる速力と航続力をもち、敵水上部隊に対抗できる砲力がある。空母が損傷したときには、曳航が可能という点から選定された。

(2)第8戦隊利根、筑摩——航続力は一八ノットで八、〇〇〇マイル。最大速力三五・六ノット。重巡の中では航続力がもっとも大きく、水偵を各艦五機ずつ搭載できるので索敵力が大きい。また二〇センチ砲八門の砲力も考慮された。

(3)阿武隈——長良型軽巡で、航続力は一四ノットで七、五〇〇マイル。最大速力三六ノット。航続力にやや難点があるが、きわめて優速、第1水雷戦隊の旗艦として選定。

(4)第17駆逐隊谷風、浦風、浜風、磯風——陽炎型駆逐艦で航続力は一八ノットで五、〇〇〇マイル。最大速力三五ノット。

(5)第18駆逐隊不知火、陽炎(陽炎型)、霞、霰——後者二艦は朝潮型で航続力は一八ノットで五、〇四〇マイル。最大速力三五ノット。

(6)秋雲——夕雲型駆逐艦の一番艦で九月二十七日に竣工したばかりの新鋭艦。航続力は一八ノットで六、一三七マイル。最大速力三五ノット。

以上九隻の駆逐艦は、いずれも航続力が大きいことで選ばれた。

(7)給油艦は大型優速(一九〜二〇ノット)の最新鋭タンカー八隻を配属した。すなわち一万総トン級の極東丸、健洋丸、国洋丸、神国丸、東邦丸、東栄丸、日本丸、あけぼの丸である。

(8)機動部隊が損傷、その他の理由で日本への最短航路をとる場合を考慮し、そのときはミッドウェー島に近接しなければならなくなる。そこで同島の航空基地や航空兵力の活動を押えるため駆逐艦で同島を砲撃することとし、第7駆逐隊の潮と漣の二隻を別働させることとした。

(9)第2潜水隊伊19潜、伊21潜、伊23潜の三隻を哨戒隊として編入した。これは機動部隊の洋上補給が不可能となったとき、航続力の関係から水雷戦隊を途中で分離することになるかもしれない。

その場合、航続力に心配のない潜水艦に前路警戒をやらせ、敵が反撃してきたときは前方に進出させて敵部隊の阻止や、味方不時着機の搭乗員の収容に当たらせようとするものであった。

選ばれた各艦は、十一月の中旬ごろから、それぞれの寄港地を穏密裡に出港、千島のエトロフ島ヒトカップ湾に滑り込んでいった。

十一月二十三日までに、機動部隊の全艦がヒトカップ湾に集結、最後の準備を整えると、二十六日の朝、いっせいに錨を揚げて、ハワイに直進したのである。

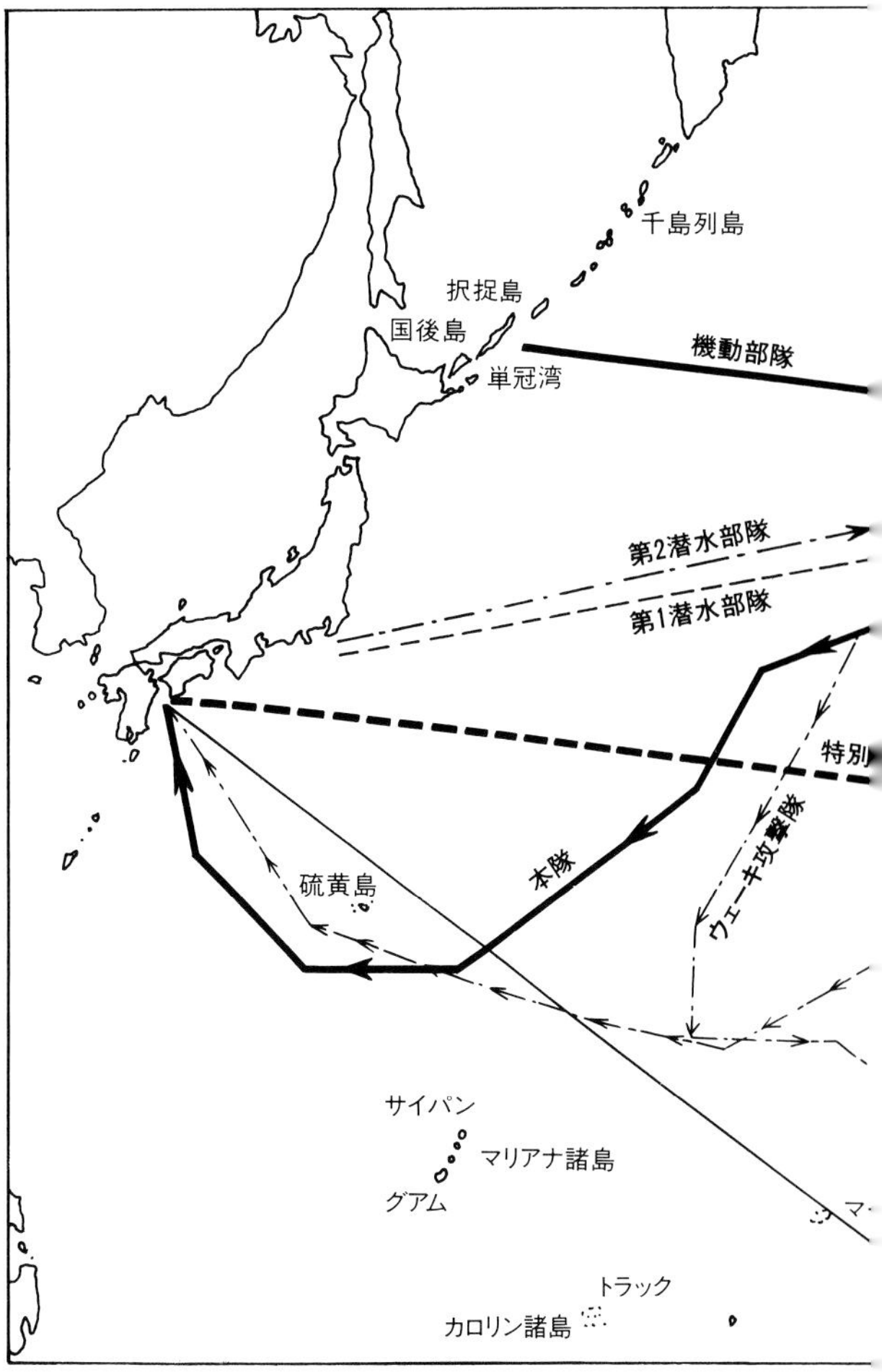

網渡りの戦争準備

機動部隊が北太平洋を東進しているとき、ワシントンではまだ日米交渉がつづけられていた。もしも交渉が好転したような場合、攻撃を中止して引き返すことが厳命されていたのである。

米国政府は、この夏いらい日本に対して強硬な姿勢を示してきた。七月二十六日に在米日本資産の凍結令を出し、八月一日には対日石油全面禁輸の手を打ってきた。このことは中国や仏印での日本の軍事行動を抑制しようというだけでなく、経済封鎖によって行きづまった日本が、アメリカに戦いをしかけてくることをひそかに望んでいたのである。

欧州でのナチス・ドイツの進撃は目ざましいものがあり、英国は孤立状態となって、アメリカの参戦を強く要望していた。ルーズベルト大統領も、ドイツの進出を抑えるには米国の軍事力を発動するしかないと考えていた。

しかし、米国民一般にとっては、ヨーロッパの戦争は直接関係がないし、ドイツと戦争することも、まして日本と戦争することも望んではいなかった。

したがってルーズベルト大統領としては、参戦の口実となる、ショッキングな形での日本の攻撃があることを計算に入れていたのである。

米国の陸海軍統帥部は、十一月二十七日にフィリピン、パナマ運河、ハワイの最高指揮官に宛てて、日本が敵対行動に出るかもしれないとの警告を発しながら、開戦に備えよとの指令は出さず、単に「防衛展開を実施せよ」と言うに止どめていた。いわば日本は、米国から戦争を待ち望まれていたのである。

ところで、このハワイ作戦は飛行機が主役になるわけだが、充分に活躍できるだけの弾薬があったのだろうか。じつはそれが、きわめてお寒いかぎりであった。

水平爆撃において敵戦艦を撃沈するためには、八〇〇キロの徹甲爆弾が必要であった。戦艦には普通一五センチの厚さの水平防御甲鈑があるとみなければならない。この甲鈑を貫徹するのは、高度二、五〇〇メートル以上から八〇〇キロ徹甲爆弾を投下してはじめて可能である。

だが日本海軍にはこの爆弾がなかった。そこで急遽、戦艦陸奥、長門の四〇センチ砲用九一式徹甲弾を八〇〇キロ爆弾に改造することで急場をしのぐことにした。しかしこの爆弾は、完成した主砲弾を改造するため、硬度が大きく、加工に難点があり、十六年九月中旬までに、ようやく一五〇個を完成しただけだった。

また、魚雷にも問題があった。真珠湾の水深はわずか一二メートルにすぎない。この浅い海に雷撃機から魚雷を発射すると、魚雷が海底の泥に突きささってしまう。

当時、日本海軍の航空魚雷は、投下したとき水中にもぐる深さが一定せず、なかには一〇〇メートルもの深さに達する場合がたびたびであった。研究の結果、魚雷が空中で長軸のまわりを回転することがわかり、これを防止する対策が検討され、転動防止片をつけて沈度二七メートルにまで押えることができた。だが、これでもまだ不充分である。

研究はなおも進められた。十六年七月になって、海軍航空廠雷撃部の片岡政市少佐が、魚雷に水平用ジャイロを増設し、これによって魚雷の両側に突出した木製の安定舵を操縦させて、転動を防止するという安定機付き魚雷を考案した。さっそく実験試射したところ、魚雷の沈度はきわめて浅く安定していた。

この改造魚雷で、鹿児島の錦江湾を真珠湾に見たてて雷撃訓練にはいったのは、じつに十月になってからであった。もし一ヵ月遅れていたら、真珠湾で雷撃機による攻撃は不可能であったろう。しかもこの魚雷は幸うじて開戦までに一〇〇本だけ間に合った。**1**航艦がこれを受領したのは十一月十七日で、佐伯湾を出港する前日であった。

さらに信じられないような問題があった。零戦には二〇ミリ機銃が搭載されたが、その弾丸が一機あたり一、一〇〇発のところ一五〇発しか供給できなかったということである。

二〇ミリ機銃弾は炸裂弾で、対象物を貫徹した後、内部で爆発するという強威力の弾丸であった。昭和十三年いらい飛行機の機銃を七・七ミリから順次二〇ミリに取りかえていたのだが、その後の零戦の増産とあいまって、機銃弾の製造供給が間にあわなくなってしまったのである。

しかも六〇発弾倉装備のため、一撃で弾倉は空になってしまう。航空本部では、これを一〇〇発弾倉、またはベルト給弾方式に改造を命じたが、ついに開戦までに間にあわせることができなかった。まさに綱渡りの戦争準備であった。

先遣部隊と特別攻撃隊

ハワイ奇襲作戦の主役は、第**1**航空艦隊司令長官南雲忠一中将の率いる機動部隊であるが、もう一つ〝裏の主役〟ともいえるのが、第**6**艦隊司令長官清水光美中将の指揮する潜水艦隊、つまり先遣部隊である。

先遣部隊の作戦は、潜水艦の隠密性を発揮して、行動を秘匿しつつハワイ諸島に近接し、真珠湾に対して包囲態勢をとる。また一部の潜水艦をもって南太平洋方面およびアリューシャン方面の要地を事前偵察するというのであった。

真珠湾を包囲する潜水部隊は、第**1**潜水戦隊の伊**9**、**15**、**17**、**25**潜、第**2**潜水戦隊の伊**1**、**2**、**3**、**4**、**5**、**6**、**7**潜、第**3**潜水戦隊の伊**8**、**68**、**69**、**70**、**71**、**72**、**73**、**74**、**75**潜、および特殊潜航艇を搭載した特別攻撃隊の伊**16**、**18**、**20**、**22**、**24**潜の合計二五隻である。

各潜水艦は、十一月十一日から二十三日の間に、それぞれ横須賀、呉、佐伯湾を出撃し、十二月七日までに所定の配備位置につくことができた。彼らにあたえられた任務は、真珠湾内にある敵艦隊の監視哨戒と、航空部隊の攻撃から脱出してくる敵艦艇を捕捉殲滅することであり、また不時着搭乗員の救助などの役割を命ぜられていた。

なお当時の情報としては、米主力艦隊が真珠湾にいるか、ラハイナ泊地（モロカイ島とマウイ島の間）にいるかはっきりしていなかった。そこでラハイナ泊地の偵察に二隻の潜水艦（伊**71**、**73**潜）が派遣された。

特別攻撃隊は、**X**日の前日の夜までに真珠湾口から約一〇マイルの地点に達し、日出前に特殊潜航艇を発進して真珠湾に進入させ、第一波航空攻撃後にフォード島を左に見て一巡しつつ魚雷攻撃を実施する。その後は湾外に脱出して母潜水艦に帰投、搭乗員を収容するという計画になっていた。

とうじ山本長官は、特殊潜航艇が攻撃任務を終えたあと、搭乗員を救出する見込みがなければ、その使用を許可しないとの態度であった。もともとこの特殊潜航艇は、水上機母艦などに搭載されて主力艦隊とともに戦場に進出し、いよいよ艦隊決戦が展開されたときに戦機をとらえて、母艦からクモの子のように発進し、敵の主力艦を奇襲するという着想のもとに建造された秘密兵器であった。

特殊潜航艇（甲標的）は建造後、日も浅く訓練も途上にあった。したがって艤装その他に不備の点が多く、改善しなければならないところが多かった。いわばまだ欠陥兵器だったのである。

しかし、青年士官たちの出撃の要望が強く、その熱意にほだされて襲撃計画が考え出されたのであった。

昭和**16**年**12**月**8**日、対空警戒を厳にして航行する赤城。搭載機を発艦させたのちのスナップと思われる。高角砲座では**12**センチ連装高角砲が空をにらみ、その脇にはスプリンター防御用のロープが暖簾状に吊り下げられている

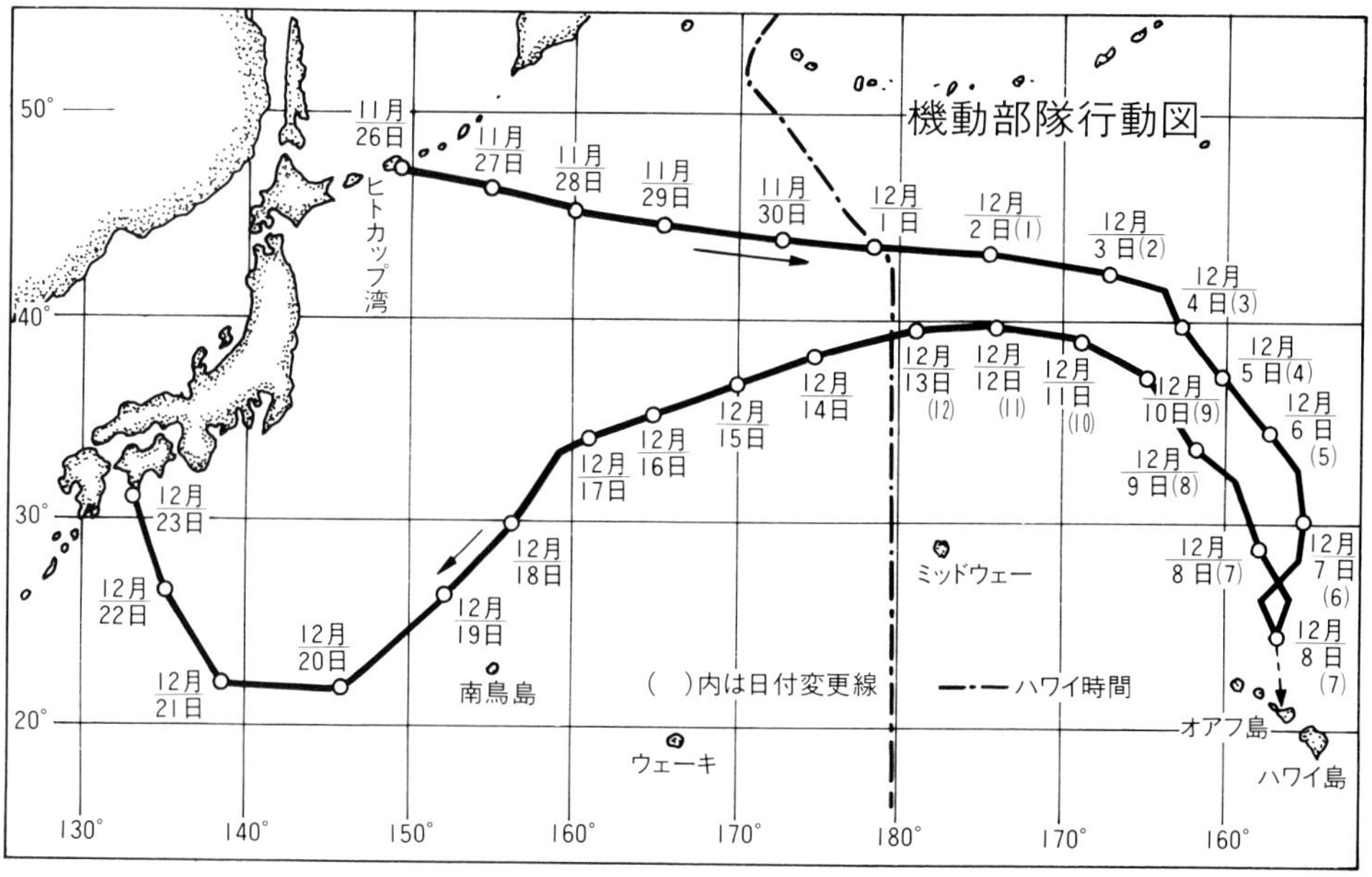

新高山登レ

機動部隊は、ヒトカップ湾を出撃して以来、波は高かったが天候には恵まれていた。十二月一日、ハワイまでの航程の約半分に達した。機動部隊の心配は、開戦にふみ切るのか、引き返せの命令がくるのか、どちらになるのかわからない点にあった。ふんぎりのつかないままの進撃は不安なものである。

十二月二日、二〇〇〇、待ちに待った命令がとどいた。

「ニイタカヤマノボレ一二〇八」

この電文は、十二月八日午前零時以後、戦闘行動を開始すべし、との隠語である。

翌三日から、ぞくぞくとハワイ方面の情報が、軍令部から送られてきた。日本海軍が派遣した情報員で、ホノルルの領事館に外務省書記生として勤務している森村正(本名は吉川猛夫・予備海軍少尉)が探査した、米艦艇の真珠湾在泊状況である。

この貴重な情報が五日までつづき、七日には米側の哨戒飛行状況、ついで日本潜水艦の偵察で、ラハイナ泊地に敵艦艇がいないことがわかった。機動部隊にとっては、真珠湾の状況が手にとるようにわかったのである。

とくに警戒厳重ということはないようだが、気になるのは、二隻いるはずの航空母艦が湾内にいないということであった。しかし、在泊艦は、戦艦九隻、軽巡三隻、潜水母艦三隻、駆逐艦一七隻、入渠中のもの軽巡四隻、駆逐艦二隻ということが判明していた。またオアフ島にあるフォード、カネオへ、ヒッカム、ホイラー、ベロースの各航空基地には、合計約五〇〇機の各種飛行機が所在しているものと推定されていた。

翌十二月八日の未明、まだ暗い湾口の哨戒についていた米海軍の掃海艇が、一隻の潜航艇を発見、これの通報により付近哨戒中の駆逐艦ウォードと、カタリナ飛行艇が駆けつけて捜索を開始した。

日の出頃、湾内に入港しようとしていた工作船の航跡の中に、一隻の潜航艇がいるのを飛行艇が見つけた。ただちにウォードが砲撃、さらに爆雷を投射した。

これが太平洋戦争開幕の最初の戦闘であった。「国籍不明の潜水艦を発見、これを撃沈す」との報告が、まだ官邸で寝ていた太平洋艦隊司令長官キンメル大将を驚かせた。長官はとび起きて白い軍服を着ると、大急ぎで官邸を出て、潜水艦基地にある臨時太平洋艦隊司令部へ向けて車を突っ走らせた。七時半(現地時間)であった。

ホノルル放送の誘導

総指揮官機の速度計は一二五ノットをしめしていた。淵田中佐は、オアフ島到着は予定より早くなるな、と考えた。総指揮官機にはクルシーと呼ぶアメリカ製のラジオ方向探知機が装備してあった。

中佐はクルシーのスイッチを入れ、レシーバーを耳にあてた。軽快なジャズが高い感度で入ってきた。枠型空中線をぐるぐる回して電波の方位をぴたりと測る。クルシーの指示計は五度左を示していた。ホノルル放送の電波に乗せて、指揮官機の機首が微調整された。さらに放送は気象放送に切りかわった。

「天候はおおむね半晴、山には雲がかかり雲高三、五〇〇フィート、視界良好、北の風一〇ノット……」

しめた。淵田中佐はニヤリとした。ホノルルが半晴だとすれば、オアフ島は雲が切れているとみてよい。山に雲がかかって雲高が一、〇〇〇メートルとすると、予定のように島の東側の山脈を越えて東北から接敵するのは危い。風向きが北なら、むしろ島の西側を回って南の方から北に向かって入ってやろう。

瞬間的に中佐は判断した。それにしても欲しい時期に欲しい情報がこんなにピタリとくるものではない。攻撃隊はツイていた。

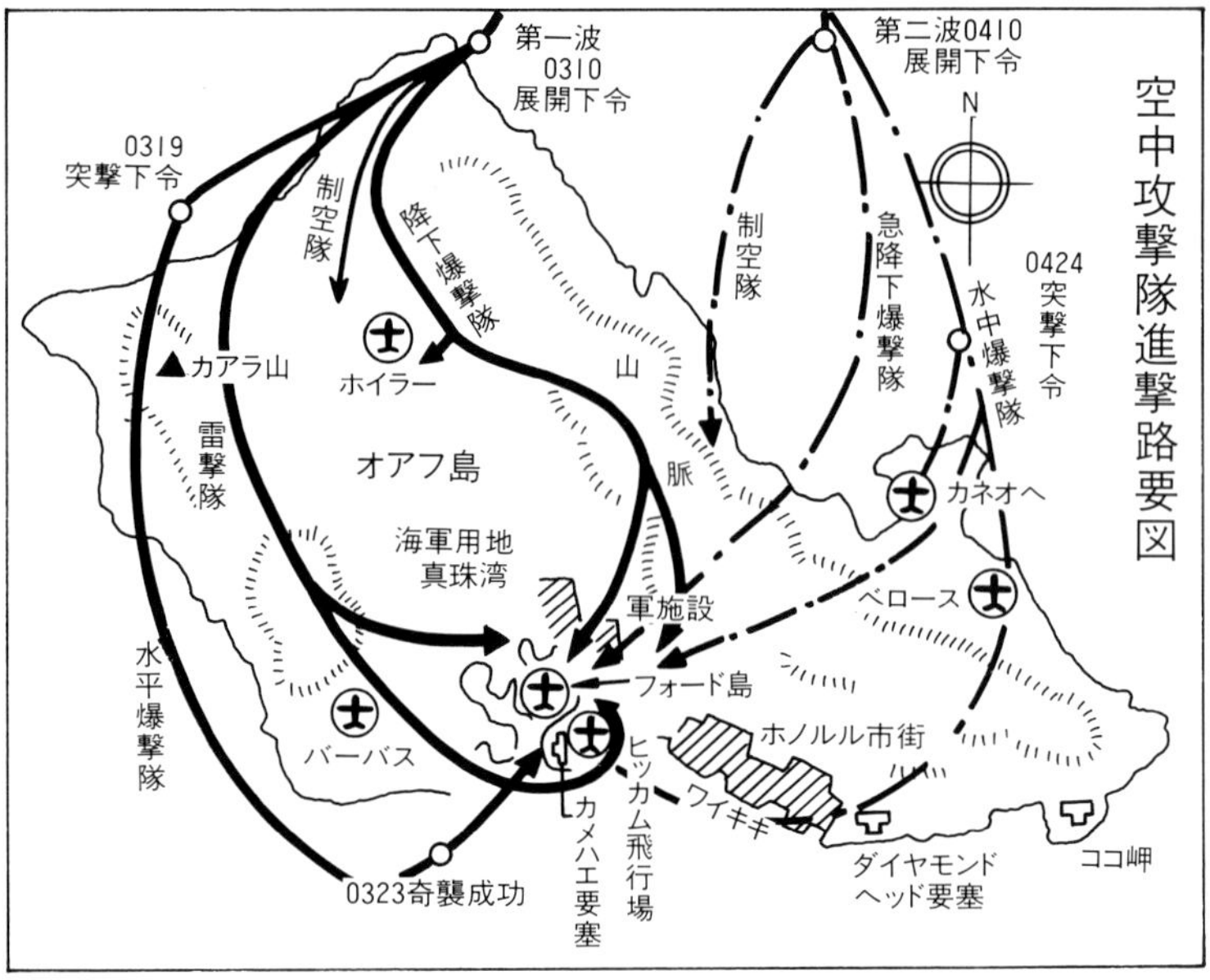

空中攻撃隊進撃路要図

このころ、オアフ島の北端、カフク岬の陸軍対空警戒信号隊のレーダー・スクリーンに、多数の飛行機群が北方一三〇マイルのあたりから東寄り三度で近寄ってくるのを探知、当直兵はこれを上官に電話通報した。ところがオアフ島防空指揮所の当直士官は、この日に米本土からB-17の一隊が飛来することを聞いていたので、この重要報告を聞き流してしまったのである。

現地時間〇七三〇、淵田中佐は眼下の雲の切れ目から白くつづく海岸線を発見した。カフク岬である。つづく指揮官機は大きくバンクして右に変針した。僚機もいっせいに右へ機首をめぐらす。ついで淵田中佐は信号拳銃をとりあげると機外へ向けて号竜一発。黒い煙の尾が流れた。襲撃隊形への展開下令である。

号竜一発の場合は奇襲作戦の合図とされていた。この場合は雷撃隊がまず突っ込み、ついで水平爆撃、降下爆撃の順で攻撃する手はずになっていた。もし、号竜二発なら強襲を敢行することになっていた。この場合は真っ先に降下爆撃をやり、同時に水平爆撃を行なって敵の対空砲火を制圧、その隙に雷撃隊が殺到するという手順であった。

ところが、号竜を一発放ったにもかかわらず、上空の制空戦闘機隊は気がつかないもようだった。そこで淵田中佐は制空隊に向けてもう一発号竜を放った。こんどは了解したらしく、制空隊は速度を増してオアフ島の上空へと進出していった。

しかし、ここに錯誤が起こった。降下爆撃隊の高橋赫一少佐が、あとから放った号竜を見て、さては強襲の合図かと判断したのである。強襲となれば真っ先に突撃しなければならない。少佐は突撃準備位置につくのを急いだ。

このとき、偵察に先行していた筑摩機から敵情報告の第一電が入った。真珠湾の在泊艦は戦艦一〇、甲巡一、乙巡一〇、天候は風向き八〇度、風速一四メートル、真珠湾上空の雲高一、七〇〇メートル、雲量七というものだった。

これに前後してラハイナ泊地に向かった利根機から、「敵艦隊はラハイナ泊地にあらず」と通報してきた。やはり空母の姿はない。しかしこれで、敵艦隊はすべて真珠湾一個所に集結していることがはっきりした。真珠湾だけを攻撃すればよい。淵田中佐の肚は決まった。

燃ゆる真珠湾

オアフ島の海岸線を眼下にしながら、淵田中佐は電信員に下令した。

「総飛行機あてに発信、全軍突撃せよ」

無線電信が「ト」連送を発信した。〇三一九（現地時間七時四十九分）であった。三方面のルートをたどって展開進撃している全機は、一斉に攻撃態勢をとった。

その四分後、オアフ島西側を迂回した淵田中佐の目に、眠っているように静かな真珠湾の光景が飛び込んできた。

このとき真珠湾には総計九四隻もの艦船が在泊していた。その中でもフォード島の東南岸に沿って、戦艦群が二列に繋留されているのが目を引いた。さらに対岸の海軍工廠のドッグに巡洋艦、戦艦、駆逐艦がぎっしりと入渠している。さらにフォード島の北側には軽巡と駆逐艦群がむらがっていた。

明らかに奇襲確実と判断した淵田中佐は、電信員に打電を命じた。

「甲種電波で艦隊あてに発信、われ奇襲に成功せり」

無電のキイは、「トラ」連送を反復した。この通信は、はるか三、五〇〇マイルへだてた瀬戸内海柱島沖の連合艦隊旗艦長門のアンテナにも達したのである。〇三二三（現地時間七時五十三分）であった。

その二分後、戦闘機隊はヒッカム基地を目がけて降下していった。つづいて降下爆撃隊は、真珠湾を守る対空砲火陣地に殺到していく。はやくもヒッカム飛行場に黒煙があがり、フォード島にも爆弾が炸裂した。予定より五分早い攻撃である。

つづいて戦艦群の位置から、魚雷命中の白い水柱がもくもくと立ち昇った。雷撃隊は湾口の南方を迂回してヒッカム飛行場上空を通過し、フォード島対岸の東南方の陸岸から目標の戦艦群に照準をつけ、幅七〇〇メートルの海面に出たとたん魚雷を投射しなければならなかった。

はるか彼方のホイラー飛行場にも黒煙が立ちのぼりはじめた。ここには二〇〇機ほどの戦闘機が整然と並んでいた。降下爆撃隊と制空隊はこの敵機をつぎつぎと破壊、炎上させていた。

日本機が攻撃をはじめた最初の数分間、カネオへとフォード島の海軍基地、ホイラー、ベローズ、ヒッカムの陸軍基地の米兵たちは、あっけにとられて空を見上げていた。彼らは陸軍機が演習をはじめたものと思っていたが、胴体に描かれた日の丸を見て仰天した。

「ジャップだ！」

真珠湾東方一〇キロのワイルペ海軍無電局では、七時五十八分、平文でワシントンに緊急電を打ちつづけた。

「パールハーバー空襲さる、これは演習ではない」

このとき水平爆撃隊は戦艦群の上にコースをとった。と、このとき突然、対空砲火がひらめいた。奇襲に気のついた敵艦から、高角砲による反撃である。至近弾が爆撃隊の前後左右で炸裂する。そのたびに機はグラリ、グラリと揺れる。

指揮官機は目標を戦艦ネバダにつけた。高度は三、〇〇〇メートル。ひたすら目標に向けて機は一直線に飛ぶ。このとき、またも至近弾が炸裂した。グラッと揺れる。三番機が被弾してガソリンの白い糸を吹いた。爆弾も落下して吊索がだらりと下がっている。

「単独帰投せよ」

指揮官は三番機に信号を送った。さらに目標に迫る。と、このとき断雲が視界をさえぎった。これを通過すると、目標はすでに去っていた。機は右旋回をして爆撃のやり直しをすることにした。

やがて水平爆撃隊は態勢を立てなおすと、ふたたび爆撃コースに入った。八〇〇キロ徹甲爆弾五発が戦艦アリゾナに命中した。うち一発は艦首甲板を貫き、燃料庫で爆発、さらに弾火薬庫に引火して猛烈な誘爆が起こった。三二、六〇〇トンの巨艦は、一瞬のうちに二つに裂け、海底の泥の中に、転覆した巨体をのめりこませた。

戦闘機隊の二〇ミリ機銃弾は、威力を発揮していた。地上の敵機は命中弾をうけるとたちまち炎上した。

雷撃隊の魚雷発射は順調に実施された。浅沈度魚雷の走行は訓練時より上出来で、射点で沈没したのは一本だけだった。しかも発射した四〇本の魚雷のほとんどが命中し、予期以上の戦果をあげたのである。

水平爆撃隊は各中隊ごとに精度の高い爆撃を行なった。なかには慎重を期して、照準を三回もやり直したものがいたほどである。

戦果の裏に大きな不安

戦闘が開始されて三十分のうちに、戦艦列は全艦被害をうけていた。アリゾナは炎上潰滅し、オクラホマは魚雷三本をうけて転覆。ウエスト・バージニアも数本の魚雷命中で沈座。カリフォルニアは魚雷三本の命中で大傾斜したまま沈座。ネバダは一本の魚雷をうけながらも出港したが、五発以上の爆弾が命中して砂浜に擱座。その他の戦艦も甚大な被害を受けていた。

そのころには第一波攻撃隊は攻撃を終わって帰途についていた。日本軍の損害は雷撃機五、艦爆一、艦戦一が帰らなかった。

つづいて第二波攻撃隊が、大混乱をきわめているさなかに近迫してきた。嶋崎重和少佐の率いる一六七機は、カフク岬の東寄りから南下し、〇四二五（現地時間八時五十五分）突撃を下令し攻撃に移った。

嶋崎少佐の直率する水平爆撃隊五四機は、カネオへ、フォード、ヒッカムの飛行場に殺到し爆撃を開始、徹底的に破壊する。

江草隆繁少佐指揮の降下爆撃隊七八機は、オアフ島東側の海岸線に沿って、山脈の陰を南下し、ヌアヌパリの山峡を縫って急流のように真珠湾に殺到した。しかし真珠湾付近は火煙に覆われて目標の確認が困難だった。

そこで、敵が打ち上げる防御砲火のあるところ、建在な敵ありと判断、打ち上げてくる集束弾に沿って逆に突入、目標を確認して投弾するという豪胆なものもあった。

また進藤三郎大尉の指揮する制空隊三五機は、反撃に飛び上がってきた数機の敵機を難なく撃墜して制空権を持続し、つづいてカネオへ、ヒッカム、フォードの飛行場を銃撃して戦果を拡大した。

第二波攻撃隊は、待ち構えている敵地に突入したため強襲となったが、損害は第一波よりも多く、艦爆一四、艦戦六が帰らなかった。その中には損傷して母艦まで帰ることができなかったり、母艦の方位を失って燃料が切れるまで飛びつづけて海没したものもあった。母艦が電波を輻射するとその位置が敵にわかるため、いっさい母艦に誘導電波を請求しなかったのである。

日本軍の戦果は未曾有のものであった。
▼撃沈＝戦艦四、標的艦一、機雷敷設艦一
▼大破＝戦艦一、駆逐艦三、軽巡二、工作艦一
▼中破＝戦艦三、軽巡一、水上機母艦一
▼飛行機撃墜破＝二三一機
奇襲に成功した機動部隊は、風のように戦場を離脱した。赤城の司令部では、第二撃を行なって、打ちもらした海軍工廠や石油タンクを叩くべし、と主

張する意見もあった。しかし南雲長官は、第二撃を断念する理由として次の点をあげた。

一、第一回空襲により米太平洋艦隊の主力、ならびに敵航空兵力の大部を壊滅させ、ほぼ所期の目的を達成した。たとえ第二回攻撃を行なっても大きな戦果は得られないだろう。

二、第一波攻撃ですら敵の防御砲火は迅速で、第二波攻撃ではほとんど強襲となった。したがって第二回攻撃は純然たる強襲となり、戦果のわりに犠牲が著しく増大するだろう。

しかし、打ちもらした石油タンク群には、四五〇万バレルもの燃料があった。また攻撃をまぬがれた海軍工廠は、その後の戦局に巨大な復元力をあたえたのである。

一方、特別攻撃隊の潜航艇は、実質的な戦果は皆無だった。早朝、ウォードに攻撃された潜航艇は撃沈され、もう一隻は湾口東側に座礁して駆逐艦ヘルムの攻撃をうけた。その場は離礁して逃れたが、ふたたび砂浜に乗り上げ、艇長の酒巻和男少尉は捕虜となった。

さらにもう一隻が、第一波攻撃の終了直後に、フォード島西側で水上機母艦カーチスを雷撃したが命中しなかった。駆逐艦モナガンがこの艇に衝突、乗り切ったうえで爆雷を投射、撃沈した。

またもう一隻は、第二波攻撃の終わった午前十時ごろ、湾口の水道付近で軽巡セントルイスが襲撃され、雷跡二本を発見、これを発射した潜航艇らしいものを攻撃して撃沈したと報告している。

最後の一隻は、戦後十五年たってから真珠湾口から三千メートルの沖に沈んでいるのが発見された。現在、江田島の教育参考館に保存されているのがそれである。

真珠湾の奇襲成功で、敵の主力艦を壊滅状態にしたものの、空母エンタープライズとレキシントンが、それぞれウェーキ島とミッドウェー島に飛行機輸送のため出動していたため捕捉することができず、その後に大きな不安を残したのであった。

機動部隊は、さらにもう一つの不安材料を残している。ハワイ奇襲作戦の掩護として、第7駆逐隊の潮、漣の二艦をミッドウェー島に出撃させ、同島の砲撃を命じたが、駆逐艦の一二・七センチ砲では徹底破壊は不可能である。

それでも両艦は八日の夜ミッドウェー島に三、〇〇〇メートルまで近接して奇襲砲撃した。発射弾数は潮が一〇八発、漣が一九三発で、陸上の格納庫五棟と燃料タンクを炎上させた。

敵はしばらくしてから探照燈を照射し、陸上砲台から砲撃してきたが、被害はなかった。指揮官は制圧の目的は達成できたと判断して同島を離脱、帰路についた。

ところが連合艦隊司令部では、ミッドウェーが敵飛行哨戒と、潜水艦の前進基地として脅威的な存在になると重視し、同島の徹底破壊を引き揚げ中の機動部隊に命じたのである。

この命令は、機動部隊の司令部を刺激した。寄り道をしていたのでは、敵に機動部隊の所在を教えるようなものである。ここは何もしないで真っ直ぐ帰還し、次期作戦に備えたほうが有利だと考えたのであった。

もっとも機動部隊の帰路は補給作業ができないほどの荒天つづきで、飛行機の発着艦も不可能なほどであったため、この命令は断念することにした。

しかし山口多聞2航戦司令官は、ミッドウェーに接近すれば天候も回復するだろうし、攻撃の可能性があるはず、と司令部に対して強く意見を具申したがいれられなかった。この不徹底さが、その後のミッドウェー海戦の敗北につながる要因の一つになっていくのであった。

日本海軍機による奇襲攻撃をうけた直後の真珠湾。黒煙を上げる米戦艦はウエスト・バージニア（手前）とテネシーである。米側の被害は戦艦4隻を含む6隻が沈没、戦艦4隻を含む12隻が損傷というものだったが、一部の艦をのぞき、そのほとんどは再就役している

戦艦群に魚雷命中！

第一波攻撃隊の猛攻にさらされる米主力艦群——わが雷撃機は低空にかけおりて、フォード島背後にならぶ米太平洋艦隊の戦艦部隊に必殺雷撃を敢行し、はやくもオクラホマの舷側には魚雷命中の水柱がたち上がっている

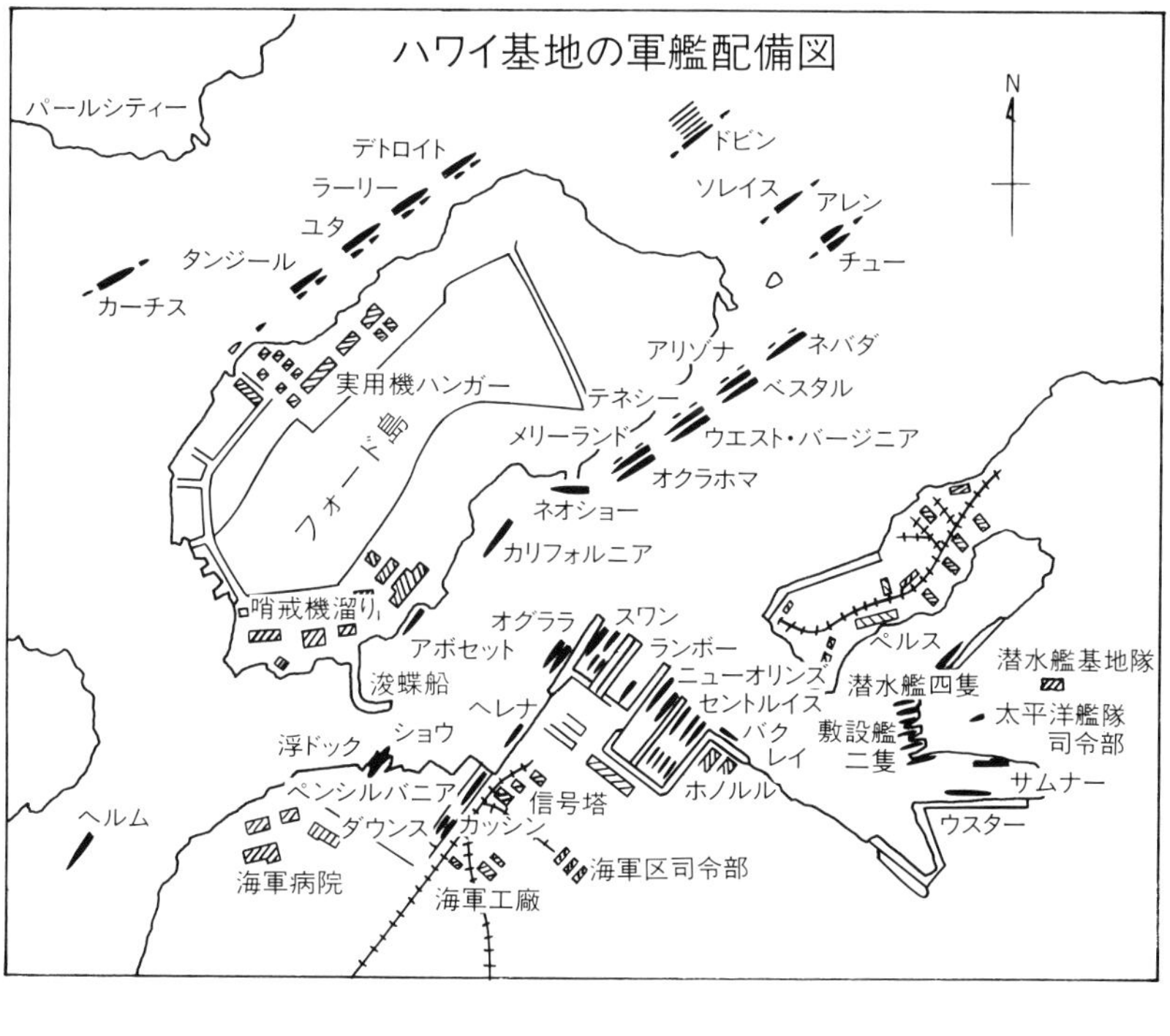

ハワイ攻撃参加機数

第一波攻撃隊			第二波攻撃隊		
赤城	九七艦攻	27	瑞鶴	九七艦攻	27
加賀	〃	26	翔鶴	〃	27
蒼龍	〃	18	蒼龍	九九艦爆	17
飛龍	〃	18	飛龍	〃	17
翔鶴	九九艦爆	26	赤城	〃	18
瑞鶴	〃	25	加賀	〃	26
赤城	零戦	9	赤城	零戦	9
加賀	〃	9	加賀	〃	9
蒼龍	〃	8	蒼龍	〃	9
飛龍	〃	6	飛龍	〃	8
瑞鶴	〃	6			
翔鶴	〃	5			

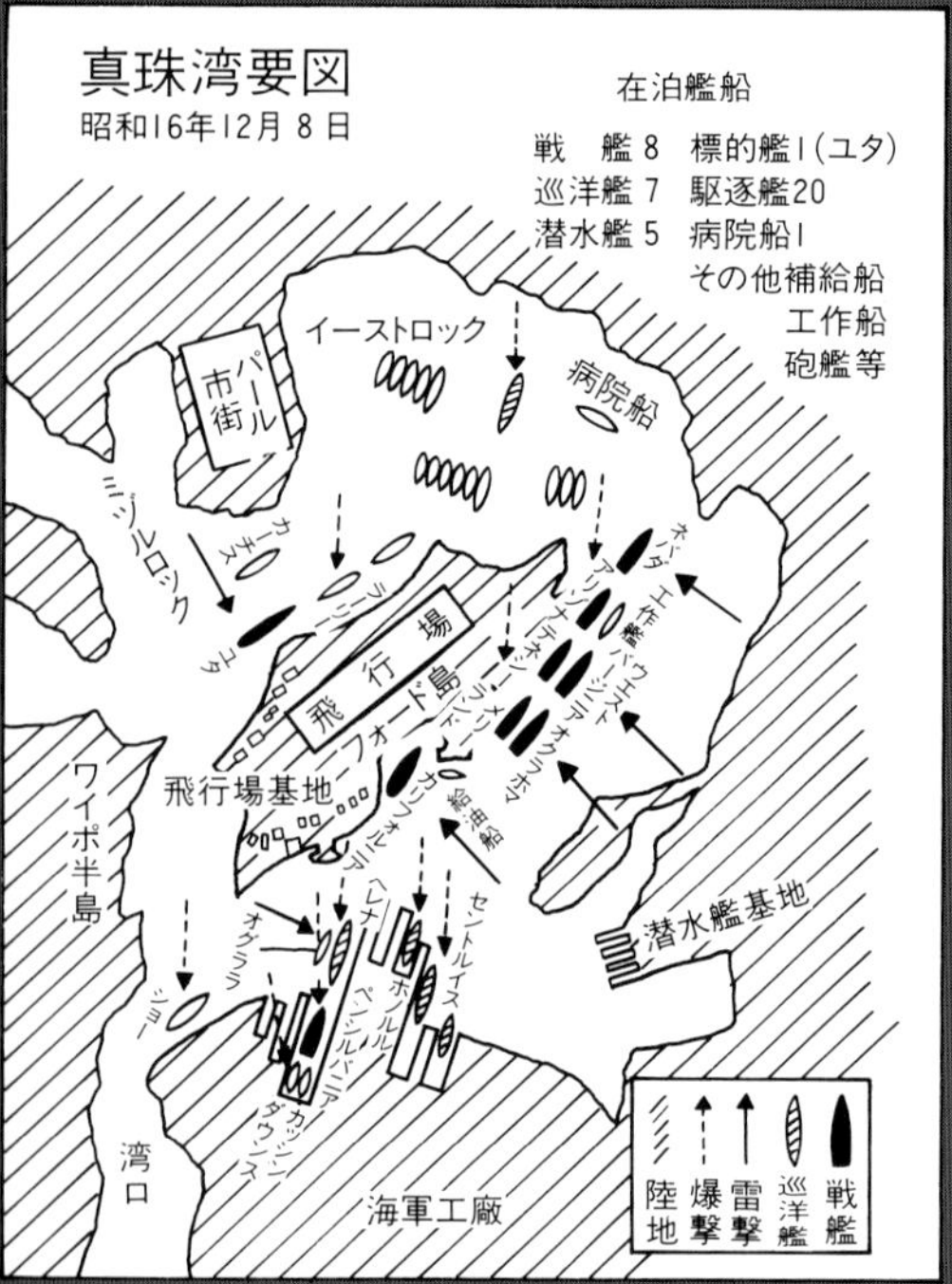

▶米太平洋艦隊の根拠地真珠湾——開戦直前の1941年10月に撮影したもので、中央の小島がフォード島。その右上方の対岸に海軍工廠および燃料タンク群が見える。上方の水路が外洋に通じる湾口である。これから2ヵ月たらずの後に、日本海軍艦上機の空襲により、この地は阿鼻叫喚の巷と化した

◀1941年12月8日(米時間では7日)、わが第一波攻撃隊による攻撃開始直後の真珠湾——停泊中の米主力艦群の艦名は別図を参照されたい。海面には雷撃隊の放った魚雷の航跡が見え、戦艦オクラホマとカリフォルニアの舷側には魚雷命中の波紋が見える

わが航空攻撃をうける初期の真珠湾――画面中央のフォード島右手に見える戦艦群は、九七艦攻の雷撃によりすでに大損害を被っているが、まだ火災は発生していない。二波の攻撃で日本軍のあげた戦果は、戦艦４隻、敷設艦１隻、標的艦１隻撃沈、戦艦４隻、軽巡３隻、駆逐艦３隻、水上機母艦１隻、工作艦１隻を大中破、小破多数という驚くべきものだった

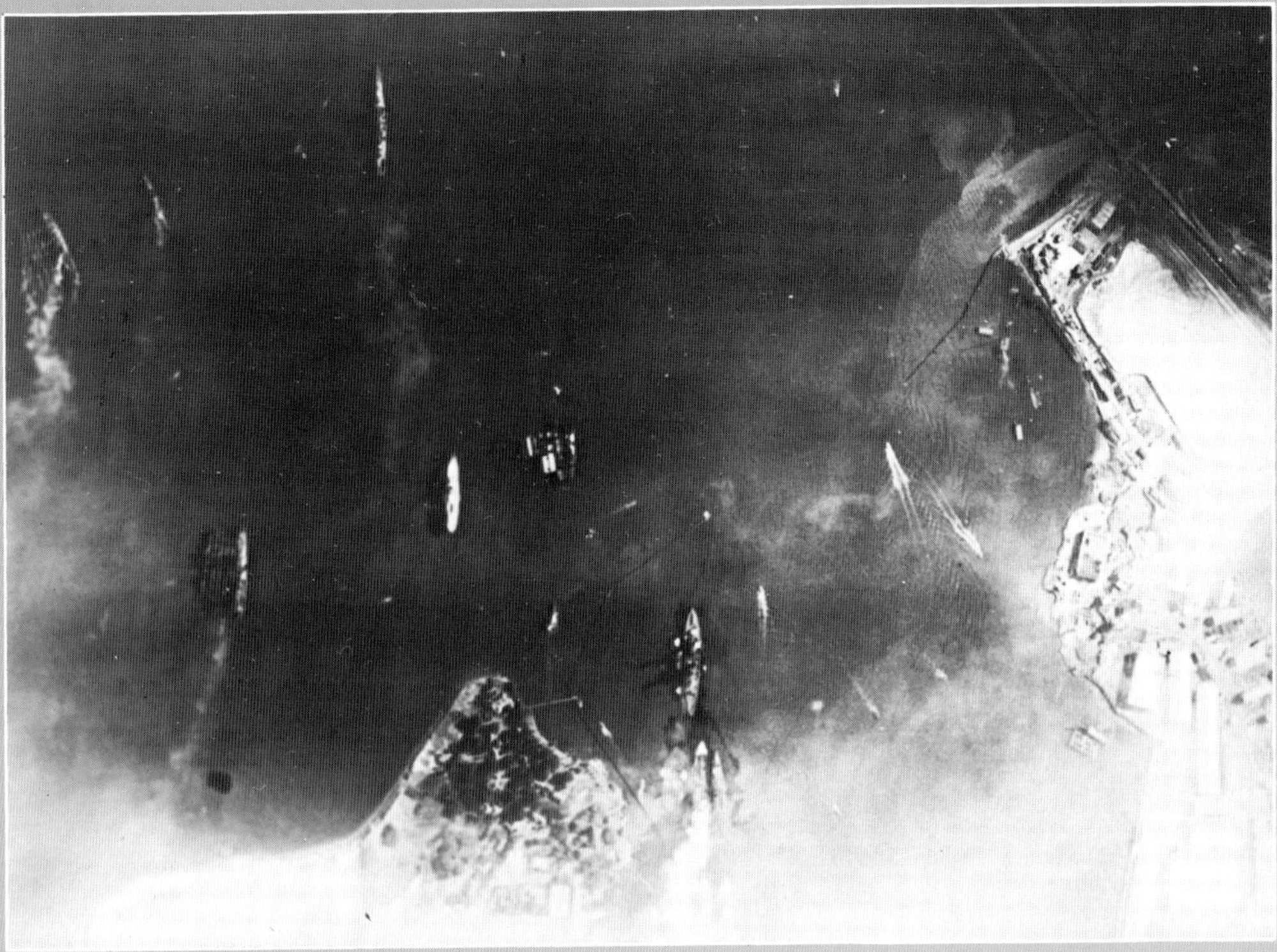

水平爆撃を受けつつある米戦艦群（その１）――下写真の直後に、蒼龍の第３攻撃隊第１中隊が投下した爆弾の弾着状況を写したもの。中央が戦艦ネバダで、その下方に工作艦ベスタル（右）と並ぶアリゾナはすでに大被害を生じている

水平爆撃を受けつつある米戦艦群（その２）――第一波攻撃隊に参加した空母蒼龍の第３攻撃隊第一中隊（九七艦攻５機）が、高度3,500メートルより800キロ爆弾を投下した折の光景で、すでにフォード島の右側に停泊中の戦艦群は火炎に包まれ、オクラホマは転覆している。また飛行場をへだてて左岸にも艦影がみとめられるが上方から巡洋艦２隻がつづき、その次の標的艦ユタはすでに転覆して艦底をみせている

雷撃により大損傷を被った米太平洋艦隊主力──第一波攻撃隊の雷撃機40機の魚雷攻撃により、わずか数分にして米戦艦群は恐るべき損害をうけた。外側中央のウエスト・バージニアと右端のオクラホマに魚雷が命中し、海面に重油が流れ出しており、左側のネバダも損傷しつつある

わが雷爆撃により潰滅した米戦艦陣──雷撃に引き続いて、800キロ爆弾による水平爆撃が行なわれた。写真は攻撃の惨状を示すもので、右上方は転覆した戦艦オクラホマ、その下方はメリーランド（損傷）、右はウエスト・バージニア（着底）とテネシー（内側、損傷）。左端は爆沈したアリゾナ

爆沈した戦艦アリゾナ（その１）――本艦は空襲初期に数本の魚雷が左舷側に命中し、さらにその後800キロ徹甲爆弾5発の命中をうけ、そのうちの１発が２番砲塔火薬庫で爆発、瞬時に爆沈した。左の傾斜した三脚檣が、前檣である

爆沈した戦艦アリゾナ（その３）――本艦は基準排水量32,600トン、36センチ砲12門、わが扶桑型に対応する艦で、米戦艦群の中堅艦である。真珠湾で沈んだ米戦艦の半数は、後に浮揚、再生されたが、本艦は船体の破壊度が著しかったため、オクラホマとともに完全喪失艦となった

▶爆沈した戦艦アリゾナ（その２）――黒煙もうもうと炎上中なのが、空母加賀の第２攻撃隊による水平爆撃を受けて沈没したアリゾナで、後方には着底した戦艦ウエスト・バージニア(左)と、損傷した戦艦テネシーが見える

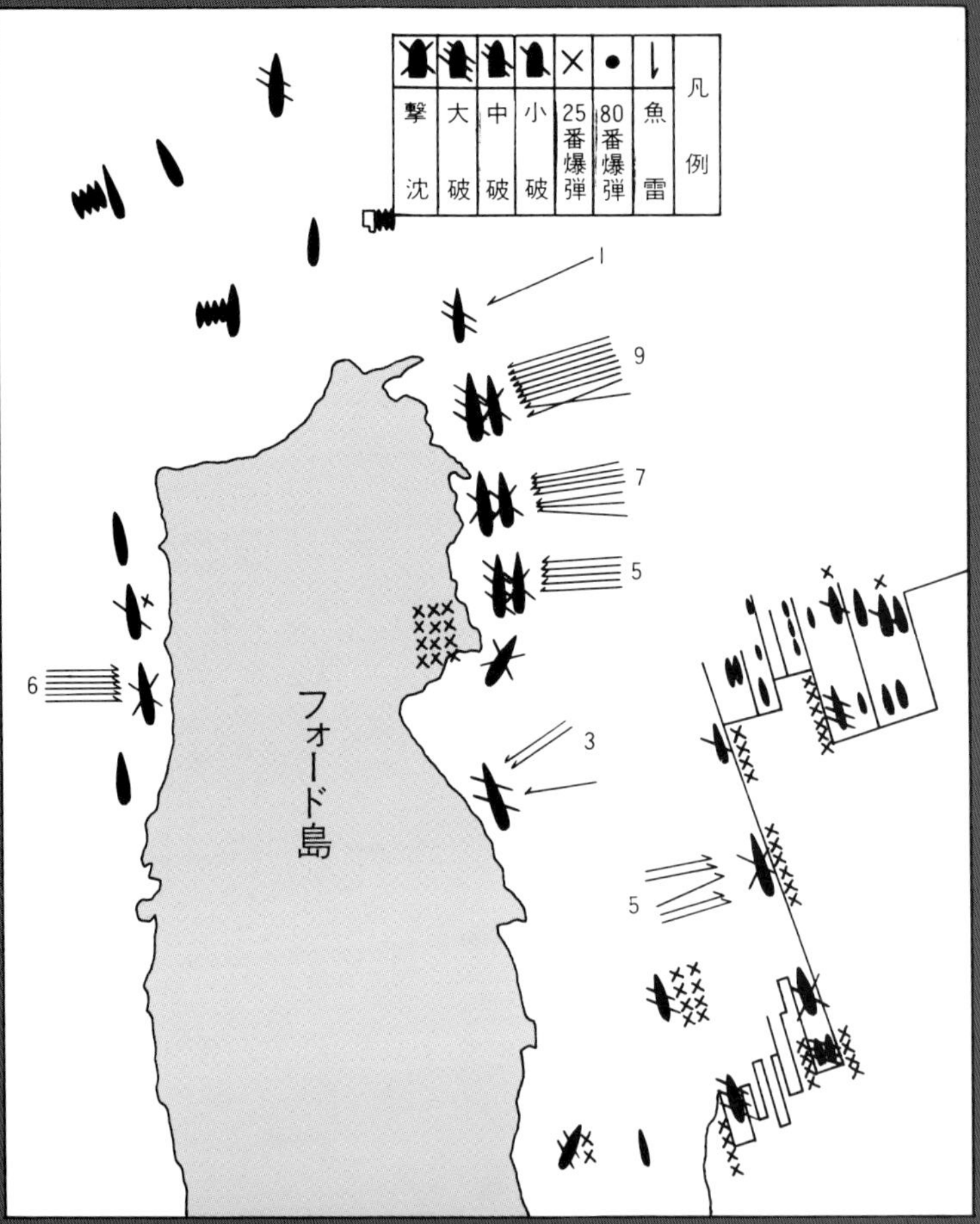

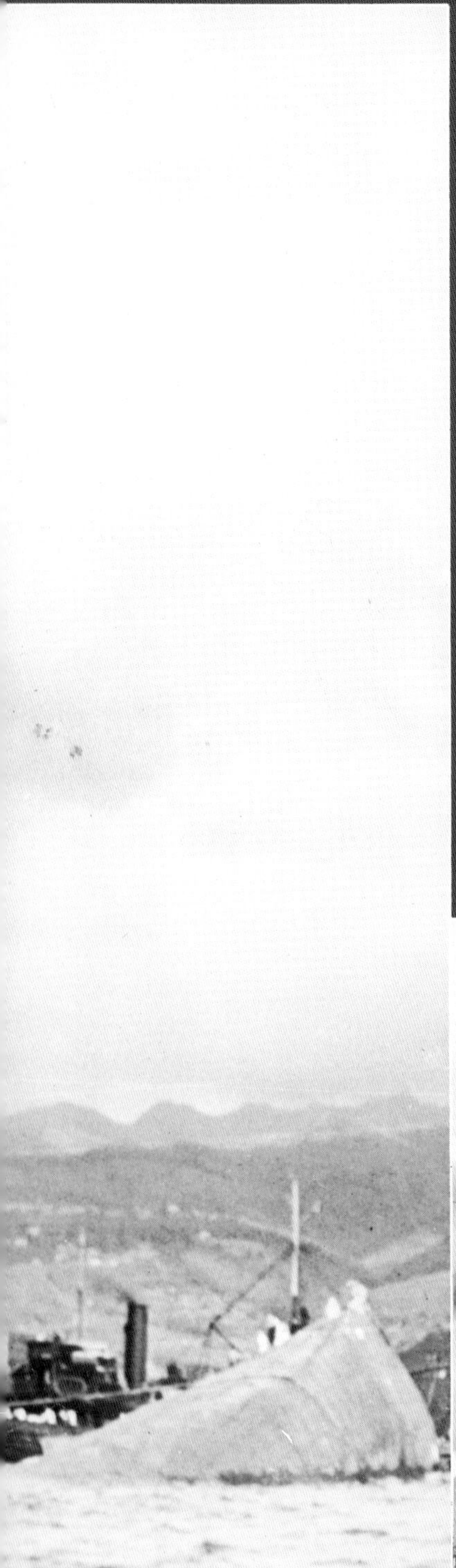

転覆し艦底を見せた戦艦オクラホマ（右）――本艦は基準排水量29,000トン、36センチ砲10門で、わが扶桑型に対応する戦艦である。空襲初期に空母赤城、加賀、飛龍の雷撃隊の攻撃により魚雷５発が左舷に命中し、さらに爆弾の命中をうけ転覆沈没した。左側の戦艦はメリーランド

53 損傷した戦艦メリーランド——本艦はわが長門型に対抗して建造された常備排水量32,600トン、40センチ砲8門の主力戦艦である。大型爆弾および小型爆弾各1発の命中を受けたが、比較的軽い被害に止まった。後方で炎上中の戦艦は、着底した姉妹艦ウエスト・バージニア。右方に転覆したオクラホマの船体が見える

もし第二次攻撃が行なわれていたら

――石橋孝夫

真珠湾攻撃は緒戦の作戦としては大成功といえたが、批判がないわけでもなかった。その最もたるものは、なぜ第二次攻撃をかけて、徹底的な破壊をはからなかったのかということ、米空母の捕捉、撃滅を実施しなかったのかということである。

まず米空母について見てみると、真珠湾に米空母が一隻もいなかったことは周知のとおりである。この開戦時、米海軍はレキシントン（CV-2）からホーネット（CV-8）までの七隻の空母を有していた。

このうちレンジャー（CV-4）、ワスプ（CV-7）、ヨークタウン（CV-5）の三隻は大西洋方面にあり、さらにホーネットは就役後わずか六週間しかたっておらず、これからシェイクダウン・クルーズに出かけるところで、これも大西洋にあった。

太平洋にあったのは従って残りの三隻、レキシントン、サラトガ、エンタープライズで、このうちサラトガは西海岸のサンディエゴでちょうど修理を終えたばかりであった。従ってレキシントンとエンタープライズの二隻だけが、当時ハワイを基地として行動中であった。

エンタープライズは開戦時、ハルゼー中将が座乗、重巡三隻、駆逐艦九隻と共にウェーキ島に戦闘機を輸送した帰りで、ちょうど日本海軍の第一次第一波攻撃隊が発進したころ、オアフ島の西方二〇〇カイリにあり、同じく搭載機をオアフ島に向けて発進していたのであった。

一方レキシントンは十二月五日に真珠湾を出港、重巡三隻、駆逐艦五隻と共にミッドウェー島に海兵隊の艦爆を輸送途中にあり、開戦時、ミッドウェー島の南東四二〇カイリにあった。

機動部隊では攻撃時、真珠湾に敵空母が一隻もいないことは承知していたが、二隻の空母と重巡部隊はマウイ島付近で訓練中と判断していた。このため第二波攻撃隊収容後、そうそうに引き揚げを決意した要因の一つが、この敵空母の所在不明という問題であった。しかし、機動部隊が高速で北方に離脱中に、敵の信号からエンタープライズはオアフ島付近にあることは確実と判断していた。

一方、米海軍は日本空母の位置をオアフ島の南方と誤判断したため、エンタープライズの索敵もこの方向に集中され、かつ味方部隊を敵と見誤る誤報もあって、適確な索敵は実施できなかった。

以上の結果から、実際には日本機動部隊が急速に北方へ離脱したことで、会敵のチャンスは完全になくなったわけであるが、もし日本機動部隊が第二波攻撃隊収容後、米空母の所在を求めて積極的に南下索敵を行なっていれば、エンタープライズを発見したことはまず間違いなく、その撃沈も大きな損害なく実行できたであろうと思われた。

ただ、このへんは作戦の当初から明確な方針がなければ実行できるものではなく、まして南雲長官には、その場の判断で臨機応変に対処するといった柔軟さを求めるのは無理で、米基地航空機の追撃を恐れて、そうそうに戦場を離脱する以外に頭には何もなかったといえよう。しかし、ここで日本機動部隊がエンタープライズを撃沈していたら、後の戦局に少なからず影響をあたえたことはいうまでもない。

すなわち五月の珊瑚海海戦、六月のミッドウェー海戦がどうなっていたか、わからないのである。

ただ、いずれにしろ、この米空母の撃滅は常識的には第二波攻撃以後、さらに数次の攻撃でハワイ方面の基地航空隊を徹底的にたたいて、制空権を得た後に行なうのが常識的なやり方であり、その意味では第二次攻撃がその大前提となっていたといってよかった。また、その意味ではハワイ空襲を、米空母が在泊中の時にえらぶべきであったことは言を待たないが、当時、そこまで空母の存在意義を認識することを求めるのは無理であったろう。

以上、米空母の捕捉撃滅を先に述べたが、結果には第二次攻撃の実施が、その可能性をもたらす前提となっているのであることはいうまでもない。

日本機動部隊は、六隻の空母から第一波攻撃隊一八三機、同第二波一六七機を発進させ、二九機を失っていた。そのほか被弾損傷機も何機かあったが、第二波攻撃隊収容後、使用可能機数は二六五機を数えていた。これは攻撃開始前の保有機数三九九機の六六パーセントで、艦爆の被害が比較的多く約五〇パーセントにまで減小していた。

これに対して米陸海軍の航空機は、まず陸軍は二

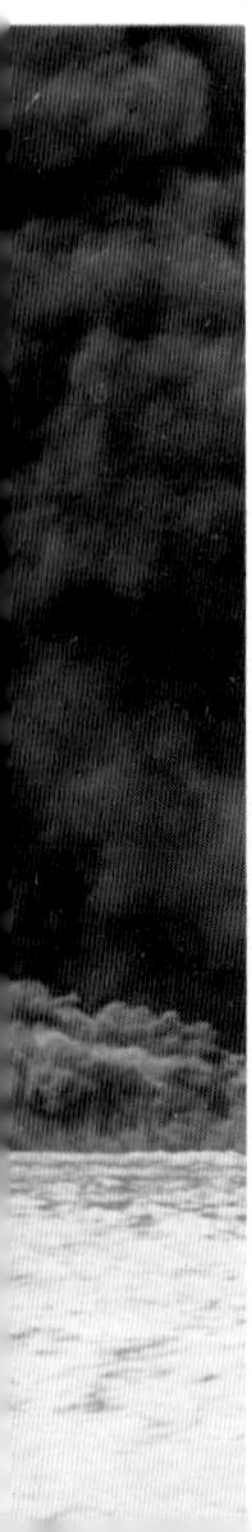

◀大破着底した戦艦ウエスト・バージニア（その１）――本艦はメリーランドと同型の主力戦艦で、被害後の応急処置が良かったため転覆をまぬがれた。写真は着底した艦尾部で、背後の黒煙は、戦艦アリゾナの火災によるもの

四三機中の一二八機を失い、残存機には要修理機を含んでいた。海軍および海兵隊機は一一二機のうち一〇三機を失い、残存機はわずか九機のＰＢＹ飛行艇だけであった。すなわち事実上ハワイ方面の米航空機は全滅したといってよかった。

もちろん日本機の被害の多くは対空砲火によるもので、第一波より第二波の方が被害が倍増しているのも、奇襲から強襲に変わったからである。ただ、米航空機の撃滅を確認していれば、空母部隊をもっとハワイに近づけて、効率よい反復攻撃も可能であり、攻撃の手順としては当然のことであった。

攻撃目標として、後に批判された点は、真珠湾の工廠施設、燃料タンクなどが、第二波攻撃後もほぼ無傷で残されていたことで、たしかにこれらを破壊していれば、真珠湾そのものの基地機能がそうとう長期にわたって麻痺してしまったであろうことは、容易に想像することができる。

とくに後に米国側からも指摘されているように、戦艦カリフォルニアの後方に繋留されていた給油艦ネオショーをまったく無視したことで、これを撃破していれば、流出した重油は付近の戦艦群に恐るべき被害をあたえたことであろうと想像できるし、たぶん沈没しなかった艦も大半が焼けただれて使いものにならなくなったはずである。

これは米太平洋艦隊司令部や、海軍区司令部周辺の重油タンク群についてもいえることで、数個のタンクを破壊するだけで、流出炎上する重油は他のタンクをも炎上させ、同時に付近の工廠施設にも、甚大な損害をあたえたはずである。

このような兵站施設の破壊の重要性は、当時の日本海軍において、もっとも欠落していた認識の一つで、目標として戦艦や空母などの大型艦ばかりを重視し、輸送船やタンカーの攻撃を二の次、三の次にしたのは、なにも航空隊だけではなく、潜水艦などにおいても、まったく同様であった。したがって当時の機動部隊司令部では、もし、かりに第二次攻撃を実施したとしても、やはり残存した戦艦群や大型艦に攻撃を続行したであろうと思われる。

これで、よしんば残存していたメリーランド、テネシー、ペンシルバニアなどを沈めたとしても、結果的にはそう大きな影響はなかったはずであった。ましてや標的艦のユタなどを沈めるのであれば、アストリア級重巡やブルックリン級軽巡をもっと叩くべきであった。したがって第二次攻撃で単に残存艦艇をたたくだけなら、あまり有効なものとはいえなかったろう。

いずれにしても、ハワイ作戦は最初から一撃離脱的な奇襲効果ばかりが強調されて、いかに有効に米太平洋艦隊の戦力を削減させるかという、緻密な計画はなかったのである。

かりに、以上のように第二次攻撃が実施され、ハワイの工廠施設と重油タンク群を破壊し、さらに米空母の一隻を撃沈したとしたら、以降の作戦はかなり変わったであろう。これは多分、米軍の反攻を六カ月程度遅延させたであろう。

すなわちドーリットルの東京空襲も難しくなったであろうし、ミッドウェー海戦も生じなかったかもしれない。そうすればガダルカナル島の反攻もかなり後のことになったのではなかろうか。その反面、慢心した日本海軍はミッドウェー以上に、手ひどい損害をこうむったかもしれず、それは単に想像の範囲を出るものではない。

しかし、多数の将兵の血であがなった戦史の教訓は、けっして忘れてはならないことである。

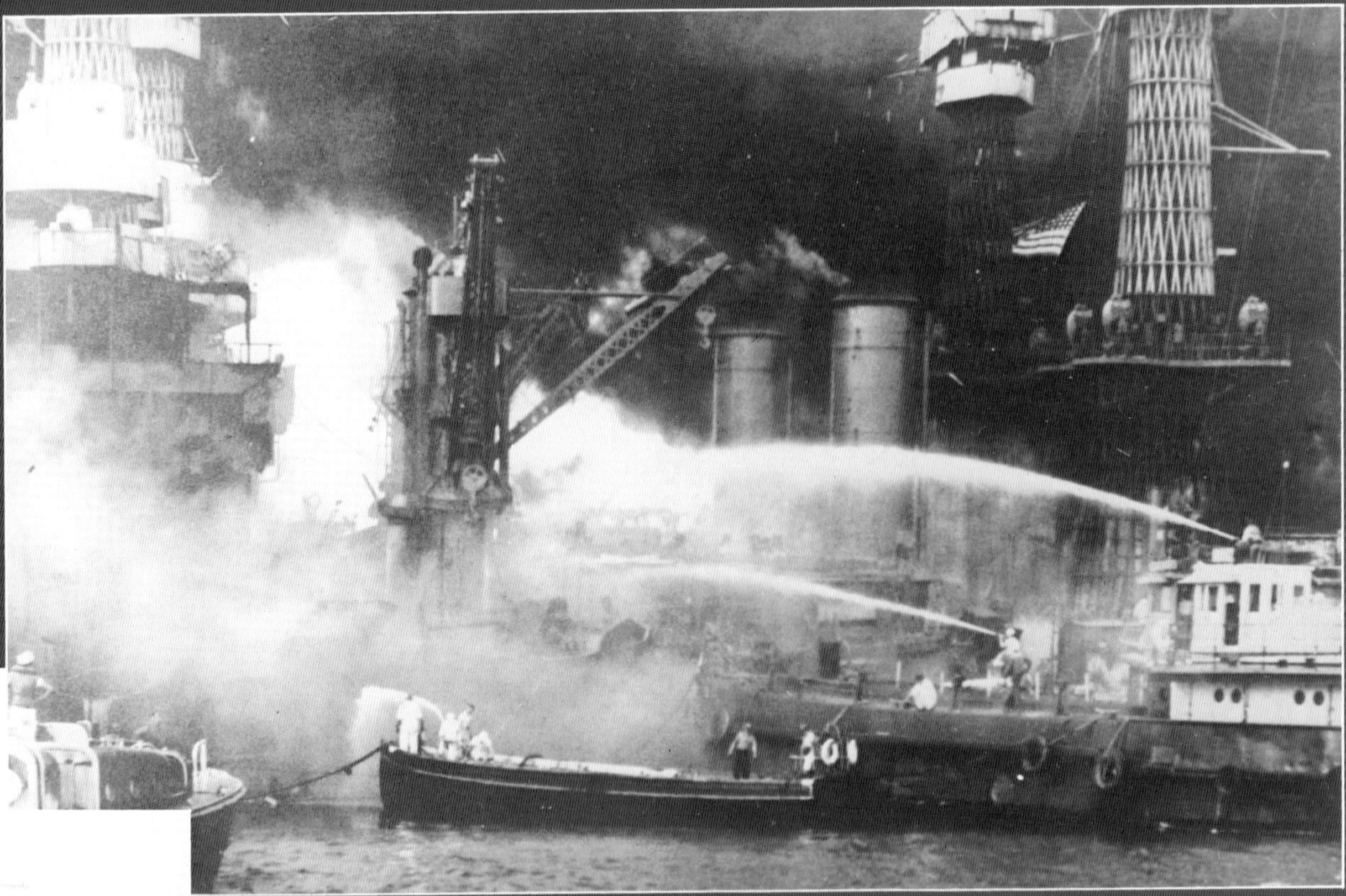

大破着底した戦艦ウエスト・バージニア(その2)――本艦は空母赤城、加賀、飛龍の雷撃隊の攻撃により左舷側に魚雷7本が命中して左に傾斜したのち、爆弾2発以上の命中を受けついに着底した。写真は船体中央部の被害状況を示すもので、消防艇が消火活動中である。背後に損傷中の戦艦テネシーが見える

米太平洋艦隊司令長官ハズバンド・E・キンメル大将――日本海軍によるハワイ奇襲時、米海軍の現場最高指揮官だった。昭和十六年(一九四一年)大将となり、同年太平洋艦隊司令長官に補職されたばかりで、この災厄にあった

◀海軍工廠第1ドック内で破壊された駆逐艦ダウンズ(左)とカッシン(右)――当時このドックには、写真のように米太平洋艦隊旗艦の戦艦ペンシルバニアも入渠していた。これら3隻は、第二波攻撃隊に参加した空母蒼龍の急降下爆撃隊に攻撃され、駆逐艦2隻は全損にちかい大損害を受けたが、ペンシルバニアは爆弾1発命中の小破に止まった

擱座した戦艦ネバダ——本艦は第一波攻撃隊の雷撃により魚雷1本が命中したが、ただちに脱出航行をはじめた。しかし第二波攻撃隊の急降下爆撃により6発以上の命中を受け、沈没を防ぐためにフォード島の南西端北側の浅瀬に自から擱座した

駆逐艦ショウの大爆発──本艦は、とうじ海軍工廠の浮ドックに入渠中だったが、第二波攻撃隊にくわわった空母蒼龍の急降下爆撃隊の攻撃をうけ爆弾1発が命中、大爆発を生じ船体前半部を失った。手前に傷つきながら脱出中の戦艦ネバダの艦尾が見える。ショウはその後、復旧され1942年後半に戦列に復帰している

大破した軽巡ラーリー──本艦はオマハ島の北西部付近に停泊していたが、第二波攻撃隊所属の急降下爆撃機隊（空母赤城搭載機）の攻撃により爆弾1発が命中し、大破着底した。写真は左に転覆するのを防ぐため、左舷側に円筒形のポンツーンを取り付けられた姿。のちに浮揚、復旧されている

沈没した敷設艦オグララ――本艦は海軍工廠の第1010埠頭に軽巡ヘレナと並んで停泊していたが(本艦が外側)、第一波攻撃隊の雷撃(空母飛龍機および蒼龍機)によりヘレナに魚雷1本が命中した際、艦底部を損傷し移動中に転覆沈没した。遠方に大破着底した戦艦カリフォルニアが見える

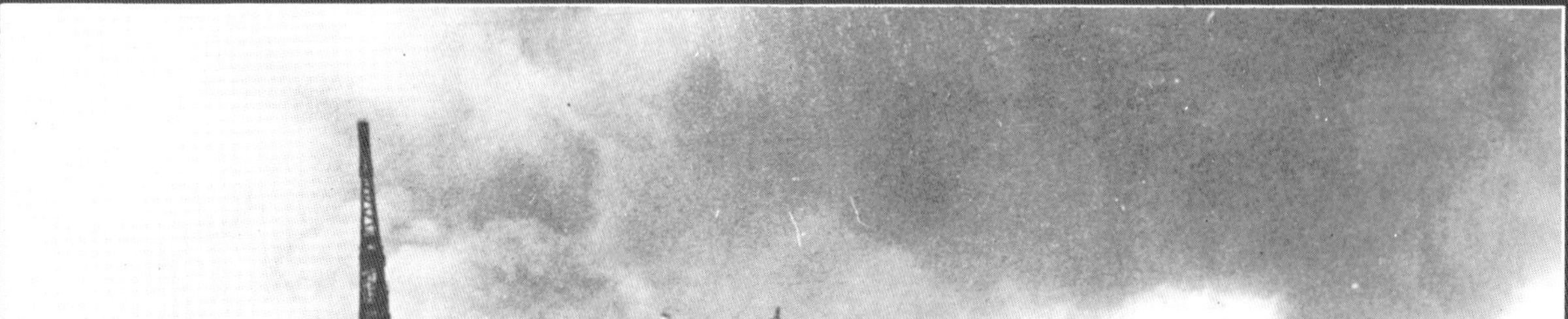

応戦中の潜水艦ナーワル（中央）――フォード島南東沿岸に停泊する戦艦群の対岸には潜水艦基地があり、わが雷撃機はこの付近から海面近くに降下して米戦艦を雷撃した。ナーワルは画面左の潜水艦タウトグおよび付近の駆逐艦と共同して対空射撃を行ない、日本機1機を撃墜している。なお、潜水艦と基地は無キズだった

地上施設を壊滅

第二波攻撃隊の空襲にさらされるヒッカム飛行場――すでに第一波攻撃隊の急降下爆撃と、戦闘機の銃撃により相当の損害を出しているが、さらに第二波攻撃隊の水平爆撃がくわえられつつある。両次の攻撃により、34機の爆撃機および攻撃機が破壊された。湾口部に高速で外洋に向かう駆逐艦２隻が見える

開戦直前の真珠湾軍事施設――48ページ上写真と同じく、1941年10月の撮影によるもので、中央に見える滑走路は湾口ちかくに設けられた陸軍のヒッカム飛行場である。ここは爆撃機の基地で、開戦時に72機の各種爆撃機および攻撃機が配備されていた

炎上するホイラー飛行場――これはオアフ島中部に設けられた陸軍戦闘機隊の航空基地で、開戦時には新旧とりまぜ158機の戦闘機が配備されていた。わが第一波攻撃隊の急降下爆撃と銃撃、第二波攻撃隊の銃撃などにより大被害をうけ、88機の戦闘機がたちまち破壊されてしまった

フォード島海軍航空基地の惨状（その1）――開戦時ここには、ＰＢＹカタリナ哨戒飛行艇33機を中心とした海軍航空隊が配備されていたが、第一波攻撃隊の急降下爆撃によりたちまち破壊されてしまった。写真は第一波攻撃終了後に写されたもので、後方の大爆発は戦艦アリゾナ爆沈の瞬間である

攻撃直前のカネオへ飛行場——オアフ島東部海岸に設けられた海軍の飛行場で、36機のカタリナ哨戒飛行艇を主力とした飛行隊が配備されていた。写真は第二波攻撃隊による空襲直前の状況を、午前4時15分、高度3,700メートルから撮影したもの

フォード島海軍航空基地の惨状（その2）——破壊された水偵の残がいや、被害を受けたカタリナ飛行艇や水偵があたりに点在している。第一波および第二波の攻撃により、この基地にあったカタリナ33機のうち、27機が破壊されてしまった

炎上するカネオヘ飛行場――この航空基地は、第一波攻撃隊による大きな攻撃は受けなかったが、つづく第二波攻撃隊の水平爆撃と銃撃により、とうじ同基地にあったカタリナ飛行艇33機はすべて破壊されてしまった。なお、残りの３機は、哨戒飛中だったため助かったものである

炎上するカネオヘ飛行場の格納庫――わが爆撃により発生した火災で、鉄骨を残すだけですべて焼け落ちてしまっている。短時間の攻撃で、所在の全航空機(33機)が壊滅してしまったのは、数ある戦史の中でも、きわめて珍しい事例といえよう

浮揚した戦艦群

真珠湾攻撃後の戦艦テネシー（左）とウエスト・バージニア（右）――転覆沈没した戦艦オクラホマの船体上から撮影したもの。テネシーは第一波攻撃隊の水平爆撃をうけ、800キロ徹甲爆弾2発の命中により中破したが、2週間後に航行可能となった。また着底したウエスト・バージニアは、ただちに浮揚の準備が行なわれた

浮揚した戦艦ウエスト・バージニア――真珠湾は浅いため転覆せずに沈んだ艦は浮揚、修理が可能であり、本艦は1942年5月17日に浮揚された。写真は6月8日に応急修理のためドックに曳航中の姿。のちに大規模な修理、改装工事を受け、1944年夏、戦列に復帰した

擱座した戦艦ネバダ――真珠攻撃の最中に米戦艦の中でただ1隻航行した本艦は、すでに解説したように大破の状態で自ら浅瀬に擱座し沈没をまぬがれたが、これは翌年2月16日に写された浮揚準備中の艦影。この直後に浮揚し、修理および改装工事を受け、はやくも1943年初めに艦隊にくわわっている

真珠湾で撃沈破された米艦艇のその後

瀬名堯彦

二波にわたる日本海軍の航空攻撃が去った後、真珠湾の米太平洋艦隊にのこされた損害は次のとおりで、その規模はかなり大きかった。特に日本側が第一の目標とした戦艦陣の被害が一番はげしく、在泊していた八隻のうち無傷のものは一隻もなかった。

沈没六隻――戦艦四隻（アリゾナ、オクラホマ、カリフォルニア、ウエスト・バージニア）、敷設艦一隻（オグララ）、標的艦一隻（ユタ）

大破七隻――戦艦一隻（ネバダ）、軽巡二隻（ヘレナ、ラーリー）、駆逐艦二隻（ダウンズ、キャシン、ショー）、工作艦一隻（ベスタル）

中破五隻――戦艦三隻（メリーランド、ペンシルバニア、テネシー）、軽巡一隻（ホノルル）、水上機母艦一隻（カーチス）

とうじ真珠湾に停泊していた艦艇は八五隻であったから、約二割が損害をうけたことになる。しかし、オアフ島の米海軍工廠その他の修理施設が被害を被らずにすんだことは、米海軍にとって正に不幸中の幸いであった。

衝撃から立ちなおった米海軍関係者は、ただちに撃沈破されたこれら艦艇の引き揚げ修理に着手し、その復旧に全力を挙げたのである。これら被害艦艇の状況とその後について、以下艦種別にその跡をたどってみよう。

(1)戦艦――損傷した米戦艦のなかで、一番損害が軽かったのはメリーランドである。同艦は在泊時、戦艦列でオクラホマの内側にあって魚雷攻撃から保護された形となっていたため、被害は前部に被った直撃弾二発だけであり、艦内に貫通したのはその一発にすぎなかった。応急修理は十二月二十日までに完成し、のちピュジェット・サウンド工廠で仕上げをして、一九四二年二月には現役に復した。

テネシーもウエスト・バージニアの内側に繋留されていたので魚雷攻撃はまぬがれたが、砲塔上に二弾うけた。しかし、それよりも大きな損害をもたらしたのは、後方に繋留されていたアリゾナの大爆発によって飛来した火のついた破片や、海上に燃え拡がった重油であり、これが艦上に火災を発生させたのである。消火作業は二日目の夜まで続いた。自力航行可能であり、十二月中に本国へ引き揚げて本格的な修理と改装がほどこされ、やはり翌年二月に復帰している。

ペンシルバニアはドック内で被弾したが、大きな損害とはならず、メア・アイランド工廠で修理され、翌年三月に完了し戦列に帰った。

ネバダは魚雷一本と爆弾七～八発が命中し、フォード島南端に擱座し、上部構造物などに相当の損害をうけた。一九四二年二月に浮揚され、ピュジェット・サウンド工廠で修復されたが、このさい徹底的な近代化改装がほどこされ、艦容を一新して一九四二年十二月に復帰した。

以上の四隻にくらべ後の四隻の損害はかなり大きかった。まずカリフォルニアは魚雷二本と爆弾二発が命中し、沈下着底した。翌年三月浮揚に成功し、ブレマートン工廠に回航されて修復工事とともに大規模な改装が実施され、艦容は新鋭戦艦サウス・ダコタ級に類似したものとなり、再役したのは一九四四年五月であった。

ウエスト・バージニアも魚雷六本と直撃弾二発を被り、そのうえアリゾナの爆発から発生した火災のため、かなりの損害をうけて着底した。翌年五月に浮揚されたが、改装と修理はブレマートン工廠で施工され、完成したのは一九四四年七月であった。その改装も前記のカリフォルニアに似た大規模なもので、改装後は外観も一変した。

オクラホマは魚雷五本と爆弾が命中して転覆し、

浮揚した戦艦オクラホマ――転覆沈没した本艦は、湾内整理のため多大の苦労をはらって船体を引き越こし、次いで浮揚作業が行なわれた。写真は浮揚後の1943年11月３日の姿。しかし、復旧に多額の経費がかかり、しかも当時ぞくぞくと新造艦が就役しつつあったため、修理を行なわず1944年９月に廃艦となった

マストを海底に突っ込み艦底の一部を水面にあらわすだけという有様で、引き揚げ準備に一年以上を要した。

一九四三年三月にやっと浮揚が行なわれ、十二月に入渠を終えたが、すでに多数の新艦が建造中であり、米海軍は老朽化した本艦の復旧にさらに多額の経費をかけることを望まなかったので、一九四四年十一月に除籍となった。そして本艦は戦後、一九四七年五月、解体のためサンフランシスコへ曳航中に沈没するという、まことに不運な艦であった。

最大の被害者はアリゾナであった。魚雷一本と爆弾八発が命中し、その中の直撃弾一発が前部火薬庫で爆発したのが致命傷となった。巨大な火柱とともに前部は完全に破壊されて沈没し、乗員の約七五パーセントを失う大惨事となったのである。

被害はあまりに大きく浮揚は断念され、完全喪失となった。戦後、一九六二年に沈んだ船体に記念館が設けられ、今日でも観光名所となっていることは良く知られていよう。

けっきょく八隻のうち六隻は復旧され、戦時中さらに大改装をほどこし、各艦とも上構の近代化、レーダー装備、対空兵装の強化、バルジの装着などが行なわれた。そして大戦後期のマキン、タラワ、サイパン、フィリピン、沖縄などの攻略作戦に従事して艦砲射撃を実施し、いずれも特攻機の命中をうけたが、大きな被害はなかった。

その中で有名なのは、一九四四年十月二十四日のスリガオ海峡夜戦であり、日本の扶桑、山城などの西村艦隊に砲撃を浴びせた米戦艦部隊には、ウエスト・バージニア以下、ハワイの古傷を持つこれら五隻が含まれていたのである。

(2)巡洋艦——ヘレナは真珠湾埠頭に繋留されていて魚雷一本が命中浸水したが、沈没はまぬかれ、応急修理ののちメア・アイランド工廠で修復され、一九四二年後期の南太平洋方面の諸作戦に従事した。サボ島沖夜戦以下の海戦にも参加したが、一九四三年七月六日、クラ湾夜戦で日本駆逐艦隊の雷撃をうけて沈没した。

ラーリーは、フォード島北西方で魚雷一本が命中、缶室などに浸水したが、反対舷注水など適切な処置により転覆せずに済んだ。入渠修理のうえ三月サンフランシスコに回航され、改修の後、七月に復役した。ラーリーはアリューシャンおよび千島方面の作戦に従事した。ホノルルも損傷し、そののち復旧されて、ソロモン、マリアナ、レイテ方面の進攻作戦に参加したが、一九四四年十月レイテ作戦中に雷撃をうけて損傷している。

(3)駆逐艦——戦艦ペンシルバニアとともに海軍工廠のドックに入渠中であった駆逐艦ダウンズとキャシンは、爆撃をうけて一弾がダウンズの燃料庫に命中し、火災がたちまち両艦をつつみ弾薬などの誘爆も生じた。

キャシンは転覆してダウンズに折り重なり、両艦とも一時は完全喪失とみられたが、機関など使用可能な部分を引き揚げて、メア・アイランド工廠で船体は再製され、ダウンズは一九四三年十一月、キャシンは一九四四年二月に再就役した。

ショーも付近の浮ドックに在って三発の直撃弾を浴びて火災を生じ、艦首を失い大破した。応急修理をほどこし翌年三月サンフランシスコに回航され、修理を完了したのは翌年六月であった。本艦はその後、一九四三年十二月ニューブリテン島沖で爆撃をうけ損傷したほか、一九四五年四月にもレイテ方面で座礁している。

(4)その他——敷設艦オグララは軽巡ヘレナに接舷しており、魚雷と爆弾の爆発をうけ浸水転覆した。一九四二年に引き揚げられ、十二月に復役した。

標的艦ユタはフォード島西方にあり、魚雷二本が命中、転覆して完全喪失となった。

工作艦ベスタルは戦艦アリゾナの外側にいて直撃弾二発をうけた後、アリゾナ大爆発の余波をうけ大破火災を生じたが、からくも沈没はまぬがれた。修理のうえ一九四二年八月、新任務に就いた。

水上機母艦カーチスは対空射撃中、撃墜した日本機が右舷に当たり、さらに直撃弾一発をうけたが、いずれも火災は間もなく消し止められ、修理はわずか四日で完了した。

けっきょく完全に失われたのはアリゾナ、オクラホマ、ユタの三隻だけであった。

いまなお真珠湾に置かれている戦艦アリゾナの記念碑——爆弾命中で船体に大損傷を生じ沈没したアリゾナは、浮揚を断念し艦内に多数の戦死者を止めたまま固定され、戦後1962年に船体上に記念碑が建てられた。本艦はいまなお艦籍に止められ、毎朝軍艦旗が掲揚されている

海中からの攻撃

特殊潜航艇（甲標的）——日本海軍が開発した２人乗りの小型潜水艇で、45センチ魚雷２本を装備している。真珠湾作戦では空母機動部隊と呼応して、本艇５隻が湾内に潜入して米艦隊に決死の奇襲攻撃をかける特別攻撃作戦が敢行された。本作戦には甲標的甲型が使用されたが、写真は改良型の丙型である

特殊潜航艇を運んだ伊16潜水艦——５隻の艇は、それぞれ１隻ずつ大型潜水艦に積んで運ばれ、真珠湾口付近で発進されたが、搭載艦には後甲板がクリヤーな伊16潜型（丙型潜水艦）が使用されることとなり、本艦のほかに伊18、20、22、24潜が参加した

擱座、放棄された酒巻艇（その１）―― ５隻の特殊潜航艇（甲標的）は、機動部隊第一波攻撃隊発進の５時間前に、搭載潜水艦より発進し真珠湾突入をはかった。だが、米側の厳重な警戒、地理の不なれ、艇の能力不足などのため、あるいは米艦に撃沈され、あるいは自沈、擱座するなどして目的を果たさぬままハワイの海に散華した

真珠湾作戦に参加した伊18潜——本艦も前掲の伊16潜と同様に、特殊潜航艇の発進艦として作戦した。真珠湾攻撃作戦には、特殊潜航艇搭載の5隻のほかに、20隻の精鋭潜水艦が真珠湾付近に配備され、同湾からの脱出艦攻撃任務についたが、敵の哨戒、制圧が厳重なため戦果が上がらず、逆に1隻を失った

真珠湾攻撃を前にした昭和16年11月14日、甲標的母艦上で撮影された特別攻撃隊員——前列が艇長、後列が同乗の艇員で、左から広尾少尉、片山二曹(伊20潜)、横山中尉、上田二曹(伊16潜)、岩佐大尉、佐々木一曹(伊22潜)、古野中尉、横山一曹(伊18潜)、酒巻少尉、稲垣二曹(伊24潜)

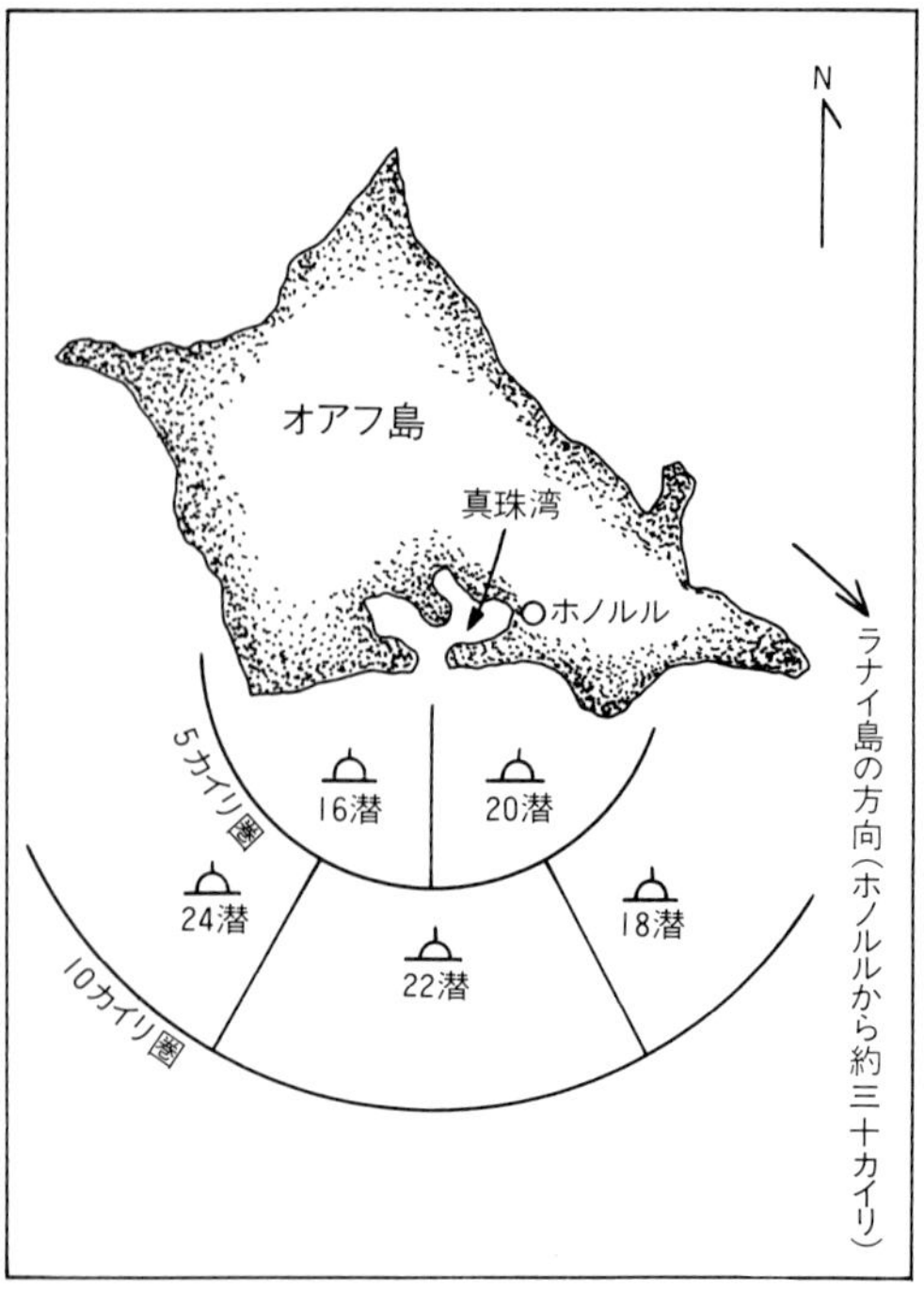

甲標的作戦のすべて

——阿部安雄

《甲標的の開発》

昭和六年、とうじ艦政本部第1部2課長だった岸本大佐の着想により、艦隊決戦時に水上艦から発進して敵主力艦を奇襲雷撃する、小型高速潜航艇の開発が厳重な機密下に着手され、昭和七～八年に第一次試作艇の設計・建造が行なわれた。

本艇は、A標的、対潜爆撃標的、TB模型などと呼ばれ、水中速力二四ノット、航続力は全速五〇分プラス微速約八時間、発射管二門、乗員二名で、昭和八～九年の実験で設計目標に近い性能が確認された。この成果に基づき、昭和十三年に第二次試作艇の設計が行なわれ、同年秋に完成した。

船体は第一次試作艇とほぼ同様だが、司令塔を若干高めたため、水中速力は二一・五ノットに低下した。設計完了後の昭和十四年七月に甲標的と命名され、二隻が建造されて翌十五年四月と六月にそれぞれ完成した。

完成後の五～六月に各種試験が行なわれ、さらに母艦千代田からの洋上発進試験も成功裏に実施された。これにより同年十一月に制式兵器として採用され、その直前の十月から量産艇の建造に着手された。量産艇は、潜望鏡とジャイロ・コンパスの改善、防潜網切段鋼索の新設などの改正がはかられており、甲標的甲型と称された。要目・性能は次のとおりである。

全没排水量四六トン、全長二三・九メートル、最大幅一・八五メートル、深さ一・八五メートル、水中速力一九ノット、水中航続力六ノット——八〇カイリ（または一九ノットで五〇分）、安全潜航深度一〇〇メートル、四五センチ魚雷発射管二門、魚雷二本、乗員二名。

《真珠湾奇襲作戦の採用》

甲標的部隊の訓練は、逐次完成する艇を用いて昭和十六年一月から開始された。だが訓練が進むにつれて搭乗員の中から、開戦となったら艦隊決戦が生起するまでの間に甲標的を潜水艦に搭載し、敵艦隊根拠地の奇襲行撃を敢行したいとの考えが強まってきた。

そこで昭和十六年九月に、千代田艦長原田大佐を通じて開戦劈頭の真珠湾奇襲攻撃を、山本連合艦隊司令長官に具申した。これは、空母機動部隊の真珠湾攻撃作戦を知らずに提案されたもので、期せずして両計画が一到した形となった。

だが、この提案は艇員収容の見込みが薄いとして却下された。これに対して甲標的の帰還収容策を研究の上、ふたたび計画採用を具申したが、確実性乏しいとして却下された。そこで航続時間の伸延など収容方策の改良研究を行なった上で、十月初旬に三たび山本長官に具申し、ついに暗黙の承認を取り付け、その直後の図上演習で、この作戦計画が正式に承認され、ハワイ作戦参加が決定した。

《作戦計画と準備状況》

真珠湾作戦には乗員二名搭乗の甲標的五隻を使用のこととし、この甲標的五隻と搭乗員一〇名で特別攻撃隊が編成された。甲標的を運ぶ潜水艦には、後甲板上に甲標的を搭載可能な伊16潜型（丙型）の伊16、18、20、22、24潜が選ばれた。特別攻撃隊の編成と搭載潜水艦名は、左表のとおりである。

特別攻撃隊編成表

指揮官	大佐 佐々木半九 付 中尉 松尾敬宇
搭載艦名	**甲標的搭乗員**
伊22潜＊	※大尉岩佐直治 一曹佐々木直吉
伊16潜	※中尉横山正治 二曹上田定
伊18潜	※中尉古野繁実 一曹横山薫範
伊20潜	※少尉広尾彰 二曹片山義雄
伊24潜	※少尉酒巻和男 二曹稲垣清

＊印は司令潜水艦。※印は艇長

各艇は、開戦前日の日没後に真珠湾口一〇カイリの地点から三〇分間隔で発進し、機動部隊の攻撃前に湾内に潜入して、第一波攻撃隊の攻撃後に在泊艦艇を攻撃し、その後、外洋に脱出してラナイ島付近で搭載潜水艦に収容される計画だった。

この作戦のために、甲標的は航続力増大と防潜網突破対策工事が行なわれ、代償として蓄電池の四分の一を撤去した。

これにより潜航持続時間が一六時間に増大した

が、水中速力は一四ノットに低下した。このように潜水艦搭載泊地攻撃用に改造した甲標的を、機密保持のため特型格納筒と呼称し、のちに国民に対し特殊潜航艇の名称で公表した。

搭載潜水艦に必要な改造は、昭和十六年十～十一月に実施され、後甲板上に甲標的搭載用架台と締め付け用バンドの設置、甲標的・潜水艦間の連絡電話の新設などが行なわれた。

《真珠湾攻撃作戦》

特別攻撃隊を乗せた五隻の潜水艦は、第3潜水隊司令佐々木半九大佐指揮のもとに十一月十八～十九日に呉・亀ヶ首を出撃し、十二月七日までにオアフ島付近に到着した。同日夜、真珠湾口一〇カイリの地点まで接近し、機動部隊第一波攻撃隊発進約五時間前の二〇時一二分（現地時間〇時四二分、以下同様）に、伊16潜から横山艇が発進、つづいて約三〇分の間隔で岩佐艇、古野艇、広野艇、酒巻艇の順で発進した。酒巻艇は、ジャイロ・コンパス故障のまま発進し、非運の原因となった。

発進後の各艇の行動は、日本側にわからなかったが、(1)八日一八時一一分（七日二二時四一分）に横山艇から「奇襲成功」、さらに二〇時二一分に「航行不能」の通報があった、(2)八日一六時三一分（七日二一時一分）に伊69潜が真珠湾内での大爆発を認めた、(3)米信傍受などの状況から勘案し、甲標的はすべて湾内に侵入、攻撃に成功し、主力艦一隻撃沈は確実であると判断された。

甲標的発進後の潜水艦は、八日一七時（七日二一時三〇分)からラナイ島西方で収容配備についたが、帰還艇はなく、十二日黎明に捜索を打ち切り、五隻とも戦没と認定された。

米海軍の記録によれば、各艇の最後は次のように推測される。

横山艇＝湾口で掃海艇コンコルドに発見されたが離脱、湾内に潜入し攻撃ののち（戦果なし）、三日間にわたり脱出努力したが成功せず、壮烈な最後を遂げた。

岩佐艇＝湾内潜入に成功。第二波攻撃隊の空襲直前に、フォード島北方で水上機母艦カーチスに発見され、攻撃された艇が本艇と考えられる。この艇はカーチスに魚雷一本を発射したが命中せず、ついで駆逐艦モナガンからも攻撃されたので、これに魚雷一本を発射したが、またもや命中せず、モナガンの体当たりと爆雷攻撃でついに撃沈された。

古野艇と広尾艇＝艇名が確定できぬが、次の二例が両艇の最後に該当するものと思われる。(ア)八日二時三分（七日六時三三分)、湾口に向かう潜航状態の艇を米飛行艇が発見、一二分後に駆逐艦ウォードが爆雷攻撃で撃沈した。(イ)第二波攻撃末期の五時半ごろ（七日一〇時頃)、水道入口内側付近を航行中の軽巡セントルイスは、湾口付近で潜航艇一隻を発見し攻撃した。潜航艇は魚雷二本を発射したが不運にも命中せず、同艦の砲撃により撃沈された。

昭和三十五年七月、真珠湾口外で引き揚げられた艇(乗員の遺体なし)が、両艇のいずれかと見なされる。現在、江田島に展示されている。

酒巻艇＝ジャイロ・コンパスの故障により湾口水道の東側に座礁し、駆逐艦ヘルムの砲撃を受けたが、辛うじて脱出した。だが損傷のためベローズ飛行場沖の浜辺にのし上げ、酒巻少尉は不運にも捕虜となった。

甲標的の真珠湾攻撃は、能力不足のためなんら戦果を挙げ得ず、五艇とも未帰還、戦死者九名を出し、失敗に終わった。しかし、連合艦隊司令部では有効な攻撃を実施し得たものと考え、その後もこの種の攻撃を反復することとなった。

海軍当局は、甲標的を特殊潜航艇と呼んで真珠湾特別攻撃作戦を華ばなしく国民に公表し、戦死した九人の隊員は二階級特進し、戦意高揚のため軍神に祭り上げられた。

擱座、放棄された酒巻艇（その2）――この艇は伊24潜から発進して真珠湾に向かったが、ジャイロ・コンパスの故障のため正確な針路が定められず、くわえて米哨戒艦の攻撃を受け、ついに真珠湾突入に失敗しオアフ島東部のベローズ・フィールド付近の海岸に座礁し、脱出した酒巻大尉は失神状態になって米軍の手に捕えられた

ハワイ作戦における潜水艦作戦

伊達 久

先遣部隊（潜水艦部隊）の作戦計画は、対米作戦において、敵艦隊主力の所在地を監視し、敵が出撃した場合には、これを報告するとともに攻撃を行ない、以後追躡し触接を保って敵情を報告、随時襲撃を行なって敵勢を減殺し、艦隊決戦に参加するというのが、戦前に演練された任務であった。

ハワイ作戦における先遣部隊の主任務は、機動部隊の空襲に策応して真珠湾に出入する敵艦船を攻撃するにあったが、監視配備などその用法は基本的には従来の考え方と変わっていなかった。

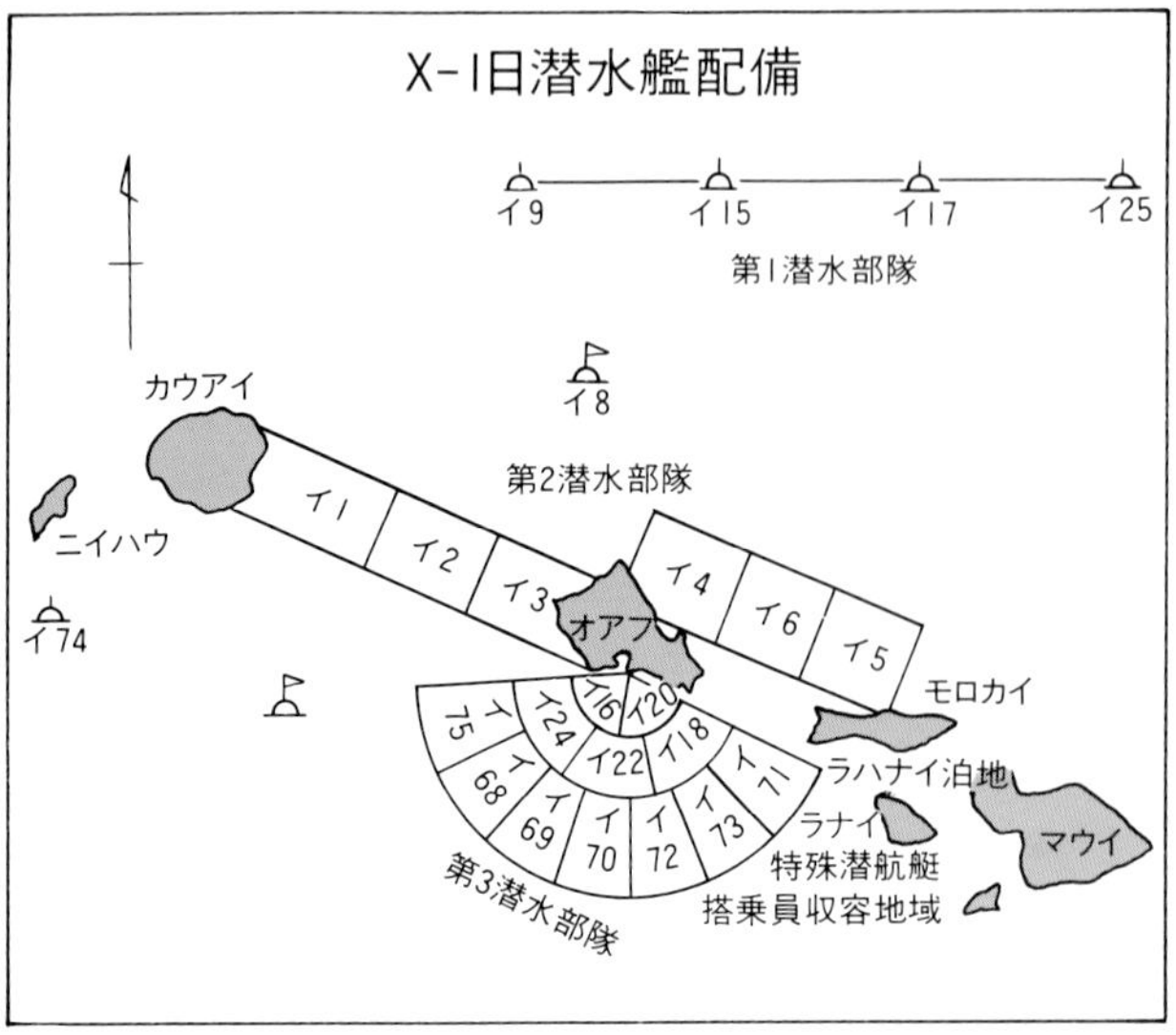

機密先遣部隊命令作第一号の各潜水部隊の行動は次のとおりであった。

(1)第1、2、3潜水部隊は、各指揮官の定める所によりオアフ島の三〇〇カイリ圏に達した後、逐次配備を緊縮してX—一日には付図に定める配備につき、爾後、敵艦隊を監視し脱出艦艇の捕捉攻撃、わが機動部隊に対する反撃の阻止に任ずる。

(2)第3潜水部隊指揮官は、一部をもってX—一日までにラハイナ泊地を偵察してこれを報告させ、またX日一艦をニイハウ島南方海面に配備し、不時着機の搭乗員の救助に任じさせる。

(3)特別攻撃隊は、X—一日夜、真珠湾口付近において特殊潜航艇を発進して真珠湾に進入させ、第一次空襲後、敵艦隊を攻撃させ、X日およびX＋一日夜間、ラナイ島西方海面において搭乗員を収容した後、第1潜水部隊として行動する。

(4)要地偵察隊の伊10潜は、ケゼリン経由フイジー、サモア島ツツイラの要地を、伊26潜はアリューシャン列島の要地の偵察を、それぞれX—三日までに実施し、有力部隊のない時はハワイと米本土間の交通破壊に任ずる。

(5)先遣部隊は、機動部隊のハワイ急襲終了後X＋三日ごろまで機動部隊指揮官の指揮を受ける。

このほか第2潜水隊の伊19、伊21、伊23潜は機動部隊に編入され、機動部隊の哨戒隊として前方の警戒を命ぜられていた。

昭和十六年十一月十日、3潜戦司令官は第6艦隊旗艦において連合艦隊命令および先遣部隊命令を受領し、作戦の打ち合わせを行なった。

翌十一日、将旗を大鯨から伊8潜に移揚し、3潜戦の各艦はケゼリンで補給を要するので佐伯湾を出港、二十日ケゼリンに進出した。同日、各潜水艦の科長以上を集め作戦の打ち合わせを行ない、このとき初めてハワイ作戦を知り意気は大いにあがった。

3潜戦指揮官は、ラハイナ泊地偵察に任ずる潜水艦を伊73潜と伊71潜に、またニイハウ島付近で不時着機収容配備につく潜水艦を伊74潜に指定した。旗艦伊8潜は第3潜水部隊哨区の外方おおむね五〇ないし一〇〇カイリ付近を、適宜行動するように定めた。

3潜戦の各艦は二十三日ケゼリンを出撃し、旗艦伊8潜は翌二十四日ケゼリンを出撃して勇躍征途についた。

伊73、71潜は十二月六日および七日ラハイナ泊地を偵察、敵艦が在泊してないことを確認してこのことを報告した。この報告により機動部隊は攻撃を真珠湾に集中することができたのである。偵察終了後、

ハワイ作戦で第3潜水部隊の旗艦として参加した伊8潜——本艦は旗艦潜水艦の施設として司令官室、幕僚室、作戦室を完備し通信能力もいちじるしく強化された艦だった

開戦時の配備点に向かった。

第1、2潜水部隊は、十一月十五日、横須賀で第6艦隊旗艦香取で作戦の打ち合わせを行ない、第2潜水部隊は、伊1、9潜を除いて翌十六日、第1潜水部隊と伊1、9潜は二十一日に横須賀を出撃した。両潜水部隊は、ミッドウェーの飛行圏内の北方を迂回して、機動部隊の予定航路を掃航進撃して、予定の配備を完成した。

特別攻撃隊（伊22、16、18、20、24潜）は、十一月十八日呉を出港、亀ヶ首において特殊潜航艇を搭載して、翌十九日、内海西部を出撃した。十二月七日には予定の配備についた。

要地偵察隊の伊10潜は、十一月十六日横須賀を出港、ケゼリンを経由して、フイジー、サモアを偵察し、開戦時にはハワイ島南方約一、三〇〇カイリにあって北上していた。伊26潜は十一月十九日横須賀を出港、アリューシャン列島方面を偵察して、開戦時にはハワイの北東一、〇〇〇カイリにあった。

第6艦隊旗艦香取は、十一月二十四日横須賀を出港、トラック経由ケゼリンに十二月五日進出して、作戦を指揮した。

第1、2、3潜水部隊および特別攻撃隊は、所定の配備点について開戦を迎えた。

特別攻撃隊は七日夜、湾口にて特殊潜航艇五隻を発進させた後、各潜水艦は収容配備について捜索したが一隻も収容できず、十二日、命令により帰途につき、十九日から二十二日ケゼリンに帰投した。

第3潜水部隊は、真珠湾口ちかくに配備されたが各艦とも苦労し、伊69潜は九日、バーバースポイントの一三〇度四・五カイリにおいて防潜網に引っかかり、海底一〇〇メートルまで沈下した。同艦は万策つきて自爆準備を完了し、最後の離脱を試みたところ幸運にも危機を脱することができた。

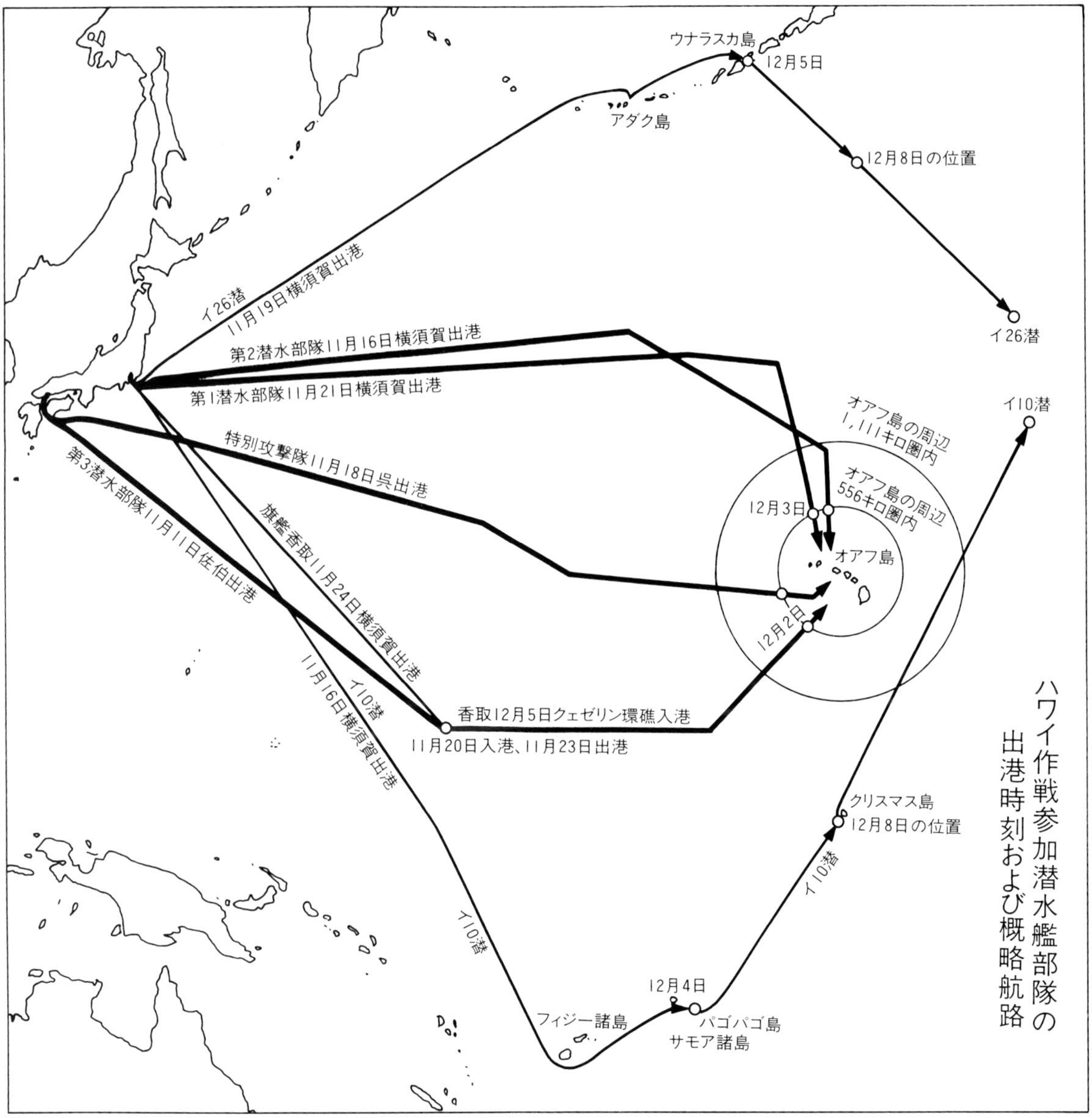

ハワイ作戦参加潜水艦部隊の出港時刻および概略航路

ハワイ作戦で第3潜水部隊の一艦として参加した伊68潜――ハワイ作戦では防潜網に引っかかり、一時は自爆を決意したが、最後の離脱を試みたところ幸運にも危機を脱し、帰還することができた

ハワイ作戦で第2潜水部隊の一艦として参加した伊6潜――本艦はハワイ作戦後もハワイ監視に当たっていたが、翌年一月十日、伊18潜が敵空母部隊発見を報じてきたので、索敵につき十二日、ジョンストン島の六〇度二七〇カイリで空母サラトガを発見、これに魚雷一本を命中させ損傷をあたえた

伊70潜は九日、敵情報告後消息不明となる。伊68潜は爆雷攻撃をうけて損傷した。

このような状況で3潜水部隊は、十八日帰途命令により、ジョンストン、パルミラ、キングマンリースの偵察および砲撃を行なって十二月三十一日までにケゼリンに帰投した。

第1潜水部隊は、十日朝、オアフ島東方の哨区にあった伊6潜が、レキシントンおよび重巡二隻を発見したので、この報告によって、同空母を追って米西岸方面への作戦に転じた。

なお機動部隊哨戒隊も第1潜水部隊に編入され、九隻で名前も先遣支隊となり、十二月二十日ごろから米西岸全域にわたって海上交通破壊戦を開始した。燃料の関係で二十七日までに帰途につき、一月十一日ケゼリンに帰投した。

米西岸の海上破壊戦における先遣支隊の戦果は、撃沈五隻(三〇、三七〇トン)、撃破五隻(三四、二九九トン)であった。この交通破壊戦は一〇日間たらずであり、その成果は充分でなかったが、アメリカの人心に及ぼした影響は大きかった。

第2潜水部隊は、開戦以来オアフ島の東西水道の哨区にあって監視を行なっていた。第3潜水部隊のあとを受け、十二月十八日以後、第2潜水部隊がハワイ監視に当たった。そして十二月三十一日にはハワイ、マウイ、カウアイ島の港湾を砲撃して敵艦艇の誘出を図った。

一月一日、伊3潜がハワイの西南一〇〇カイリにて空母部隊を発見したとの報により、先遣部隊指揮官は第2潜水部隊に対し二隻を真珠湾監視に残し、五隻をもってこの敵部隊の索敵を命じたが発見できず、六日には監視配備に復帰した。

一月十日、伊18潜がハワイ西方五五〇カイリで空母部隊の発見を報じ、これを捕捉するため第2潜水部隊は監視配備を撤し、ジョンストン島東方の索敵を命ぜられ、翌十一日にはマーシャル諸島にむけ索敵するよう命じられた。

十二日午後二時四十分、伊6潜は、ジョンストン島の六〇度二七〇カイリにてウェーキ攻撃にむかうサラトガを発見、これに魚雷一本を命中させ損傷をあたえた。なお、これにより大本営海軍部はレキシントン級一隻撃沈を公表した。

十三日、第2潜水部隊指揮官は、燃料の関係もあり帰投したい旨意見具申し、これが聞き入れられ、一月二十一日ケゼリンに帰投して、ハワイ作戦の第一次潜水艦作戦は終了した。

この作戦の戦訓により、敵の厳重な警戒のため緊密な監視は実施困難で、監視効果も期待できないことがわかった。このように戦前の期待に反した最大の原因は、平時における真剣な検討を欠いたことにあるといえよう。

この戦訓は、迎撃作戦におけるわが潜水艦の活躍に大きな期待をかけていたわが海軍に、少なからぬ衝撃をあたえたものであった。

擱座、放棄された酒巻艇（その３）──戦後の推測によると、酒巻艇いがいの４艇の状況については、横山艇は湾内に侵入し攻撃成功の報告後消息を断ち、岩佐艇は湾内で駆逐艦に撃沈され、残りの２隻は湾口付近で駆逐艦あるいは軽巡に撃沈されたようである。これらのうち２隻が米艦に雷撃を行なったが、成功しなかった

陸上に引き揚げられた酒巻艇──トレーラー・トラックで運ばれてきた姿を、多数の群衆が見物している。特殊潜航艇は正式には甲標的甲型と呼ばれ、元来、洋上での艦隊決戦において敵主力艦に奇襲攻撃を敢行すべく開発されたものだが、乗員の強い熱意に動かされて真珠湾攻撃に使用された。だが能力的に無理があり攻撃は失敗に終わった

特別攻撃隊員の合同海軍葬（その１）――真珠湾攻撃で戦死した９人の特殊潜航艇乗員は、九軍神とたたえられ二階級特進の措置がとられた。次いで昭和18年４月８日、日比谷公園葬場にて、９人の合同海軍葬が執り行なわれた。写真は砲車に安置された柩が海軍省正門を出て、葬場に進む光景

特別攻撃隊員の合同海軍葬（その２）――葬儀は島田海軍大臣が葬儀管理者となって厳かに進められ、永野軍令部総長、山本連合艦隊司令長官（代理）などの弔辞捧呈、儀仗隊の敬礼および弔銃斉射、九喪主の礼拝などが行なわれた。写真は礼拝を終えた海軍大臣島田繁太郎大将

◀▼戦後、引き揚げられた甲標的――昭和35年6月13日に、真珠湾口からダイヤモンドヘッドに向かって1.8キロの海底で、1隻の甲標的が発見され引き揚げられた。本艇は魚雷を発射しておらず、艇内には乗員の遺骨も見当たらなかった。その後にこの艇は日本に返還されることとなり、写真のように海上自衛隊のＬＳＴ“しれとこ”に搭載されて日本に運ばれた

▼江田島に設置された甲標的――“しれとこ”で運ばれた甲標的は、復元されて海上自衛隊幹部候補生学校のある江田島に展示された。本艇の搭乗員氏名はわからぬが、たぶん広野艇か吉野艇のいずれかで、湾口で米駆逐艦ウォードまたは軽巡セントルイスの攻撃をうけ沈没したものと推測される

戦果をあげて帰投

フラップを一杯に下ろし赤城への着艦体勢に入った九七艦攻──この日、赤城以下６隻の空母より発進した350機の攻撃隊は29機を失ったが、母艦には何の被害もなく完勝といっても良い戦果だった。画面右手で手旗をもっているのは着艦指揮官だが、仕事は甲板上での誘導で、米空母と異なり飛行機に対しての着艦誘導は行なわない。米空母は着艦進入誘導を手旗で行なっていたために、大戦末期になっても夜間着艦は危険が大きく、あまり行なわれなかった

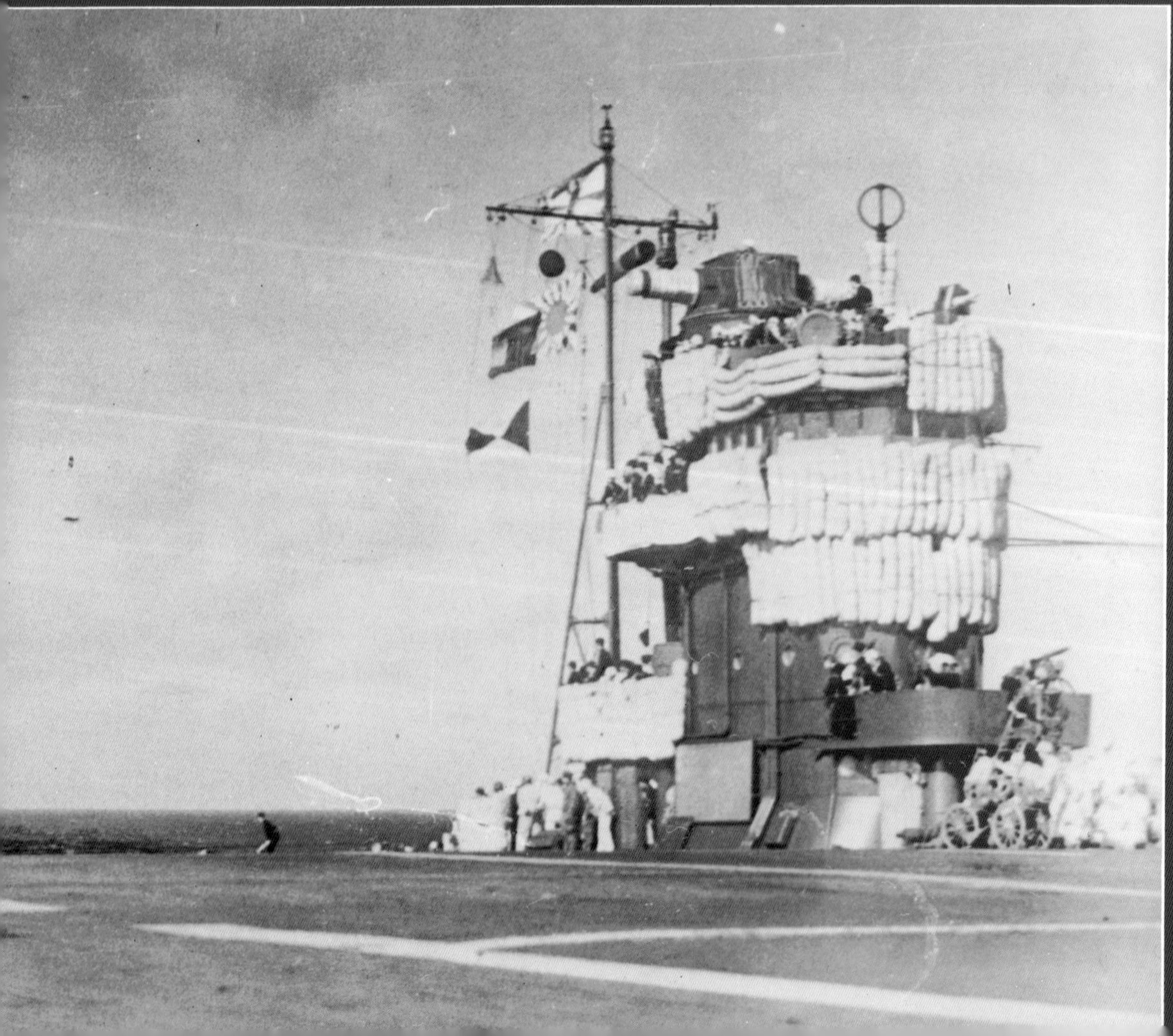

赤城へ着艦直前の九七艦攻——着艦フックを一杯に下げ、機首を上げ目に三点着陸の姿勢をとっている。甲板上には４本の制動索が張られているが、この制動索は艦首より全部で10本あり、写真では６番から９番までの４本を立てている。手前に甲板を横切っている三条の黒線は倒位置の滑走制止索で、もし着艦機のフックが４本のどれにも掛からなかった場合に、瞬間的に油圧で起こし、飛行機を止める装置である

飛行機の未帰還	
第一波攻撃隊	九七艦攻５（加賀５） 九九艦爆１（翔鶴１） 零戦３（赤城１、加賀２）
第二波攻撃隊	九九艦爆14（赤城４、加賀６　蒼龍２、飛龍２） 零戦６（加賀２、蒼龍３、飛龍１）
合計29機　戦死：約100名（うち航空隊員55名）	

▶攻撃を終えて赤城に着艦する九七艦攻——赤城のマストには南雲忠一司令長官の中将旗と戦闘旗が見られる。後方にはさらに２機の艦攻が着艦コースに入っており、この間隔の短さが練度の高さを物語っている。艦橋のまわりでは乗組員が身を乗り出して着艦を見守っている

赤城に着艦した九九艦爆――この日、真珠湾の米軍の防御砲火は想像以上に強力で、特に第二波攻撃隊はこれに苦しめられた。赤城の艦爆隊も18機のうち４機が未帰還という損害を出してしまった。しかし奇襲自体は完全な成功を収め、特に米軍の飛行機のほとんどを地上において破壊したことは、母艦を攻撃される心配がなくなったことを意味し、機動部隊にとって作戦遂行上、貴重な戦果であった

すべての攻撃を見届けて赤城に着艦した攻撃隊総指揮官・淵田美津雄中佐機――このとき赤城艦上では真珠湾に対する二次攻撃を行なうかどうかで議論が交わされていたが、南雲長官は淵田中佐の報告を聞いてから判断しようと考えていた。淵田中佐の報告により、空母を取り逃がしたほかは充分な戦果と判断され、予想される反撃をさけるために反転、帰投が決定された。こうしてハワイ作戦は終わりを告げ、機動部隊は進路を西へ取ったのである

全機収容を終わり、一路日本に向かう赤城の艦上風景――マストには中将旗と戦闘機のみ残され、艦橋下では戦果の発表でもしているのか人が集まっている。甲板上の零戦は緊急発進用に待機しているのだが、大作戦を終えた直後の安心感からか、翼下の整備員の姿ものんびりしたものを感じさせる。機動部隊は帰途、大きな事故もなく12月24日、桂島に帰投したのである。決死の覚悟で単冠湾を出撃していらい約1ヵ月の航海であった

瑞鶴より発艦する九七艦攻——ハワイ作戦時の撮影といわれるが、信号檣には戦闘旗が見えないことから、同作戦からの帰投時、対潜哨戒などのために飛び立つものであろうか。機体下面に取り付けられた爆弾懸吊器には小型爆弾が１個だけ吊り下げられている

空前の戦果を収めた機動部隊は12月24日、柱島に帰投した。呉には軍令部総長・永野修身大将がこの帰投を待っており、攻撃隊幹部、職員とともに１航艦旗艦赤城に集合、作戦の成功を祝った。写真は赤城艦橋前で撮影したもので前列左から６人目より連合艦隊参謀長・宇垣纒少将、１航艦司令長官・南雲忠一中将、航空本部長・片桐英吉中将、軍令部総長・永野修身、連合艦隊司令長官・山本五十六、以下の顔ぶれである。この日こそ、あるいは日本海軍最良の一日だったのかも知れない

南方攻略作戦

香港攻略

▲香港の英軍陣地へ向かう軍使——昭和16年12月13日、わが軍は英香港総督に対して降伏勧告の軍使を送った。犬をつれた女性は、軍使の案内役をした英国婦人である。軍使の派遣はこの4日後にも行なわれたが、英側は2回とも降伏を拒絶し、18日ついにわが方の上陸作戦が実施された

戦闘開始の手旗信号を送る砲艦嵯峨の信号員　嵯峨は当時第2遣支艦隊に所属し、香港南方で海上封鎖に従事していた。本艦は軽巡五十鈴などとともに艦砲射撃で香港上陸作戦を支援した

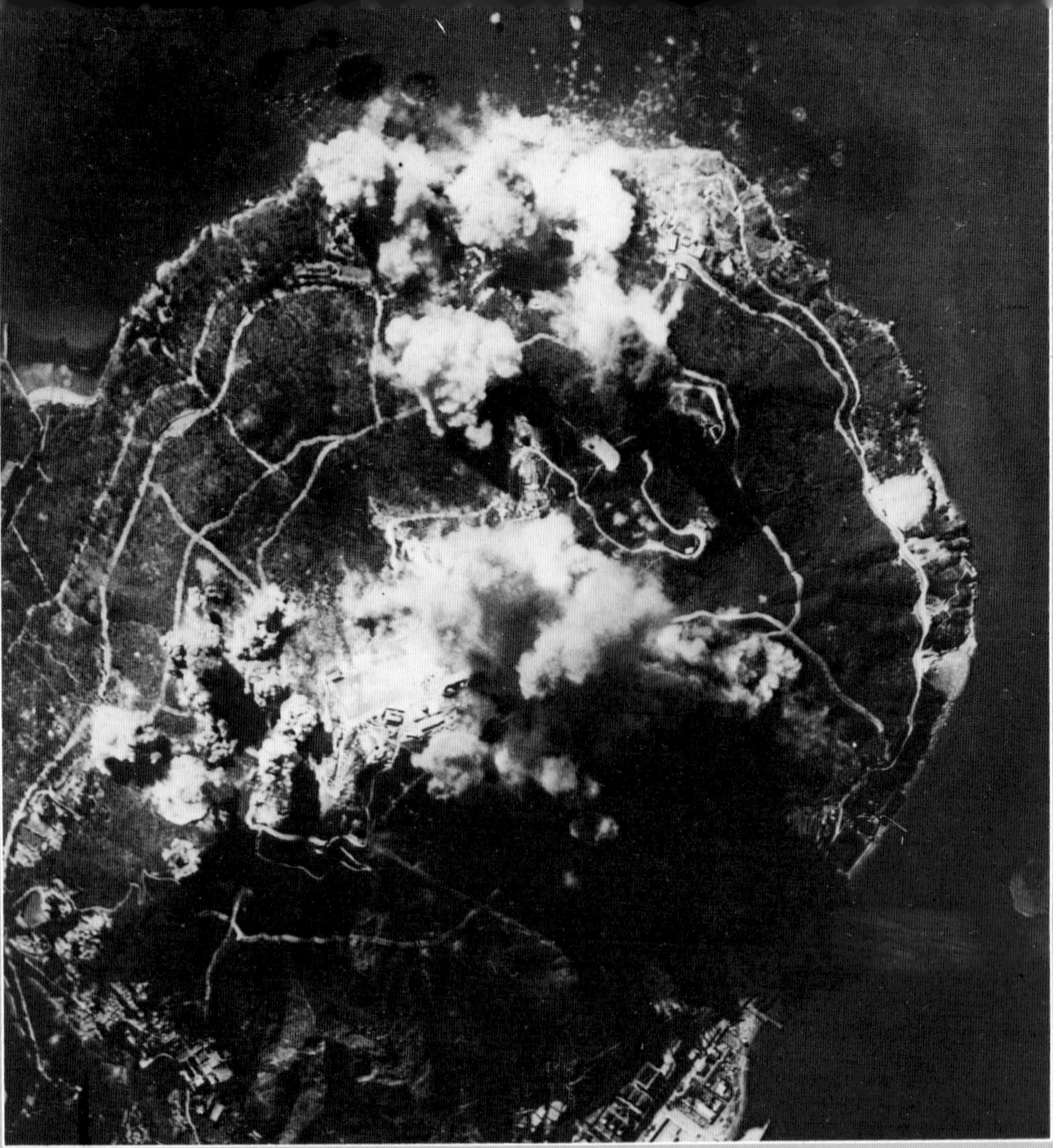

香港の要部を爆撃しているところ——昭和16年12月16日、第11航空艦隊は第21航空戦隊の陸攻45機による香港攻撃を敢行し、摩星嶺砲台とアバーデン港軍事施設に最大な損害をあたえた

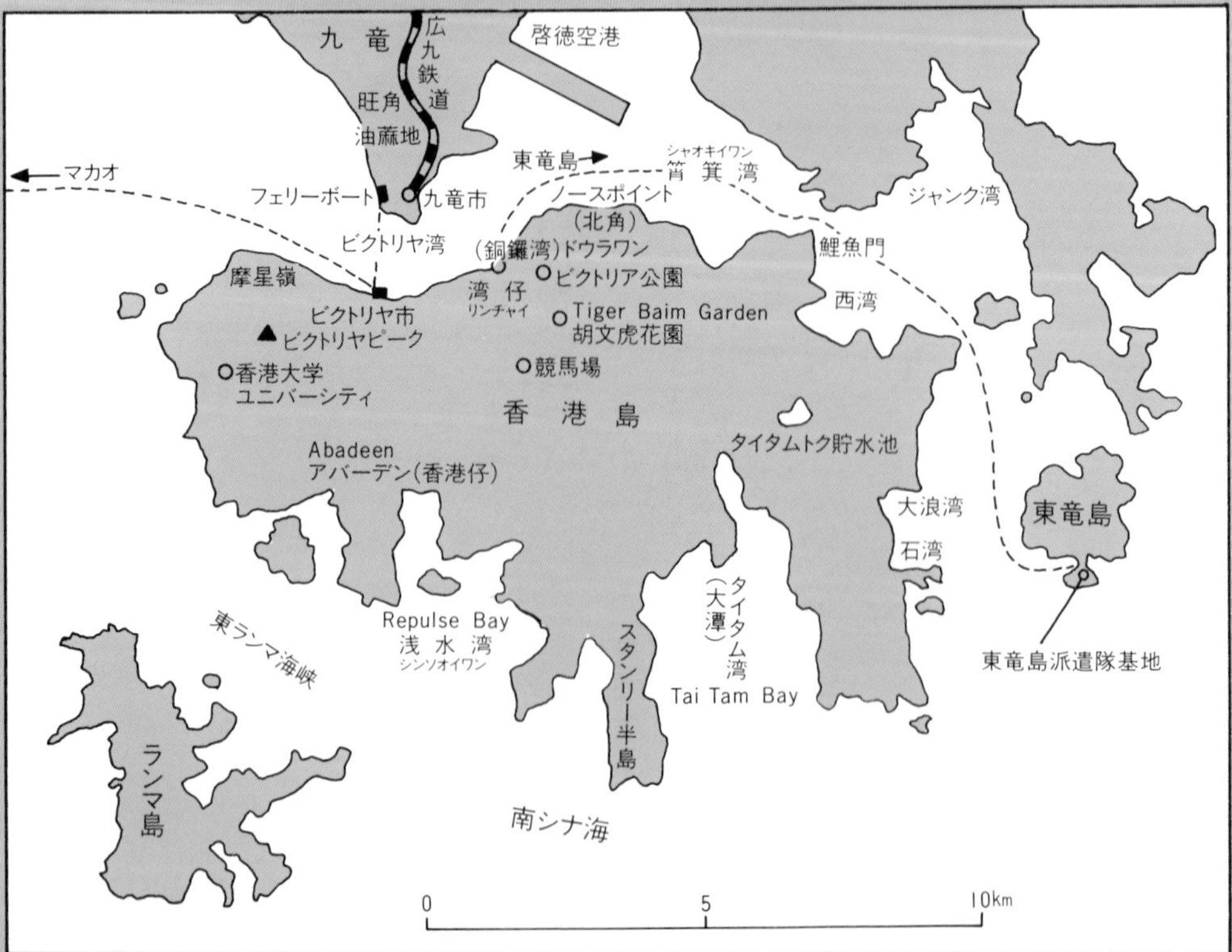

わが軍の攻撃を受けて炎上する香港市街——香港攻略部隊は酒井隆陸軍中将率いる第23軍で、その隷下には24センチ榴弾砲8門、15センチ加農砲16門、15センチ榴弾砲6門、15センチ臼砲12門からなる重砲兵部隊がくわえられていた

鯉魚門(リームン)水道で撃沈された英国船——着底状態で、マストや煙突などが水面に出ている。上陸作戦が行なわれた翌日に撮影したものだが、陸上では黒煙がもうもうと上がっている

マレー方面作戦

マレー攻略海軍部隊

南方部隊旗艦愛宕——本艦は重巡高雄型の2番艦である。昭和14年7月に近代化改装をおえ、基準排水量13,400トン、速力34.3ノット、20.3センチ砲10門、61センチ魚雷発射管16門、飛行機3機の性能要目で、とうじ日本海軍有数の精鋭巡洋艦だった。緒戦の南方攻略作戦では、最高指揮官である第2艦隊司令長官近藤信竹中将の旗艦となった。写真は開戦直前、内地での艦影

▶重巡愛宕の後檣にひるがえる近藤中将の将旗(上)と戦闘旗(軍艦旗)——本艦が近藤信竹中将の旗艦となったのは、昭和16年10月6日のことで、以後内地で戦備をととのえ、12月2日馬公に進出した。写真は開戦直前に撮影されたもののようだ

◀昭和16年12月3日、台湾西方馬公泊地に停泊中の重巡愛宕——対米、英開戦を目前にして、発射予備指揮所直後の甲板に総員集合し伊集院艦長より訓示を受けている光景。中央の台上にしつらえられた艦内神社の横に立つ艦長の訓示から、全員ただならぬものを感じ取り艦内の士気はいやが上にも高まった。翌4日、本艦は馬公を出撃し、南方部隊本隊主隊としてマレー方面での作戦に従事した

南方部隊本隊主隊の主力となった戦艦金剛——本艦は昭和12年1月に第二次改装が完成した高速戦艦である。基準排水量32,200トン、速力30ノット、36センチ砲8門、15センチ砲14門、飛行機3機の要目性能で、姉妹艦に榛名、比叡、霧島がある。このうち本艦と榛名は、英国の主力艦との戦闘に備えて第3戦隊第2小隊として南方部隊主力に編入され、残りの2隻(第1小隊)はハワイ作戦に使用された

▼高速戦艦榛名——金剛の姉妹艦で要目も同一である。本艦は開戦劈頭の南方攻略作戦では、南方部隊本隊東方支隊に配属されて比島攻略作戦部隊の支援任務に当たる計画だった。だが、英戦艦プリンス・オブ・ウエールズと巡戦レパルスのシンガポール進出により、急きょ南方部隊本隊主隊に編入され、金剛と2隻でこれに対抗することとなった

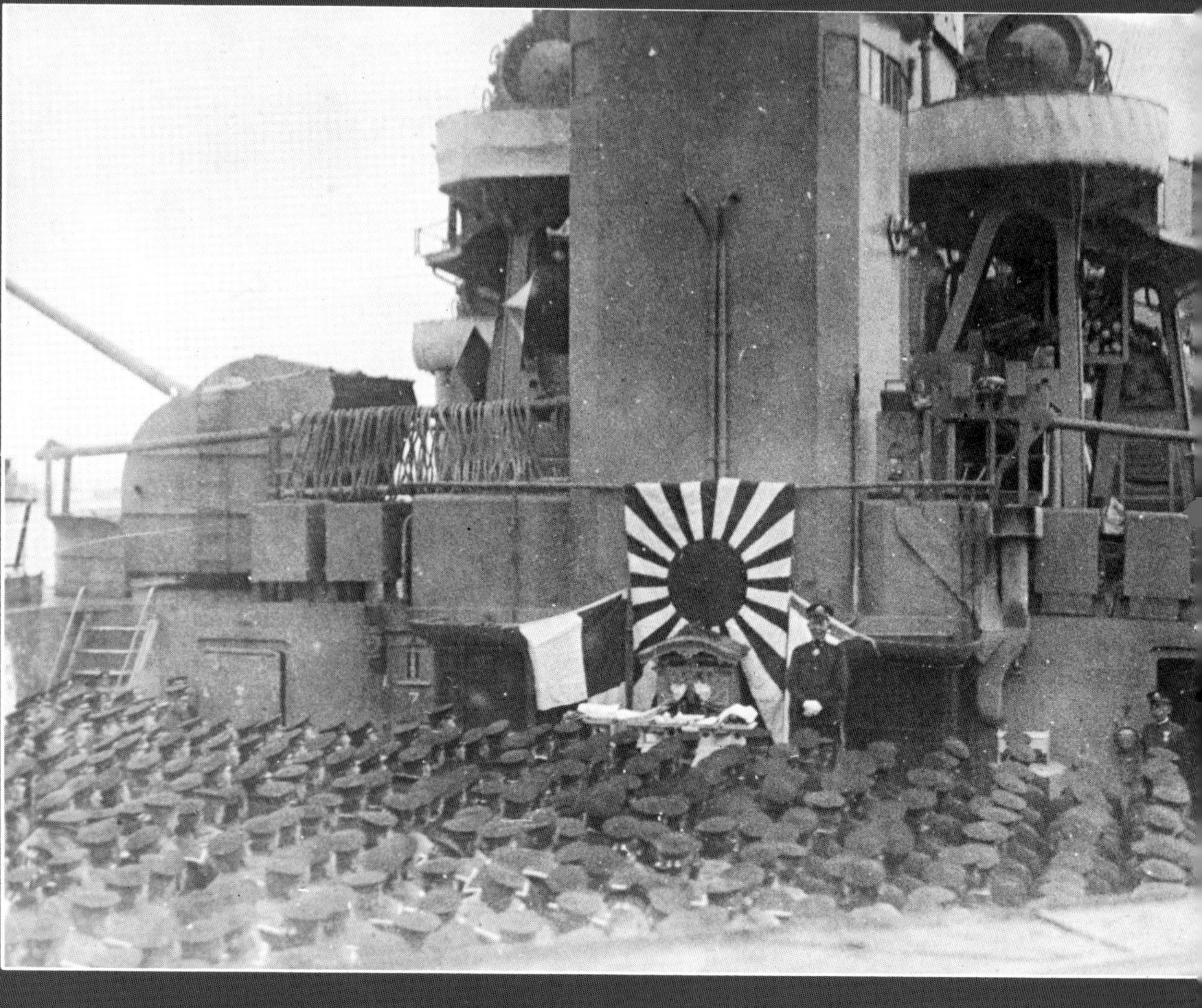

マレー部隊旗艦鳥海(右)── 開戦直前の昭和16年11月27日にマレー方面攻略作戦を任務とした南遣艦隊の旗艦となり、司令長官小沢治三郎中将が座乗した。本艦は重巡高雄型の1艦だが近代化改装を施される機会が得られぬまま、やや劣勢の性能装備で対米、英戦に出陣した。遠方の艦は比島攻略支援に当たった姉妹艦摩耶

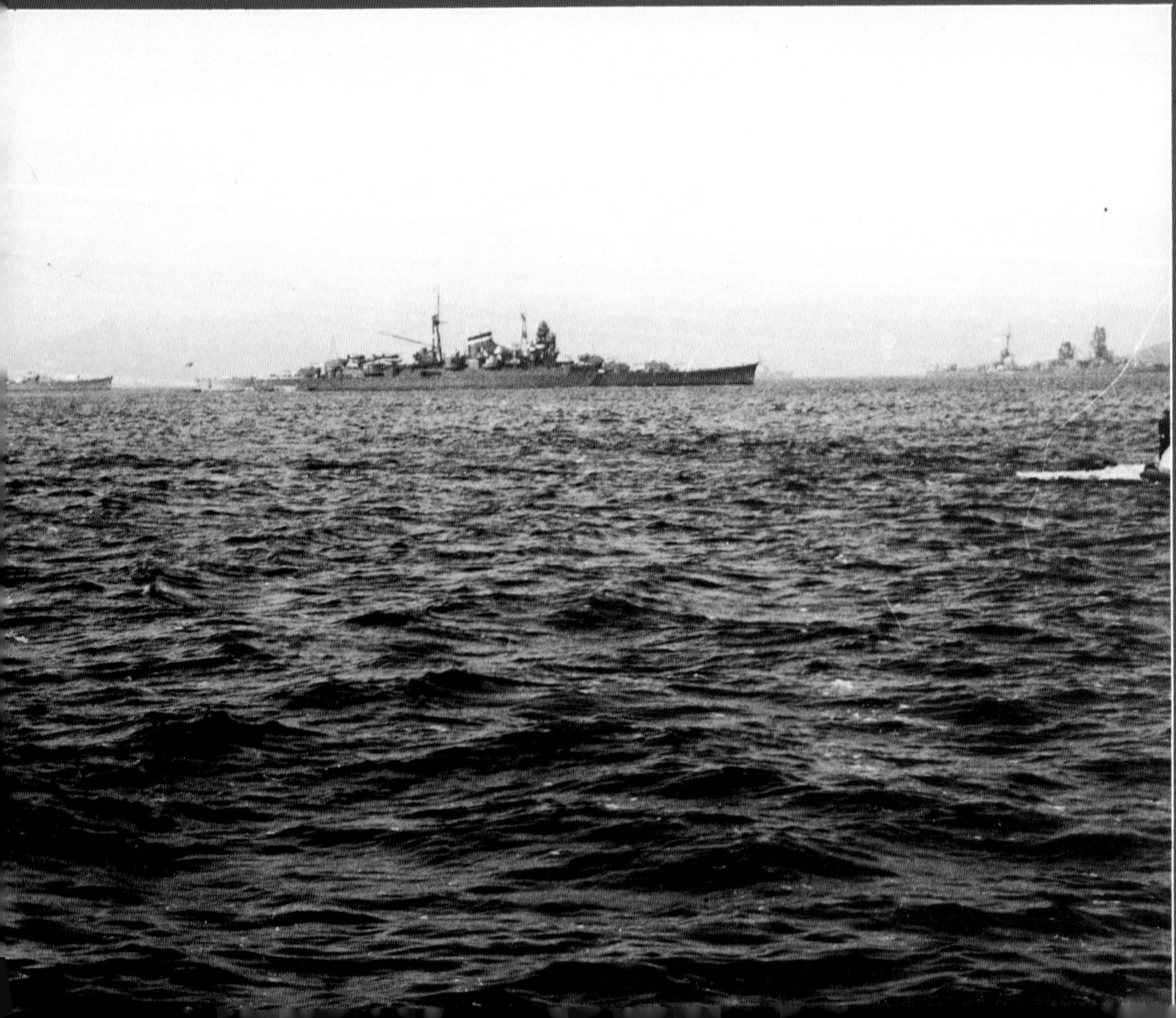

▶▼特設水上機母艦相良丸——開戦当初のマレー攻略部隊には空母および正規の水上機母艦が配属されず、商船改造の特設水上機母艦が唯一の艦隊航空兵力として重要な役割を演じた。相良丸もその1隻で、元来は7,189総トン、速力19.6ノットの貨物船だったが、昭和16年1月に海軍に徴傭され、水上機12機搭載の特設水上機母艦への改装工事が施され、同年10月末に完成したものである。写真はいずれもも開戦直前の16年11月、佐世保で整備中の光景で、射出機の上に新鋭の零式水上観測機が搭載されている

▶第7戦隊旗艦熊野（中央）——強力な英艦隊との戦闘が予想されるマレー攻略部隊には、日本海軍の重巡のなかで最強、最精鋭の最上型4隻で編成された第7戦隊が配属され、同部隊の主戦力となった。とうじ熊野は第7戦隊の旗艦で、のちに捷号作戦の立役者となる栗田健男少将が指揮をとっていた。ちなみに最上型の要目は、基準排水量一二、四〇〇トン、速力三四・七ノット、二〇・三センチ砲10門、六一センチ魚雷発射管12門、飛行機3機である。写真は昭和13年4月の姿

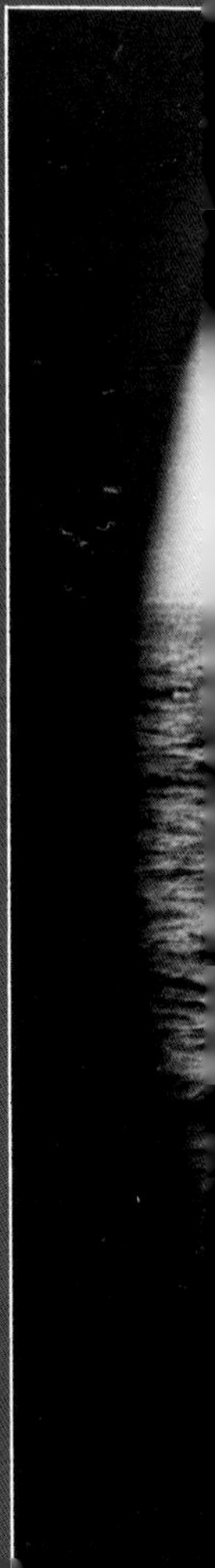

内地より出撃途中の相良丸——本艦は、改装完成直後の昭和16年10月31日に、マレー攻略部隊（南遣艦隊）麾下の第9根拠地隊に編入された。写真は16年11月下旬、佐世保を出撃して攻略部隊の集結地である海南島の三亜に向かいつつある姿。26日、三亜に到着後、本艦は第12航空戦隊の特設水上機母艦2隻と共に第2航空部隊となり作戦した。当時の搭載機数は、零式水上観測機8機で、ほかに補用機として九五式水偵2機を有していた

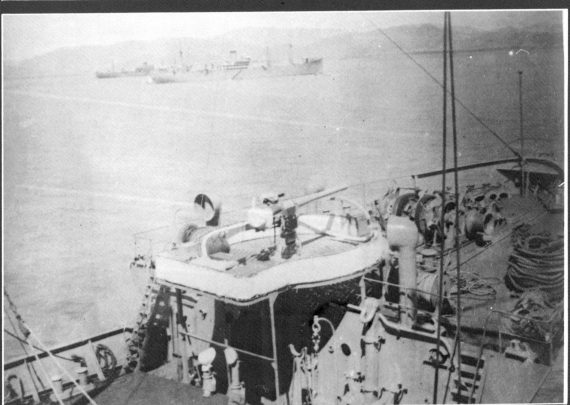

マレー作戦出撃を前にして三亜に停泊中の第2航空部隊の特設水上機母艦——画面中央の艦は山陽丸、背後は神川丸で、手前の大砲が見えるのが相良丸である。この部隊は輸送船団の護衛、泊地警戒、索敵、哨戒、水上機基地の設営などを主任務とし、第12航空戦隊司令官今村脩少将が神川丸に座乗して指揮をとった。なお、神川丸は零式水上観測機6機（他に補用2機）と零式水偵3機（同1機）を搭載しており、山陽丸はこれより零式水偵が1機少なかった

マレー沖海戦

東方艦隊に配属されたレパルス——昭和16年10月、英海軍はチャーチル首相の強い要請により、日本の南進を思い止まらせる目的で、戦艦プリンス・オブ・ウェールズと巡洋戦艦レパルスを基幹とした小艦隊をシンガポールに派遣し、東方艦隊を編成することとした。写真は希望峯を迂回してスエズ行きのWS11船団を護衛中のレパルスで、この任務終了後シンガポールにおもむいた

開戦直前、シンガポールに到着した戦艦プリンス・オブ・ウェールズ——本艦は軍縮条約明けに英海軍が建造した基準排水量35,000トン、速力29ノット、35.6センチ砲10門、13.3センチ両用砲16門、飛行機4機搭載の新鋭戦艦で、強固な防御力から不沈戦艦と呼ばれた。昭和16年10月25日英国を後にし12月2日にシンガポールに入港、市民の盛大な歓迎をうけた

東洋艦隊出撃す——昭和16年12月8日、日本軍マレー半島上陸の報に接した英海軍部隊は、コタバル、シンゴラ沖の日本船団攻撃のため、8日夕刻に戦艦プリンス・オブ・ウェールズ、巡洋戦艦レパルス、駆逐艦4隻を出撃させた。ここに示した艦影は、出撃直後ジョホール水道を通過しつつあるレパルス。ちなみに本艦は32,000トン、29ノット、38センチ砲6門の要目だった

敵艦隊に索敵機を送った軽巡鬼怒——第4潜水戦隊旗艦鬼怒は、わが艦艇のトップを切って索敵機(九四式水偵)を発進させ、同機は18時35分に敵艦を発見、その後接触をつづけたが、19時30分頃に敵を見失った。鬼怒機につづいて、重巡熊野と鈴谷の索敵機も敵に取りついたが、20時すぎに触接を失った。写真は昭和12年1月の撮影

◀英艦隊攻撃に向かう我が九六式陸上攻撃機——10日朝、南部仏印を発進した陸攻部隊は、九六式(雷撃)25機、九六式(爆撃)34機、一式(雷撃)26機の合計85機で、このうち九六式(雷撃)1機と同(爆撃)9機をのぞく75機が、英主力艦に殺到して攻撃をくわえた

南部仏印の基地を飛び立つ九六式陸上攻撃機――昭和16年12月10日午前6時25分、数時間前に伊58潜が発見、出撃した英東洋艦隊を攻撃すべく、まず元山空の九六式陸上攻撃機9機がサイゴン基地を発進した。これに引きつづい各航空隊の陸攻が爆弾または魚雷を搭載して、敵艦攻撃のため午前7時55分から9時半までの間にぞくぞくと飛び立った

英東洋艦隊を求めて、海上を一心不乱に見張る九六式陸攻の搭乗員――第22航空戦隊はサイゴンの南東から南西方向に約500カイリ先までの海面を捜索すべく、9機の索敵機を差し向けたがなかなか発見できず、すでに発進した攻撃隊の燃料消費も著しく、全軍焦燥にかられ出した頃、午前11時45分に帆足機長の4番索敵機が待望の敵艦を発見した

プリンス・オブ・ウェールズ撃沈の秘密

石橋孝夫

太平洋戦争緒戦のマレー沖海戦は、海戦史上、真珠湾攻撃以上に画期的な出来事であった。すなわち洋上航行中の戦艦が二隻も、まったく航空機だけの攻撃で沈没するということは初めてのことで、第二次大戦中を通じても、このような事態は非常にまれなことであった。

欧州では一九四三年に連合国側と休戦したイタリアの戦艦ローマが、ドイツ空軍の一・四トン・グライダー爆弾で沈められたのが唯一の例で、太平洋戦争でも後に武蔵と大和が米空母機に撃沈された例があるだけである。こうして見ると、第二次大戦においては航空機の優位がうたわれた割には、航空機だけで航行中の戦艦を沈めるのは、それほどたやすい事でなかったことがわかる。

さて、不沈艦といわれたプリンス・オブ・ウェールズが、旧式なレパルスよりも少ない被雷数で沈んでしまったのは、なぜであろうか。プリンス・オブ・ウェールズは、英国が一九三六〜三七年計画で同型五隻を建造した、キング・ジョージ五世級の2番艦である。

この級は当時の列強の、いわゆる三万五千トン型新戦艦の中にあっては、主砲口径が一四インチ（三六センチ）砲と小さく、排水量も公称の三万五千トンは超過してはいたが、新造時で三六、七〇〇（基準）トン程度で、もっとも小さな艦であった。

この列強の新戦艦のなかで第二次大戦中に沈没したのは、この英国のプリンス・オブ・ウェールズのほか、日本の大和、武蔵、イタリアのローマ、ドイツのビスマルクとティルピッツがあり、米国とフランスでは沈没艦はなかった。

この時期の戦艦は各国で独自の設計がなされていたが、全般に防御は垂直、水平、水中防御とも強力で効果的な防御策がほどこされ、航空攻撃に対しても、かなりの抵抗力を有しているのが普通だった。

プリンス・オブ・ウェールズの場合、その最高致命部である弾火薬庫は、約三万メートルからの三八センチ砲弾、高度三千メートルからの四五〇キロ爆弾に耐え、かつ水中防御は約四五〇キロの魚雷頭部の炸烈に耐えるとされていた。

もちろん日本の大和、武蔵の例を見るまでもなく、当時の想定として航空攻撃の場合、何百機もの航空機による反復攻撃などは考えられず、被害想定も甘かったことは事実であった。

プリンス・オブ・ウェールズとレパルスは昭和十六年十二月十日、マレー半島クワンタン沖で、日本海軍の第1航空部隊の九六式陸攻五九機、一式陸攻二六機の合計八五機の雷爆撃機の攻撃をうけて撃沈された。攻撃は三波にわかれ、甲攻撃隊は九六式陸攻二六機(うち雷装一七機、爆装九機)、乙攻撃隊は九六式陸攻三三機(うち雷装八機、爆装二五機)、丁攻撃隊は一式陸攻二六機（全機雷装）であった。

この戦闘における日本側の命中魚雷数と英国側の資料による命中数はいちじるしく食い違いを見せている。まず日本側では魚雷命中数をプリンス・オブ・ウェールズに七、レパルスに一三としているが、英国側ではそれぞれ六、五として、特にレパルスの命中数が大幅に違っている。

爆弾については、日本側はプリンス・オブ・ウェールズに二、レパルスに一としており、英国側の命中数それぞれ一に比べて大きな差はない。すなわち日本側は戦闘中に合計四九本の魚雷を発射しているから、日本側の命中数では命中率四一パーセント、英国側の資料では二〇・四パーセント、つぎに爆弾では三九発の投弾に対して、日本側の命中数で七・七パーセント、英国側で五・一パーセントと極端に低い数字を示している。

とうじ日本側の用いた航空魚雷は、直径四五セン

わが航空攻撃を受けつつある英東方艦隊——10日午前11時45分クワンタン東方約60カイリの洋上で、サイゴンを飛び立った第22航空戦隊元山航空隊の索敵機(機長：帆足少尉)が遂に英東洋艦隊を発見した。この報に接した第22航空戦隊の陸上攻撃機群はただちに現場に急行し、ここに世界初の洋上航行中の主力艦対航空機の戦いが開始された。画面左端はプリンス・オブ・ウェールズで、後方はレパルス。右手前は直衛の駆逐艦

チの九一式魚雷改**1**と改**2**の二種で、雷速は四二ノット、炸薬量は一五〇キロおよび二〇五キロであった。爆弾の方は五〇〇キロと二五〇キロの通常爆弾で、真珠湾で用いた八〇〇キロ徹甲爆弾は持っていなかった。

日本側の最初の攻撃は乙および甲攻撃隊で、プリンス・オブ・ウェールズに魚雷二本、レパルスに爆弾（二五〇キロ）一発を命中させた。プリンス・オブ・ウェールズに命中させた二本の魚雷は、左舷の**3**番砲塔やや後方と左舷後方一三・三センチ高角砲群付近に命中した。このうち艦尾寄りに命中した一本の魚雷が、じつはプリンス・オブ・ウェールズの致命傷となったのである。

この魚雷は元山航空隊の石原中隊が命中させたもので、魚雷はちょうど左舷外側軸のブラケット付近に命中、炸裂した。この爆発により推進軸のブラケットが破壊、かつ推進軸が大きく曲げられたものらしい。

しかしこの偏心した状態でしばらく推進軸が全力に近い回転をつづけたために、この左舷推進軸が通されているトンネル区画の隔壁がすべて破壊され、推進軸根元に開いた破口より浸水がはじまったのである。もちろん推進軸はすさまじい衝撃を感じてただちに止められたが、すでに遅く、この推進軸のプロペラは船体に触れて脱落していた。

全長七〇メートル余におよぶ推進軸トンネル区画は巨大なもので、大の大人が数人ならんで歩けるほどのものである。根元の左舷前部機械室をはじめ、隣接する一三・三センチ砲弾薬庫、左舷発電機室、左舷戦闘動力室、左舷前部缶室などが浸水をはじめる。このわずか一発の魚雷による被害はじつに大きかった。この被雷後、プリンス・オブ・ウェールズは左舷に一一度傾き、左舷二軸の運転は不可能となった。しかし、最大の被害は浸水により戦闘動力室と予備発電機室にあった合計八基の発電機のうち、実に五基が停止してしまったことである。このため排水のポンプは動かず、電話は不通となり、通風と照明も止まってしまった。

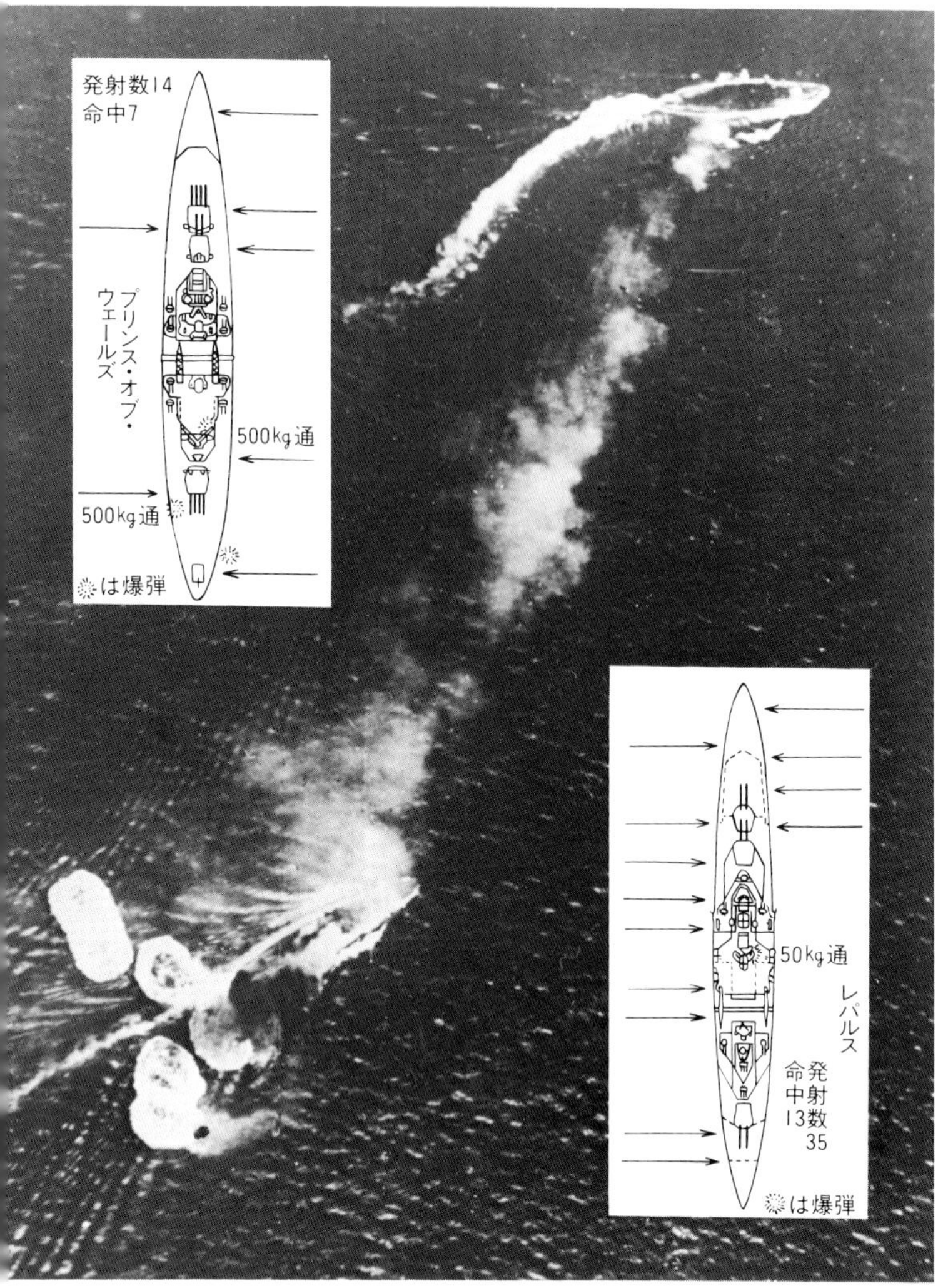

英東方艦隊の最後——第22航空戦隊の熾烈な攻撃を必死に回避せんとしている光景で、上はレパルス、下がプリンス・オブ・ウェールズである。レパルスは魚雷13本と爆弾1発（英軍記録5本と1発）の命中により、14時3分沈没、次いでプリンス・オブ・ウェールズも海底に没し、フィリップス司令長官は艦と運命を共にした。この戦いで海上主兵力の座は戦艦から航空機に移ったことが立証された

もっとも痛かったのは一三・三センチ高角砲の動力が絶たれて、後部の両舵四基は作動不能となり、さらに舵機が電力を絶たれて、事実上、操舵不能となってしまったことである。さらに傾斜のため、前部の一三・三センチ砲も実質的に照準不能となり、かつポンポン砲も弾丸の薬莢の分離による故障が頻発し、事実上、防空力を欠いてしまったのだ。

かくして、最後の鹿屋航空隊の一式陸攻の攻撃が始まるまでに、プリンス・オブ・ウェールズはすでに致命傷を負っていたのである。

日本時間一時五十分より始まった第二波攻撃で、プリンス・オブ・ウェールズは右舷に魚雷四本、さらに中央のカタパルト付近に爆弾一発が命中、約一時間後に沈没した。この被雷では浸水約二万トンに達したと見られており、その防御力の限界を超えたものであったことは明らかである。

プリンス・オブ・ウェールズの最後は、左へ横転、完全に艦底を上にして転覆した後に艦尾より沈んだもので、現在でもその沈没位置は確認されており、右舷を上にして横転した形で、一番高い右舷のビルジキールは、水深約五〇メートルほどの所にあるという。これにくらべて旧式なレパルスは、被雷五本をうけた後、四分ほどで沈没しており、やはりその点ではプリンス・オブ・ウェールズは新戦艦だけのことはあったといえる。

航空機による戦艦攻撃史

瀬名堯彦

航空機を使ってはじめて戦艦の爆撃を実施したのは、第一次大戦後、空軍統一論を唱えて米海軍と論争をつづけた米陸軍航空界の長老ウイリアム・ミッチェル准将であった。

彼は航空機の優位を立証するため、一九二一年から二三年にかけて艦船の爆撃実験を行なったが、一九二一年七月に旧ドイツ戦艦オストフリースランドに対し、二、〇〇〇ポンドおよび一、〇〇〇ポンド爆弾数発を命中させてこれを沈めたのが、爆撃による最初の戦艦撃沈であった。

同様にして彼は、九月に米旧式戦艦アラバマ、二三年九月にニュージャージーやバージニアを撃沈して、軍艦に対し空軍の絶対優位を唱えたが、海軍も軍縮条約の廃棄未成戦艦ワシントンを利用して爆撃や雷撃実験を行ない、近代戦艦の防御力の強靭性や実戦との相違を主張してゆずらず、戦艦対航空機の優位論争は結論を見るにはいたらなかった。日本海軍も一九二四年(大正十三年)七月に廃棄戦艦石見を標的として爆撃実験を行ない、これを沈めている。

実戦で最初に戦艦への航空攻撃が行なわれたのは、第二次大戦前のスペイン内乱時代であった。人民戦線側の戦艦ハイメ一世が一九三六年八月十三日、カルタヘナでフラメンコ革命軍機の爆撃をうけて大破したのがそれであったが、国内戦でもあり、ド級艦とはいえ一五、〇〇〇トン級の小型戦艦の故もあってか、大した話題にもならなかった。

第二次大戦がはじまり、一九四〇年七月にフランスがドイツに降伏したため、英海軍は北阿オラン在泊の仏艦隊を攻撃することになった。七月六日、英空母アーク・ロイヤルの雷撃機は仏戦艦ダンケルクを襲ったが、魚雷は付近の曳船に命中し積載していた爆雷が爆発、ダルケルクに損傷をあたえた。

二日後にダカールで仏新戦艦リシュリューに、英空母ハーミスの艦上機が魚雷一本を命中させ擱座させている。いずれも他の艦艇部隊との協同攻撃であり、相手の戦艦も停泊ないし損傷状態(リシュリューはすでに英高速艇の攻撃をうけていた)にあり、航空機単独の戦果とはいい難かった。

航空部隊だけの戦艦攻撃として、世界の海軍関係者から注目を浴びたのは、一九四〇年十一月、同じく英艦隊空軍が実施したタラント攻撃であった。一九四〇年六月、イタリアの参戦により英海軍は地中海で伊海空軍と戦火を交えることになった。地中海のマルタ島は英国の重要な基地であり、これを死守するため英海軍は護衛船団を派遣せねばならなかったが、これを狙って伊艦隊や爆撃機が出没し、船団護衛の英艦隊としばしば戦闘が行なわれた。

英海軍は戦艦や空母もコンボイに従事させたが、伊海軍は最新鋭のリットリオ級を含む戦艦六隻があり、船団への大きな脅威となっていた。これら戦艦、重巡などの主力部隊はイタリア半島先端のタラントを基地としており、英海軍はこれを攻撃して敵主力を叩くことを計画したが、正面から艦隊で砲戦をいどむには、あまりに敵は強力であり危険であった。

けっきょく空母を使用して航空攻撃による奇襲をかけるのが一番有効と判断されたが、英海軍には日、米海軍のように有力な艦上攻撃機がなく、多少旧式でも複葉のソードフィッシュ攻撃機を使うほかはなかった。マルタ島から偵察機を放って航空写真を撮影して、英海軍は敵状把握につとめた結果、タラント港内の伊主力在泊の様子はわかったが、阻塞気球を上げ、港内には二重の防雷網をめぐらすなど、港内の警戒も厳重であった。

英海軍は空母二隻と攻撃機三〇機を用いて、夜間攻撃をかける作戦をたてて訓練に入り、当初十月に

英艦隊攻撃に向かう九六式陸上攻撃機——帆足機より敵発見の報を得た我が攻撃隊は、12時30分より14時13分までの約1時間40分にわたり猛攻をくわえ、プリンス・オブ・ウェールズとレパルスを葬り去った。これに対して損害は、被撃墜3機、不時着大破1機の合計4機にすぎず、全世界は初めて目の当たりにした日本海軍航空隊の実力に驚嘆した

実施の予定であった。しかし事故や故障のため延期となり、空母も一隻に削減された。

十一月十一日夜、空母イラストリアスは巡洋艦四隻と駆逐艦四隻に護衛されてタラント港外に忍び寄り、月明の中をソードフィッシュ一二機で編成された第一波攻撃隊を発進させた。五十分後に九機の第二波攻撃隊がその跡を追った。これらのうち一一機が魚雷装備、六機が爆弾装備、残りが爆弾と照明弾を搭載していた。

照明弾の光の中を英攻撃隊はつぎつぎと伊主力部隊に襲いかかり、不意を打たれた伊戦艦群にはかなりの被害があった。まず新戦艦リットリオは魚雷三本をうけて大破擱座し、コンテ・ディ・カブールとカイオ・デュリオもそれぞれ魚雷一本が命中、カブールは沈没、デュリオも擱座した。

その修理にリットリオは四ヵ月、デュリオは六ヵ月もかかり、カブールはついに終戦まで修復できなかった。つまり伊戦艦陣の半数がこの夜の攻撃で行動不能となったわけで、これに対して英側の損害はわずかに二機で、タラント奇襲作戦は見事に成功を収めたのである。

これが航空機単独の世界最初の戦艦攻撃であり、わずか二〇機の旧式な雷撃機でこれだけの戦果をあげたことは、当時としては驚異であり、空母の機動力と攻撃力が再認識されることになった。後に真珠湾攻撃を実施した日本海軍の山本五十六大将も、このタラント攻撃に着目し、真珠湾作戦の前に深く研究したといわれる。しかし、タラント攻撃は停泊中の戦艦に対する攻撃であった。行動している戦艦を航空機で攻撃することは、まだ至難であった。

第二次大戦に入ってからも、一九四〇年四月、ノルウェー作戦に従事中のドイツ戦艦シャルンホルストとグナイゼナウは英海軍航空部隊の爆撃を浴び、七月に地中海で英戦艦ウォースパイトが伊空軍の攻撃をうけるなど、双方の戦艦への航空攻撃はいくどか敢行されたが、いずれも巧みにかわされて被害はなかった。

一九四一年三月のマタパン沖海戦で、英海空軍は初めて洋上での戦艦攻撃に成功したのであった。三月二十八日、タラントへ引き揚げる伊艦隊を英航空隊が襲い、伊戦艦ヴィットリオ・ヴェネトに魚雷一本を命中させ、大破させたのである。以後、戦艦への航空攻撃はますます盛んになり、戦艦側も対空砲火の強化に努めるようになった。

五月二十五日、英海軍は大西洋上でドイツ新戦艦ビスマルクの追撃に全力を挙げ、空母アーク・ロイアルの攻撃機はビスマルクに魚雷二本を命中させて、一時行動不能にさせ、速力を低下させた後、艦隊で集中砲火を浴びせてこれを仕止めることができた。ビスマルク撃沈に航空機の果たした役割は大きかったが、航空部隊独力で沈めたものではなかった。

九月二十三日にはドイツ爆撃機が、クロンシュタット港のソ連戦艦マーラトを爆撃し、大破着底させている。

十二月八日の真珠湾攻撃で日本海軍の攻撃隊は米戦艦四隻を撃沈、四隻に損傷をあたえ、タラント攻撃を上回る戦果を収めて世界を驚かせたが、これも在泊中の戦艦に対する攻撃であることには変わりはなかった。

しかし二日後のマレー沖海戦で、日本の海軍攻撃機は行動中の戦艦二隻に正面切って戦いを挑み、見事に撃沈したのである。しかもその一隻は英海軍最新鋭の大戦艦であり、各国海軍関係者が瞠目したのも当然といえた。航空機対戦艦の戦いで航空機が初めて完全な勝利を収めたのが、このマレー沖海戦であった。

沈没直前のプリンス・オブ・ウェールズ――日本側の記録によれば、本艦には魚雷7本と爆弾2発（英軍記録では6本、1発）が命中し、これにより速力が低下すると共に左舷に傾斜し、ついに14時50分ごろ横転爆沈した。写真は乗員救助のため大損傷をうけた本艦の右舷に接近した駆逐艦エキスプレスより写したもので、すでに左舷にそうとう傾いている

マレー方面の潜水艦作戦

伊達　久

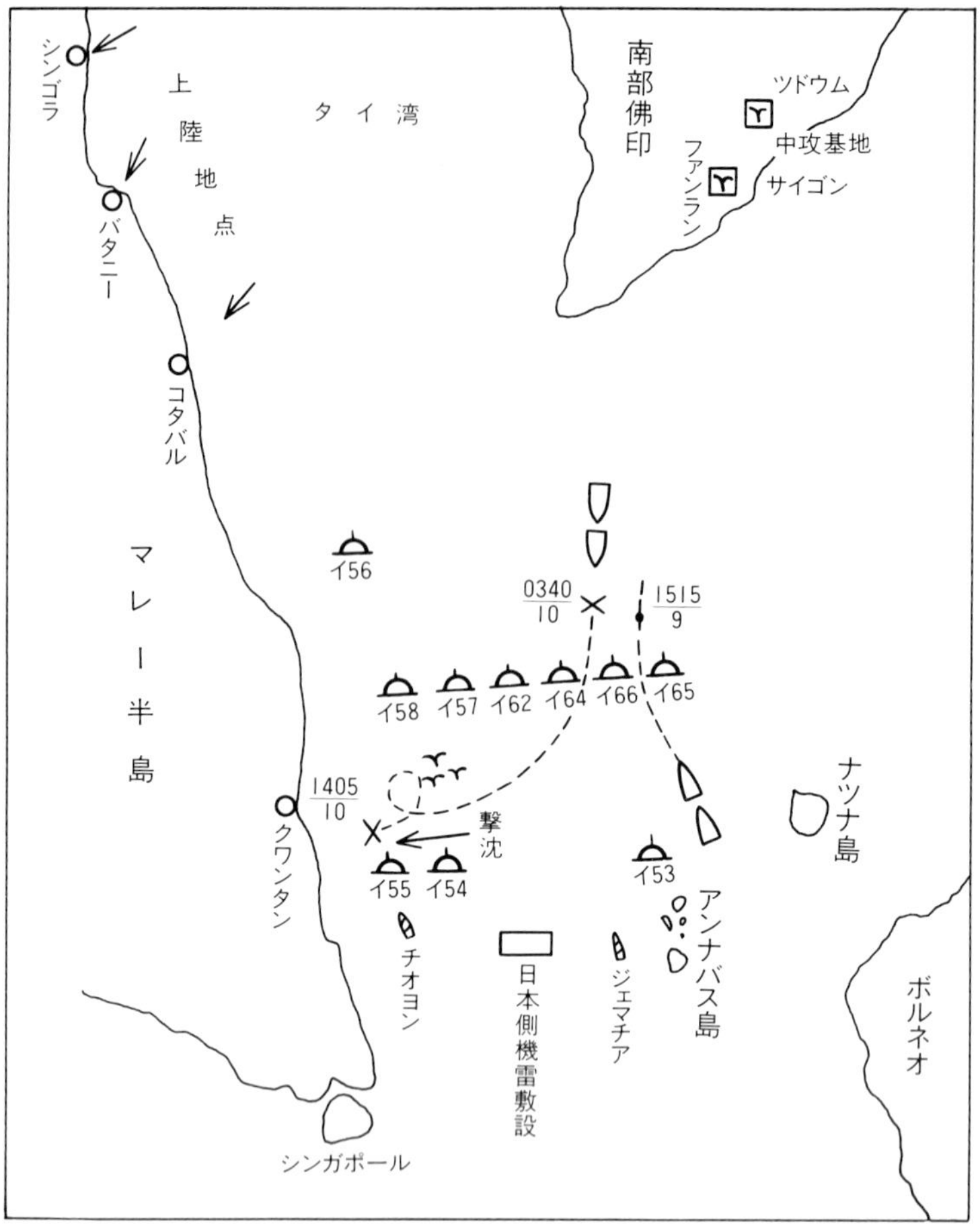

開戦当初、馬来部隊潜水部隊の兵力は次のとおりであった。

第4潜水戦隊　旗艦　軽巡鬼怒
第18潜水隊（伊53、伊54、伊55潜）
第19潜水隊（伊56、伊57、伊58潜）
第21潜水隊（呂33、呂34）
特設潜水母艦　名古屋丸
〈備考〉海大型の伊52～57潜までの艦名に100番台がくわえられたのは、昭和十七年五月二十日からで

である。

第5潜水戦隊　旗艦　軽巡由良
第28潜水隊（伊59、伊60潜）
第29潜水隊（伊62、伊64潜）
第30潜水隊（伊65、伊66潜）
特設潜水母艦　りおでじゃねいろ丸
第6潜水戦隊
第13潜水隊（伊121、伊122潜）

右のうち第21、第28潜水隊は内地で修理中であったため、開戦時作戦のできる潜水艦は一二隻であった。

第4潜水戦隊は十二月一日、第5潜水戦隊は十二月五日、海南島三亜を出撃し、各潜水艦は右図のような配備についた。

第4、5潜水戦隊司令官は旗艦鬼怒および由良に乗艦し、開戦後プロコンドル島南方海面をともに行動しながら作戦指導を行ない、特設潜水母艦はカムラン湾にいて補給に当たっていた。

第13潜水隊の伊121、伊122潜は、十二月一日、三亜を出撃、七日夜シンガポール方面に機雷四二個ずつを敷設した後、同海峡東口方面の哨戒に従事した。

馬来部隊潜水部隊の配備は、マレー半島北部のわが攻略部隊に対し反撃を企図する英艦隊に備えたもので、南北に三線の従深な散開配備であった。

中央散開線の一番東側の配備にあった伊65潜は、十二月九日一五一五、カモー岬の一六五度、二二五カイリの地点で英戦艦二隻を発見し報告した。英艦の針路は三四〇度であった。伊65潜は一七二〇、スコールのため英艦を見失った。一八二二艦首方向にふたたび英艦隊を発見したが、水上偵察機が上空にあらわれたので、急速潜航したため英艦隊を見失ってしまった。

伊65潜の英艦隊発見第一電を馬来部隊の各部隊が受信したのは、一七一〇以後であって、著しく遅れた。英艦隊発見の第一報をうけた第5潜水戦隊司令官は、第4潜水戦隊にこれの追蹤を命じるとともに、第4潜水戦隊の配備を変更した。

新配備へ向け水上航走中の伊58潜は、十日〇一二二に英艦隊を右二〇度六〇〇〇メートルの至近距離に発見し、急速潜航して潜望鏡で観測をつづけた。そうするうち英艦隊は反転して針路一八〇度としたため、伊58潜は英艦隊に対して好射点の方向となったので、〇三四一、クワンタンの五七度一四〇カイリで魚雷五本を発射したが、命中させることはできなかった。

同潜は〇六一五に触接を失うまで四回敵情を報告した。針路一八〇度の報告は上級司令部で受信していたが、〇四二五発信の二四〇度に変針の報告は届いていなく、このためその後の作戦指導に影響をおよぼすところが大きかった。

このことは、わが航空部隊の攻撃によって英戦艦プリンス・オブ・ウェールズ、レパルスの二隻が撃沈され、マレー沖海戦はわが軍の完勝に終わったた

め、このような通信上の錯誤は検討されなかった。

その後、第4、5潜水戦隊はアナンバス諸島方面にいて哨戒に従事し、十二月二十七日までにカムラン湾に帰投した。なお第13潜水隊の伊121、伊122潜は十四日までにカムラン湾に帰投し、原隊に復帰して比島部隊潜水部隊に編入された。

十二月二十七日、第4、5潜水戦隊がカムラン湾に帰投後、南方部隊指揮官は馬来部隊潜水部隊より第5潜水戦隊をのぞき、南方部隊乙潜水部隊とし、馬来部隊には第4潜水戦隊のみを配属し、カムラン湾を基地として、主として南支那海、ジャワ近海の作戦に従事させることとした。十七年一月下旬までの作戦は次のとおりであった。

伊55、56、57、58潜はその大部分をジャワ海に、その一部をジャワ島南方海面に配備して交通破壊戦を実施した。

伊53、54潜および開戦後内地より進出した呂33、34潜はアナンバス諸島南方海面よりカリマタ海峡にいたる海面に配備し、マレー方面第三次以後の上陸作戦を支援した。

一月下旬、カムラン湾に帰投した第4潜水戦隊は、ふたたび伊54、55、56潜をスンダ海峡およびロンボック海峡に進出させ、馬来部隊のバンカ、パレンバン攻略作戦に協力した。この間における戦果は商船六隻を撃沈している。

十六年十二月末カムラン湾に帰投し、インド洋への進出準備に着手しつつあった南方部隊乙潜水部隊の伊62、64、65、66潜は、一月上旬カムラン湾を出撃、インド洋に進出することとなり、また十二月末、内地において臨戦準備を完了し、一月五日ダバオに進出した乙潜水部隊の一部伊59、60潜もダバオを出撃し、インド洋に進出することとなった。

伊59、60潜は一月九日ダバオを出撃し、モルッカ海、バンダ海をへてインド洋に進出し、伊59潜はポートダーウィン沖、伊60潜はスンダ海峡南口の監視に従事中、一月十七日、輸送船団を発見して攻撃したが、護衛の英駆逐艦ジュピターの攻撃をうけて潜航不能となり、浮上砲戦を交えたすえ沈没した。伊59潜は二十六日ペナンに入港した。

伊62、64潜は一月七日カムラン湾を出撃し、カリマタ海峡、ジャワ海をへて、伊64潜はロンボック海峡から、伊62潜はチモール島を回って、いずれもインドに進出し、二月上旬ペナンに帰投した。

伊65、66潜は一月五日カムラン湾を出撃し、カリマタ海峡、ジャワ海、ロンボック海峡をへてインド洋に進出し、伊66潜は一月二十一日ラングーン沖に達し、二十七日まで哨戒に従事して、この間二十一日に商船二隻を撃沈して二十九日ペナンに入港した。伊65潜は一月二十日ペナンに入港し、乙潜水部隊の旗艦となった。

乙潜水部隊指揮官は旗艦由良に乗艦して作戦指揮をとっていたが、一月十六日カムラン湾を出撃し、十九日シンゴラに入港、翌二十日、陸路でペナンに行き、旗艦を由良から伊65潜に交代した。

ペナンには次期インド洋方面に対する潜水艦作戦基地として必要なる施設を充実するため、第1潜水艦基地隊を進出させた。

敵艦雷撃に失敗した伊58潜――第4潜水戦隊第19潜水隊所属の伊58潜は、10日午前1時20分頃クワンタンの北東やや東約140カイリ付近で敵艦隊を発見し、その旨を打電したのち、レパルスに対して魚雷5本を発射したが無念にも命中しなかった。伊58潜はその後も敵を追跡したが6時15分に見失い、ここに英艦隊は日本軍の目から姿を消した。写真は昭和2年11月の姿

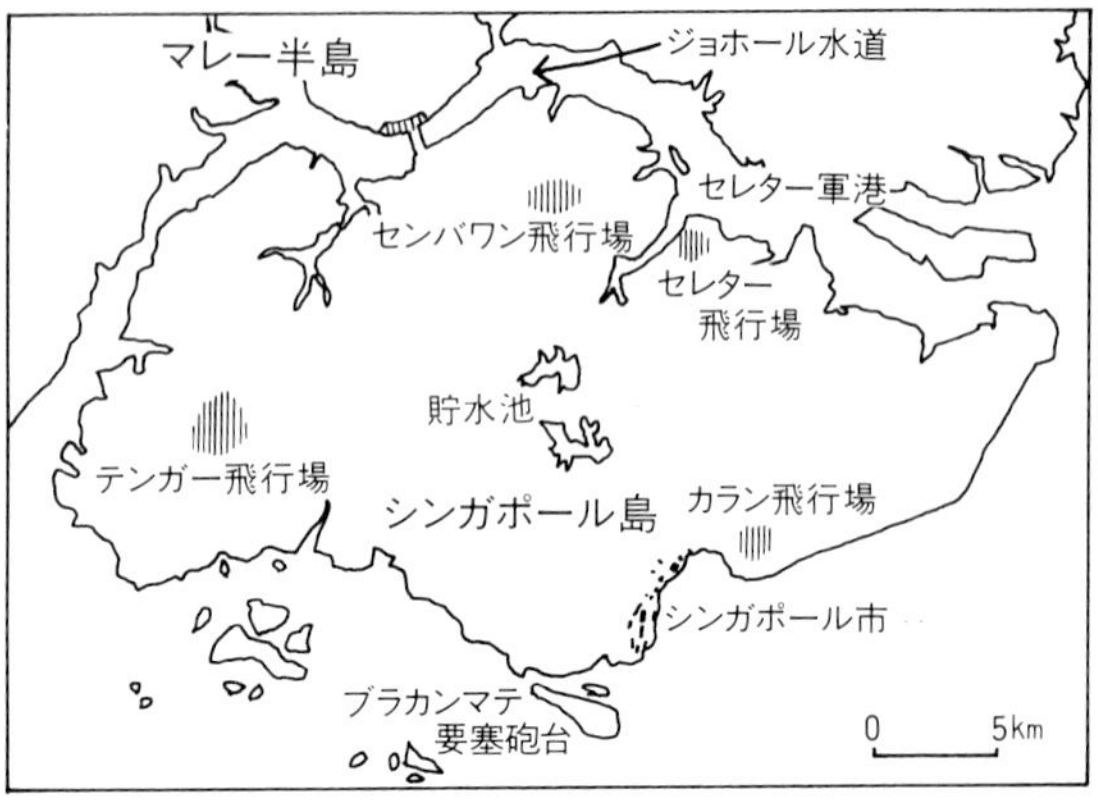

マレー方面の基地航空部隊

木俣滋郎

日本海軍の南方作戦における基地航空部隊は、台湾の高雄に司令部を置く第11航空艦隊司令長官・塚原二四三中将が指揮した。航空艦隊といっても空母ではなく、基地航空部隊の大集団である。

塚原中将の指揮下には三つの航空戦隊があった。このうち二隊はフィリピン作戦に投入され、ただ一隊だけがマレー作戦に用いられた。マレー作戦には航続力が乏しいとはいえ陸軍の第3飛行集団がくわわるから、海軍機を減らしたのである。そのかわり第21、23航戦から右下表のような応援も到着した。

マレー方面の基地航空部隊

部隊	機種	機数
第11航空艦隊　塚原二四三中将（高雄）		
第22航空戦隊（西貢）松永貞市少将		
元山航空隊	九六式陸攻	三六機
美幌航空隊	九六式陸攻	三六機
第23航空戦隊よりの応援		
第3航空隊	零戦	二七機
	九六式陸攻	一二機
	九八式陸偵	六機
第21航空隊よりの応援		
鹿屋航空隊	一式陸攻	二七機

マレー部隊の関心事は英Z部隊の行動であった。つまり戦艦プリンス・オブ・ウェールズとレパルスが第25軍（山下奉文中将）の乗った船団を攻撃に来ないか?というのである。というのはドイツ戦艦ビスマルクと戦かった新戦艦に対しては、愛宕や金剛らの苦戦が目に見えているからだ。

だが、伊65潜の発見報告がヒントとなり、開戦二日後の十六年十二月十日、マレー半島クアンタン沖で英Z部隊を捕えた。いわゆるマレー沖海戦である。

このころ日本軍は南方進出の準備として、すでに仏印に進駐していた。そして仏印のサイゴン、ツドウム、ソクトランなどに陸攻隊は分散していた。片道四時間半もの飛行は双発機でなくては出来ぬ距離である。駆逐艦四隻を先頭に立て、つぎに旗艦プリンス・オブ・ウェールズ、最後にレパルスの陣形だった。

十日未明から朝にかけて、攻撃機八五機を発進させたが、それまでに陸攻一〇、九八式陸上偵察機二機が投入され、英艦隊を捜索していたのである。戦闘は八回にわかれ、十二時四十五分から十四時十三分までの間に行なわれた。応援の鹿屋空（一式陸攻）二六機と美幌空の八機、元山空の一六機（ともに九六式陸攻）は、九一式航空魚雷一本ずつを抱いていた。

他方、美幌空の一四機は二五〇キロ通常爆弾を持ち、同一八機は五〇〇キロ爆弾で攻撃した。爆弾の命中率は二一発中三発、魚雷は四九本中二一本という好成績であった。戦艦二隻撃沈の戦果に対して損害は三機が自爆、一機不時着であった。

ヨーロッパ戦線ではこの時まで、航行中の戦艦を航空機が沈めた例はなかった。だからマレー沖海戦の戦果は全世界を驚かしたのである。英国人は「昔、日本人には、われわれが飛行術を教えてやったのだ」という自惚れがあった。そのため日本機の実力を過少評価していたのである。

フィリップス中将が「空軍が協力してくれないのなら、戦闘機の掩護などいらない」という気になったのも、その一つの現われである。第四五三中隊のブリュスター・バッファロー戦闘機が戦場に到着した

シンガポール空襲におもむく九六式陸上攻撃機――マレー攻略作戦のため、日本海軍はこの方面に第22航空戦隊と第23航空戦隊の一部を配備した。22航戦は攻撃の主力をなす陸上攻撃機部隊で、元山航空隊、美幌航空隊、鹿屋航空隊の3隊で編成され、鹿屋空は一式陸攻27機、他の2隊はそれぞれ九六式陸攻36機を保有し、英艦隊攻撃とシンガポール空襲を主任務としていた

時、すでに日本機は帰った後で、海面にはおびただしい生存者が漂っていたのである。

《基地攻撃》——マレー半島に二次、三次とわかれて上陸する日本船団は、英軍機の妨害をたびたび受けた。といって陸軍機は航続距離が短くて役にたたぬ。そのため開戦の十二月八日、元山空、美幌空の陸攻一七機はクアンタン飛行場を爆撃した。そこにはブリストル・ブレニム双発爆撃機九、ロッキード・ハドソン双発哨戒機九、ビルドビースト複葉雷撃機六機がいた。昼すぎ陸攻隊は格納庫などを破壊して全機生還している。

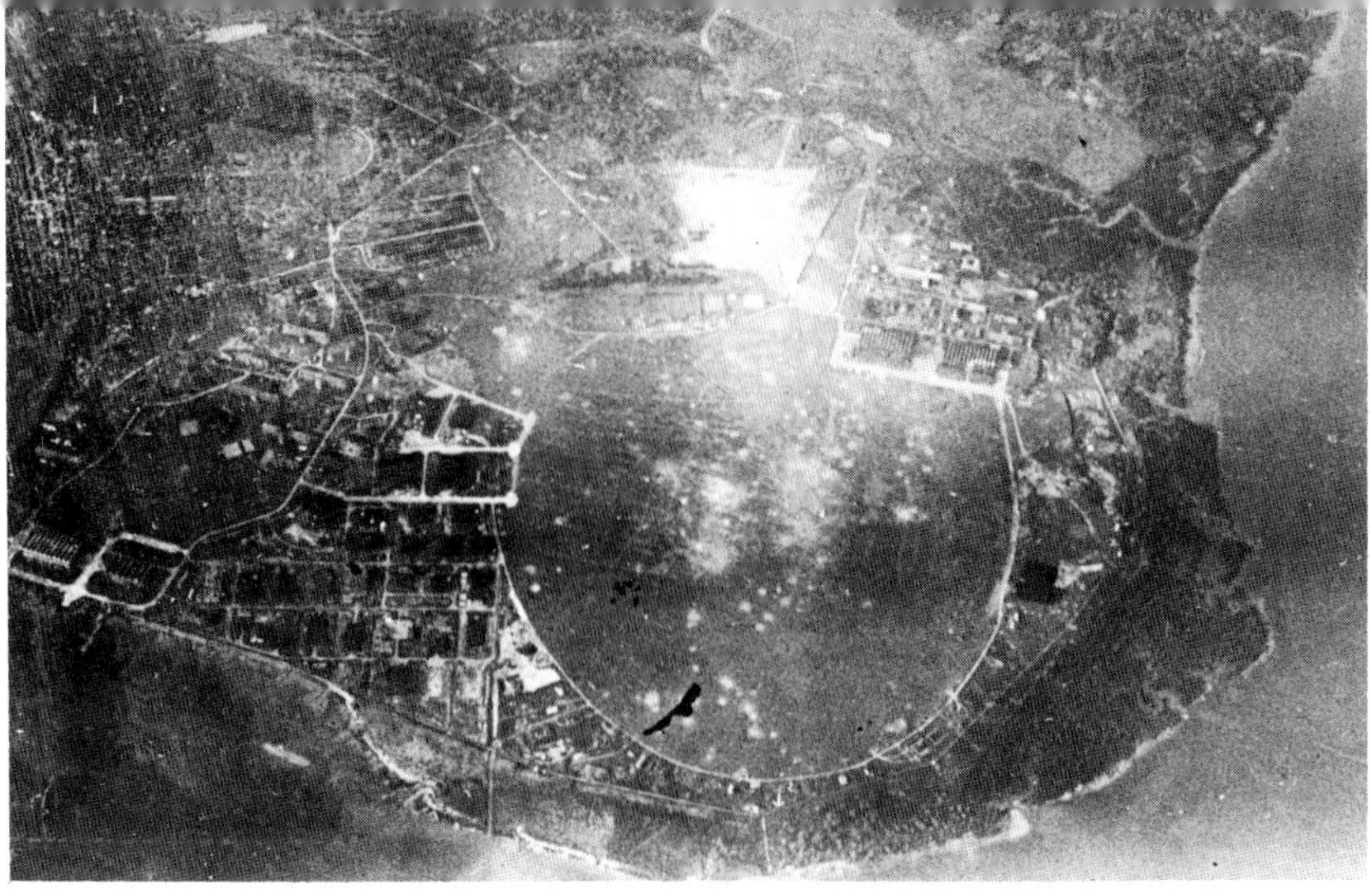

シンガポール島のセレター飛行場——セレター軍港南東部に位置し、東部ジョホール水道に面した飛行場。開戦当時、ビルドビースト雷撃機16機とカタリナ飛行艇3機が配備されていた。マレー方面の英航空部隊は、飛行機の性能、搭乗員の実力とも低レベルだったが、雷撃機だけは優れた戦力を発揮するものと見なされていた

シンガポールに司令部を置くブルーク・ポハム中将は、左表のように三六二機を持ち、そのうち二三三機がただちに行動可能であった。だから、たとえ一機でも破壊しておかないと、次の作戦に支障を来たすことになるのである。幸いなことに強敵ハリケーン戦闘機がシンガポールに到着したのは、一月十三日以降だった。

変わった空中戦としてはボルネオのクチン上陸のさい、鹿屋空の一式陸攻九機が十二月二十四日、南支那海の哨戒に飛んだ日の例がある。この一式陸攻はオランダのドルニエ24型三発飛行艇と遭遇し、ヘビー級同志の空中戦を交え、これを撃墜している。

シンガポールに対しては開戦の日、一回だけ爆撃したが、マレーに進攻した陸攻隊により十二月二十八日以降、攻撃が再開された。テンガ、センバワン、セレター、カランの四つの飛行場があったからであり、九八式陸上偵察機がたびたび航空写真をとってきた。

一月十二日以降は陸軍機も協力、本格的な航空殲滅戦に入った。ところが一月二十日、意外な強敵が現われた。元山空の九六式陸攻一八機、美幌空の同二六機が、第23航戦の零戦に護衛され、工場やドックを攻撃したときハリケーンに遭遇したのである。

これは一月十三日に到着した四〇機で、日本側はスピットファイアと見て緊張した。だが翌日、第3空の零戦はたちまち五機のハリケーンを撃墜した。そのため一月十五日、ハリケーン八機い

マレー方面の英軍機

ブルーク・ポハム中将（シンガポール）

ブリュスター・バッファロー戦闘機	四個中隊
ビルドビースト複葉雷撃機	二個中隊
カタリナ飛行艇	三個中隊
ブリストル・ブレニム双発爆撃機	四個中隊
ロッキード・ハドソン双発哨戒機	二個中隊

合計三六二機。うち二三三機のみが、ただちに行動可能

がいの残存機は、ジャワへ移動するよう命令がでた。

十二月二十九日〜一月二十三日までの間のシンガポール戦に陸攻のべ五三〇機、零戦一五〇機、陸偵三四機が投入され、投下爆弾は二、九六〇発、二一七トンにおよんだ。

損害は陸攻二、零戦二、陸偵二で、他に陸攻二機が不時着している。

二月五日、三本煙突の英豪華客船エムプレス・オブ・アジア（一六、九〇八総トン。とうじ軍隊輸送船）がシンガポールより脱出せんとして日本機により沈められたが、その十日後、マレー半島先端にあるシンガポールは陥落した。

セレター飛行場を占領——海軍陸戦隊の将兵が飛行場に突入、奪取した時の光景。中央に見える壊れた飛行機は、英軍輸送機。たぶん開戦後に配備されたものであろう

シンガポール上空に敵影なし

出撃を前に燃料を補給中の九六式陸上攻撃機――第22航空戦隊の陸上攻撃機群は南部仏印に布陣し、元山空はサイゴン、美幌空と鹿屋空はツドウムを基地とした。これらの基地とシンガポールの距離はおよそ七〇〇カイリで、我が陸攻の作戦範囲内であったが、とうじ英海軍は日本機の行動範囲を約二〇〇カイリと過少評価し、東方艦隊を出撃させた

上空から見たカラン飛行場――シンガポール島南部のシンガポール市に隣接した、戦闘機用の航空基地。開戦当時ブリュースター・バッファロー戦闘機36機が配備されていた。シンガポール初空襲は開戦の12月8日の夜間爆撃だが、各飛行場への空襲は16年末の29、30日を皮切りに、シンガポール陥落前の1月29日までたびたび行なわれ、軍事施設に大損害をあたえた。写真は17年3月20日の撮影

テンガー飛行場――シンガポール島西部に置かれた爆撃機用の航空基地で、開戦当時にはブレンハイムⅣ型軽爆撃機16機が配備されていた。シンガポール島攻略戦では、ジョホール水道を渡った第5、第18両師団の最初の攻撃目標となった

センバワン飛行場に残された英軍戦闘機の残骸――ここに見えるのは、すべてブリュースター・バッファロー戦闘機のもの。本機は連合軍戦闘機の中でも二流の性能に過ぎなかったが、日本航空機の実力を下算した英軍は対日戦では威力を発揮し得るものと考え、東洋に配備した。だが、隼や零戦などの敵ではなかった

センバワン飛行場――シンガポール島北部にある航空基地で、開戦当時バッファロー戦闘機16機とハドソンⅡ型偵察機4機が配備されていたが、我が陸海軍機の攻撃により損耗し、シンガポール攻略戦のころにはほとんど配備機はなくなっていた。17年3月20日の撮影

マレー攻略海軍部隊

マレー沖海戦後

旗艦愛宕と併航する駆逐艦響――わが基地航空部隊が英戦艦プリンス・オブ・ウェールズと巡戦レパルスを撃沈した昭和16年12月10日ころ、ハイラインにより重要書類移送中の状況を愛宕艦上から撮影したもの。響は第6駆逐隊の所属艦で、この隊は第1艦隊第1水雷戦隊に所属していたが、開戦に際して第2艦隊に増派され、南方部隊本隊に編入されて旗艦愛宕と行動をともにした

昭和16年12月末、カムラン湾に停泊中の高雄型重巡——艦上の構造物に弾片防御のマットレットを付けた高速戦艦金剛からのぞんだ光景で、遠方に停泊中の艦は重巡愛宕か高雄のいずれかである。とうじ仏印のカムラン湾は、我が南方攻略作戦部隊のための有力な前進拠点であった。現在はソ連艦隊の基地として使われており、40数年を経てもその戦略的重要性はいささかも変わっていない

カムラン湾に停泊中の高速戦艦榛名——本艦は僚艦金剛と第3戦隊第2小隊を編成して南方部隊本隊に所属し、開戦劈頭マレー方面で作戦した。だが開戦3日目にして、英国東方艦隊主力が潰滅したため12月11日、カムラン湾に入港し警泊した。そして本艦と第6駆逐隊第1小隊および第8駆逐隊で、フィリピンや東部蘭印攻略を支援するための東方支援隊を編成し、20日に出撃した

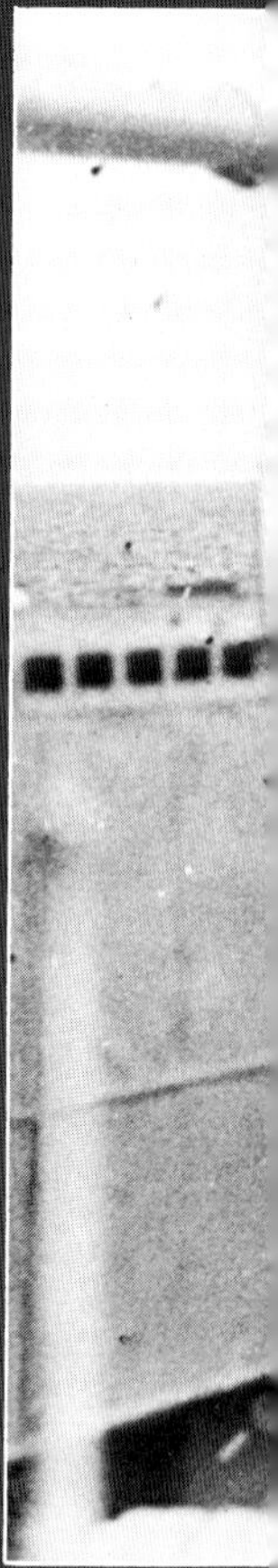

▶昭和16年12月11日、仏印のカムラン湾に入港中の南方部隊本隊——旗艦愛宕の艦上よりのぞんだ光景で、後方に僚艦高雄(右)、金剛型高速戦艦(中央)、駆逐艦などが見える。12月9日、英艦隊シンガポール出撃の報に接した南方部隊本隊は、マレー部隊水上部隊と協同してこれを撃滅せんとしたが会敵できず、翌10日わが基地航空部隊が敵主力を撃沈したため、次期作戦準備のため11日、カムラン湾に入港した

昭和16年12月末の南方部隊旗艦愛宕──近藤信竹中将に率いられた南方部隊本隊は、開戦いらい第一次、第二次マレー上陸輸送船団の護衛支援任務や、フィリピンのリンガエン湾上陸に対する支援作戦を行なっていた。左遠方にはマレー部隊所属の最上型重巡（第7戦隊）が見えるが、とうじ最上型4隻は、2隻ずつに別れてマレー上陸作戦と、英領ボルネオ攻略作戦の支援に当たっていた

南方海面を作戦行動中の第5水雷戦隊──遠方の艦は5水戦旗艦の軽巡名取、手前はその麾下にある第22駆逐艦の睦月型駆逐艦である。5水戦は開戦頭初、比島部隊に配属されフィリピン攻略作戦に従事していたが、昭和16年12月25日に臨時にマレー部隊に編入され、17年1月上旬に陸軍部隊を馬公からシンゴラに運ぶ輸送戦団の護衛を行なった(終了後蘭印部隊に編入)

◀マレー方面での作戦中に泊地で憩う重巡熊野と空母龍驤──龍驤は開戦当初、比島部隊に配属され南部フィリピン攻略作戦に従事した。その後、昭和17年1月3日にマレー部隊に編入され、アナンバス攻略作戦、バンカ、パレンバン攻略作戦(L作戦)に参加し、この間にバンカ海峡やガスパル海峡で多数の敵艦船を撃沈破する戦果をあげている。写真は1月19～23日にカムラン湾でアナンバス攻略作戦準備中の光景と思われる

昭和17年1月カムラン湾にて出撃準備中の軽巡川内――本艦は第3水雷戦隊の旗艦で司令官橋本信太郎少将が座乗していた。元来第1艦隊の所属部隊だが、マレー攻略のためにマレー部隊に編入されたもので、開戦いらい第一次、第二次マレー上陸部隊の護衛、上陸支援を行なった。17年1月21～27日には、陸軍部隊のエンドウ輸送船団の護衛と揚陸支援を行ない、反撃の英駆逐艦2隻と交戦、サネットを撃沈した(エンドウ沖海戦)

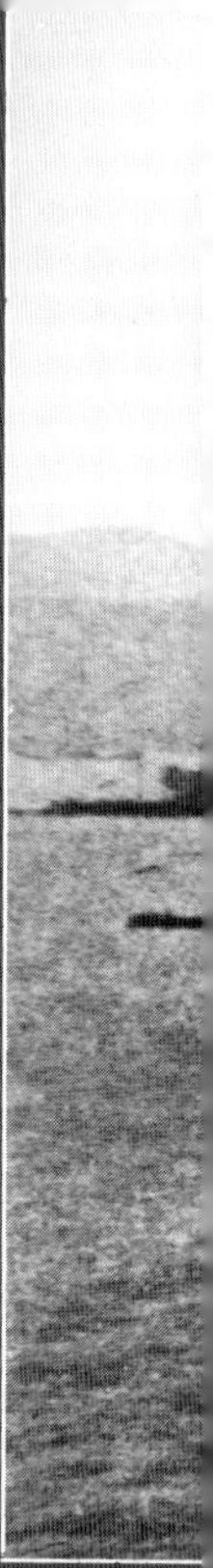

エンドウ沖海戦

阿部安雄

マレー半島での陸上作戦が順調に進みつつある昭和十七年一月、日本軍は陸軍第3飛行集団の蘭印攻

英駆逐艦サネット——第一次大戦型の旧式艦で、大きさや兵装は日本の二等駆逐艦と同程度のもの。たまたま輸送船団を護衛してシンガポールに到着し、在泊していたためエンドウ沖の日本輸送船攻撃に使われることとなった。わが駆逐艦白雪、夕霧をはじめ、軽巡川内、駆逐艦吹雪、朝霧などの砲火を受け沈没した

略作戦実施に必要な航空資材を、マレー半島南部東海岸にあるエンドウに輸送する作戦をたてた。

この航空資材を搭載する輸送船は、かんべら丸と関西丸の二隻で、第18師団をタイのシンゴラに輸送する一一隻の輸送船団と共に、一月二十日カムラン湾を出港した。

二十二日、シンゴラに到着した二隻の輸送船は、駆逐艦四隻に護衛されて、二十四日夜シンゴラを出港してエンドウに向かった。途中からは、第3水雷戦隊を基幹とする第1護衛隊本隊も合同した。

船団は二十六日午前十時四十五分（日本時間、以下同様）頃にエンドウ沖の第一泊地に投錨、ただちに揚陸を開始した。そして第一回目の揚陸終了後、輸送船は陸岸にちかい第二泊地に移動し、揚陸作業をつづけた。なお午前九時頃から陸軍の戦闘機が、常時約一〇機ほど上空警戒を開始した。

第1護衛隊の艦艇は、軽巡川内（旗艦）、駆逐艦天霧、夕霧、朝霧、吹雪、白雪、初雪、第1号〜第5号掃海艇、特設掃海艇留萌丸、音羽丸、駆潜艇三隻、特設監視艇五隻の二二隻で、揚陸作業が終了するまで引きつづき輸送船の直衛警戒に当たった。

わが船団は、エンドウ到着直前に英軍機の発見するところとなり、シンガポールの英軍は手持ち航空機の全力をあげて日本船団を攻撃する決意を固め、二波の攻撃隊を発進させた。第一波は爆撃機、雷撃機（爆装）、戦闘機の合計四四機、また第二波は雷撃機、戦闘機の合計二四機である。

これらの英軍機は二十六日午前二十分頃から午後七時四十分頃までの間に、四回にわけて攻撃してきたが、上空直衛機の活躍と、直衛艦艇の対空砲火により撃退され、わが方の損害はきわめて軽微だった。英軍は、雷撃機十数機のほか多数機を失った。

英軍は水上艦による攻撃も行なうことに決し、当時シンガポールに在泊していた英駆逐艦サネットと豪駆逐艦ヴァンパイアを、二十六日午後出撃させた。

日本艦船に夜間攻撃をくわえるべく、エンドウ目指して北上進撃中の二隻の駆逐艦は、二十六日午後四時五十分エンドウ南東約二〇〇カイリの地点で、わが基地航空部隊の索敵機に発見され、ただちに敵艦（軽巡と判断）二隻進撃中の報が発せられた。

エンドウ沖の第1警戒隊は、午後七時三十分にこれを受信し、指揮官橋本信太郎少将は二十六日夜半

オーストラリア駆逐艦ヴァンパイア——第一次大戦末期に英国で建造された駆逐艦で、のちにオーストラリアに引き渡された。マレー沖海戦では戦艦プリンス・オブ・ウェールズと巡戦レパルスの直衛に当たったが無事シンガポールに帰港した。その後船団護衛に使われ、駆逐艦サネットと同じ経緯でエンドウ沖に出撃したが、日本艦隊の虎口を逃れて帰投した。のち印度洋上で空母ハーミスの護衛中に、南雲機動部隊の九九艦爆に撃沈された

敵襲を発見した第4号掃海艇——第1掃海隊の所属艦で、船団護衛ののち輸送船の入泊前に泊地掃海に当たり、その後、泊地東の中央哨区で哨戒任務に従事した。1月27日4時10分頃、まっ先に接近中の英軍部隊を発見、ただちに全軍に敵襲を報じた。写真は昭和5年7月の姿

か二十七日未明に敵来襲の可能性ありとして、麾下の艦艇に厳重な警戒を命じた。

そうとは知らぬ英駆逐艦は、二十七日午前四時ごろ南東方の海面からエンドウ泊地に、北西の針路をとり陸岸と日本艦隊との間に割り込むような格好で接近してきた。そして暗夜の中にまず日本駆逐艦一隻を発見し、ついで第4号掃海艇を認めた。先頭艦のヴァンパイアは、ただちに第4号掃海艇に対し魚雷二本を発射したが命中しなかった。

第4号掃海艇は、ただちにこの敵に砲撃をくわえると共に全軍に敵襲を報じたが、いかなる事情によるものかこの通報が各艦に到達するのが遅延し、さらに敵艦の位置を誤って通報したため、日本艦隊の対応が立ち遅れることとなった。

英艦はさらに北西に進んだが、日本輸送船を認めなかったため午前四時四十五分頃、もときた南東方の針路に反転した。これは第一泊地付近のことで、輸送船はすでに第二泊地に転錨していたため難を避けられたのである。

反転直後に英駆逐艦は、日本駆逐艦白雪と遭遇し、白雪とその背後の軽巡川内に対しサネットが魚雷二本を発射したが、これまた命中しなかった。

これに対し白雪は、午前五時一分に英艦に対して砲撃を開始し、さらにその七分後に駆逐艦夕霧も砲戦にくわわり、しばらくは日、英駆逐艦二隻ずつによる戦闘が行なわれるに至った。

しかし午前五時十八分頃に、軽巡川内、駆逐艦吹雪、朝霧も砲撃を開始したので、シンガポール目指して退却中の英艦は圧倒的な日本軍の攻撃にさらされることとなった。

以上の日本艦艇の攻撃により、サネットは機関部に命中をうけ海上に停止し、さらに多数の命中弾をうけ、午前五時四十八分にガバン島の東北東四、三〇〇メートルの地点で沈没した。ヴァンパイヤーは、停止したサネットを煙幕でかくしたのち、辛じて戦場より離脱し、二十七日午前にシンガポールに帰港した。

わが方の戦果は、駆逐艦サネット撃沈、捕虜三〇名、損害は白雪の乗員一名が重傷を負っただけで、輸送船は無キズのまま二十八日に揚陸を終えた。

この戦いはエンドウ沖海戦と名付けられ、バリックパパン沖海戦につづいて、開戦いらい戦われた二番目の水上戦闘だった。この海戦は日本の勝利に終わったが、両軍の兵力差を考えると、日本海軍にとって不出来の一戦といえよう。

駆逐艦白雪——所在のわが駆逐艦6隻のうち、最初に英軍に攻撃をくわえたのは白雪である。やや遅れてかけつけて来た僚艦夕霧と共にしばらくの間、敵と2隻対2隻の砲撃戦を行ない、英駆逐艦サネットに大損害をあたえ、これを撃沈する端緒をつくった。写真は昭和6年9月の姿

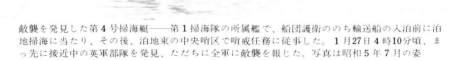

バンカ海峡の戦果

バンカ、パレンバン攻略作戦（L作戦）で活躍中のわが基地航空部隊——この作戦で基地航空部隊には、敵艦船および航空兵力の撃滅、わが輸送船団の護衛、海上警戒などの任務があたえられた。これにより2月初頭からバンカ海峡方面に出現、あるいはシンガポールから脱出する敵艦船の攻撃に全力を傾注した。写真は敵攻撃に向かう鹿屋空の一式陸攻

日本機の攻撃を受ける英輸送船——昭和17年2月12日、バンカ海峡方面で我が陸攻の爆撃を受けつつあるもので、バンカ、パレンバン攻略作戦（L作戦）における航空部隊の作戦における一コマ。この作戦は2月17日頃まで実施されたが、第22航戦の全力をあげた攻撃作戦だったにもかかわらず、その爆撃成績は芳しくなく戦果も充分とはいいがたかった

◀バンカ海峡南方上空を飛翔する九七式艦上攻撃機——上写真とおなじ戦闘におけるシーン。バンカ島撤退部隊輸送オランダ艦船2隻のうち駆逐艦ヴァンネスは、空母龍驤の九七艦攻10機の爆撃をうけ沈没した。下方の黒煙は同艦の最後を示すもの。ちなみに龍驤は、2日前の2月15日に、ガスパル海峡を北上中の連合軍艦隊（巡洋艦5隻と駆逐艦8隻）に対し、九七艦攻による反復攻撃を行ない、米駆逐艦2隻に損害をあたえ、敵を敗走させている

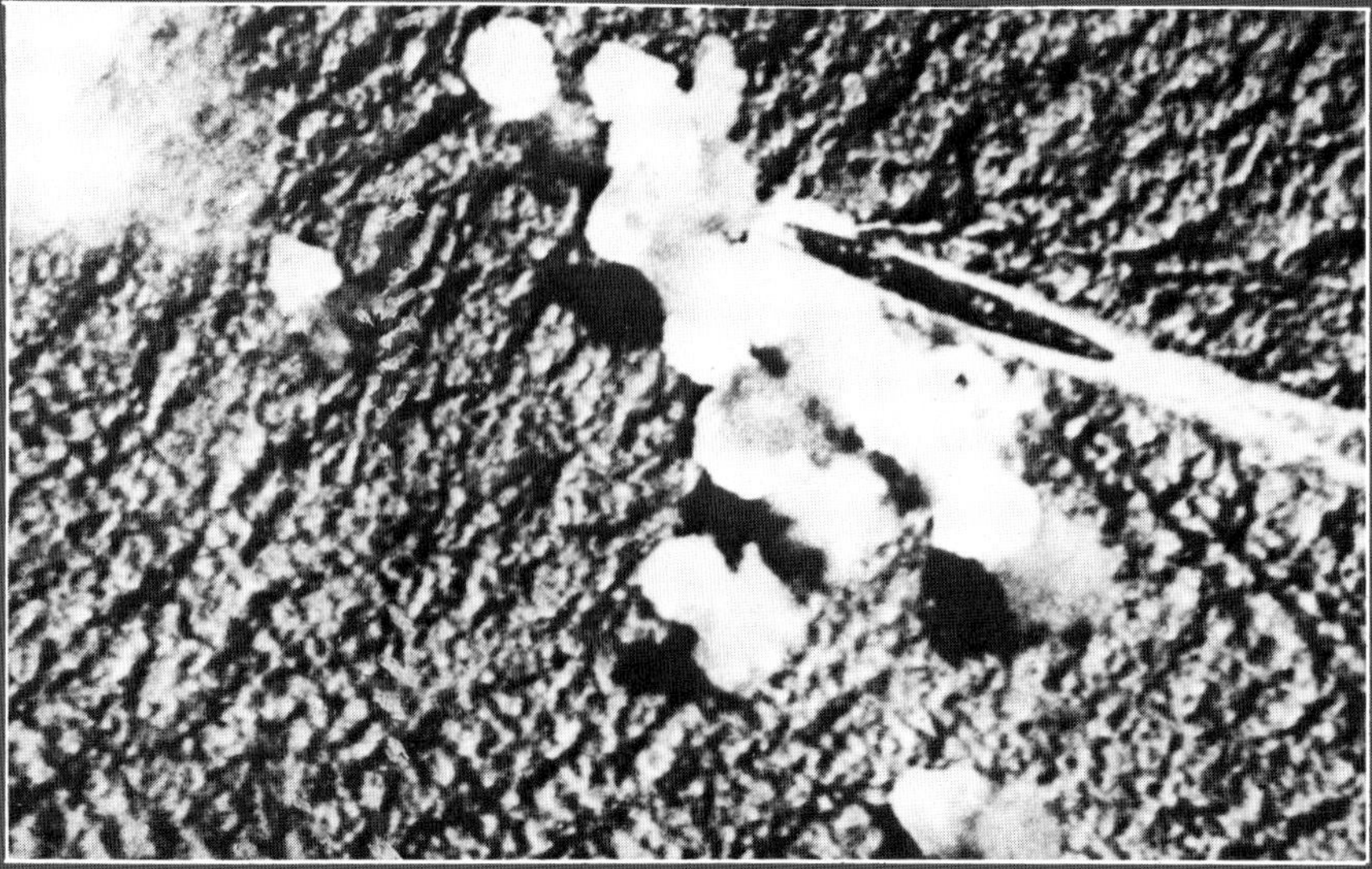

わが陸上攻撃機の爆撃にさらされる英国駆逐艦――右下写真と同じく、バンカ、パレンバン攻略作戦におけるマレー部隊所属の基地航空隊の活躍を示したもので、昭和17年2月11日バンカ島方面にてシンガポールに向かう英駆逐艦を爆撃中の光景。なお本艦は撃破の状態でのがれ去り、残念ながら撃沈に至らなかった

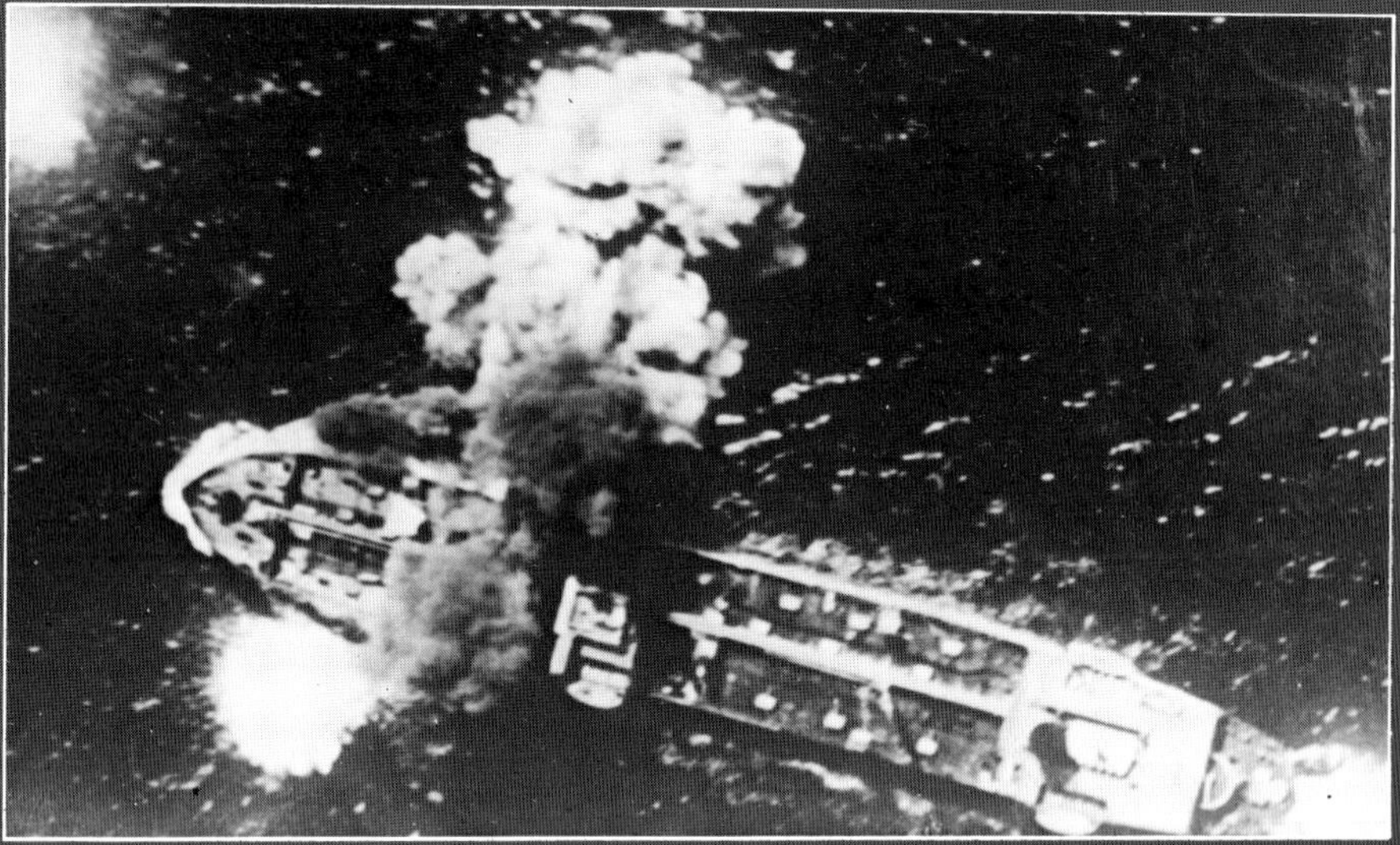

昭和17年2月13日、バンカ海峡で沈没するオランダ商船スロエト・ヴァン・ベレル――この日バンカ島守備隊を収容引き揚げ中の本船とオランダ駆逐艦ヴァンネスを、バンカ、パレンバン攻略作戦（L作戦）中のマレー部隊が発見、基地攻撃隊元山空の陸攻15機が本船を攻撃して見事撃沈した

シンガポール陥落

▲マレーを目指す我が輸送船団——マレー攻略の第25軍先遣兵団２万人の将兵を乗せた輸送船団は、昭和16年12月４日に海南島三亜港を出港した。この船団は輸送船17隻、病院船１隻からなり(他に輸送船８隻が先行)、第１水雷戦隊、第７戦隊などがこれを護衛した

わが爆撃により炎上するシンガポール島の石油タンク——マレー半島南端のジョホールバルから望んだ光景。シンガポール島手前の水面はジョホール水道。半島と島をつなぐ陸橋が、島へ退却する英軍により切断されている。陸橋は長さ約1,000メートル、幅約20メートルのセメント造りの築堤で、車道、人道、鉄道、給水管が敷設されていた

セレター軍港の惨状——英軍はセレター軍港を放棄するに当たり、海軍工廠など各種施設、設備を破壊し、日本軍の活用を封じようとした。写真中央に見えるのは、破壊された塔型クレーン。海軍工廠や軍港の設施は、のちに日本海軍の手により復旧され、戦争中期以降に大きな戦力となった

セレター軍港を占領——シンガポール島の英軍が、シンガポール市の防衛を主体とした兵力配備に転換したため、島の北辺に位置するセレター軍港はほとんど無防御となり、2月14日に我が陸戦隊により占領された。写真は司令部の上に翻っていたユニオンジャック旗を引き降ろし、万歳を斉唱している光景。背後の建物や施設は海軍工廠のもの

セレター軍港に沈められた5万トン浮きドック——英軍の撤退にあたり自沈せしめられたもの。とうじ世界最大級の浮きドックで、5万トン級の主力艦まで入渠可能だった。のちに日本海軍が浮揚、修理し、有効に使用した

英軍降伏す—— シンガポール攻略開始から９日目の昭和17年２月15日、わが猛攻に耐えかねた英軍はついに降伏することに決し、その旨を日本軍に申し出た。写真は服伏交渉のため同日18時30分頃ブキテマ三叉路北方のフォード自動車工場におもむく英軍の軍使一行。右より英軍司令官パーシバル中将、参謀ニュービギン准将、菱刈通訳、案内役の杉田中佐参謀、参謀トランス准将およびワイルド少佐。ここにシンガポールは、日本軍の手に帰した

日本艦艇シンガポール入港

シンガポールに入港したマレー部隊旗艦鳥海──昭和17年2月15日、わが第25軍の猛攻により東洋における英国の牙城シンガポールは遂に陥落、その直後から日本海軍掃海隊はシンガポール周辺海域の掃海を開始し、25日に水路啓開作業を完了した。これにより第1南遣艦隊司令長官小沢中将は重巡鳥海に座乗し、26日にセレター軍港に入港した。このとき同時に軽巡川内、駆逐艦天霧、夕霧、朝霧、綾波が入港している

▶セレター軍港を圧する旗艦鳥海の巨大な艦橋構造物──中世の城郭を思わせるその威容は、現地人の日本軍帰服に効果を発揮したにちがいない。本艦は、その後も第1南遣艦隊司令長官小沢中将の旗艦として北部スマトラ上陸作戦、ビルマ、アンダマン攻略作戦、ベンガル湾北部機動作戦などに従事したが、昭和17年4月12日に旗艦を免ぜられ内地に帰還した

◀第2艦隊の支援のもとに南西方面攻略を順調に終え、3月下旬、旗艦愛宕はシンガポールのセレター軍港に入港した。対米英戦争ということで極度の緊張で迎えた開戦も、思いの外の進展で近藤長官以下は戦争の展望に明るいものを感じていたことであろう。写真はセレター軍港での軍艦旗掲揚式である。左方前が近藤長官、司令部幕僚以外は防暑服である。右遠方に見えるのは工作艦朝日で、日露戦争いらいの歴戦の名艦は、この対米戦争をどのように見たであろうか

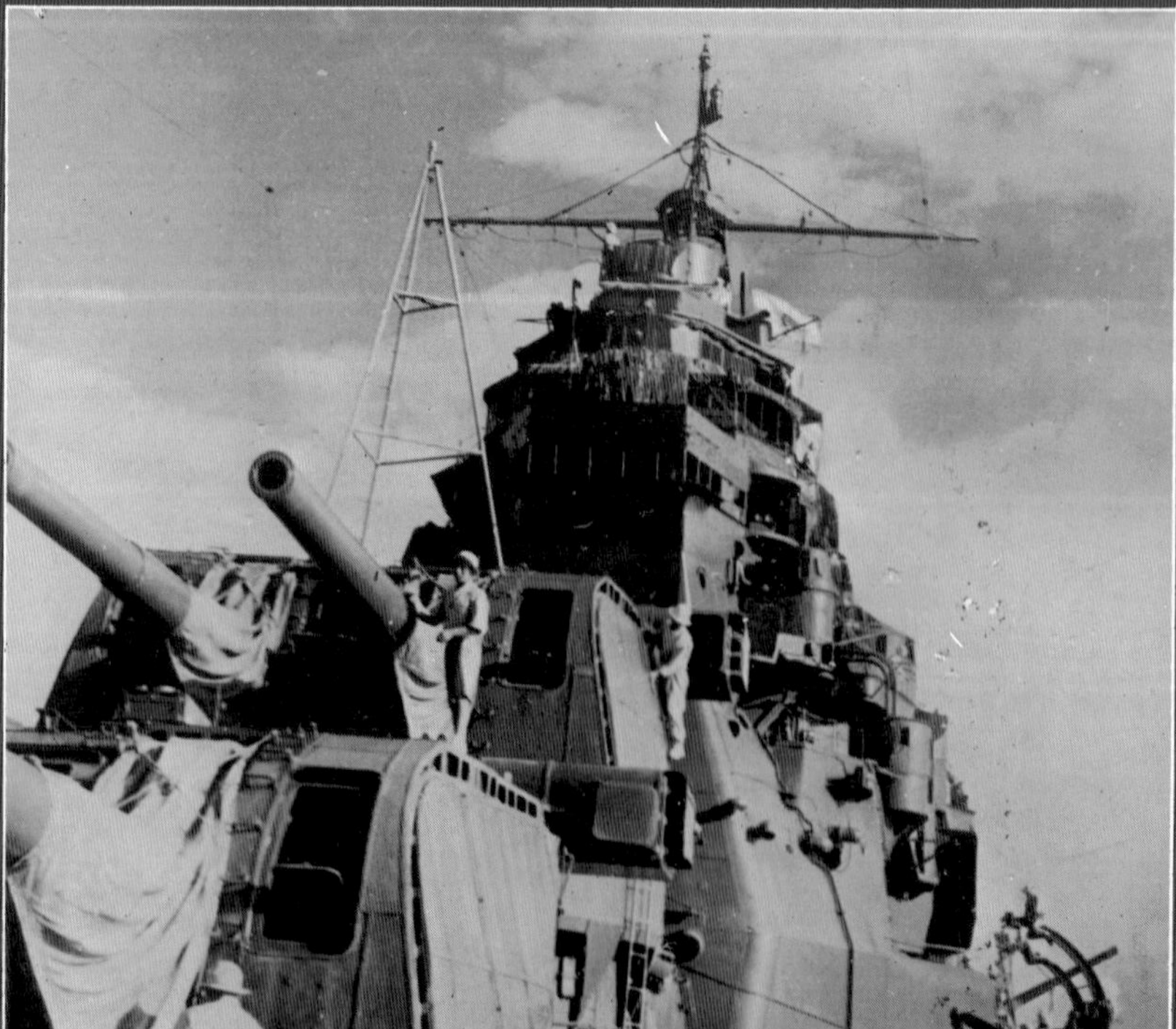

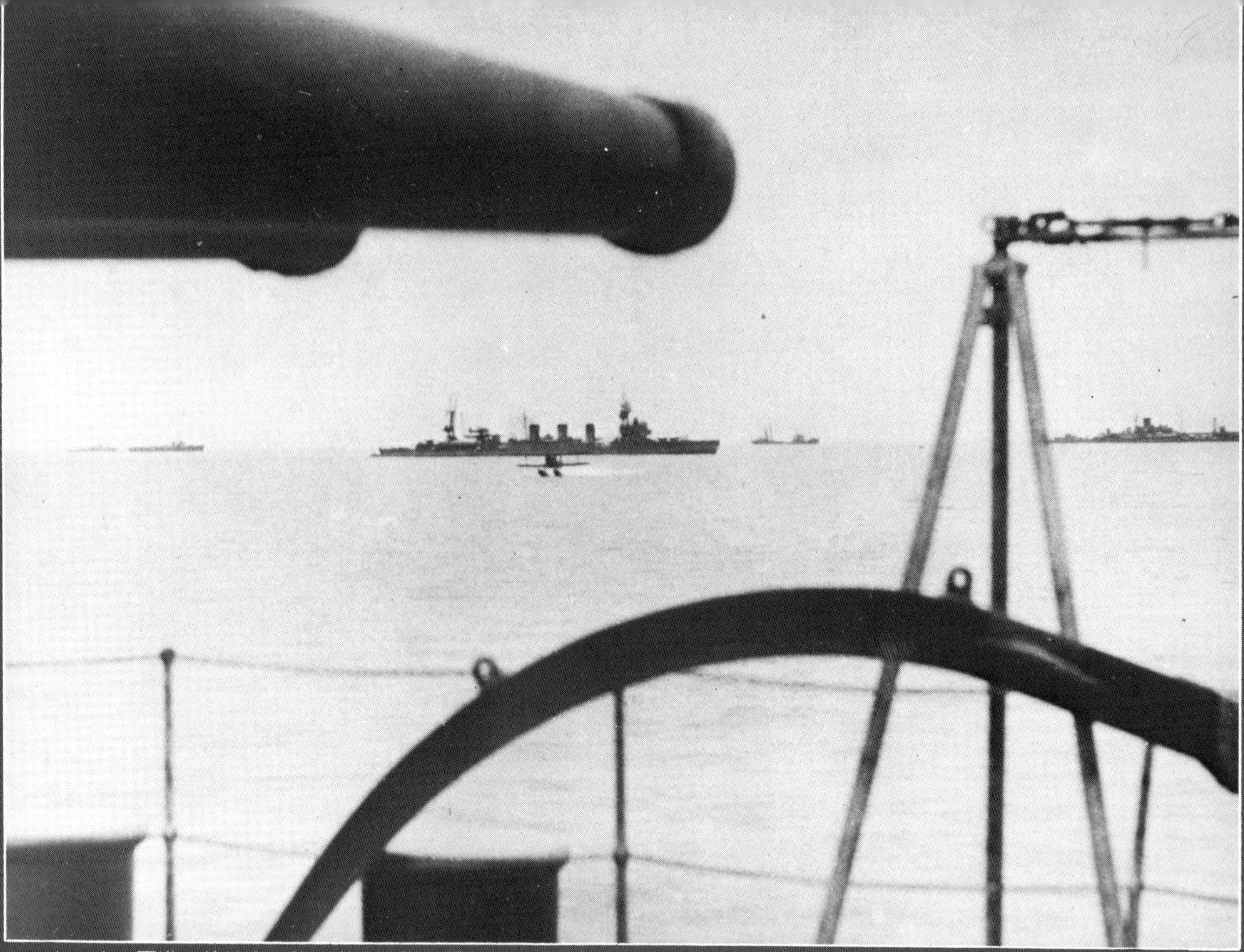

セレター軍港に停泊中の第5潜水戦隊所属の軽巡由良(中央)――英艦隊の捕捉撃滅、シンガポール海峡への機雷敷設、天候偵察などを目的として、マレー部隊には第4潜水戦隊、第5潜水戦隊および第6潜水戦隊第13潜水隊が配属された(潜水艦12隻)。開戦時、由良は5潜戦の旗艦だったが、17年1月20日に旗艦任務を伊65潜に譲り、その後、各種の水上作戦に従事した。セレター軍港にはただ一度3月6～9日に入港しており、この写真はそのおりの姿である

英海軍の一大根拠地だったシンガポール

鈴木範樹

シンガポールはかつて東洋のジブラルタルといわれ、英国の東洋方面における中核根拠地であった。

　その地はマレー半島先端の島で、一八一九年二月、英国の東インド会社がジョホールのサルタンから購入し、以後、日本が太平洋戦争中に占領した期間をのぞき、一九五九年六月まで英植民地だったのである。

　シンガポールの形は、英本国のワイト島（英国の代表的な軍港ポーツマスの沖にある島）によく似ており、

▲セレター軍港の岸壁に停泊中の第1南遣艦隊旗艦香椎 ――第1段作戦終了後、昭和17年4月12日にマレー部隊（第1南遣艦隊）の旗艦となった香椎は、以後昭和18年12月まで旗艦任務に当たり、その間主として各地への輸送、護衛作戦に活躍している

◀シンガポールのセレター軍港にへんぽんと翻る第1南遣艦隊司令長官旗――小沢治三郎中将率いる南遣艦隊(マレー部隊)は、17年1月3日に第1南遣艦隊と改称された。この部隊はマレー攻略後も蘭印攻略作戦、ベンガル湾方面の各種作戦を行ない、その終了後の17年4月12日に旗艦を従来の重巡鳥海から練習巡洋艦香椎に変更した。写真は香椎後檣に掲げられた小沢中将の将旗(上)

東西約四三キロ、南北二一キロの大きさで、島をマレー半島と分けているジョホール水道は〇・五キロから四・五キロの幅があった。島の地形は起伏があり、海岸線は東南部をのぞきマングローブのはえた沼地となっていた。

シンガポールの位置は、インド方面から中国への海上交通路の中継地として最適であり、コロンボから同地までの距離は約一、五七〇カイリ、同地から香港までそれは約一、四四〇カイリであった。二〇ノットの速力だとコロンボ～シンガポール間は三日、シンガポール～香港間も三日の航程である。

このシンガポールを英国は要塞化し、海軍の一大根拠地にすることに決定した。ワシントン会議後の一九二三年のことである。

この計画は、十ヵ年にわたるもので、一、五〇〇万ポンドの予算が計上された。英議会のこの計画に対する反応は、賛成二四一票、反対一三三票だったといわれる。

以来、着ちゃくと計画は進展し、軍港はジョホール水道に面したセレター地区に建設され、それを防備するための要塞が構築されていった。軍港名は地区名からセレター軍港と呼ばれ、艦船造修設備も有力なものであった。

一九二八年には五万トンの浮ドックが本国から回航され、三八年にはキング・ジョージ六世ドックと命名された長さ三〇七メートル、幅四〇メートルの大乾ドックが完成した。この乾ドックは、当時いかなる艦艇でも入渠可能な、世界でも有数の規模であった。

軍港施設は太平洋戦争開戦時まだ完全に出来上がってはおらず、計画の進展具合は六〇～七〇パーセントというところであった。しかもシンガポール要塞は海からの侵攻に対する備えはなされていたものの、マレー半島方面に対する備えは、ジャングルが天然の要害とばかり充分な防備を施していなかったため、日本軍の攻撃に、もろくも破れ去ったのである。

昭和十七年二月十五日、シンガポールは陥落し、名称も「昭南」と改められた。

軍港施設は英軍が撤退時にある程度破壊していったが、日本軍が進駐後、逐次修復された。とりわけ軍港内の工廠設備は、新設の海軍第一〇一工作部の手によって再生され、外地ではもっとも有力な工作部として大いに役立った。

なお同工作部は、セレターの工廠設備のほか、島の南部の商港の造修設備も隷下に置いており、両者をあわせると内地の工廠に匹敵する規模であった。

セレター軍港に停泊中の特型駆逐艦と練習巡洋艦香椎（手前）──中央に見える2隻の特型駆逐艦はベンガル湾に向かうべく準備中の姿で、恐らく昭和17年3月に行なわれた陸軍部隊のラングーン輸送作戦直前頃の光景と思われる。香椎は3月2日に初めてセレター軍港に入港し、その後、北スマトラ攻略作戦、ラングーンへの輸送作戦などに従事した。香椎の射出機上の飛行機は九四式2号水偵

特設水上機母艦相良丸――元日本郵船の貨物船で、昭和16年1月海軍に徴用され、同年9月特設水上機母艦となった。写真は翌17年6月26日、セレター軍港軍需部桟橋に接岸中の姿である

敷設艦厳島――昭和17年7月18日、セレター軍港に停泊中の姿。本艦は入渠整備のためシンガポールを訪れたもので、5日後の23日から29日まで第101工作部の手で修理作業が行なわれた

◀特設巡洋艦報国丸――昭和16年9月に特設巡洋艦籍に編入された。写真は翌17年8月22日、セレター軍港において撮影したもの。艦上に零式三座水上偵察機が写っているのに注意されたい

敷設艦初鷹——インド洋方面での船団護衛を終え、昭和17年9月1日、セレター軍港で次期作戦準備中の姿である。艦橋付近に張られた天幕が、いかにも南国らしい雰囲気をかもしだしている。本艦はその後、ペナン、スマトラ、仏印方面で船団護衛、対潜警戒、機雷敷設に活躍した

特設巡洋艦愛国丸——元大阪商船の貨物船で、姉妹船の報国丸とともに、インド洋の通商破壊作戦で名を上げた。昭和16年9月に特設巡洋艦籍へ編入されており、写真は翌17年7月29日、セレター軍港で撮影したもの

特設巡洋艦浮島丸——元大阪商船の貨客船で、昭和16年９月特設巡洋艦籍に入った。開戦時は佐世保警備戦隊に所属していたが、間もなくシンガポールへ進出し、第１海上護衛隊旗艦となった。写真はセレター軍港に停泊中の姿でトップマストは船体偽装のため白く塗装されている

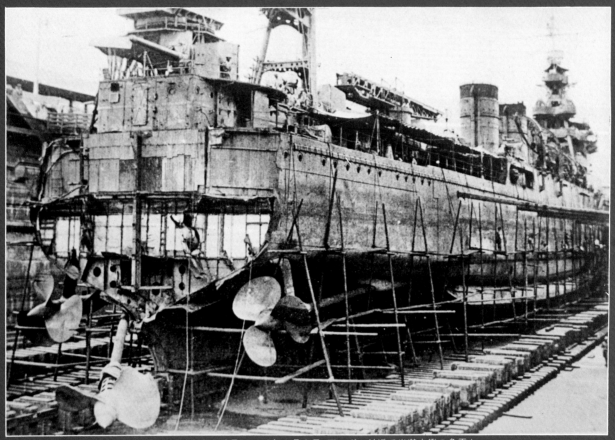

第101工作部で修理中の軽巡名取——18年１月９日、アンボン付近で米潜水艦の魚雷と、21日、米機の至近弾による被害をうけ、応急修理のためセレター軍港第１船渠に入渠しているところ。雷撃で損傷した艦尾の状況が良くわかる。昭和18年２月５日の撮影

右舷前方から見たセレター第1船渠に入渠中の重巡足柄── 昭和17年12月31日に撮影したもので、とうじ本艦は南西方面艦隊旗艦の任にあり、同艦隊司令長官高須四郎中将の将旗を翻していた。渠側に見えるクレーンは30トン・クレーンである。本艦の入渠期間は昭和17年12月26日から翌18年1月2日までであった

セレター第1船渠に入渠中の重巡足柄を渠頭から撮影したもの── この船渠は英海軍時代キング・ジョージ6世ドックと呼ばれ、長さが307メートル、幅が40メートルもある当時世界でも有数の造修施設だった。日本海軍はシンガポール陥落後、工廠施設を復旧し、第101工作部を開設した

南方攻略作戦

—マレー、フィリピン方面—

佐藤和正

◇マレー沖海戦◇

脅威のイギリス戦艦

十二月二日、南方部隊指揮官近藤信竹中将、比島部隊指揮官高橋伊望中将は馬公に進出した。その夜、全部隊は「新高山登レ、一二〇八」の連合艦隊命令をうけとった。

南遣艦隊司令長官小沢治三郎中将の指揮する馬来部隊は、十二月初め水上部隊の大部が海南島の三亜に、基地航空兵力の大部は南部仏印基地に展開を終わっていた。馬来部隊は十二月一日、第**4**潜水戦隊の三亜出撃を皮切りに、四日、重巡（鳥海、熊野、鈴谷、三隈、最上）五隻、軽巡一隻、駆逐艦一四隻、駆潜艇一隻の主力が、マレー攻略陸軍部隊の先遣兵団を乗せた一八隻の輸送船団を護衛してこれにつづいた。

その後方には、馬公から出発した近藤中将指揮の南方部隊本隊が、戦艦（金剛、榛名）二隻、重巡（愛宕、高雄）二隻、駆逐艦一〇隻をもって警戒、南下していた。

この間、十二月三日、英国はプリンス・オブ・ウェールズと、レパルスの二戦艦が、英国海軍軍令部次長であったフィリップス中将指揮の下に、二日シンガポールに入港したむねを公表した。この公表の真意は、日本に対する示威と判断されたが、この二戦艦の進出は日本軍にとっては大きな脅威であった。

マレー攻略船団は、仏印南方海面を進撃中、六日、一三四五、英軍飛行機の触接をうけた。小沢中将はこの英機撃墜を命じたが、わが戦闘機はこれを撃墜するにいたらなかった。

この英軍偵察機の報告は、英軍側を愕然とさせた。日本の船団がマレー半島に向かっているのか、それともタイ国に向かっているのかが問題だった。しかし船団がインドネシア半島南端で西に進路をとり、さらに北寄りに航行しているという偵察機の報告があり、シンガポールの英軍司令部をホッとさせた。日本の船団はタイ国に向かっていると判断したのである。

いずれにせよ戦争が目前に迫っているのだが、日本軍がタイに上陸するなら、それだけマレー半島の防衛準備に日数が稼げると司令部は希望的観測を行なったのである。これが大きな油断となった。

日本軍の船団の予定航路は、七日午前までタイ国

英艦隊を最初に発見した伊65潜——昭和16年12月９日15時15分、哨戒中の伊65潜（第５潜水戦隊第30潜水隊所属）は、アナンバス諸島北方約100カイリの水域で北上中の英東洋艦隊を発見し、ただちに〝敵発見〟の報を打電した。とうじ日本海軍は敵の出撃を知らず、この報によりただちに攻撃態勢がととのえられた。なお伊65潜は、18時22分ごろ敵を見失った

風雲急を告げる極東の情勢から、英国は新鋭戦艦プリンス・オブ・ウェールズと巡洋戦艦レパルスをシンガポールに回航した。しかし両艦とも昭和16年12月10日、マレー沖でわが海軍航空部隊の攻撃で海の藻屑と化したのである。写真は回航の途次ケープ・タウンに寄港した時のプリンス・オブ・ウェールズ

に向けてシャム湾の中央まで進み、そこで編隊を解いて、マレー半島東岸の五ヵ所の上陸点に分進することになっていたのである。

英軍機触接の報をうけた近藤中将は、開戦前に英艦隊と会敵する公算が大きいと判断し、七日、荒天をおかして戦艦から駆逐艦に燃料を補給、戦闘準備を整えながら南下をつづけたが、その後、敵情になんらの変化も起こらなかった。

七日、マレー攻略船団付近では、ついに索敵中の英飛行艇を陸軍機が撃墜し、ふたたび全軍を緊張させた。一方、英軍はこの日一日中、日本船団の情報を得なかった。

南方部隊本隊は、こんどこそ敵艦隊が出撃してくるだろうと、サイゴンの南東一五〇マイル付近に進出して英艦隊の反撃に備えていた。しかしこんども反撃がなく、同日夜、マレー攻略船団はマレー半島の各上陸地点に迫っていったのである。

悲愴な決意

十二月八日、〇〇四五、第18師団第23旅団が、佗美浩少将指揮のもと、マレー半島の英軍要地であるコタバルに上陸した。このとき上陸正面のインド軍第8旅団との間で激戦が展開され、コタバル飛行場から飛び立った敵機の攻撃により、輸送船一隻が沈没、二隻が大中破するという損害を出したが、日本軍の果敢な攻撃によって敵を退却させ、飛行場の占領に成功した。

つづいて〇一四〇、山下奉文中将の第25軍司令部と、第5師団の主力がタイ領のシンゴラに無血上陸。さらに〇二〇〇、第5師団の一部が三隻の輸送船でシンゴラの南、パタニーに無血上陸した。

南方部隊総指揮官近藤信竹中将は、開戦の八日一日中、洋上で全般作戦の成り行きを見守っていたが、シンガポールの敵戦艦が動き出す気配もなく、作戦はきわめて順調に進行しているのをみて、燃料補給のため金剛、榛名をひきいて九日、一五〇〇、カムラン湾に引き返した。馬来部隊の小沢中将も、重巡鳥海でカムラン湾に向かっていた。ところが一五一五ごろ、マレー東方のアナンバス諸島付近に配備してあった伊65潜水艦から作戦緊急信が発信された。

「敵レパルス型戦艦二隻見ユ、地点コチサ一一、針路三四〇度、速力一四ノット、一五一五」

この報告は、サイゴンの航空部隊司令部に疑惑を起こさせた。昼間の陸偵によるシンガポール偵察報告によれば、敵戦艦はシンガポールに在泊しているはずである。だが小沢長官はただちにつぎの作戦緊急信を発令した。

一、輸送船団はただちに揚陸作業を中止し、タイランド湾北方に避退せよ

一、基地航空部隊は全力をあげて敵艦隊を攻撃せよ
一、付近行動中の馬来部隊はただちに集結、夜戦によって英艦隊を撃滅す

潜水艦の報告から推定すると、小沢長官の乗艦である鳥海は、敵艦と約二〇〇キロの近距離に迫っていることになる。

航空部隊司令部では、報告のくい違いをただちに検討した。陸偵が持ち帰った偵察写真を拡大して見たところ、港内の戦艦は大型商船の間違いであったことが判明した。そこで、「潜水艦発見の敵戦艦を攻撃すべし」と改めて発令されたのであった。

馬来部隊は針路を南に変え、一八二〇に鳥海から索敵機一機が射出された。これと同時に第7戦隊（熊野、鈴谷、三隈、最上）からも各一機ずつの索敵機が発艦した。一八四五、艦隊は速力を二八ノットに上げ、英艦隊に向かって決戦態勢をとったのである。天候は悪く、雨ときどき曇り、風向きは東南東で風速八メートル、視界は約五キロ、晴れ間でも一〇キロをこえなかった。

小沢長官の艦隊は、重巡五、軽巡二、駆逐艦四の兵力である。重巡の砲力は二〇センチ砲なので英戦艦とは太刀打ちできない。しかし、夜襲によって水雷攻撃をかけようとの悲愴な決意であった。

一方、近藤長官は敵をインドシナ半島南端に近いプロコンドル島南東の海面に誘いよせて決戦を挑もうと決心した。しかし金剛、榛名の主砲はそれぞれ三六センチ砲八門である。これに対してレパルスは三八センチ砲六門、プリンス・オブ・ウェールズは三五・五センチ砲一〇門である。砲力において英戦艦のほうが有力である。近藤長官もまた悲愴な覚悟で、翌十日の夜明け以降に敵を捕えて攻撃に持ち込もうと決意した。

英艦隊の反転

十二月八日の朝、英東方艦隊司令長官フィリップス中将が得た日本軍の進攻に関する情報は漠然としたものであった。わかっていたことは、日本軍の主力部隊の上陸地点がシンゴラであるということだけだった。そこでこの方面の日本船団を攻撃することに決意し、

「艦隊は八日夕刻出撃、哨戒機の誘導により十日コタバル、シンゴラに敵船団を攻撃の予定」

と指令した。フィリップス中将は、艦隊の上空警戒を空軍に要望したが、戦闘機による護衛を得ることができなかった。一八五五、プリンス・オブ・ウェールズ（三万五〇〇〇トン）とレパルス（三万二〇〇〇トン）は、旧式駆逐艦四隻（エレクトラ、エキスプレス、テネドス、バンパイヤ）を率いて、上空に傘のないままシンガポールを出撃した。

フィリップス中将は、艦隊のとるべき作戦は奇襲だけだと考えていた。九日中に艦隊が日本軍に発見されない場合は、十日の早朝に日本船団を攻撃しようと決心していた。艦隊はマレー半島沿いの通常の航路をとらず、アナンバス諸島を迂回してまっすぐ仏印に向かう航路をとった。もしマレー沿岸を北上したら、日本の索敵機や潜水艦に容易に発見されるだろうと判断したからである。

しかし英艦隊がとった迂回路は、日本の航空隊基地により接近することになる。だが中将は日本の飛行機を甘く見ていた。彼は日本機の性能はイギリスやドイツよりはるかに劣り、イタリアとほぼ同等の水準にあると判断していた。イタリア空軍の能力はイギリスの六〇パーセントと評価されていたのである。また日本の雷撃機と急降下爆撃機の行動半径は約三五〇キロ程度と認識していた。ところが日本の九六式陸攻は八〇〇キロ爆弾または魚雷を搭載して約一、三〇〇キロの行動半径をもっていたのである。

翌九日、英艦隊は日本偵察機に発見されないようにと願いながら北上をつづけた。この日の気象状況は隠れるのに都合がよかった。空は低い雲で覆われ、ときどきスコールがあって視界はきわめて悪く、この天候なら艦隊は、日没までは日本軍に発見されず、暗夜にまぎれて航行し、翌朝の奇襲を成功させることができるだろうと思われた。艦隊は日中の大部分を日本機に発見されることなく北進をつづけた。だがその間、一五一五に伊65潜によってすでに発見されていたことをまったく知らなかった。

英艦隊は針路〇度、速力一八ノットで進撃していた。一八三〇ごろ急に空が晴れて、まもなく日本軍の索敵機が出現した。それもつぎつぎと現われ、三機に発見された。この索敵機は、鬼怒、鈴谷、熊野から発進したものだったが、各機が報告した敵艦隊の位置は、それぞれまちまちだった。

夜になって、日本機は英艦隊を見失ってしまった。しかしフィリップス中将は、このまま予定どおり進撃してよいものかどうか思い悩んだ。中将はまず、駆逐艦テネドスを燃料補給のため分離して、単独シンガポールへ帰投することを命じた。そして二〇二五、艦隊は針路二八〇度、速力二二ノットに変えた。この針路は、翌十日朝、シンゴラ沖に達するものであった。だが、艦隊司令部は、この作戦について検討した結果、翌朝の奇襲は、日本軍索敵機による発見もあって不可能と判断、目的を放棄してシンガポールへ反転帰投することに決定したのである。

同士打ちをまぬがれる

サイゴンとツドウムの航空基地では、敵艦隊攻撃の準備ができていた。しかし天候はきわめて悪く、飛行には不適で夜間攻撃は困難であると判断されたが、優勢な英艦隊に対し、劣勢な小沢部隊が夜戦を決行する決意を報じてきたので、航空部隊指揮官松永貞市少将は悪天候にもかかわらず、無理を押して攻撃することを決意した。

このとき基地から敵艦隊までの距離は約五四〇キロと推定されたので、攻撃隊がただちに発進すれば薄暮までに攻撃できると考えた。そこで松永少将は一七三〇、「各隊は全力を挙げて敵艦隊を攻撃すべし」との命令を下した。

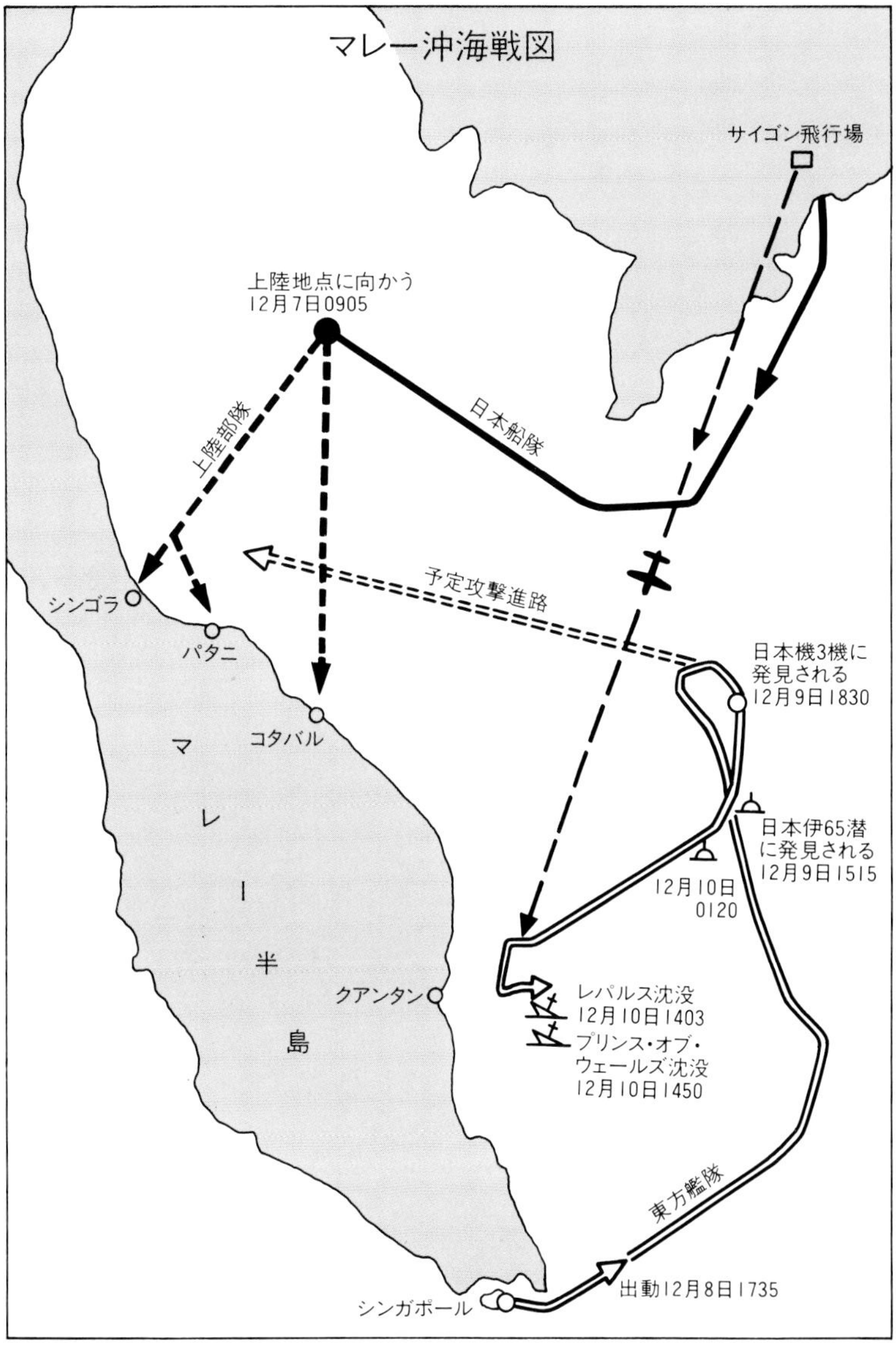

まず鹿屋航空隊の陸攻一八機（雷装九、爆装九）が飛び立ち、つづいて元山航空隊の陸攻一七機（雷装）が、最後に美幌航空隊の陸攻一八機（雷装）があいついで出撃した。ところが予想以上に天候が悪く、攻撃隊は敵艦隊の位置まで進撃することができず、松永少将の命により爆撃隊はやむなくカモー岬付近の海上に爆弾を投棄し、雷撃隊は魚雷を抱いたまま基地に引き返すことになった。

一方、小沢部隊も視界ゼロ状態で、艦隊は霧中標的を流してやっと航行するというありさまであった。

こうしたなかで、美幌航空隊の陸攻三機のみが、悪天候を冒して遮二無二南進をつづけるうち、二一三〇ごろ、暗黒の海面に白じろと二条の航跡と黒い艦影二つを発見した。その艦影は北方に進行中なので、これはまさしく英艦隊であると判断した陸攻は、ただちに低空触接をはじめ、

「敵艦隊発見、オビ島の一五〇度、九〇カイリ」

と報告した。だがこれは小沢部隊であった。このとき鳥海では、航空燈を点燈したまま接近する飛行機を視認、鳥海の司令部はこれを味方機が接近してきたものと思っていた。そのうち飛行機は突然、吊光弾を落としたので、明らかに鳥海を英艦隊と誤認していると判断した。鳥海は急いで発光信号で「ワレ鳥海」と信号したが通じない。やむなく小沢長官は探照燈をもって「ワレ味方ナリ」と繰り返し発信した。それでも通じない。危険を感じた鳥海は、サイゴンの基地航空隊指揮官に作戦緊急信で、

「中攻三機、鳥海上空ニアリ」「吊光弾下ニアルハ鳥海ナリ」

と打電した。この電報を受けた松永少将はただちに、「味方上空、引き返セ」と命じ、危うく同士打ちの悲劇を避けることができたのであった。

小沢長官は、この混乱した情況では作戦は困難であると判断、いったん戦場を離脱して南方部隊本隊に合流することを決め、二二〇〇に針路を北北東に向けたのであった。

このころには小沢部隊は敵艦隊と三五カイリぐらいまで近寄っていると推定されたが、まったく発見できなかった。後に英側記録を調べてみると、両艦隊がもっとも接近したのは、英戦艦の主砲の射程内まで小沢部隊が近寄ったときもあったようである。

両軍はそれとは知らず、互いに反対方向に針路をとったので、敵味方の距離は急速に開いていった。

敵主力発見の第一報

英艦隊が反転してシンガポールに向かっていた十日〇一三〇ごろ、フィリップス中将は極東軍総司令部から、「敵はクワンタンに上陸中の報あり」との緊急信をうけとった。中将はこの情報によりクワンタン沖の日本船団を攻撃すべく、〇二二〇針路を南西二四〇度にとった。しかしこのとき日本軍はクワンタンに上陸作戦は行なっていない。英軍の混乱による誤報だった。

これより前の〇一二〇ごろ、哨戒中の伊58潜が英艦隊を発見していた。「〇一二二敵主力反転、針路一八〇度」と報告するとともに、英艦隊の南下により好射点についた伊58潜は、前部発射管六門の準備を命じたが、一門の発射管は前扉が開かず、その混乱のために発射時期が遅れ、二番艦に対して魚雷五本を発射したが命中しなかった。

「ワレ地点フモロ四五ニテ、レパルスニ対シ魚雷ヲ発射セシモ命中セズ、敵針一八〇度、敵速二二ノット、〇三四一」

と打電した。この電文の三時四十一分は打電した時間であって攻撃した時間ではない。この時間には敵艦隊は針路二四〇度にあるはずである。これがその後の作戦に大きな影響をおよぼす原因となる。

同艦はその後、浮上して敵艦隊を追跡し、「敵ハ黒煙ヲ吐キツツ二四〇度方向ニ逃走ス、ワレコレニ触接中、〇四二五」と打電した。だがこの重要電報がなぜか司令部に到達しなかった。そして「ワレ触接ヲ失ス〇六一五」の電報が届いた。この報告には敵の針路が記されていない。

南方部隊司令部は、敵艦隊の針路を一八〇度、つまり真南に向かっていると判断した。これでは水上部隊は敵艦隊に追いつくことはできない。近藤中将はその攻撃を航空部隊と潜水艦部隊にゆだねた。

松永少将は敵艦隊の位置が判明したので、九六式陸攻九機で索敵に当たらせ、〇六二五、サイゴン基地を発進させた。計算によれば敵艦隊が針路一八〇度、二二ノットで南下しているとすれば、十時ごろには発見できる予定であった。

そこで基地航空部隊は索敵機につづいて発進し、敵の航行予想海面に向かって飛び、先行した索敵機から報告がありしだい現場へ向かう計画をたてた。

〇七五五、元山航空隊の九六式陸攻二六機(雷装一七、爆装九)がサイゴン基地を飛び立った。つづいて〇八一四、鹿屋航空隊の一式陸攻二六機(雷装)がツドウム基地を発進、さらに美幌航空隊の九六式陸攻三三機(雷装八、爆装二五)が〇八二〇から〇九三〇にかけてツドウム基地を発進した。

このときの爆装は、戦艦に致命傷をあたえうる八〇〇キロ爆弾の準備がなく、二五〇キロと五〇〇キロの通常爆弾であった。したがってその効果は期待薄であった。

海上は断雲が多く、ときどきスコールがあった。三群の空襲部隊は真一文字に南下していた。だが行けども行けども敵艦隊を発見できない。すでに発見予定の十時は過ぎていた。

4番索敵機は一〇五二、進出限度点に達したので左折し基地に向かった。その直後、一一一三、同機は駆逐艦を発見、六〇キロ陸用爆弾二個を投下したが命中しなかった。この駆逐艦は、前夜単独帰投を命ぜられたテネドスであった。

このあと一一四三、元山航空隊の第3中隊(九機)がテネドスの上空に達した。中隊長機はこの艦を敵主力艦と誤認して爆撃態勢に入った。だが同航していた雷撃隊はこの艦にかまわず南進をつづける。爆撃隊は一二一四、駆逐艦に対して編隊を組んだまま水平爆撃したが命中しない。この最中に3番索敵の帆足正音予備少尉機から敵主力発見の第一報が入電した。「敵主力見ユ、北緯四度、東経一〇三度五五分、針路六〇度、一一四五」さらにつづいて、「敵主力ハ三〇度ニ変針ス、一一五〇」「敵主力ハ駆逐艦三隻ヨリナル直衛ヲ配ス、航行序列、キング型、レパルス、一二〇五」

編隊飛行中の九六式陸上攻撃機（美幌空所属）——本機と一式陸上攻撃機からなるわが航空部隊が、プリンス・オブ・ウェールズとレパルスを基幹とする英艦隊をマレー沖に屠ったのである。戦艦に対する航空機の優位を世界に見せつけた一戦であった

この報告をうけた司令部は、ただちにこれを各攻撃隊に転電すると同時に、帆足機に長波を輻射せよと命じた。すでに帰路についていた攻撃隊は、帆足機の電波の方位を測定して敵艦隊に機首をめぐらした。各隊は燃料の大半を消費し、焦燥の念にかられていたところだった。

最初に敵艦隊の上空に到着したのは、美幌航空隊(乙空襲隊)の白井中隊八機であった。一二四五、レパルスに対し、高度三、〇〇〇メートルで編隊爆撃(二五〇キロ八発)を行なった。水柱はレパルスの艦体を覆い、うち一弾が二本煙突の中間に命中した。

「ボート・デッキに火災」「下甲板火災」

レパルスのラウドスピーカーがどなる。

ついで元山航空隊(甲空襲隊)の雷撃機一七機が到着した。石原中隊の九機がプリンス・オブ・ウェールズを、高井中隊八機がレパルスを狙った。

両中隊は左右に分かれて突撃した。石原中隊は第**1**、第**2**小隊がウェールズの左舷から、第**3**小隊が右舷からの挟撃戦法をとった。この攻撃で**3**番機が発射を終えて避退中に敵弾をうけて自爆した。同艦の左舷に二本の水柱があがった。

レパルスに突撃した高井中隊は、まず高井中隊長の第**1**小隊一番機が高度をぐんぐん下げて右舷に魚雷を発射しようとしたが、どうしたことか魚雷が落下しない。後続の二機と第**2**小隊の一番機がつづいて右舷に発射した。レパルスは右へ急転舵する。このため第**2**小隊二番機と第**3**小隊の二機は同艦の左舷に発射する形になった。

攻撃をやり直した中隊長機は、こんどは左舷から突っ込む。レパルスの艦腹に三本の巨大な水柱が上がるとともに、同艦は大きく傾斜し、ついで復原するのが認められた。この間に、第一次爆撃を終えた白井中隊が六機編隊、高度四、〇〇〇メートルでレパルスに対し二五〇キロ爆弾六個をあびせた。しかし命中弾は得られなかった。

敵戦艦の対空砲火は熾烈をきわめた。一分間に六〇〇発を発射するポンポン砲、そして高角砲、高射機銃がいっせいに火を吐き、空間に巨大な弾幕をひろげていた。

つぎに美幌航空隊の高橋中隊八機が戦場に到着した。中隊は一三二七、レパルスに突撃した。中隊長機を先頭とする七機が左舷から、一機が右舷から雷撃した。しかし中隊長機の魚雷が落下しない。同機は単機で左舷からやり直した。だがまたもや落下しない。投下器の整備不良である。搭乗員は命中(うち不確実一)を認めた。

互いに称える敵と味方

一瞬、日本機の攻撃がとだえた。

「勇ましいじゃないか、ジャップは」

「見たこともないみごとな攻撃だ」

レパルスの艦橋では賛嘆の声が上がった。彼らは日本軍の評価を改めねばならないことを知った。

つぎに戦場に到着したのは鹿屋航空隊(丁空襲隊)の二六機であった。このときレパルスの速力はなお衰えず、約二〇ノットと判断された。先頭に立った指揮官の宮内七三少佐機は、一三五〇、プリンス・オブ・ウェールズの右舷から攻撃を開始した。これにつづいて鍋田中隊の三機、東中隊の三機が突入、約五〇〇メートルの近距離まで肉薄して魚雷を発射、五本の水柱をあげた。

のこりの鍋田中隊の五機はレパルスの右舷から襲い、東中隊の六機は左舷から攻撃した。ついで壱岐中隊は右に旋回中のレパルスに突入した。第**1**小隊は左舷から、第**2**、第**3**小隊は同艦の右旋回に応じて左に回り込んで雷撃した。レパルスはたてつづけに爆発した。右舷に二本、左舷に五本の水柱があがった。もはやレパルスの運命はきまった。テナント艦長は静かに命令した。

「総員退去用意」

その直後、レパルスは急速に傾斜しはじめた。と、間もなく一四〇三、レパルスの巨体は転覆し、海面に大きな波紋を残して海中に消えていった。

最後に戦場に到着したのは美幌航空隊の大平中隊と武田中隊の計一七機だった。大平中隊は五〇〇キロ爆弾九個を駆逐艦に投下したが命中弾は得られなかった。武田中隊は数ノットでのたうちまわっているプリンス・オブ・ウェールズを目標に、一四一三、高度三、〇〇〇メートルから五〇〇キロ爆弾八個を投下、うち二弾が艦尾付近に命中した。同艦は残存の五インチ高角砲二門で勇敢に応戦していた。だが不沈戦艦とうたわれたさしものプリンス・オブ・ウェールズも、刻一刻、傾斜を深めてゆく。

駆逐艦エキスプレスが、右舷後部に横付けして生存者を収容しはじめた。沈没は時間の問題だった。幕僚の一人がフィリップス長官に、「提督、どうか退艦してください」と懇請したが、提督は「ノーサンキュー」と言い放ち、退艦しようとはしなかった。

一四五〇、ついに最期のときがきた。プリンス・オブ・ウェールズは、艦内の弾火薬庫が誘爆、大爆発を起こして突然転覆、艦尾から急速に沈んでいった。

史上最初の洋上における航空攻撃による戦艦撃沈は、このようにしてみごとに実現された。レパルスの乗員一、三〇九名のうち、救助されたのはテナント艦長以下七九六名であった。またプリンス・オブ・ウェールズは一、六一二名のうち、一、二八五名が救助されたが、その中にはフィリップス中将とりーチ艦長の姿はなかった。両戦艦が沈没した後、バッファロー戦闘機一機が駆けつけたが、すでにあとのまつりであった。

二大戦艦沈没の報を聞いた英首相チャーチルは、回顧録にこう記した。

「戦争の全期間を通じて、私はこれ以上の直接の打撃を受けたことはなかった。いかに多くの努力と希望と計画が、この二隻の軍艦とともに沈んでしまったことか。ベッドで転々としながら身もだえする私の心に、このニュースがもつ全幅の恐ろしさが浸透した。カリフォルニアへ急いで帰りつつあった真珠湾の残存艦をのぞいて、インド洋にも太平洋にも、英米の主力艦は一隻もない。この広漠たる水域にわたって日本は最強であり、われわれはいたるところで弱く、裸であった」

翌朝、鹿屋航空隊の壱岐春記大尉は、昨日の戦場の跡を飛んだ。そして海上を低く飛び、二戦艦の沈没点に花束を投下したのであった。

◇比島方面攻略戦◇

航空撃滅戦

開戦と同時に、台湾に基地を置く第11航空艦隊は、ルソン島の各飛行場を先制攻撃する計画になっていた。

しかし十二月に入ってから、比島の米軍も日本軍の奇襲を警戒しているようで、戦闘機をイバ、クラークの線に進出させているようだった。またマニラ湾にあった約三〇隻の潜水艦をはじめとする米艦艇の大部が、いなくなったとの情報もあった。

十二月七日、第11航空艦隊司令長官塚原二四三中将は、これら各種の情報を総合して翌八日の日ノ出直後に、マニラ南部のニコルスと北部のクラークの両飛行場を一挙に急襲することを企図した。

十二月八日未明、航空部隊の各隊は〇二三〇の発進に備えて準備をはじめた。しかし台南方面は前夜半ごろから霧が発生しはじめ、〇一〇〇ごろには濃霧となり、当分晴れる見込みがなかった。このため攻撃隊の発進を遅らせるしかなかった。濃霧はなかなか晴れず、やむなく攻撃計画を変更しなければならなかった。

〇八五〇ごろから霧があがりはじめた。出発が遅れ帰投が夜になるのを心配した塚原長官は、マニラ地区のニコルスの攻撃をやめ、全攻撃隊をクラークとイバに集中することとし、低速の九六式陸攻は〇九一五、その他は一〇一五に発進した。

クラーク攻撃には高雄航空隊の一式陸攻二七機、第1航空隊の九六式陸攻二七機、台南航空隊の零戦三六機が出撃。イバ攻撃には鹿屋航空隊、高雄航空隊の一式陸攻各二七機の計五四機、第3航空隊の零戦四五機、台南航空隊の零戦九機が出撃した。

攻撃は成功した。開戦第一日の戦果は、在地機の炎上撃破を含めて、あたえた損害は約一二五機と判断した。この機数は司令部が判断していた米軍実戦機の約半数にも及ぶものであった。これに対してわが損害は零戦七機、陸攻二機であった。

ついで十二月十日、航空攻撃の第二撃が行なわれた。ニコルス、デルカルメン、ニールソン、キャンプマーフィーの敵飛行場と、マニラ湾の艦船、キャビテ軍港などを空爆。この日だけで一〇四機の大量撃墜破を記録した。

十二月十二日の第三撃は、イバ、クラーク、バタンガスの三飛行場と、スビック湾の水上基地オロンガポを攻撃。三七機を撃墜破した。さらに翌十三日の第四撃は、マニラ周辺基地を徹底的に掃討。ニコルス、オロンガポ、イバ、デルカルメン、ニールソン、キャンプマーフィー、クラークの各基地に全力攻撃をかけ、残存機四五機を撃墜破した。

塚原長官は、この日の攻撃をもって比島の米航空部隊の大部を撃滅したものと判断した。四撃による敵機の損害は合計三一一機と計算された。これに対してわが損害機は、不時着を含めて二五機にすぎなかった。緒戦の大勝利である。

ルソン海峡諸島の攻略

台湾とルソン島との間は、約三七〇キロ離れており、このルソン海峡に点々と小さな島が連なっている。この島の中に飛行場を有しているのが海峡の中央に位置しているバタン島である。同島のバスコ飛行場は、不時着用または中継用として有用である。

またルソン島アパリ沖に浮かぶカミギン島には水上機基地設営の絶好地があり、カラヤン島には不時着場を設営できる草原があった。そこで開戦当初からこの三島の占領が計画されていた。

十二月七日、第2根拠地隊司令官広瀬末人少将は、山雲、第21水雷隊、そのほか掃海隊、駆潜隊などを率いて枋寮および高雄から出撃、バタン島に向かった。八日、〇七五〇ごろバタン島のバルアルト湾に進入、陸戦隊四九〇名が上陸し、まったく無抵抗のうちに同島を占領、バスコ飛行場を確保した。この飛行場は、戦闘機と偵察機の使用ができる程度であった。

広瀬少将は、同日午後、陸戦隊を帰艦させると、山雲を率いてバタン島を出撃、十日〇七三〇、カミギン島のサン・ピオ・キント港に進入した。陸戦隊二個小隊が上陸したが、ここも無抵抗のうちにこれを占領、ただちに水上機基地を設営した。

フィリピンのキャビテ軍港に残骸をさらす米潜水艦シーライオン——わが海軍航空部隊は、昭和16年12月8、10、12、13、14の各日、フィリピン所在の米航空兵力と軍港施設を攻撃し、多大な戦果をあげた

一方、横三特の一個小隊が太刀風に乗艦し、十二月七日、高雄を出撃した。八日朝、カラヤン島に接近して上陸、同島も無抵抗のうちに占領することができた。ただちに胸を没するほどの草原を切りひらいて、長さ三〇〇メートル、幅二〇〇メートルの不時着場を整備した。

北部比島要地の攻略

▼アパリ急襲——ルソン島北端のアパリにはカラマニュガン飛行場（アパリ飛行場）があった。これを占領することは、その後の比島作戦に大きな影響を及ぼすことになる。

第5水雷戦隊司令官原顕三郎少将は軽巡名取をはじめ、駆逐艦春風、旗風、長月、文月、皐月、水無月および駆潜艇六隻、掃海艇三隻、漁船五隻をもって第1急襲隊を編成、台湾歩兵第2連隊の一個大隊半の兵力を輸送船六隻に搭載、これを護衛して十二月七日、馬公を出撃、アパリ攻略へと向かった。

途中、波浪が高く航行に困難を覚えたが、十日〇四〇〇、船団はアパリ沖に無事到着、予定された錨地に投錨、〇六〇〇までに約二個中隊の第一次上陸部隊を揚陸した。しかし予想された反撃はまったくなかった。

陸上の作戦は順調に進展し、一三四〇には飛行場を占領した。急襲作戦は成功した。だがこの間、米大型機が三回にわたって各一機ずつ来襲、入泊中の艦船に爆弾を投下、名取に至近弾があり、軽い被害をうけた。また、この空襲で、第19号掃海艇が被爆、沈没した。

占領した飛行場は整備され、十二日には早くも第50飛行戦隊の戦闘機二四機がアパリ飛行場に進出、同地域の防空は強化された。

▼ビガン急襲——北部ルソン島西海岸のビガンにも飛行場があった。これを攻略するのに第2急襲隊があてられた。

同隊は第4水雷戦隊司令官西村祥治少将の指揮する軽巡那珂をはじめとして、駆逐艦村雨、夕立、春雨、五月雨、朝雲、夏雲、峯雲と、掃海艇六隻、駆潜艇九隻、漁船五隻による編成であった。同隊は、台湾歩兵第2連隊の残り兵力、一個大隊半と、野戦高射砲一個中隊を搭載した輸送船六隻を護衛して、十二月七日、馬公を出撃、十日〇一四五、ビガン沖の錨地に投錨した。

〇五三〇、陸軍部隊は上陸を開始し、早くも〇七〇〇にはビガン飛行場を占領、「明日より約五機程度の使用可能」と報じた。この上陸はアパリより約三十分はやく、これが日本軍ルソン島上陸の第一歩であった。さらに十二日、ビガン北方のラオアグ飛行場を占領。第5飛行集団の航空機は、十一日以後ビガン飛行場に進出、ルソン島攻略の足場をかためたのである。

こうして海軍による航空撃滅戦、ルソン海峡諸島の占領、北部比島要地占領のバックアップなど、予想以上の成功をおさめたこれらの作戦は、十二月二十二日決行予定の第14軍主力による、リンガエン湾上陸作戦の前提をなしたのであった。

北部比島の攻撃に呼応して、南からは高木武雄少将の指揮する南比支援隊（第5戦隊、第4航空戦隊、第2水雷戦隊）が、十二月六日パラオを出撃、八日にはミンダナオ島のダバオ湾入口に達し、空母龍驤の艦載機がダバオ飛行場を急襲した。

このあと十二月二十日未明、再度出撃した同隊はダバオに陸軍部隊を揚陸、一気に同地を占領するにいたった。こうして南北からの攻撃により、マニラ地域の米軍をひたひたと圧迫していったのである。

比島方面作戦

昭和16年12月8日、ハワイ攻撃と同時に在フィリピンの米空軍を撃破するために高雄空の陸攻27機、1空の陸攻27機を台南空の零戦36機が護衛して台南を出撃した。出発時、陸攻1機が事故で炎上、零戦2機が引き返したが、攻撃隊は午後1時30分ごろクラーク飛行場上空に進入、地上撃破40機を含む戦果を挙げ、開戦初日にして在フィリピン米空軍の戦力の大半を失わせた。写真はクラーク飛行場戦果確認のために撮影されたもので、兵舎から滑走路にかけて60キロ爆弾のみごとな弾着が見られる

12月８日から13日までの６日間、陸攻隊は連日のように台湾の各基地から比島を襲い、ほほ米空軍機を殲滅させることに成功した。なかでも初日にクラーク飛行場に並ぶ米空軍機の80パーセントを爆幕で覆う戦果をあげたことだ。写真は鹿屋空所属の一式陸攻

クラーク飛行場占領後、多くの飛行機は地上で爆砕されていたが、小破の機体は米軍が爆破して撤退していった。しかし日本軍は各地で爆破を失敗した機体を集め、B－17以下多数の機を捕獲して日本に持ち帰り研究用実験機とした

比島攻略作戦における零戦隊の活躍

梅野和夫

クラーク飛行場で爆砕されたカーチスＰ－35――この機体は開戦直前にフィリピン防衛用としてスウェーデン空軍用に生産されたものを、強引に米陸軍が48機を買い取りフィリピンに送ったが、開戦第一日で余すところなく全滅してしまった

開戦へき頭の比島攻略作戦にあたっては、航空攻撃により在比米空軍、米海軍を撃滅し、制空権、制海権をわが手中に収めてから上陸作戦を実施するという正攻法がとられ、一大航空撃滅戦が展開されたが、この作戦で特筆すべきは零式艦上戦闘機による長距離洋上進撃であった。

比島航空作戦を担当したのは、台湾に展開する基地航空隊の第11航空艦隊（司令長官・塚原中将）指揮下の第21航空戦隊（司令官・多田中将）と第23航空戦隊（司令官・竹中少将）であった。

第21航空戦隊は鹿屋航空隊の一式陸攻二七機（台中基地）、第1航空隊の九六式陸攻三六機（台南、嘉義）、東港航空隊の九七式大艇一八機（パラオ）で編成されていた。

また第23航空戦隊は高雄航空隊所属の一式陸攻五四機（高雄基地）、台南航空隊の零戦五四機、九六式艦戦六機、九八式陸偵九機（台南）、第3航空隊の零戦五五機、九六式艦戦七機、九八式陸偵九機（高雄）で編成されていた。

第11航空艦隊の陸攻部隊が比島航空撃滅戦を実施するにあたっての問題点は、直衛戦闘機である零戦の航続力にあった。台湾南部の高雄基地、台南基地から比島の米空軍の重要基地であるクラーク、イバ両飛行場まで四五〇カイリ、ニコルス飛行場まで五〇〇カイリあった。しかもコースの大部分が洋上で、長大な航続力を有する零戦をもってしても、台湾基地からの攻撃は困難と判断された。

このため直衛戦闘機隊は空母に搭載し、比島近海から発艦させ、比島上空で陸攻隊と会同し、攻撃、直衛任務にあたることが検討され、龍驤、瑞鳳、大鷹の三隻の小型空母が、昭和十六年十月中旬から十一月初旬にかけて台湾の高雄に派遣され、台南空、第3空の零戦による空母発艦訓練が実施された。

一方、これに並行し零戦の航続力延長に関する研究も、第3航空隊の飛行長柴田中佐（後に大佐）および同隊飛行隊長横山大尉（後に中佐）を中心に進められていた。

航続力延長のため燃料消費量をできるだけ節減する飛行訓練が実施され、この結果、もっとも優秀な搭乗員は一時間当たりの燃料消費量六〇リットル、全搭乗員平均一一〇リットルの成績を収め、増加タンクを使用すれば五〇〇カイリを飛行し、現地で空戦と地上攻撃を三〇分実施しても、充分、台湾の基地へ帰投できることが確認された。

この訓練成果は第11航空艦隊司令部へ報告され、司令部も充分、零戦で渡洋攻撃可能であることを認め、空母を利用せず、直接、台湾基地より作戦することが決定した。

第11航空艦隊の攻撃目標は、大型爆撃機の基地であるニコルス、クラーク両飛行場および戦闘機基地であるイバ飛行場で、各種情報から大型爆撃機Ｂ－17、Ｂ－18四〇機、Ｐ－35、Ｐ－40戦闘機一一〇機程度が各基地に展開しているものとみられていた。

米空軍基地に対する攻撃は、開戦第一日目の十二月八日未明とされたが、比島攻略作戦の成否のカギは、この航空撃滅戦にあり、全軍の第11航空艦隊にかける期待は大であった。台南、台中、高雄基地に展開した一式陸攻、九六式陸攻、零戦は、爆弾、機銃弾を搭載し、開戦の朝を待ったが、十二月八日の基地上空は午前零時ごろより濃霧におおわれ、発進時刻の午前二時半になっても霧は晴れず、発進は不可能となり、出撃時刻は次つぎと延期された。

第11航空艦隊と協同して、比島航空撃滅戦を実施する陸軍第5飛行集団の軽爆撃機が展開する佳冬、

◀開戦直後の南方基地で列線をつくる零戦――尾翼マークが見えないため所属部隊が判然としないが、3空あるいは台南空の機体と思われる。両隊はいずれも日本初の戦闘機専門部隊であり、戦闘機隊の名門として破竹の進撃をつづけていた。開戦当初は飛行場占領ごとに常に最前線に進出、フィリピンの制空権を確保していた

潮州飛行場付近は霧もなく、陸軍機は予定時刻に発進していった。かくするうち九時頃になり、ようやく霧も晴れ、各基地とも攻撃部隊の発進が可能となった。第11航空艦隊司令部では攻撃時刻の遅れたことから、遠いニコラス飛行場の攻撃を中止し、クラークおよびイバ飛行場に攻撃を集中することとし、各攻撃隊に発進を命令した。

かくして台南、台中、高雄の各基地から、一式陸攻五四機、九六式陸攻五四機、零戦八四機の合計一九二機が発進し、大編隊を組んで一路南下、四五〇カイリの洋上を飛行し、十一時三〇分ごろ強力な米空軍機の反撃を予想しつつ、クラーク、イバ両飛行場上空に到達した。

しかし、米空軍機は先に行なわれた陸軍機の攻撃で、大型爆撃機は上空に避難し、戦闘機は迎撃配置についていたが、陸軍機が爆撃を終えて帰途についたため、飛行場に着陸し燃料補給中であった。

クラーク飛行場には高雄空の一式陸攻二七機、第1空の九六式陸攻二七機が、直衛部隊の零戦三四機とともに攻撃し、飛行場に並ぶ米空軍機約六〇機に爆弾の雨を降らせ、その八〇パーセントを爆幕で覆い、残りを零戦隊が機銃掃射で撃破した。またイバ飛行場には鹿屋空の一式陸攻二七機、高雄空の一式陸攻二七機が直掩隊の第3空の零戦五一機とともに攻撃し、地上の米空軍機約一〇〇機のうち六〇機を爆砕した。

直掩の零戦隊は迎撃のため離陸したP-40戦闘機約三〇機と激しい空中戦を演じ、そのうち二五機を撃墜したが、零戦も七機が失われた。

この日の攻撃で米空軍機はB-17一八機、P-40五三機、P-35三機、各種飛行機二〇~三〇機を失ったほか、地上施設も大きな損害を被った。かくして開戦第一日目で在比米空軍は、その勢力の過半を失ったのである。

ついで十二月九日にも大規模な第二次攻撃が予定されていたが、台湾基地上空はふたたび濃い霧に襲われて出撃不可能となり、陸攻九機による小規模な攻撃がニコルス飛行場に行なわれたにとどまった。

十二月十日、天候もようやく回復し、台湾各基地から陸攻八一機、零戦五二機が飛び立ち、マニラ周辺のニコルス、ニールセン飛行場およびキャンプ・マーフィーに対しては、陸攻二七機、零戦三四機が、デカルメン飛行場には零戦一八機、キャビテ軍港およびマニラ湾在泊艦艇には陸攻五四機が、午後一時四十五分ごろから爆撃、銃撃をくわえ、地上で五三機を爆破し、迎撃してきたP-40、P-35五〇機を直掩の零戦隊がまたたく間に全機撃墜した。またキャンプ・マーフィー、キャビテ軍港に対する爆撃で、地上施設に潰滅的打撃をあたえた。

つづいて十二月十二日、陸攻五二機、零戦六三機でバタンガス、イバ、クラーク、オロンガポを攻撃したが、零戦隊の活躍はこの日も目指ましく、オロンガポ水上基地ではPBYカタリナ飛行艇七機を銃撃炎上させ、ルソン島を基地とする飛行艇の半分を一挙に撃破した。

十二月十三日も陸攻五二機、零戦三三機で残敵を攻撃したが、敵機の反撃は見るべきものはなく、開戦五日目にして制空権は完全にわが海軍航空隊の手に帰した。

この攻撃で敵にあたえた損害は二九八機で、うち撃墜七〇機、地上銃撃で大破したもの八八機であり、撃墜、地上銃撃による戦果は、ほとんど零戦隊によるものであり、長駆台湾から五〇〇カイリを洋上飛行をもって実施された比島航空撃滅戦は、驚異的な性能を有する零戦がなかったなら成功しなかった作戦であり、正に零戦の本領を発揮した作戦でもあった。

比島方面の基地航空部隊

木俣滋郎

フィリピン方面は英空軍よりも有力な米空軍が相手だから、慎重でなければならなかった。そこで第11航空艦隊司令長官・塚原二四三中将は開戦後、ただちにマニラおよびその北方のクラーク基地にある米航空兵力を叩いたのである。そうしないと台湾にある日本航空隊の基地が、ボーイングB-17重爆に爆撃をうける恐れがあったからだ。

実際に第23航空戦隊の九六式艦戦など「空襲!」の誤った警報により、台湾の防空に飛び上がっている。また九八式陸上偵察機（陸軍の九七式軍偵察機と同型）は、写真偵察を行なって敵情報を集めていた。

濃霧のため思うにまかせなかったが、十二月八日～十三日までの六日間、九六式および一式陸攻は連日のように出撃し、ほぼ米軍機を殲滅させるのに成功した。彼らは六〇キロ陸用爆弾を広い面積にわたってバラ蒔く作戦をとった。バシー海峡を横断しての渡洋爆撃であるが、日本海軍ではすでに日華事変中、渡洋爆撃の自信をつけていた。

日本および米在フィリピンの航空兵力を表にすると下表のとおりである。陸攻は二七機で一グループ（一個中隊九機）をなして行動した。幸いなことに強敵カーチスP-40の一〇七機のうち三一機は、まだ発進し得る状態にはなかった。

米極東空軍　ブレリートン少将

第19重爆団	B-17	三五機
第27軽爆団	A-24	
第24戦闘団	P-35	
	P-40	一〇七機
第2偵察中隊	観測機O-52	
	〃　O-46	
フィリピン陸軍航空団	P-26戦闘機	
	B-10爆撃機	二六五機
海軍哨戒隊	PBY飛行艇	一二機

フィリピン方面の航空部隊

第11航空艦隊	司令部・高雄（台湾）	
第21航空戦隊	多田武雄少将	
鹿屋航空隊	一式陸攻	二七機
東港航空隊	九七式飛行艇	一八機
第1航空隊	九六式陸攻	三六機
第23航空戦隊	竹中竜造少将	
高雄航空隊	一式陸攻	五四機
台南航空隊	零戦	五四機
	九八式陸偵	九機
第3航空隊	零戦	五四機
	九八式陸偵	九機

表は定数であり、台南、第3航空隊には、このほか九六式艦戦が六～七機、また第1航空隊には九六式輸送機二五機がくわえられていた。

五十一才のブレリートン少将は二～三カ月前、このポストについたばかりであり、不意をつかれたので防空だけが背一杯だった。マニラ、クラーク、デルカルメン、イバ、レガスピーなどの飛行場は、爆撃のため通信施設やガソリン・タンクをやられて機能は半ば喪失した。ましてやボーイングP-26やセバスキーP-35のような旧式戦闘機では、一式陸攻をなかなさ撃墜することはできない。

ブレリートン少将は「B-17によ

昭和17年4月、コレヒドール要塞攻撃のために出撃準備中の一式陸攻(高雄空所属)一一型。日本海軍の最新鋭陸攻として大きな期待を持たれていた本機も、防弾設備の不備ということもあり、間もなく「ワンショット・ライター」というニックネームが付けられてしまった

って台湾の高雄空襲をしたいから許可してくれ」とマッカーサー大将に申し出たが、間に入った参謀長サザーランド少将の連絡不備で返事はこなかった。日本軍は危いところを助ったのである。米軍機はほとんどが失われ、残りはジャワやオーストラリアへ退却した。

十二月十三日までに陸攻延べ四一二機が二五〇キロ爆弾一三四個、六〇キロ爆弾四七三個の合計二九三トンを敵飛行場や軍港に投下した。損害は陸攻一、不時着七機である。固定脚の九六式艦戦は、台湾の防空に投入されたため損害はない。

九八式偵察機が写真偵察に飛んだ十二月十二日、全フィリピン地区の敵可動機はやっと二〇機そこそこに減っていた。集中的な航空殲滅戦は、意外にはやく効果を上げたのである。

《艦隊への攻撃》――マニラ湾のキャビテは米アジア艦隊の基地だった。だから開戦と同時にこれを攻撃する計画があった。ところが重巡ヒューストン、軽巡ボイス、水上機母艦ラングレーなどは、すでに南フィリピンのイロイロに隠れており、十二月八日の夕方、ジャワへ向けて退却した。したがってキャビテは藻抜けのカラであり、残るのは哨戒艇や潜水艦だけだった。

それでも十二月十日の午後、第**1**航空隊の九六式陸攻二六機はキャビテへ六〇キロ爆弾を投下した。米潜水艦シーライオン撃沈、シードラゴンと掃海艇ビターンは大破した。また米魚雷二三〇本を爆発させたのは大手柄だった。なおシーライオンの撃沈は、太平洋戦争における最初の米潜水艦撃沈である。

やがて米軍はバターン半島の先端コレヒドール島要塞に立てこもった。この攻撃は陸軍の責任だが第**1**航空隊と高雄航空隊も協力、十二月二十九日には潜水母艦カノパス（商船と報告）を大破させた。下って四月十日、コレヒドール島総攻撃の前に掃海艇フインチを撃沈、クエイルも大破させた。

陸軍の九七式重爆はこの日、爆撃にくわわっていないから、明らかに海軍機のお手柄である。

なお三カ月前、鹿屋と東港航空隊は、次の戦場となる南フィリピン、タバオ攻略のため基地を台湾よりパラオ島（第**1**根拠地隊）に進出させた。

この東港航空隊の九七式飛行艇は、スル海を逃亡中の四本煙突の旧式駆逐艦ピアリーを十二月二十七日、発見して報告するという手柄をたてた。しかし出撃した陸攻隊は惜しくも、一発の命中弾もあたえることができず、とり逃してしまった。

《その他の戦い》――第**14**軍のフィリピン上陸には台湾よりの船団が南下した。これを狙う米アジア艦隊の潜水艦に対しては、第**1**航空隊の九六式陸攻が十二月十七〜十九日、対潜警戒にあたり、また台南航空隊の戦闘機も二〜三機ずつ船団の対空警戒に飛んだ。

パラオの九七式飛行艇は四〇〇カイリも西進し、十二月十五日、三機でセブ島の燃料タンクなどを攻撃した。この飛行艇の爆撃はめずらしい。フィリピン作戦も予想以上にスムーズにいったといえよう。

最後の拠点であるコレヒドール島要塞が降伏したのは、昭和十七年五月七日のことであった。

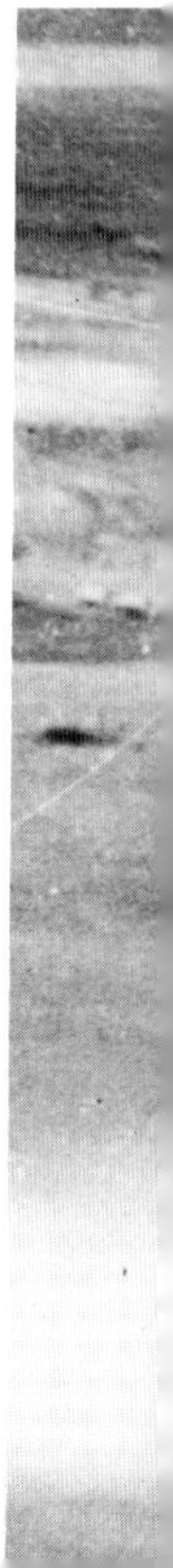

▶占領後のクラーク飛行場――コレヒドール攻撃のため列線をなしているスナップである。地上には一式のほか陸軍の九七式重爆も多数見られる。格納庫なども日本軍の爆撃当時から修理もあまり進んでおらず、いかにも前線基地といった風景である

陸攻隊キャビテ軍港を空襲

阿部安雄

昭和16年12月10日、日本軍の猛爆下に炎上するキャビテ軍港——マニラのキャビテ軍港は米アジア艦隊の基地として重要な位置を占めていたが、日本軍の空襲で発電所、通信所、工廠などが壊滅、在泊艦艇にも大きな被害をあたえた。特に魚雷調整工場を直撃した爆弾は、潜水艦用魚雷230本を一瞬にして爆砕して、その後の米潜水艦の行動をしばらくのあいだ封じてしまった

キャビテ軍港はフィリピンにおける最大の海軍基地で、ルソン島マニラ湾の南岸に設けられており、修理施設として海軍工廠が設けられているほかに、魚雷、各種弾薬、燃料などの貯蔵施設もあった。とうじ米海軍は、東洋方面にアジア艦隊を常駐させており、この艦隊の主要任務はフィリピンの防衛と、中国における権益保護で、とくに日米開戦となった場合には、日本軍のフィリピン攻略作戦をできるだけ遅滞させ、米太平洋艦隊が西太平洋に進攻するまでの時間を、かせぐことが重要な任務であった。

このアジア艦隊の最大の根拠地がキャビテ軍港であり、フィリピン攻略を目指す日本軍にとり重要な攻撃目標とされていた。昭和十六年十二月八日の開戦時における、フィリピン方面にあるアジア艦隊の勢力は次のおりだった。

重巡一隻、軽巡二隻、駆逐艦一三隻、潜水艦二九隻、水上機母艦四隻、潜水母艦三隻、駆逐艦母艦一隻、掃海艇五隻、魚雷艇六隻、砲艦六隻、飛行艇三六機、水上機一〇機など。

ここで注目すべきは、水上艦艇がフィリピン方面の防備用程度の勢力であったのに対し、潜水艦は二九隻と大勢力が配備されていた点である。とうじ米海軍の主戦兵力だった太平洋艦隊に配属されていた潜水艦が二二隻に過ぎなかったことと併せ見れば、アジア艦隊の潜水艦部隊は、対日戦における潜水艦作戦で大きな役割を果たすように考えられていたことがわかる。さすればこそ日本海軍としては、開戦劈頭にキャビテ軍港の機能を破壊することが必要とされていたのである。そして、このキャビテ軍港の破壊は、第11航空艦隊の任務と定められた。

フィリピン攻撃用として、開戦直前に台湾に展開された我が第11航空艦隊の基地航空部隊は次のとおりで、陸上攻撃機一一七機、戦闘機九〇機などの兵力だった。第21航空戦隊・鹿屋航空隊支隊、第1航空隊、第1航空隊輸送機隊など。第23航空戦隊・高雄航空隊、台南航空隊、第3航空隊など。

このうち鹿屋空、1空、高雄空は陸上攻撃機隊、台南空と3空は戦闘機隊である。なお開戦直前に、英戦艦マレー方面進出に対応して同方面に陸上攻撃機と戦闘機を分派していたため、前記のような兵力にとどまり、フィリピン攻略作戦を遂行するには決して充分なものではなかった。

開戦劈頭の第一攻撃目標についてはまずフィリピンにある米空軍を撃滅することだったが、米アジア艦隊潜水艦部隊の脅威を重視し、航空撃滅戦とあわせてマニラ湾やキャビテ軍港に在泊する艦船、特に潜水艦を攻撃する必要があるとの意見も出された。

しかし、先に述べたように我が航空兵力が所要の作戦を行なうには充分でなく、さらに米潜水艦が防御された港湾内に分散停泊している場合には、爆撃の効果が低くなる惧れがあると共に、すでに多数の米潜水艦が出港しており、マニラ湾在泊の隻数が減少しているなどの理由から、開戦第一日目の航空作戦は航空撃滅戦に専念し、マニラ湾の艦船やキャビテ軍港の攻撃は、開戦二日目から実施することと決定された。

昭和十六年十二月八日、開戦第一日目の航空撃滅戦は、別稿に紹介されているように大成功をおさめ、以後の航空作戦はきわめて順調に進められるようになった。一方、米アジア艦隊は、開戦と同時に水上艦艇を蘭印方面に後退させると共に、日本軍攻撃のためにマニラ湾在泊の潜水艦の大部分を九日までに出撃させ、マニラ湾に残った潜水艦はシーライオンおよびシードラゴンを含む六隻にすぎなかった。

当初の計画では、マニラ湾在泊艦船とキャビデ軍港に対する第11航空艦隊の爆撃は、開戦二日目の十二月九日に実施の予定とされていた。だが、この日は台湾の我が航空基地が濃霧につつまれたため出撃は中止された。そして翌十日になって待望の攻撃作戦が実施された。

午前十時三分（日本時間以下同様）、1空の陸攻二七機が尾崎少佐指揮のもとに台南基地を発進し（途中一機が故障で引き返す）、午後二時にマニラ上空に到着、その十分後に第1、第2中隊の一七機がキャビテ軍港を爆撃した。また第3中隊の九機は、午後二時四十五分にマニラ湾内の艦船を爆撃し、引き続きキャビテ海軍工廠を攻撃した。

一方、野中少佐指揮の高雄空の陸攻二七機は、デルカメン飛行場攻撃の計画で午前十時三〇分に基地を発進した。この隊は、午後一時四十分頃にデルカメン飛行場に到着したが、密雲にさえぎられて爆撃できなかったので、目標をマニラ港在泊艦船に切りかえて、六〇キロ爆弾三二四発（一機当たり一二発）を在泊商船に対し投下した。なお両部隊の戦果については、あとに述べる。

キャビテ軍港およびマニラ湾在泊艦船に対する我が攻撃部隊は、米軍三インチ高角砲の射程外である二万フィートの高度から爆撃を実施した。海軍工廠に対する1空陸攻隊の爆撃は極めて正確なもので、発電所、診療所、魚雷修理工場、軍需部、倉庫、信号所、糧食部、無線受信所、兵舎、士官集会場などの施設や、沿岸の艦船、曳船、艀数隻などに直撃弾が命中した。潜水艦基地は手ひどく破壊され、魚雷約二三〇本が破壊されてしまったが、多量の弾薬と火薬を貯蔵していた海軍弾薬庫には爆弾の命中を受けず、無キズで残った。

これらの海軍根拠地施設や、艦船が我が爆撃により次つぎと破壊されて行く光景を、アジア艦隊司令長官ハート大将はマースマン・ビルディングの屋上から、絶望的な憤怒の念をもって眺めていたと伝えられている。

この1空陸攻隊は、キャビテ海軍工廠桟橋に繋留中の潜水艦二隻、駆逐艦二隻、七、〇〇〇トン級特務艦一隻、一、五〇〇トン級貨物船一隻に六〇キロ爆弾をそれぞれ一発ずつ命中させ、火災を起こさせると共に、海軍工廠地区に大火災を発生させ、またマニラ港内の三、〇〇〇トン級商船一隻に六〇キロ爆弾二発を直撃命中させ、火災を起こさせたと戦果を報告した。一方、高雄空陸攻隊は、マニラ港在泊商船四隻に直撃弾を命中させたと戦果報告している。

これに対し米側の記録では、潜水艦シーライオンと掃海艇ピータンが破壊着底して使用不能（沈没）、潜水艦シードラゴンおよび駆逐艦ピアリーが損傷と発表されている。なお商船の損害については、正確な公表資料がないので不明だが、一隻撃沈、一隻炎上放棄と伝えられている。我が陸攻隊の損害は、1空の陸攻二機が帰途不時着しただけである。

この攻撃によりキャビテ軍港の機能はまったく失われ、特に潜水艦基地が破壊されてしまったために、以後の潜水艦作戦の支援ができなくなり、やむを得ずマニラ湾にあった潜水母艦キャノパスを潜水艦基地として、細ぼそと作戦を続行せざるを得なかった。特に貯蔵してあった約二三〇本の魚雷が失われたことは大きな痛手で、これにより米潜水艦の攻撃力は著しく減殺、制限されることとなった。

これは日本軍にとって望外の幸運をもたらしたことになり、緒戦期の米潜による我が艦船の損害がきわめて少なくて済み、南方攻略作戦を順調に進めることができた。

その反面、日本海軍の米潜水艦軽視の風潮を助長することとなり、わが対潜兵力増強の着手を遅らせ、太平洋戦争敗戦の有力な原因ともなった皮肉な結果をもたらした。

真珠湾攻撃では、敵主力艦を撃沈したが海軍工廠施設や燃料タンクを攻撃せず、これが後に日本海軍を潰滅させる有力な力となった。

キャビテ軍港空襲では、艦船攻撃の戦果は少なかったが、根拠地機能を破壊し、以後の米艦隊の作戦を困難となし、わが攻略作戦を順調に進めることができた。とうじ日本海軍はこの辺のことを、もう少し考えて見るべきだったのではなかろうか。

キャビテ軍港で大破した米潜水艦シーライオン——本艦は1939年に竣工した新S級第2グループに属し、それまでの潜水艦の中では大きな攻撃力を有していた。開戦当時キャビテ軍港に在泊中だった本艦は、爆撃により大破、放棄されたが、退艦のおり乗組員の手によりさらに爆破された。写真は前方より見たところで艦首が大破している。この級は艦首と艦尾に53.3センチ魚雷発射管8門を装備していた

開戦後のマニラ港

昭和17年1月1日、日本陸軍はマニラ直前まで進出していた　これに対し米軍はマニラに火を放ってコレヒドール要塞に退却を始めた　マニラをなるたけ無傷で入手しようと砲、爆撃も控えていた陸軍第48師団長は「この火災よりマニラを救出する」ために早急に主力のマニラ突入を要請し、軍司令部もこの要請を受け入れ、2日にマニラ進駐を見ることとなった　写真はマニラ中央を流れるパシグ河で炎上する小型商船

マニラのパシグ河河口に沈んだ商船――開戦へき頭の比島空襲は、飛行場だけでなくキャビテ軍港の隣のマニラ港に対しても行なわれ、在泊する商船もこれら爆弾の洗礼をうけた　これらの船舶は後に浮揚修理のうえ、日本側で使用したものも多かった

開戦後、数カ月で南方主要部の攻略は終わりを告げた。マニラの米軍はコレヒドール要塞に立て籠っていたが、すぐ隣のマニラ港では日本の船団が何の不安もなく停泊していた。多くの兵士、そして毎日の戦況をニュースで聞いていた国民は、予想外の大勝利に酔っていたのである

▶マニラのパシグ河河口の惨状――昭和17年1月下旬、激しい戦火の後に残された静寂である。マニラは良港であり、また近くにはキャビテの軍港もあり、日本軍にとって南方作戦の足場としては他に替えられない重大な地点であった

▼マニラ湾に入泊した日本艦隊――わが比島攻略部隊は昭和16年12月22日からフィリピン上陸を開始し、翌17年1月3日にはマニラを占領した。しかし米残存部隊は、同年5月6日のコレヒドール陥落まで抵抗をつづけた

フィリピン方面の潜水艦作戦

伊達　久

伊123潜は16年12月6日早朝、バラバク海峡に機雷40個を敷設。次いで第二次作戦ではスラバヤ海峡北口に機雷37個を敷設した。写真は昭和9年の撮影

伊124潜は第一次作戦で機雷敷設や輸送船を雷撃するなどの活躍をしたが、1月24日、ポートダーウィン沖で敵艦の攻撃をうけ未帰還となった。15年ウルシーで撮影

開戦当初、比島（フィリピン）部隊の兵力は、第6潜水戦隊（第13潜水隊欠）、すなわち旗艦長鯨と第9潜水隊（伊123、伊124潜）だけで、潜水艦はわずか二隻であった。

比島部隊から命ぜられた作戦要領は、次のとおりであった。

一、任務

1　比島方面要地の水路の哨戒監視、艦船攻撃、機雷敷設

2　不時着飛行機搭乗員の救助

3　航空気象の通報

4　比島攻略作戦協力

二、作戦要領

1　各潜水艦をX日（開戦日）までに隠密に比島各地に配備する

2　マニラ湾口配備の潜水艦は、比島空襲第一日〇七三〇から〇八三〇まで次の位置に浮上して、不時着飛行機搭乗員の収容に任ずる

X－一日マニラ湾に巡洋艦在泊の場合は、ルパング島（マニラ湾南西四〇カイリ）、不在の場合はホートラン岬（イバ南方）の西一五カイリ

右のように比島部隊の命令をうけた第6潜水戦隊司令官河野千万城少将は、二隻の潜水艦の作戦要領を次のように定めた。

一、各潜水艦は開戦後、比島部隊命令に応ずるように行動する

二、各潜水艦はX＋三日以後、状況によりスール海を捜索南下し、バシラン海峡、シブツ海峡を通ってセレベス海を捜索し、ダバオで補給する

三、配備点は、伊123潜がバラバク海峡（パラワン島、ボルネオ間）、伊124潜がマニラ湾口とする

潜水部隊は、十六年十一月二十七日、海南島三亜に進出して作戦準備をすすめ、伊123潜は十二月一日に三亜を出撃した。バラバク海峡に向かう途中、横舵故障のため潜航ができなくなり、水上航走の状態で十二月六日早朝、バラバク海峡に機雷四〇個を敷設したのち、九日カムラン湾に帰投した。

伊124潜も十二月一日、三亜を出撃した。七日夕刻、マニラ湾口に機雷三九個を敷設したのち、引きつづいて通航路の監視と航空気象の観測に任じた。その後、飛行機搭乗員救助のため指定されたルバング島南方五カイリの地点で待機していたが、不時着機はなかった。

十日〇一〇〇、潜水艦に護衛された輸送船二隻のうち一隻を雷撃し、これを撃破したが、機関に故障を起こしたので、十四日カムラン湾に帰投した。

開戦時、マレー部隊に配属されていた第6潜水部隊の第13潜水隊（伊121潜、伊122潜）は、シンガポール方面に機雷を敷設し、伊121潜は十二日、伊122潜は十四日にカムラン湾に帰り、十五日、原隊復帰を命ぜられた。

第6潜水戦隊司令官河野少将は、故障中の潜水艦の修理を急がせ、各潜水艦はスール海方面を索敵したのち、ダバオに進出するよう命じたので、各艦は次のとおり行動した。

伊121潜＝十二月十七日カムラン湾を出撃し、二十一日にマニラ湾外に機雷敷設の予定だったが、警戒厳重のため実施を取り止め、湾口を哨戒し、ミンドロ海峡、スール海を索敵して十二月二十七日ダバオに進出した。

伊122潜＝十二月十八日、カムラン湾を出撃し、バラバク海峡をへて、二十二日、ポートプリンセス（パラワン島）を偵察し、次いでミンダナオ海西口を索敵して、十二月三十一日ダバオに進出した。

伊123潜＝十二月十五日カムラン湾を出撃して南

下し、十八日カリマタ海峡（ボルネオ、スマトラ間）で商船一隻を発見攻撃したが、不成功に終わった。二十三日早朝、スラバヤ海峡北口に機雷三七個を敷設した。同日夜、空母をふくむ有力部隊を発見し、「直衛を伴う航空母艦二隻を認む。地点スラバヤの五〇度一〇〇カイリ、針路〇度、速力一二ノット。視界不良のため敵を見失う」と報告したが、とうじ連合軍の空母はこの海域にはいなかった。二十八日セレベス海を索敵、北上して、三十一日ダバオに帰投した。

伊124潜――十二月十八日カムラン湾を出撃し、二十二日マニラ湾外で伊121潜と哨区を交代し、二十七日まで哨戒をつづけた後、スール海を経由して、三十一日ダバオに進出した。

潜水部隊の第二次作戦は、スラバヤ海峡北口に機雷を敷設したが、戦果はあがらなかった。第6潜水戦隊司令官は、旗艦長鯨を率いて十二月十七日、カムラン湾を発ち、馬公で補給したのち三十一日ダバオに進出した。

比島潜水部隊は南方部隊甲潜水部隊となり、豪州方面に対する機雷敷設準備をととのえ、伊121、伊122潜は十七年一月五日ダバオ出撃、伊123、伊124潜は一月十日ダバオを出撃して、目的地ポートダーウィン沖およびトーレス海峡方面に向かった。

一月十四日、バンダ海西南部にて伊124潜は米重巡ヒューストンおよび駆逐艦二隻を発見し、伊123、伊124潜はこれをポートダーウィンに向け追しょうしたが、遂に攻撃の機を得なかった。

伊121、伊122潜は、一月十二日ポートダーウィン沖に機雷敷設を終わり、十五日ごろ帰路についたが、十七日伊121潜がフロレス海東北部において巡洋艦一隻、駆逐艦四隻を発見したので、南方部隊指揮官の命により甲潜水部隊は全力ポートダーウィン沖の哨戒監視に従事することとなり、伊121、伊122潜も反転して、伊123、伊124潜とともに同方面の監視に任じた。

哨戒監視は一月下旬まで続行されたが、敵情を得ることができず、ダバオへの帰還が令され、一月三十日に帰投した。

本行動中、伊121、伊124潜が巡洋艦を発見した以外に、伊123潜が二十日ダンダス海峡にて駆逐艦二隻、輸送船一隻に魚雷を発射したが、効果はなかった。

機雷敷設は伊121、伊124潜がポートダーウィン沖に、伊122潜がトーレス海峡に、伊123潜がダンダス海峡に実施した。

伊124潜は、一月二十日ポートダーウィン沖にて、駆逐艦エゾール、コルベット艦三隻の攻撃をうけ未帰還となった。

伊121潜はマレー方面の機雷敷設後、比島方面作戦に参加し、1月12日ポートダーウィン沖に機雷を敷設、また敵巡洋艦や駆逐艦の発見につとめた。昭和2年の撮影

伊122潜もマレー方面での機雷敷設後、比島方面作戦に参加し、ポートダーウィン沖やトーレス海峡に機雷敷設を実施した。写真は昭和8～10年ごろの撮影

第2艦隊出撃

南方攻略作戦を指揮した男たち

多賀一史

第2艦隊司令長官近藤信竹中将と幕僚――開戦当時の第2艦隊は、高雄型の第4戦隊愛宕を旗艦に、妙高型の第5戦隊、最上型の第7戦隊、利根型の第8戦隊の主力重巡のすべてを指揮下に収め、さらに第2水雷戦隊、第4水雷戦隊を含んだ精鋭部隊であった。近藤長官はこの兵力でマレー、フィリピンおよび蘭印攻略支援を行なうことになっていた。この戦いこそ開戦時における最大の戦略目標であり、ハワイ攻撃さえも、この南方攻略を成功させるための作戦だったことを考えれば、第2艦隊にあたえられた任務がいかに重かったがわかる

南方攻略作戦は、ハワイ作戦の派手な戦果にかくれているが、実は日本軍にとっては南方作戦こそ主作戦であり、ハワイ攻撃も南方作戦をスムーズに進めるための支援作戦にすぎなかったのである。

海軍は、この南方作戦の遂行にあたって万全のメンバーを揃えた。本隊は第2艦隊であり、その司令長官は海軍兵学校三十五期をトップで卒業した近藤信竹中将であった。

彼は軍令部作戦課長、連合艦隊参謀長などを歴任した秀才膚の軍人であったが、戦艦金剛の艦長などのほか外国駐在の経歴もあり、広い視野にたった判断を要求される複数国相手の戦争を指揮するには適任であった。

この近藤長官の指揮下には錚々たる顔ぶれが集まっていた。まず長官直卒の第4戦隊の艦長の中には、日露戦争の勝因の一つとさえいわれている伊集院信管の発明者伊集院五郎元帥の子供である伊集院治大佐（海兵四十三期）愛宕艦長がいる。

彼の鉄拳は海軍兵学校の歴史の中でも有名であった。父の爵位を継いで男爵であったが殿様然としたところがまったく無く、実戦的な指揮と操艦の腕前では有名であった。

愛宕艦長の朝倉豊次大佐（海兵四十四期）も部下信頼厚く、名艦長と見られていた。このため後に戦艦武蔵の第三代艦長としてマリアナ沖海戦を戦い抜いたのである。

第3戦隊の金剛艦長小柳富次大佐（海兵四十二期）は生粋の水雷屋であり、水雷戦術の権威であった。開戦当時、南方作戦にあてられた戦艦は、金剛と榛名のみであり、英国の新鋭戦艦来たるの報に、非常に緊張したが、決然この戦艦との決戦を求めて進撃した。だが航空隊の手によって撃沈され、日英戦艦の砲戦は夢と消えた。

この後、金剛は南太平洋海戦では米空母ホーネットの止めに立ち会い、ガダルカナル砲撃では見事にヘンダーソン飛行場を炎上させるなど、綽々たる戦果をあげたのである。

さらにその後の捷一号作戦のときに、彼は栗田長官の第2艦隊参謀長としてレイテ沖海戦に参加、戦艦大和の艦橋から日本艦隊の滅亡を見ることになった。

大和といえば、このときの第2艦隊麾下の第4駆逐隊司令有賀幸作大佐（兵学校四十五期）は、最後の大和艦長として天一号作戦に参加、沖縄に向かう途中に撃沈され、艦橋の羅針儀に体をくくりつけて艦と運命をともにした。不言実行タイプの軍人であり、戦死後、小沢治三郎連合艦隊司令長官より個人感状が授与され、二階級特進して海軍中将となった。

同じく第8駆逐隊司令の阿部俊雄大佐（海兵四十六期）は、この後、水雷学校教頭、大淀艦長などを歴任した後、奇しくも終戦一年前の昭和十九年八月十五日、大和型3番艦を空母として改造中の横須賀に信濃艤装員長として着任、信濃初代艦長となった

が、未成のまま米潜水艦アーチャーフィッシュに撃沈され艦と運命をともにした。

比島部隊に属する水雷戦隊には、第2水雷戦隊司令官田中頼三少将（海兵四十一期）がいた。彼は昭和十七年十一月三十日のルンガ沖夜戦では、わずか一時間あまりの戦闘で米重巡四隻を大破させるという戦果をあげた。

当時の部下の一人は「田中司令官は海の武田信玄といった風であった」と語っているが、田中頼三氏自身は戦後に「ぼくは何もしなかった。やったことと言えば、ドラム缶の揚陸を即座に中止させ、全艦を突撃させただけ、ただそれだけだよ」と回顧しているが、まさに突撃精神あふれる水雷の神様らしい言葉である。

第4水雷戦隊司令官の西村祥治少将は、捷一号作戦では旧式の戦艦山城、扶桑以下の艦艇で十月二十五日、スリガオ海峡に突入、暗夜、米艦隊の待ち伏せに会い全滅の悲運にあった。

比島部隊唯一の空母龍驤を指揮する第4航空戦隊の司令官角田覚治少将（海兵三十九期）は、巧妙な作戦を好む指揮官の多い日本海軍の中にあって、猛将の名に値する数少ない軍人であった。

機動部隊指揮官の多くが、被害を恐れて敵との距離を大きくとって戦いをしようとしていたが、角田司令官だけは常に敵に向かって突撃しながら戦闘をした。これによって二度三度の反復攻撃を可能にしたのである。

後に第1航空艦隊司令長官となって指揮下に一、六〇〇機を持ったが、マリアナ沖海戦にその力を振う機会もなく米軍に各個撃破されてしまい、テニアン島で戦死を遂げた。彼の最後は良くわかっていないが、長官自ら手榴弾を手にして突撃したという。

マレー部隊としての南遣艦隊司令長官小沢治三郎中将（海兵三十七期）もまた猛将で、また現代戦にもっとも必要な判断の早さと戦機の見通しのできる軍人であった。

彼の決断は、開戦直後に予定されていたマレー作戦の遂行上、目の上のコブともいうべきコタバルの飛行場攻撃について、陸軍は何としても海軍に協力をしてほしいと迫ったが、海軍側では空母の支援ができないために婉曲に小沢長官に中止を指示したのに対し、「この作戦は私の責任において実施する」と断言、陸軍の山下奉文大将を感激させた。

また開戦直前の十二月六日、マレー攻略船団が英軍機と思われる偵察機の触接をうけたが、小沢長官はちゅうちょなく「触接中の敵機を撃墜せよ」と下命した。大本営ではこの電文に腰を抜かさんばかりに驚きあわてたという。この中で小沢長官一人、平然としていたのである。この偵察機は陸軍の戦闘機により撃墜されたが、太平洋戦争マレー方面の第一弾は、こうして小沢長官の命により発せられたのであった。

後に小沢長官は第1機動艦隊司令長官として、マリアナに来襲した米軍に新鋭空母大鳳以下の空母群で立ち向かったが、圧倒的な米軍の兵力に惨敗してしまった。

帝国海軍最後の決戦である捷一号作戦では、栗田艦隊支援のためのオトリとしてハルゼー空母群を引きつけたが、栗田長官のレイテ突入中止により作戦成功もむなしく消えたのである。

昭和二十年五月、小沢中将は最後の連合艦隊司令長官となった。このとき海軍大将への昇進がきまったが、小沢長官はこれを固辞し、中将のまま帝国海軍の最後を見取ったのであった。

昭和17年1月18日、パラオで補給中の愛宕——艦橋サイドの13ミリ連装機銃、12センチ単装高角砲などは後に25ミリ連装機銃、12.7センチ連装高角砲に換装された。この日、台南空のバリックパパン攻撃が開始されたほか、遠くベルリンでもインド洋における日独伊の潜水艦作戦地域の分担協定が行なわれるなど、枢軸側にとっては勝利の日々であった。愛宕の右舷に接舷中の艦は特設運送船乾洋丸（4,861総トン）であり、横須賀鎮守府に所属し、輸送任務に当たっていた

「比島方面攻略への進撃開始」

第2艦隊第5戦隊羽黒

▲昭和16年11月中旬、日米間の緊張が高まる中で訓練をつづける羽黒——とうじ羽黒は那智、妙高とともに第2艦隊第5戦隊に所属していた。写真は朝の体操であるが、海軍体操はラジオ体操のような一定したパターンはなく、いくつかの基本型をその場で自由に組み合わせて連続的に行なうもので、場所や時間の制限の多い艦上などで行なうには非常に合理的なものであった。写真はパラオに向け航行中の羽黒で、数日後に日米開戦となった

12月6日、パラオを出港した羽黒は、レガスピー攻略支援に向かった。まだ開戦前であり、緊張した航海である。うしろ後方に空母龍驤が見えるが、龍驤は同方面で唯一の空母として活躍した。写真は飛行機整備甲板上のスナップで、零式三座水偵の後部が見える。尾翼のFⅡ-1は5戦隊、2番艦、1号機を示している

▲右下写真とおなじく進撃中の羽黒——高角砲、機銃は手入れ中であり、要所にはマントレットが装着されており、手前の4.5メートル測距儀にはマントレットが装着しにくいため柔道のマットが巻かれている。九五式水偵が1機カタパルトの上で即時待機し、警戒態勢にある

羽黒はレガスピーに向かう途上、12月8日を迎えた。開戦と同時に艦首部に日章旗が拡げられ、友軍機からの誤認防止に置かれた。とうじ在フィリピン米空軍は、台南空などの開戦第一撃によりほとんどその戦力を失っており、味方の誤爆の方が危険だったのである。手前のアンテナは艦橋天蓋上に設置された九〇式無線電話機のものである

▶厳重な見張りの中で航行中の羽黒航海艦橋――艦橋内には各種通信器が並んでいるが、今日的な目で見れば極めてシンプルなものである。あまり広くもない航海艦橋にずらりと並んだ双眼鏡は、レーダーが一般化する以前の艦における日常的なものであった。足元の板はグレーチングと称する木製格子で、乗員の疲労と雑音の防止のために取り付けられたものである

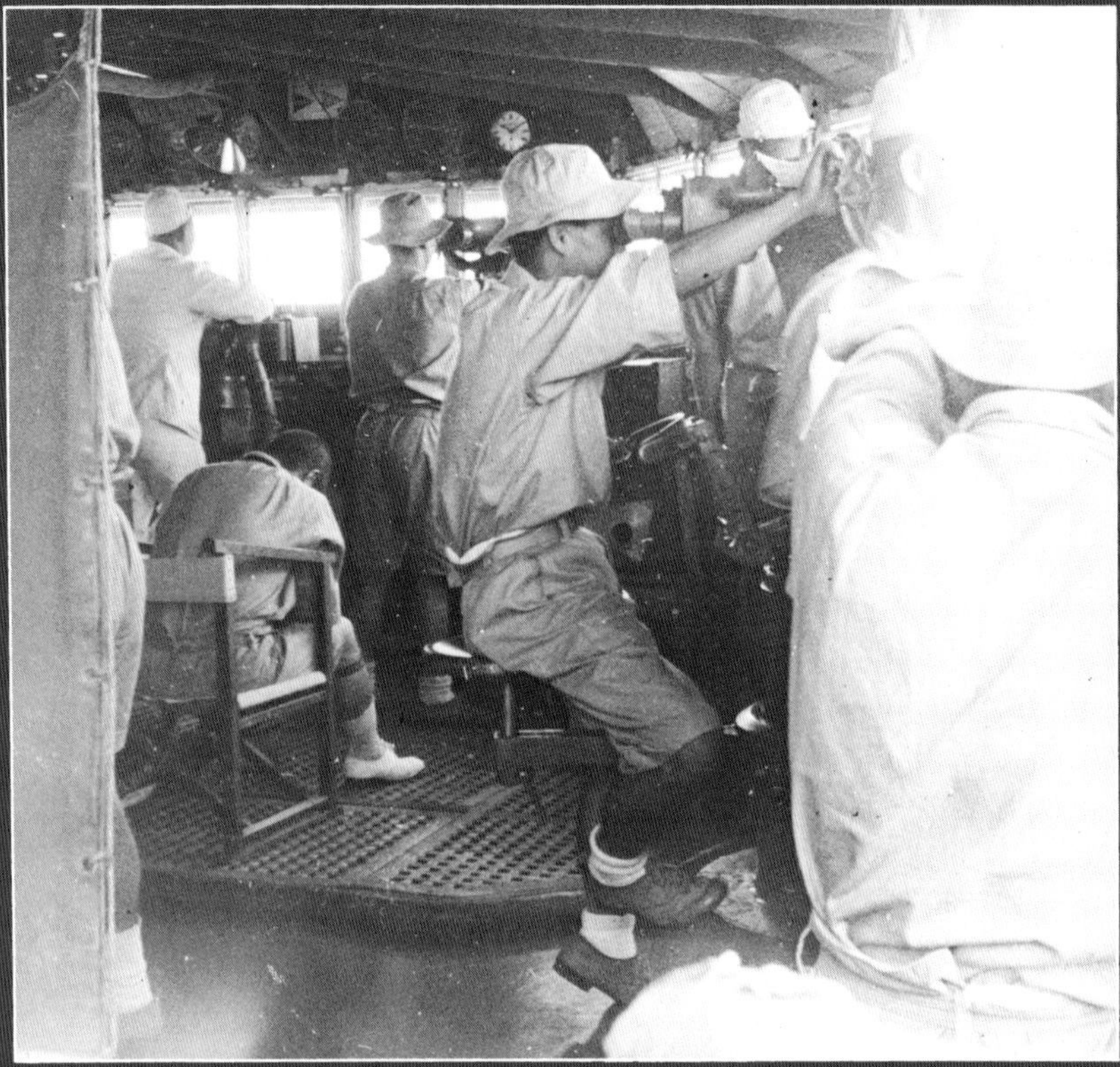

洋上で開戦を迎え、決意も新たに進撃する羽黒――羽黒はこの後、南方攻略作戦支援ののちスラバヤ沖海戦、珊瑚海海戦、第二次ソロモン海戦など、激戦の中を転戦したのである。写真では開戦とはいうもののの、砲塔上の兵の姿などにはまだ余裕が感じられる

17年１月、羽黒の機関兵の１人が死んだ。酷熱の機関室で熱射病になり、ついに息を引きとったのである。遺体は工作兵のつくった柩に収められ、軍艦旗にまかれたうえ重りをつけて右舷のデリックにより静かに海に沈められた。職に殉じたこの兵のために手空きの総員がこの水葬に参加、黙禱を捧げた

羽黒は水葬した海面のまわりを面舵で一周して戦士の霊をとむらった。高角砲ブルワークの内側より沈みゆく柩を見送る兵の顔には一種悲愴なものがあり、わが身の運命をみいるかのようである

第5戦隊／妙高

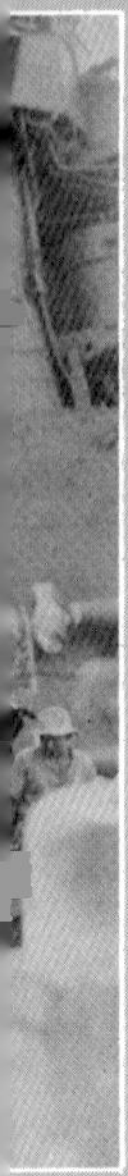

開戦直後、南方洋上を行動中の妙高　大改装後の妙高の勇姿をみごとに捉えた写真である。とうじ妙高は那智、羽黒とともに第5戦隊を編成し、第2艦隊指揮下で南方攻略作戦に当たっていた。艦橋には防弾板が追加され、要所にはマントレットが装置されている。舷側のバルジは大改装のおりに大型のものに改められ、舷外消磁電路も装備された。なお当時、同型艦のなかで妙高のみが飛行機搭載クレーンにデリック・アームをレールとした走行クレーン方式が使われていたが、後に羽黒も同様の改装がくわえられた

妙高の水偵収容 ──太平洋戦争開戦初期、帰投直後の零式三座水偵は着水に失敗したのか左翼端を破損しており、左フロートも内側に折れている。このため偵察員がバランスを取るために右翼に出ている。零式三座水偵は1,700カイリを越える長大な航続力を生かし、艦隊の目として活躍していた

◀昭和17年1月3日ごろダバオ湾マララグ泊地に停泊中の南方攻略部隊 ──左手より羽黒、那智、妙高、神通、那珂を中心に駆逐艦が停泊している。羽黒にはタンカーが横付け給油中であるが、とうじ停泊中の軍艦は1時間に約250トン前後の給油が可能であった。ちなみに羽黒は重油を2,300トン積めたので、半量ずつ給油するとして約5時間を要した。妙高型は20ノットで1時間に12トン近くの重油を消費するので、戦時においては相当頻繁に給油が必要であった

▲妙高の艦首部より見た前部1、2、3番砲塔付近の惨状──爆風のために主砲塔に設けられた防熱カバーがすべて吹き飛ばされている。この時のB－17はマララグ湾の湾口より8機の編隊で進入し、250キロと60キロ（推定）の爆弾を停泊中の艦列にそって投下、命中は妙高のみであったが、神通、那智、羽黒のいずれも至近弾をうけるというものであった

◀下写真撮影直後の1月4日正午、マララグ湾に停泊中の艦隊はB－17爆撃機8機の奇襲をうけた。第5戦隊旗艦妙高は艦首部に250キロ爆弾をうけ損傷した。この空襲をゆるしたのは、ダバオ飛行場が連日の雨で使用不能であったために、戦闘機の上空直衛がなかったからであったが、連戦連勝の驕りと新年気分による警戒のゆるみが最大の原因であった。妙高はこのため内地に帰り、約2ヵ月にわたって戦列を離れることになってしまった。写真は艦橋の弾片孔を応急修理しているところ

第3艦隊第16戦隊

開戦直後の足柄——足柄は第3艦隊旗艦として司令長官高橋伊望中将座乗のもとに南方攻略作戦に従事していた。足柄は第16戦隊として長良、球磨をはじめ第5水雷戦隊、第6潜水戦隊を率いて作戦していた。手前に見える砲身は妙高の二〇・三センチ砲である

南海を行く球磨の艦首部 ──本艦は艦首方向の砲火を重視したため、艦首部にシェアーがなく平坦になっている。写真は南方作戦で行動中のもので、前方に見える小島はフィリピン諸島の一部かも知れない。本艦は昭和17年1月5日、第3南遣艦隊に編入された

▶昭和17年5月中旬、マニラ湾で停泊中の球磨 ──4月、コレヒドール攻略作戦支援を終えて、南方攻略作戦も一段落したころの姿である。戦時ながら背後の輸送船などと共にのんびりした泊地風景となっている。改装により位置を下げられた探照燈、舷側に取り付けられた舷外電路等が良く見える。このとうじ球磨は第3南遣艦隊に編入されていた

◀球磨の前部主砲──この5,500トン型軽巡の背中合わせにされた14センチ単装砲の配置は、2番砲の後方射界を大きく取るためのものであったが、2番砲は開口部を前に向けているために波が吹き込んだり不便なことも多かった。このため一部では2番砲を前に向けて繋止した艦もあった。砲楯上の13ミリ機銃は臨時に付けたものであるが、対空機銃というにはあまりに弱体であった

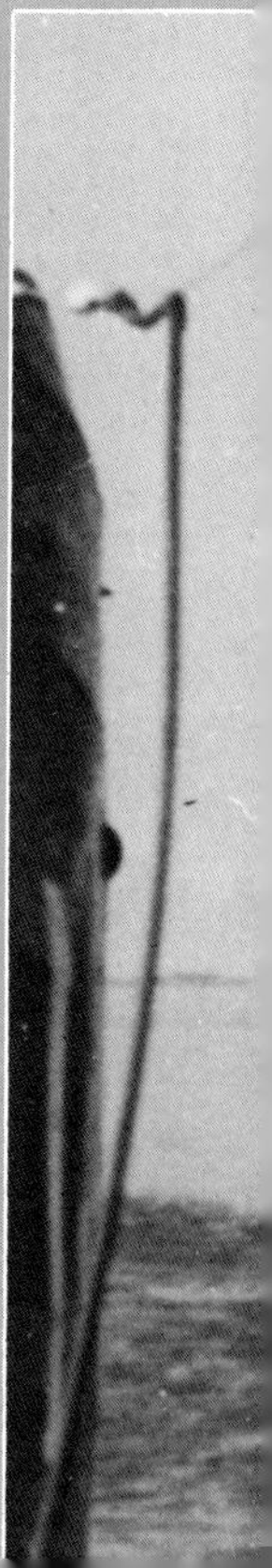

右舷後部旗甲板から見た球磨の後半部——昭和12年ごろの改装で８センチ単装高角砲と換装された25ミリ連装機銃が見られる。カッターと内火艇にはキャンバスをかぶせた上からロープで巻き止め、被弾時の破片の飛散を防ぐようになっている。これはマントレットによる主要部の防御とともに合戦準備の一つであった

マニラ湾に停泊中の球磨――いくらか逆光であるが上部が大きくふくらんだ独特な煙突の様子が良くわかって興味ぶかい。これは煙突に降り込んだ雨水を煙路内に落とさず、舷外に排水するためのもので、球磨、木曽(第1、2煙突のみ)などはこのように大きくなってしまったが、後に煙突内部で処理できるようになったため、他の同型艦は外見上の見分けがつきにくかった

次期作戦のため泊地に集結中の南方進攻部隊で、中央が球磨――右手および遠方に見える水雷艇は第21水雷艇の千鳥、真鶴、初雁、友鶴と思われる。戦いが一方的に日本海軍のペースで運ばれていた時期の光景で、作戦中とはいえのどかなムードが感じられる。手前には九四式2号水偵が停っている

諸艦艇の奮戦

敷設艦八重山は開戦の日の12月8日、パラオを出撃、スリガオ海峡に機雷敷設をしたほか陸上砲撃、船団護衛とあらゆる作戦に参加していた。写真は泊地に停泊中の姿で、艦橋の様子が良くわかる。前橋の三脚のあいだに見えるのは2キロ信号燈、その下は1.5メートル測距儀である。艦橋天蓋のサイドに斉動信号燈が見られる。手前のシャッターは12センチ高角砲のもので足元のレールは機雷運搬用のものである。とうじ本艦は第3艦隊第17戦隊に所属していた

▲昭和17年1月、ダバオに停泊中の潜水母艦長鯨——長鯨は第3艦隊第6潜水戦隊旗艦として南方攻略作戦に参加、その輸送能力を生かして陸戦隊の輸送なども行なっていた。写真は停泊中であるが、白ペンキで書かれた見事な波と風に流されている煙のために全力航走中のように見える。さらに舷側には魚雷発射管が画かれており、日本軍艦のカムフラージュとしては傑作の部に入るであろう

◀開戦直後の南方攻略作戦に従事中の水上機母艦千歳——右舷艦橋後方より撮影したもので、艦橋トップの4.5メートル測距儀が見られる。艦上各所にロープによる弾片防御が行なわれ、左手の旗甲板ではキャンバスの内側にハンモックを並べるなどの臨戦準備が行なわれている。右手にはカタパルトの先端が見えている。千歳は機動部隊の作戦地域外での航空支援に活躍して、陸軍から非常に感謝されていた。とうじ本艦は連合艦隊第11航空戦隊に所属

▶開戦直後、攻略作戦支援中の八重山——手前に上陸中の兵士は八重山の陸戦隊であろうか。八重山はフィリピン各地の上陸支援砲撃を行ない、特にコレヒドール砲撃では反撃をうけて小破している。本来このような陸上作戦支援砲撃にこそ、大型艦の巨砲の威力を発揮すべきであったのかも知れないが、日本海軍は軍艦の陸上砲台との交戦には第一次大戦の戦訓などからこれを恐れ、ほとんど実行しなかった

アイ・シャル・リターン

鈴木範樹

ダグラス・マッカーサー将軍は、カリスマ性を持った軍人である。彼はその生涯でいくつかの名言を残しているが、「アイ・シャル・リターン」というのは、その中でも特に有名なものである。ではどのような経緯で「アイ・シャル・リターン」が彼の口から出たかを紹介しよう。

昭和十七年三月、在比米軍は敗色が濃かった。最後の寄りどころとしたコレヒドールの要塞が陥落するのも時間の問題である。米極東陸軍司令官マッカーサー将軍はこの月の十一日、コレヒドールを脱出し、オーストラリアに向かった。

米極東陸軍司令官ダグラス・マッカーサー――彼はリンガエン湾に上陸した日本軍の兵力から、指揮下のウェーンライトの第1軍とジョーンズの第2軍では防衛不可能と判断、2月22日の米大統領のオーストラリア脱出の指示によってフィリピン脱出を決意した。オーストラリア到着後の談話に「アイ・シャル・リターン」の有名な言葉が出たのである

脱出手段は米海軍のPTボート(魚雷艇)である。ジョン・D・バルケレー大尉が指揮する第3魚雷艇隊の残存艦、PT41、PT35、PT34、PT32の四隻にその任務があたえられた。司令魚雷艇のPT41にはマッカーサー夫妻と彼の子息および参謀長のサザランド将軍が、PT35にはロックウェル提督と参謀長のレイ海軍大佐が乗り、その他の要員はPT34とPT32に分乗した。

マッカーサーのコレヒドール脱出は、ルーズベルト大統領の命令に基づくもので、オーストラリアに新設される南西太平洋地域の司令官に任命し、対日反攻作戦にあたらせるということなのである。

二〇三〇、四隻の魚雷艇は隠密裡にマニラ湾口に集結し、その四十五分後、意を決して爆音とともに出発した。

PT41を先頭に縦陣列を形成、しんがりはPT35がつとめた。あたりはすでに日本海軍が制海権を握っているのである。

これら四隻のPTボートはいずれもエルコ社が建造した七七フィート型に属し、基準排水量三五トン、全長二三・五メートル、幅六・一メートルの小艇で、パッカードのガソリン機関三基で四〇ノットのスピードを発揮できるというものだったが、脱出行においてはフルスピードは発揮できなかったようだ。開戦いらいの酷使がその原因である。兵装は四六センチ魚雷発射管四門と一二・七ミリ連装機銃二基だけ。

外海の波は荒い。次第に艇の行動は制約されていった。途中、日本艦隊と遭遇しながらもなんとか見つからずに航行が続く。度重なる戦闘でガタガタになっているPTボートは波に翻弄されながら突進していった。この時の有様を、マッカーサーは「コンクリート・ミキサーの中に入っているような具合」だったと後に書いている。

そんなわけで各艇はだんだん編隊航行が困難になり、遂にはバラバラになってしまった。こうした事

マッカーサーのフィリピン脱出にくわわったPT32――17年3月12日、マッカーサー夫妻は息子、サザランド参謀長、マーシャル参謀副長ほかと共に4隻の魚雷艇に分乗し、コレヒドールを脱出、13日ミンダナオ北岸カガヤンに到着し、飛行機に乗り換えて17日、オーストラリアに第1歩をしるした

態を予測して、途中の集合点を決めてあった。無人のキュヨ島がそれである。

夜が明け、この島にはＰＴ32が最初に到着した。しかしここでハプニングが起こった。次に到着しつつあったマッカーサー座乗のＰＴ41を日本駆逐艦と間違えたのである。ＰＴ32は燃料の入った軽質油缶を投棄し、合戦準備の態勢をとった。味方と気付いた時はすでに遅く、軽質油缶は見えなくなっていた。

やがてＰＴ35も到着したが、ＰＴ34は行方不明となってしまった。一方、軽質油缶を投棄したＰＴ32は今後航海を続けることができなくなり、同艇に乗っていた人びとはＰＴ41とＰＴ35に収容された。

当初の計画ではキュヨ島で味方の潜水艦と会合するはずだったがそれは果たせず、再び訪れた夜陰に乗じて、ＰＴ41とＰＴ35の二隻だけでミンダナオ島北岸のカガヤンに向かった。この時も海はかなり時化ていたといわれる。

航行序列は逆になり、ロックウェル提督を乗せたＰＴ35が先行し、マッカーサーの乗艇ＰＴ41は後につづいた。途中で日本の大型艦が忽然と現われたが、機関を停止してやり過ごし、またもや危機を脱したのである。マッカーサーの回想記によれば、この時の日本軍艦は戦艦だったとしている。

夜は明けた。三月十三日〇七〇〇、二隻の魚雷艇は無事カガヤンに到着した。この日はキリスト教徒が忌み嫌う「十三日の金曜日」だったが、マッカーサーにとってはグッドデーであった。

前述の回想記には、この時の魚雷艇乗員に対するねぎらいの言葉が次のように書かれている。「真に海軍にふさわしい航行ぶりだった。私は大きい喜びと名誉を感じながら、両艇の乗組員に対し、きわめて不利な状況の中で勇気と不屈の精神を示したことにより銀星章をあたえる」


マッカーサーたち一行は、ここで飛行機に乗り換えるのだが、その手配がモタモタし、三月十七日未明、やっと空路オーストラリアに向かった。チモール島上空で日本機の追及を受けたものの、なんとか振り切ってダーウィン南方のバチュラー・フィールドに着陸し、オーストラリアに第一歩をしるした。

そしてこの飛行場での記者団に対するなにげない談話の中で、かの有名な言葉が出るのである。

「アイ・シャル・リターン！」

私は再び帰る、という意味のこの言葉は、フィリピン反攻の重大なる決意を表わすものとして、燎原の火のごとくフィリピン中に広まっていったといわれる。

後日マッカーサーがフィリピンを奪回したさい、彼はいった。

私は帰ってきた「アイ・シャル・リターンド」

最後に後日談をもう一つ。彼は戦前から魚雷艇に強い関心を持っていたが、この脱出行で魚雷艇に対する思いを一層強くし、ワシントンに対して文書で魚雷艇増強論をぶった。その結果、太平洋海域に対して魚雷艇は大幅に増強され、島嶼戦に大きく貢献することになる。

大小７千を越えるフィリピン諸島を制圧するには、占領ポイントの選定などの他にむずかしい問題が多かった。写真は炎上するパナイ島イロイロ飛行場である。日本軍は要地攻略ののち守備隊を残して転進するため兵力が島々に分散しがちであり、占領地の管理には苦労していた

周辺諸島の占領

昭和17年4月10日、レイテ島とミンダナオ島に挟まれたセブ島の攻略が行なわれた。これには陸軍の川口支隊が中心となり、海軍からは第3南遣艦隊の軽巡球磨、駆逐艦村雨、五月雨などが護衛に当たったほか、第32特別根拠地陸戦隊が支援し、空からは特設水上機母艦讃岐丸が作戦に参加した。以後約10日間にわたる残敵掃討作戦を行ない、セブ島を完全に手中にした。写真は米軍の手により炎上中のセブ市へ上陸前の海軍陸戦隊兵士

フィリピン攻略作戦が一段落した後も各地でゲリラ活動は絶えず、日本軍は七千余の島々の管理に頭を痛めていた。このような島々ではゲリラに対する補給も指揮もやさしく、守る側にとっては手におえない状況であった。写真は昭和17年10月、パラワン島南方のバラバク島のゲリラ制圧のために上陸する海軍陸戦隊。ゲリラ相手のためか装備は小銃のみである

17年3月2日、ミンダナオ島に上陸して同島を占領し、掃討戦に入った海軍陸戦隊——写真はミンダナオ攻略作戦時の撮影と思われる。兵士の列はバラバラで銃の担ぎ方もまちまちであるが、これは戦場ならではのことであろう。手前に赤十字のマークの付いた箱を背負ったのは看護兵である

セブ攻略を終えた陸軍川口支隊を中心として、次にミンダナオ島の攻略作戦が開始された。海軍側はセブ攻略時と同じく軽巡球磨以下の兵力で支援した。陸戦隊もその機動性を利用して支援を行なった。米軍はここでも焦土戦術によりゲリラ戦に入りつつあったが、米軍内部の指揮権の混乱により充分な組織的抵抗はできなかった。写真は上陸成功を祝う海軍陸戦隊

ダバオ攻略作戦

爆撃下のダバオ飛行場——ダバオに対する第一撃は開戦の日の4航戦龍驤による爆撃であった。ダバオ攻略は米軍の退路を断つための作戦であり、陸軍5,000名の兵力を海軍側の第5急襲隊が護衛して12月16日にパラオを出撃した。この海軍第5急襲隊は第2水雷戦隊司令官田中頼三少将指揮下の神通以下駆逐艦6隻ほかの強力な兵力であった。上陸部隊は12月20日早朝ダバオに上陸、午後3時には飛行場を占領した

12月16日、パラオを出撃したダバオ攻略部隊は20日、ダバオ北方パナカオ河口に上陸した。ダバオに向け進撃中、味方機の誤爆などで損害を出したが午後にはダバオ市内に突入、21日にはダバオを占領した。当時ダバオには日本人約2万人が住んでいたが、約1万人が米軍に監禁されていたので、これを救出した。米軍の一部は撤退のさい監禁中の民間日本人に機銃を乱射して行ったため多数の死者を出した。写真はダバオ占領後、市内を行進する海軍陸戦隊

ダバオ作戦終了後、ダバオ湾に翼を休める零式水上観測機——マークが見えないので所属がはっきりしないが、12月下旬よりダバオ攻略に参加した千歳の搭載機であろう。この零式水上観測機は日本海軍最後の制式複葉機であり、かなりの空戦性能もあったので非常に便利に使われたものであった

占領後ダバオ飛行場に進出した中攻隊——後方には一式陸攻が列線をつくり、燃料、爆弾の積み込みも終了して発進を待っている。搭乗員は塚原二四三中将の訓示をうけている

コレヒドール要塞陥落

マニラ進攻のさい日本軍は米軍のコレヒドール要塞への撤退をあえて阻止せず放置していた。これは当面の目標がマニラ占領であり、撤退軍をいたずらに追いつめて「窮鼠猫をかむ」ような結果にならないようにしたためであった。しかし、これは判断の誤りであった。コレヒドール要塞は日本軍が考えていたよりも遙かに強力であり、数度の攻撃失敗ののち完全に占領するために5月までかかってしまったのである。写真は降伏したコレヒドールの米軍

▼昭和17年5月6日、本間雅晴中将と降伏交渉をする米極東軍司令官ウェーンライト将軍　この会談でウェーンライト将軍はコレヒドールの部分降伏を主張したが、本間将軍は無条件降伏を要求し、ウェーンライトをコレヒドールに送り返した。このためウェーンライトも止むを得ず6日ついに無条件降伏を決定したのであった。写真はバターン半島カブカーベンの民家で会談中のウェーンライト(左)と本間中将(右)

中部・南部太平洋方面攻略作戦

ウェーキ島攻略

ウェーキ島の全景——この島は高地のまったくない低平な珊瑚礁で、V字形をしている。写真はハワイ作戦の帰途、同島攻撃に従事した第2航空戦隊所属機の撮影によるもの。攻撃は昭和16年12月21～23日に実施された

昭和16年12月8～11日に実施されたウェーキ島攻略作戦は、米側の強い抵抗に頓挫を余儀なくされ、同月21～23日再度の敢行でやっと攻略した。写真は攻撃最終日に陸戦隊を乗せて海岸に擱座上陸を敢行した第32号哨戒艇(左)と第33号哨戒艇

ウェーキ島攻略作戦における第6水雷戦隊の苦闘

梅野和夫

ウェーキ島はグアム島とともに中部太平洋の米海軍の重要な戦略拠点であり、両島攻略はハワイ作戦、南方攻略作戦とともに、開戦初期の重要作戦であった。しかしハワイ作戦、南方攻略作戦、グアム島攻略作戦が、比較的順調に進展したのに対し、ウェーキ島攻略作戦では日本海軍は予想外の苦戦を強いられた。

ウェーキ島攻略作戦を担当したのは、攻略部隊として第6水雷戦隊（旗艦夕張、第29駆逐隊追風、疾風、第30駆逐隊睦月、如月、彌生、望月、第32、33号哨戒艇、金龍丸、金剛丸）、掩護部隊として第18戦隊（天龍、龍田）、潜水部隊として第27潜水隊（呂65、66、67潜）であった。

ウェーキ島攻略作戦は十二月八日未明、ルオット基地を発進した千歳空の陸攻三四機による空爆で開始され、ウェーキ島地上施設、所在の米軍機に多大の損害をあたえた。

攻略部隊、掩護部隊は十二月八日、クェゼリン泊地を出撃し、十二月十日夜半ウェーキ島に接近した。二十二時五十五分、攻略部隊指揮官は第一次攻略隊指揮官の第29駆逐隊司令および第二次攻略隊指揮官の第30駆逐隊司令に対し、上陸命令を発した。

命令に従い第32、33号哨戒艇、輸送船金龍丸、金剛丸に分乗していた上陸部隊の舞鶴特別陸戦隊内田中隊、第6根拠地隊特別陸戦隊高野中隊は大発を降ろし上陸せんとしたが、ウェーキ島沿岸はうねりが高く、強い風が吹いており、第一次攻略隊の乗艦していた金龍丸、金剛丸からの大発降ろしは困難をきわめた。

第二次攻略隊の乗艦として第32、33号哨戒艇からの大発降ろしは順調に進んだが、攻略部隊指揮官は予定時刻になっても第一次攻略部隊の大発降ろしが終わらないため、上陸予定時刻を延期することとし、艦砲射撃で敵陣地を制圧し、昼間上陸を行なうこととして攻略部隊の各艦に対し、十二月十一日二時十五分、陸上砲撃を命じた。

これに伴い夕張はウェーキ島本島、疾風と如月はウェーキ島本島南部、望月と彌生はウィルクス島沖合に占位し夕張が三時二十五分、他の駆逐艦は三時四十三分に艦砲射撃を開始した。

ウェーキ島守備の米軍は、ウェーキ島本島のO砲台、ウィルクス島のL砲台、ピール島のB砲台に五インチ沿岸砲六門、五インチ高角砲二〇門を配置していたが、陸攻隊の猛爆にもかかわらず多数の砲が建在であった。四時になると、いままで沈黙をまもっていたウェーキ島の各砲台から猛烈な反撃が開始された。また生き残っていた米軍機も攻略部隊上空に飛来し、銃爆撃を行なった。

ウェーキ島砲台からの反撃が開始されて間もない四時三分、追風とともにウィルクス島のほぼ中間に占位して一二センチ砲の艦砲射撃を行なっていた第29駆逐隊の疾風（艦長高塚少佐）に敵弾が命中し、瞬時に爆沈した。

疾風爆沈の模様は「初め艦尾に黒煙を発し、それが瞬時に全艦を覆い、黒煙の合い間から艦橋が瞬時みえたが、煙が消えたとき、すでに艦影はなかった。とうじ上空には敵機の姿はなかった」と金剛丸艦長水崎大佐、夕張砲術長荒瀬中佐の戦後の回想に記述されており、「艦尾に黒煙を発し……」の状況から判

駆逐艦葵――樅型の一艦で大正9年の竣工。ウェーキ島攻略戦で擱座上陸を敢行した第32号哨戒艇は本艦の後身である。ちなみに駆逐艦から哨戒艇に移籍されたのは昭和15年4月1日付けであった

▼駆逐艦萩――本艦も樅型の一艦で竣工は大正10年。第33号哨戒艇は本艦の後身である。駆逐艦から哨戒艇への移籍時期は葵と同じ。このタイプは哨戒艇への移籍にともない、大発1隻の搭載能力を付与されていた

断すると、敵弾が艦尾に搭載していた九五式爆雷に命中し、感度敏感な八八式火薬に引火爆発し、さらに砲弾、魚雷などに引火、瞬時に全艦火の海となって爆沈したものであろう。

本艦に命中した敵弾は、砲台からの砲撃、敵機の銃爆撃説があるが、ウィルクス島のL砲台からの砲撃説が有力である。

ウェーキ島の海岸に擱座した第33号哨戒艇──第二次ウェーキ島攻略戦に参加した上陸部隊は、舞鶴第2特別陸戦隊板谷中隊などからなる連合特別陸戦隊であった。写真は1945年に米軍が撮影したもの

陸上からの砲撃、上空からの敵機の攻撃はいっそう激しさを増し、ついに四時十一分、攻略部隊指揮官は反転退避を命令し、夕張は煙幕を展張しながら退避を開始した。各駆逐艦もこれにならい退避を開始したが、他の艦の対陸上攻撃の側方観測のためウェーキ島ピーコック岬の南西一〇～一五カイリ沖合に出ていた第30駆逐隊の如月（艦長小川少佐）は五時三十七分爆撃をうけ、五時四十二分爆沈した。

この模様について先の水崎大佐、荒瀬中佐の戦後の回想によれば「爆煙全艦を覆い、艦型が認められたとき、艦橋がなく、甲板上は平坦で艦首が沈んで航走をつづけていたが、その後数分して逆立ちとなり海中に深く突っ込んだ」と記されている。

如月の爆沈原因については、第6戦隊戦時日誌戦闘詳報では敵機による爆撃としており、また米海軍省作戦部戦史部「第二次大戦米国海軍作戦年誌」でも米海兵隊機による沈没としていて爆撃説が有力であるが、当時ウェーキ島にあったグラマンF4Fワイルドキャット戦闘機の性能から見て、爆撃による沈没は疑問とする資料もあり、いずれにしても沈没の状況から判断すると、敵弾が艦前部に命中し1番六一センチ三連装魚雷発射管に装塡されていた魚雷を誘爆させ、沈没に至ったものであろう。如月、疾風の沈没は太平洋戦争における我が水上艦艇の初めての損害であった。

如月、疾風を失い、攻略部隊指揮官は上陸を断念し、第二次攻略隊の乗艦していた大発を揚収し、十二月十三日ルオットに帰投した。

かくして第一次攻略作戦は、第6水雷戦隊の如月、疾風沈没のほか、輸送船金剛丸が敵機の機銃掃射で損傷し、また彌生、追風、第33号哨戒艇も銃撃による損害をうけるなど、人員、艦艇に大きな損害をうけ、完全な失敗に終わってしまった。

ウェーキ島攻略作戦の失敗は、日本海軍首脳部に大きなショックをあたえたが、ただちに日本海軍の面目にかけての第二次攻略作戦が発動された。第一次攻略作戦の失敗の原因は、事前の航空攻撃が不充分で、敵機、敵砲台が健全であったこと、予想外に波浪が高く大発の浮舟が困難であったことがあげられ、ただちに陸攻隊全力をあげての航空攻撃が実施されるとともに、ハワイ攻撃より帰途の第2航空戦隊の飛龍、蒼龍にも支援が命じられた。また上陸達成のため第32、33号哨戒艇は風浪大なる場合、最後の策として擱座、陸戦隊の揚陸させることが検討された。

第32号哨戒艇は旧二等駆逐艦葵、第33号哨戒艇は萩で、昭和十五年四月、哨戒艇籍に編入されたもので、魚雷発射管はすべて撤去し、一二センチ砲も一部撤去、艦尾に発進用スロープを設け大発一隻を搭載していた。

第二次攻略作戦は十二月二十二日二十二時接岸の予定で実施されたが、当日も波浪が高く、大発降ろしは困難をきわめ、予定時間を一時間すぎても第33号哨戒艇の大発は降りなかった。ここに至り攻略部隊指揮官は二十三時五十五分、上陸法両法、すなわち二隻の哨戒艇を直接着岸させ、擱座上陸を命じた。

第32号哨戒艇は陸岸に向かって一二ノットで直進し、〇時四十一分ウェーキ島本島に着岸、第33号哨戒艇も二十分遅れて艦首を環礁に乗り上げる形で着岸した。

着岸した両艦からは陸戦隊が飛び降り、敵陣に突入、これを制圧した。かくして第二次攻略作戦は、第32、33号哨戒艇の決死の着岸により、ようやく成功したのである。

駆逐艦如月──睦月型の一艦で、大正14年の竣工。昭和16年12月11日、ウェーキ島攻略作戦に従事中、米軍の猛反撃にあい戦没した。本艦は、「第二次大戦米国海軍作戦年誌」によれば、米海兵隊機の爆撃により沈没とある

◀ウェーキ島の米軍兵舎──開戦時の在ウェーキ米軍兵力は海兵隊449名、海軍68名、陸軍5名の合計522名と、基地建設作業員1,146名および民間人70名であった。陥落時にはそのうち軍人470名と基地建設作業員全員が捕虜となった

駆逐艦疾風──神風型の一艦で、大正14年の竣工。昭和16年12月11日、ウェーキ島攻略作戦に従事中、米軍の猛反撃にあい戦没した。本艦を撃沈したのは、ウェーキ島に隣接するウィルクス島L砲台の5インチ単装砲である

◀ウェーキ島内の米軍用道路──基地建設作業員の手でつくられた道路は幅が30フィート（9.2メートル）で、表面は珊瑚で固めてあった。島内の道路網の整備は、防衛計画を進めるうえでも重要な事業だったのである

残骸をさらすＦ４Ｆワイルドキャット戦闘機――ウェーキ島に配備されていた航空部隊は海兵第211戦闘機中隊で、Ｆ４Ｆ12機を擁していた。指揮官はポール・プットナム海兵少佐。これらは昭和16年12月４日に配備されたばかりであった

米軍の偽装格納庫――日本軍が占領後撮影したもので、内部にＦ４Ｆワイルドキャット戦闘機が収められている。一見した印象では恒久的な施設ではないようだ。入口にはわが海軍関係者がたむろしている

破壊されたウェーキ島の燃料タンク――この島の基地設備は開戦時に完成しておらず、燃料タンクも本格的な地下式のものは出来ていなかった。写真のタンクはわが艦上機による空爆の凱歌である

建設作業半ばにして放置されたウェーキ島の米側パワー・ショベル――基地建設作業隊は「シービー部隊」とも呼ばれ、太平洋戦争中、設営作業に大活躍した。ちなみにこの島での作業はネイザン・ダン・ティーターズなる人物が指揮をとった

中部太平洋方面における潜水艦作戦

伊達　久

中部太平洋の潜水艦基地クェゼリン環礁は、マーシャル群島のなかで最大のもので、この群島のほぼ中央に位置していた。

この環礁にはルオット島、エビゼ島、クェゼリン島など約九〇個の大小の島が浮かんでいて、その中に長さ約六〇カイリ、最大幅約一五カイリという世界最大の広さをもつ礁湖があり、クェゼリン島はこの環礁の南端にあって、環礁で最大の島で、長さ約四キロ、最大幅六〇〇メートルという小さい島である。

第6艦隊旗艦香取艦上での武技——昭和17年7月、クェゼリンにおいて撮影したもの。後橋上からの俯瞰写真で、12.7センチ連装高角砲の一部（手前）と後部14センチ連装砲が写っている。第6艦隊は潜水艦隊で、当時クェゼリンを前進根拠地にしていた

外海からクェゼリン島への水路は、キーヨ水道、南水道、ピゲジ水道の三個所であった。

礁湖内は広大で水深が大体三〇メートルから五五メートルであったから、潜水艦基地に好適であった。難をいえば南洋の海は清く澄みきっているので、海底まで見透せることであった。

このような理想的な基地も、国際連盟規約および委任統治条項によって、日本としては南洋方面に軍事基地を建設したり、砲台を築いたり、軍事的に使用することは禁止されていたため、太平洋戦争開戦時には第6根拠地隊司令部も建設の途中であり、潜水艦基地の機能はなく、旗艦、潜水母艦が進出して潜水艦乗員の休養、宿泊などに当たった状況で、第6潜水艦基地隊が編成されたのは、昭和十七年二月一日であった。

開戦時、第4艦隊を基幹とする南洋部隊の任務は、大部をもってウェーキ島を攻略、一部をもってギルバート諸島方面の占領およびハウランド島方面の掃蕩であった。

南洋部隊指揮官は、第7潜水戦隊（旗艦迅鯨）の第27潜水隊（呂65、66、67潜）をウェーキ攻略作戦に、第26潜水隊（呂60、61、62潜）および第33潜水隊（呂63、64、68潜）をハウランド方面の作戦に充当した。

第27潜水隊はウェーキ島攻略部隊に編入され、昭和十六年十二月六日クェゼリンを出撃してウェーキ島付近の配備につき、一隻は攻略部隊の誘導に任じた。

十二月十一日ウェーキ攻略は失敗して再挙を図ることとなり、十二日、同隊は攻略部隊よりのぞかれ、クェゼリンに帰投を命じられたが、呂66潜は通信事故のため命令を受信できず、引きつづき哨戒に従事し、呂65、67潜はクェゼリンに帰投した。

開戦時クェゼリンに待機していた第26潜水隊は、ウェーキ攻略部隊に編入され、呂61潜をウェーキ方面の気象通報のため先発させ、つづいて呂60、62潜も作戦打ち合わせなどの用件すみ次第出撃させた。

呂66潜は十七日二〇三〇、進出してきた呂62潜とウェーキ島南西二五カイリの地点で衝突、瞬時にして沈没した。呂62潜はなんら損害をうけることなく哨戒を続行した。

第26潜水隊は、第二次ウェーキ島攻略作戦を掩護、二十三日、同島占領後クェゼリンに帰投した。しかし、呂60潜は二十一日ウェーキ島上陸地点を偵察中、敵機の攻撃をうけて潜望鏡などに損傷をうけて浸水し、潜航が困難な状況になり、艦位の誤差により二十九日〇二〇〇、クェゼリン環礁北端付近に座礁した。

第7潜水戦隊司令官は、旗艦迅鯨をひきい、二十九日一三〇〇遭難現場に到着して救難作業に当たり、

その乗組員総員を救助した。しかし、呂60潜は離礁不可能と判断し、三十一日救難作業を打ち切り、船体を切断し海没処分とした。

第33潜水隊は、十二月四日以後クェゼリン島発、十日および十一日ハウランド島およびベーカー島を砲撃、同方面の哨戒に従事したのち十五日および十九日クェゼリン島に帰投した。

第33潜水隊は、ついでウェーキ島方面の哨戒に従事した後、一月上旬トラックに回航した。

第27潜水隊は、十二月下旬ハウランド島方面の哨戒に任じ、クェゼリン島をへて一月十一日トラックへ回航した。第27、第33潜水隊は、次期作戦準備に着手、第26潜水隊はマーシャル方面の防備に任じた。

南洋部隊は十七年一月上旬、ラバウル攻略を企図し、攻略部隊をグアム島に集結し、協力部隊をトラック方面に集結した。

南洋部隊潜水部隊もラバウル攻略作戦に対する協力部隊の一部となり、第27、第33潜水隊の各潜水艦は、一月十五、十六日トラックを出撃し、セントジョージ海峡に向かった。

ラバウル攻略部隊の攻略時期は一月二十三日と予定され、潜水部隊は一月二十一日より数日間、セントジョージ海峡南方海面にあって、連合軍水上部隊の反撃に備え、上陸作戦を掩護する任務を付与され、予定どおりその配備についたが、敵情を得ず、上陸作戦も成功したので一月末いずれもトラックに帰投した。

マーシャル方面に待機していた第26潜水隊は、二月一日、米機動部隊のマーシャル方面来襲のときクェゼリンにいた。機動部隊反撃のため二月四日ごろまでマーシャル諸島東方を索敵したが、敵情を得なかった。

二月中旬には米機動部隊がウェーキ島に来襲することが予想されたので同方面に進出し、二月末まで待機していたが、三月末、修理のため内地に帰着した。

第27、33潜水隊はラバウル攻略作戦後、トラックにて整備後、二月十八日トラックを出撃、二月二十日、ラバウル東北東に米機動部隊が出現したので、同方面に向かったが敵情を得ず、マーシャル諸島東方海面で二月末より三月中旬まで哨戒に従事し、四月上旬、内地に帰着した。

ハワイ作戦に参加した先遣部隊は、第一次作戦を終え、クェゼリンに待機していた。二月一日、米機動部隊のマーシャル群島来襲によって、先遣部隊指揮官は、第1潜水戦隊に至急出撃を命じた。各潜水艦はただちに出撃して掃航索敵したが、機動部隊を捕捉することはできず、三日、命令により伊15、19、26潜はクェゼリンに帰投した。

伊9、17、23潜は、ハワイ方面に掃航して、八日オアフ島南方二〇〇カイリに達し、伊17潜は分離して北米西岸に向かい、伊9、23潜はハワイ監視配備についた。

伊9潜は、二月二十四日、日没後に真珠湾の飛行偵察を実施したが、敵の照射と月明の関係から、港内在泊艦船を確認できず、揚収時に飛行機を破損した。三月一日に配備を撤し、三十一日横須賀へ帰投した。

伊23潜は二月八日オアフ島南方に達して監視に当たっていたが、十四日以降音信なく消息不明となり、二十八日同方面で沈没と認定された。

伊17潜は二十日サンジェゴ沖に達し、二十二日北上を開始して、二十四日エルウッド油田を砲撃（発射弾数一四センチ一七発）、その後ブランコ岬方面にわたって交通破壊戦に任じ、三月三十日横須賀に帰投した。この間、商船二隻を撃沈した。

伊25潜は二月八日クェゼリンを出撃、豪州東岸およびニュージーランド方面において、二月中旬から三月下旬にかけて、シドニー、メルボン、ウエリントン、オークランド、スバの飛行偵察およびパゴパゴの潜航偵察に成功、トラックを経由して四月四日横須賀に帰投した。

敵武装商船を攻撃中の伊号潜水艦——昭和17年3月16日までに米本土西岸沖でわが潜水艦のあげた海上交通破壊戦の戦果は、20隻16万トンに達した。画面手前の索は潜水艦の保護索で、その先端に支柱が写っている

機動部隊ラバウル攻撃

ラバウル上空の九七式艦上攻撃機――尾翼の機番が見えないので所属は不明だが、1航戦の赤城か加賀の所属機と思われる。800キロの陸用爆弾を積んで飛行中の写真はめずらしい。ラバウルは本格的な防御設備もなく、これほどの攻撃は不要であったようだ。右方の花吹山と中央岬の間にひろがるのが東飛行場である

17年１月20日、ラバウル攻略支援のため出撃準備中の瑞鶴零戦隊――この作戦はハワイ攻撃より帰った機動部隊のアルバイト的な作戦で、ラバウル自体はこれら世界一の機動部隊が、わざわざ出て行くような目標でなかったと思われる。この日、本艦よりは零戦６機、九九式艦爆19機が出撃、この飛行隊の収容後、瑞鶴と翔鶴の第５航空戦隊は本隊と分かれ、東部ニューギニアの攻撃に向かった

１月20日、ラバウルに向け出撃直前の瑞鶴艦上風景――この日の攻撃には５航戦は九九式艦爆と零戦、１航戦は九七式艦攻と零戦という組み合わせで出撃した。甲板上には６機の九九式艦爆がすでに攻撃にそなえて待機しており、舷側の無線檣も倒されている。九九式艦爆の後方に航続する翔鶴がみえる

機動部隊R作戦を支援

鈴木範樹

ハワイ作戦を成功させた機動部隊は、昭和十七年の正月を内地で過ごした。同部隊の次の出番は、ビスマルク諸島攻略作戦（R作戦）の支援である。戦勝気分も抜けやらぬ一月八日、機動部隊の主力は柱島を抜錨、日本を後にした。思えば一ヵ月前のこの日、パール・ハーバーを奇襲し、太平洋戦争が始まったのだった。

柱島を出港したのは旗艦の空母赤城（第1航空艦隊司令長官南雲忠一中将座乗）をはじめ、第5航空戦隊の空母瑞鶴、翔鶴、第3戦隊の戦艦比叡、霧島、第1水雷戦隊の軽巡阿武隈以下九隻の駆逐艦、第2補給隊の三隻の給油艦であった。翌九日には呉から出港した空母加賀と第8戦隊の重巡利根、筑摩が合流し、部隊は全陣容をととのえた。

機動部隊は作戦の策源地の一つであるトラックへ向かった。出港当日は晴天で、海も穏やかだった。豊後水道を抜けた機動部隊の針路は一四〇度。一四ノットの艦隊速力で南下をつづけた。

ここでビスマルク諸島攻略作戦の概要を紹介しておこう。

ビスマルク諸島は、第一次大戦後、オーストラリアが統治していたが、その中には戦略的要地が少なく、とりわけニューブリテン島のラバウルは重要であった。ビスマルク諸島攻略作戦をR作戦と略称したことからもそれはおわかりいただけると思う。この地をおさえるということは、南東方面の制海、制空権を握る上で大事だし、日本海軍のパール・ハーバーといわれたトラックの安全を確保する上でも、欠くべからざる要事だったのである。

ビスマルク諸島攻略作戦はラバウル攻略を主たる目的としたが、支作戦としてカビエンの攻略も含んでいたほか、東部ニューギニアに対する航空攻撃も行なった。ラバウル攻略の主隊はグアムを策源地とし、上陸部隊である陸軍の南海支隊は、海軍の攻略部隊の援護を受けて作戦にあたった。

機動部隊は一月十三日トラックに入泊し、最終的な準備を終え、十七日には同地を出撃した。一方グアムからの攻略部隊は十四日に出撃している。

機動部隊からの攻撃隊発艦位置は南緯一度、東経一五二度の地点である。この地点はラバウルの北二〇〇カイリにあたり、もちろん連合軍の哨戒圏内だ。機動部隊は舳艫相銜んで進撃をつづける。次第に緊張が高まってきている。

上陸作戦敢行三日前の一月二十日、ついに航空攻撃の日である。ラバウル方面は天候が思わしくなく、第一次攻撃隊の発艦は遅らされた。一〇〇〇、天候の回復にともない、満を持した第一次攻撃隊が発艦した。総指揮官はハワイ作戦の時と同じく、淵田美津雄中佐で、九七式艦上攻撃機に搭乗して赤城を飛び立った。第一次攻撃隊の総機数は一〇九機である。

各空母からどんな機種が何機ずつ発艦したかについては、防衛庁の公刊戦史『南東方面海軍作戦(1)』に記載がない。森史朗著『海軍戦闘機隊(3)』によると、赤城が零式艦上戦闘機九機、九七式艦上攻撃機一八機、加賀が零式艦上戦闘機九機、九七式艦上攻撃機二七機、瑞鶴と翔鶴が九九式艦上爆撃機各一九機というところまでわかる。しかし、それでもあと八機がわからない。

ラバウルはニューブリテン島北東端のシンプソン湾に面した港町で、周囲は火山に囲まれている。飛行場は町の南西約七キロの所にブナカナウ飛行場、おなじく南方約一キロの所にラクナイ飛行場があった。それぞれ後の西飛行場と東飛行場である。そして港と飛行場の周辺には砲台が配置されていた。

一〇〇〇に母艦を出発した第一次攻撃隊は、一時間半を過ぎた頃ラバウル上空に到達した。総指揮官機は「全軍突撃」を命じる「ト連送」を発し、各隊

ラバウルで残骸をさらす豪軍機――ラバウル上陸前の空襲によるものか、あるいは退却のさい爆破したものか、いずれにせよ上陸前の豪空軍の反撃はあまりなかった

はそれぞれの目標を目指して突入を始めた。
当時ラバウルにあったオーストラリア軍の航空兵力は、ワイラウェイ練習機改造の戦闘機七機と、ロッキードA28ハドソン爆撃機四機の合計一一機で、わが海鷲には抗すべくもない勢力だった。

昭和17年1月20日、ラバウル上空を飛行中（翔鶴所属）の九九式艦爆 —— 250キロ陸用爆弾1発と60キロ爆弾2発を付けたままなので、攻撃直前の姿であろう。ラバウルはさほどの抵抗もなく攻略され、以後ソロモン方面の航空戦の中心となり、ラバウル海軍航空隊の名は全国民に知れわたった

制空任務の零式艦上戦闘機はたちまちオーストラリア軍機を制圧し、艦爆隊の九九式艦上爆撃機は港湾施設や停泊船舶を急降下爆撃するとともに砲台を攻撃した。艦攻隊は飛行場の滑走路を水平爆撃する一方で、港内の船舶や周辺の砲台を攻撃している。

各隊とも少ない攻撃目標を奪いあうように行動したのである。

戦果は戦闘機四機撃墜（ほかに一機大破）、商船一隻撃破、陸上施設多数破壊。わが方の損害は九七式艦上攻撃機、九九式艦上爆撃機、零式艦上戦闘機各一機というもので、圧到的な勝利であった。まさに「鶏を割くに牛刀を用いる」である。この日の第二次攻撃は中止された。

二十一日早朝、機動部隊は第二兵力部署につき、赤城と加賀はカビエン、瑞鶴と翔鶴はラエとサラモアの攻撃を行なった。

カビエン攻撃隊は総計五二機からなり、その内訳は九九式艦上爆撃機三四機、零式艦上戦闘機一八機というもの。総指揮官は千早猛彦大尉であった。

ラエ攻撃隊は総計三六機からなり、その内訳は九七式艦上攻撃機一八機、九九式艦上爆撃機九機、零式艦上戦闘機九機。サラモア攻撃隊は総計一八機からなり、九七式艦上攻撃機六機、九九式艦上爆撃機六機、零式艦上戦闘機六機がその内訳であった。

カビエン、ラエおよびサラモアの空襲は一方的な攻撃で、反撃らしい反撃もなく終わったのである。

そして二十二日には、赤城と加賀はラバウルに駄目押しの第二次攻撃をかけた。出撃したのは九七式艦上攻撃機、九九式艦上爆撃機、零式艦上戦闘機総計四六機で、わが方の損害は艦爆二機のみ。

ラバウルおよびカビエンへの上陸作戦は、予定どおり二十三日に実施され、たいした抵抗もなく完了している。

機動部隊を南方作戦の支援に用いることは、開戦前からの既定方針であった。昭和十六年十一月十五日に出された『大海指第一号別冊第一＝対米英蘭戦争・帝国海軍作戦方針』には次のように書かれている。

「第1航空艦隊ヲ基幹トスル部隊ヲ以テ開戦劈頭布哇所在敵艦隊ヲ急襲シ其ノ勢力ヲ減殺スルニ努メ爾後主トシテ第4艦隊ノ作戦及南方攻略作戦ノ支援ニ任ズ」

有力な機動部隊の支援のもとに上陸作戦を敢行するのは、近代戦のパターンであり、その意味において、ビスマルク諸島攻略作戦に機動部隊を突入したのは正しかったと思う。しかし、結果論からいえば、あまりに機動部隊が有力すぎて、母艦から発進した攻撃隊が「爆撃目標の少なさに困惑する」ような所への贅沢な投入の仕方はいかがなものであろう。

日本海軍の「虎の子」的存在だった機動部隊は、他にもっと有効な使い方はなかったのであろうか。

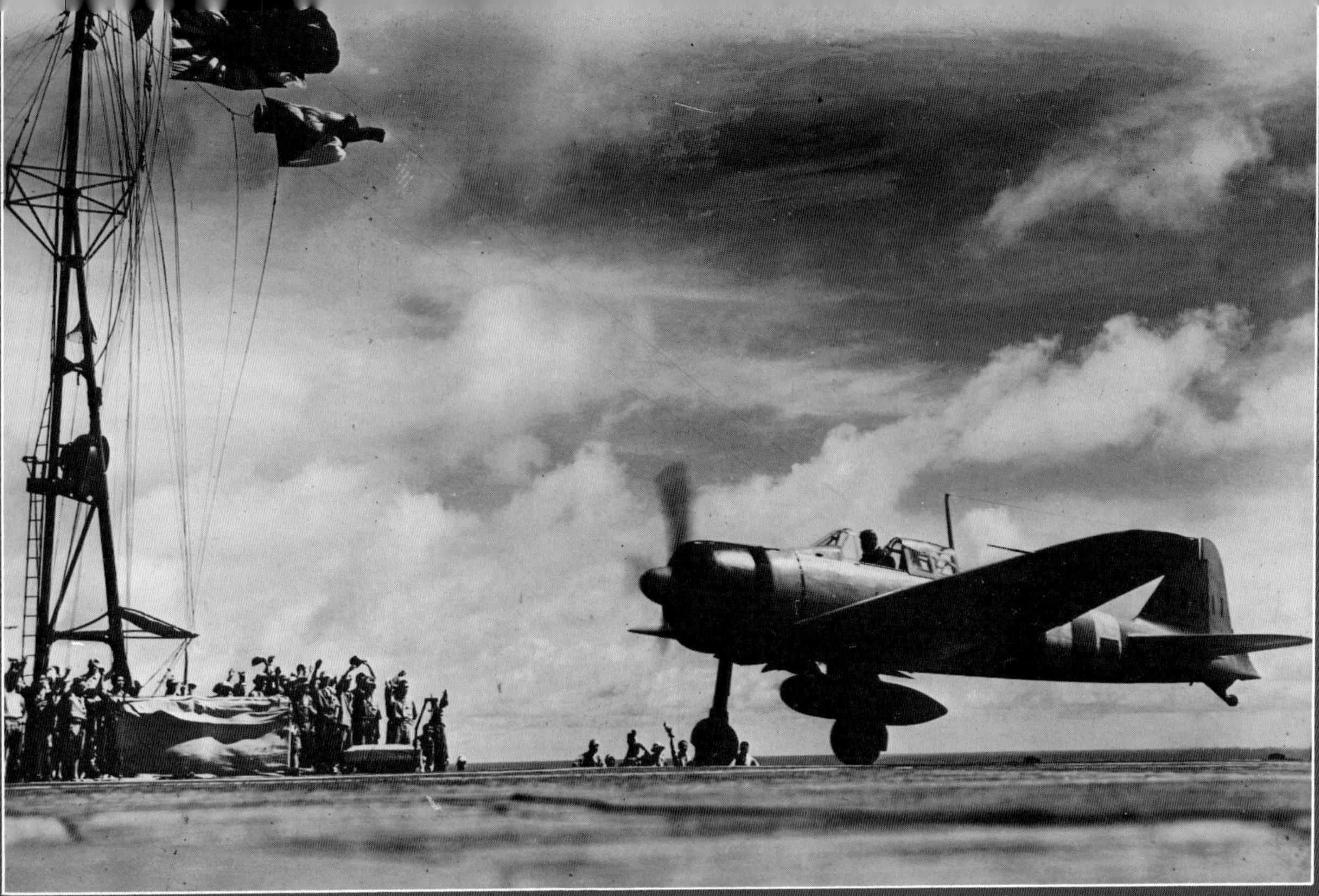

ラバウル攻略支援攻撃に発進する瑞鶴零戦隊——征けば必ず勝利を収めたころの機動部隊の姿をみごとに捉えた傑作写真である。信号檣中段には有名なＺ旗がかかげられ、整備員たちが〝帽振れ〟で発進するパイロットを激励している感激的なシーンである。零戦の胴体に書かれた２本の白線は、後の珊瑚海海戦とうじとくらべて太いのが目につくが、５航戦を示す〝Ｅ〟と瑞鶴機をあらわす〝Ⅱ〟の記号はのちと変わらない

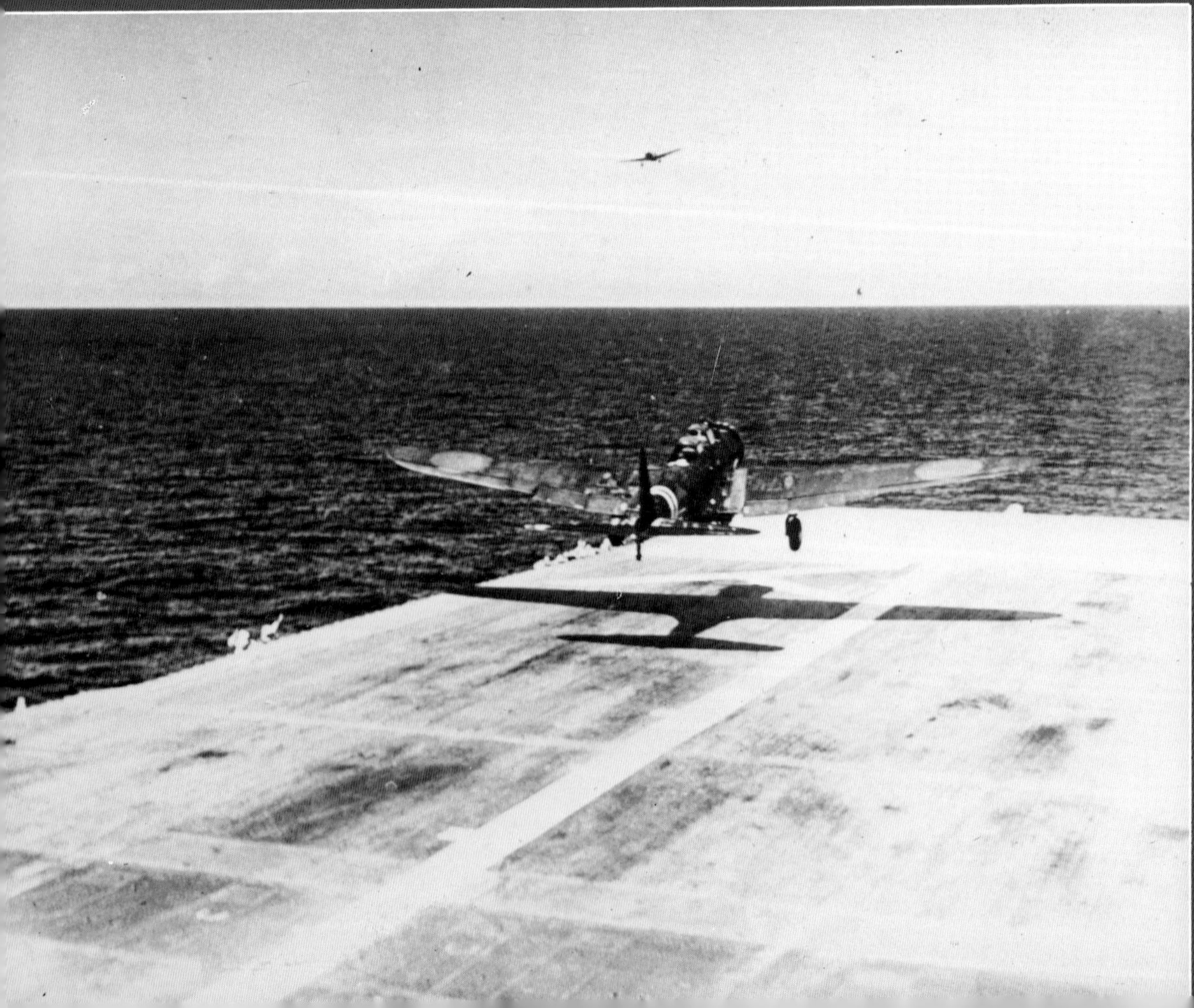

ラバウルに対する日本軍の攻撃で破壊されたロッキードC－60輸送機――本機は米国から英国に15機供与されたうちの１機で、21名の客席をもち、落下傘部隊の輸送機としても使えるようになっていた

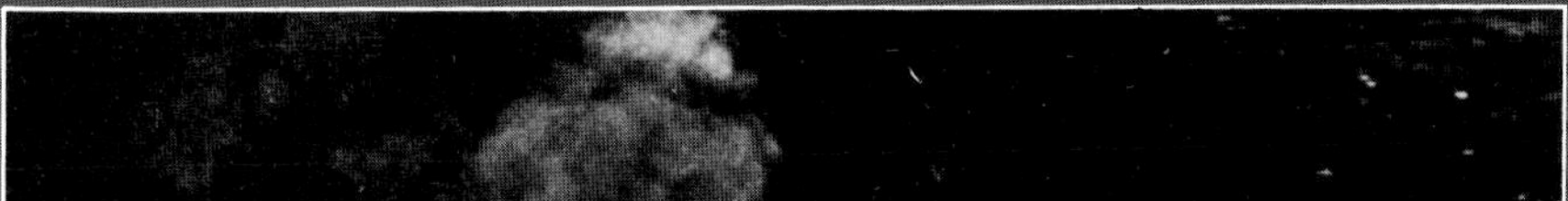

17年１月22日、機動部隊はニューギニアのラエ飛行場を強襲、直撃弾により飛行場施設やオーストラリア機を炎上させた

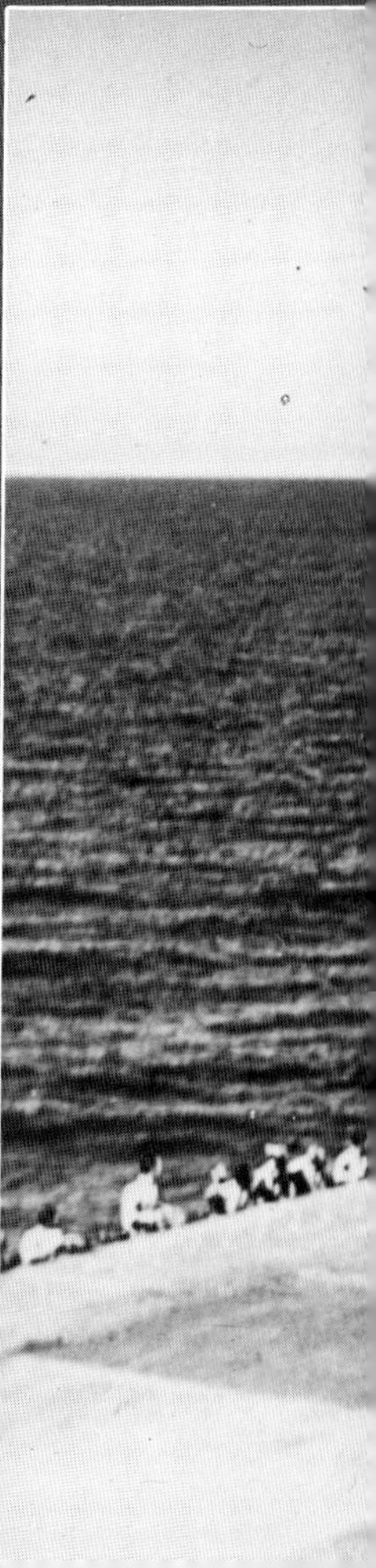

▶昭和17年１月21日早朝、ラエ、サラモア攻撃に飛び立つ瑞鶴の九七式艦上攻撃機――ラエ攻撃隊は総計36機からなり、九七式艦攻は18機、サラモア攻撃隊は総計18機で、うち九七式艦攻は６機であった。ラエ、サラモア空襲は一方的な攻撃で、反撃らしい反撃をうけることなく終わった

ラバウル攻略

◀▼ラバウル攻略中の陸戦隊――南東方面の要衝ラバウルの攻略は、第19戦隊司令官志摩清英少将指揮のもとに昭和17年1月23日に実施され、陸上の戦闘は、主として陸軍の堀井富太郎少将の率いる南海支隊が担当し、ラバウル市街、ブナカナウおよびラクナイ両飛行場を占領した。海軍部隊もこの陸上戦闘に協力して、近藤少尉の指揮する舞鶴第2特別陸戦隊第2中隊と第19戦隊の連合陸戦隊がラバウルに上陸し、戦闘ののち海軍担任区域の警備に当たった。写真は所在のオーストラリア軍と戦闘中のわが陸戦隊

昭和17年４月29日、はるか故国に向かい天長節遙拝式を行なうラバウルの海軍部隊──ラバウルは米、豪遮断作戦を実施する上で重要な基地であるため、とうじ日本海軍はここに第８根拠地隊、第25航空戦隊（台南航空隊、第４航空隊、横浜航空隊）などの部隊を配備した。これらの海軍部隊は、祝祭日などの行事のおりには練兵場と呼ばれた広場に集合して式典を挙行した。この写真撮影の当日に、ツラギ、ポートモレスビー攻略のＭＯ作戦が発動され、数日後に珊瑚海海戦が発生した

ブカ島クインカロラで掃蕩作戦中の陸戦隊──ラバウルおよびその周辺地域を攻略した日本海軍は、ついで３月上旬にニューギニア島のラエ、サラモアおよび北部ソロモンの攻略作戦を実施した。これによりラエ、サラモア攻略作戦の支援任務を行なった第６戦隊、第18戦隊、第23駆逐隊などの支援部隊は、３月９日に北部ソロモンのブカ島に到着し、翌10日に各艦から陸戦隊を派出して、クインカロラ湾沿岸とタナゴル湾一帯の掃蕩作戦を行ない、同島を確保した

カビエン攻略

ラバウル攻略の一環としてラバウルの隣のニューブリテン島カビエンを攻略することになった。まず17年1月21日、1航戦（赤城、加賀）によって爆撃した後、22日陸軍のラバウル上陸と合わせて海軍陸戦隊が上陸することになった。写真はカビエンに向かう輸送船上で、遠く皇居を遙拝する陸戦隊員

陸戦隊カビエン占領

木俣滋郎

ニューアイルランド島カビエンは、ラバウルの西北一三〇カイリにあり、ラバウルの第2基地としての意義をもっていた。両者がコンビを組んでこそ、この方面の防御が強化される。であるからラバウル占領と同時に、カビエンの占領も計画されたのは当然であろう。同地には後、わが第14根拠地隊が置かれた。

小さいながらもカビエンにはオーストラリア海軍基地があり、昭和十五年の後半、コメット、オリオン、コルモランなどのドイツ仮装巡洋艦が南太平洋で暴れたとき、カビエンはその対策の基地としていそがしかった。またオーストラリア空軍のハドソン双発哨戒機（旅客機より改造）の数機も同地に散在していた。

昭和十六年十二月二十日と二十五日にトラック島から横浜航空隊の九七式飛行艇が偵察に飛んだときには、敵機の姿はなかった。しかし一月九日には敵の一機が長駆トラック島まで北上して二十五分間、空中から偵察した。そして二四隻もの日本艦船がラバウルおよびカビエン上陸作戦の準備をととのえている旨を報告した。

日本海軍はラバウルと同時にカビエンにも上陸作戦を敢行することとなり、十七年一月五日、その計画が立案された。指揮官は第18戦隊司令官丸茂邦則少将である。江田島の兵学校四十期（明治四十五年卒業）の彼は、ラバウルを攻略する第19戦隊（敷設艦沖島、津軽）司令官志摩清英少将より一年下だった。

上陸作戦だから当然、陸戦隊が必要で、カビエンには現地人の巡査ら約数百名がいるものと推定されていた。舞鶴第2特別陸戦隊（司令宮田嘉信中佐）は二個小隊だけを陸軍に協力してラバウル攻略に向けたので、残りの三個中隊（一、〇一二名）がカビエンに上陸することとなった。兵力は下表のとおりである。

彼らの武装は口径六・五ミリの三八式歩兵銃と九六式六・五ミリ軽機であった。このほか練習巡洋艦鹿島の陸戦隊八五名もくわわった。

カビエン攻略部隊　丸茂邦則少将

第18戦隊
第23駆逐隊
輸送艦　金龍丸（国際汽船八、一二五総トン）
　　　　五洋丸（五洋商船八、四六九　〃　）
　　　　吾妻山丸（三井船舶七、六二二　〃　）

乗船部隊
舞鶴第2特別陸戦隊　三個中隊一、〇一二名
鹿島陸戦隊　八五名
高角砲二門　三〇名
通信隊　五名

砲兵としてはサイパン島の第5根拠地隊から派遣された三〇名（四〇口径八センチ高角砲二門）が同行した。この砲（大正三年式）は日本海軍ではもっとも古い高角砲だが、軽くて取り扱いが容易なのが取り柄である。

これら上陸部隊は一月十二日の夜、大発を輸送艦から降ろし、これに乗り移る訓練を行なった。一ヵ月余も前、ウェーキ島攻略作戦で失敗した苦い経験があったからだ。

三本煙突の旧式軽巡天龍（旗艦）、龍田は本来、内南洋を守る第4艦隊（井上成美中将）の指揮下の兵力である。月クラスの旧式駆逐艦三隻よりなる第23駆逐隊は、第2航空戦隊（蒼龍、飛龍）の空母を守るためのものだった。しかし空母が機動部隊を編成するようになると、エリートの第1水雷戦隊が直衛についたので、第23駆逐隊はこんなドサ回りの任務を命ぜられたのである。

三隻の輸送艦は陸戦隊を乗せたが、そのうち五洋丸は航空機運搬艦であった。だから約一〇機の単発機を甲板上に並べ、艦内に修理工場や部品倉庫を置いて、ガソリン、爆弾などの補給を任務としていた。同艦は空母部隊に随伴するのではなく、基地航空隊用である。なお自艦用として水偵二機を搭載していた。

彼らはR攻略部隊支隊と称ぜられた。Rとはラバウルの意味であり、支隊とはラバウルの第2基地＝カビエン上陸の兵力を意味する。攻略部隊は昭和十七年一月二十日の午後二時、カロリン群島のトラ

ック島より南下を開始した。

実際の攻略兵力は表のとおりであったが、カビエンの飛行場に敵機がいる可能性は充分ある。そこで南雲忠一中将の機動部隊が事前に飛行場を爆撃することとなった。彼らは三日はやくトラック島を出撃し、船団よりも西側のコースをとった。

もう一つ別の支援部隊もあった。五藤存知少将の第6戦隊（青葉、加古、衣笠、古鷹）である。オーストラリア海軍はキャンベラ以下二隻の重巡、パース以下三隻の軽巡を持っているので、その反撃を予想し、わが海軍も強大な兵力を派遣したのだ。

しかし、この二つの支援兵力はカビエン上陸を助けるだけでなく、ラバウル上陸をも援護するのである。重巡部隊は船団の出港より二日はやくトラック島より南下した。彼らは思い切って西方（ニューギニア側）を航行した。

カビエンに上陸した陸戦隊——海軍はとうじ陸戦隊というものに対してまったく認識をもっておらず、装備その他、陸軍から借用したぐらいの装備で〝事足れり〟としていた。しかし後に本当の〝海兵〟（マリーン）と衝突したとき、日本陸戦隊は手痛い目に会うのである

一月二十一日、機動部隊のうちの第1航空戦隊は次のような兵力を送り、カビエン飛行場を爆撃した。

加賀　九九式艦爆一六機、零戦九機
赤城　〃　一八機　〃　九機
合計五二機は朝五時五分発進、二時間にわたってカビエン飛行場と港を制圧した。税関の建物、コプラの倉庫が炎上した。だが、ほとんど反撃はなかった。オーストラリア軍は進攻が近いと予知し、すでに兵力を後退させていたのである。ラバウルのようにワイラウェイ練習機による反撃はなかった。零戦はやむなく兵舎などに機銃掃射をくわえ、朝八時十五分、全機が母艦に着艦した。

ところが数時間後、オーストラリアのカタリナ双発飛行艇が、カビエンの南西で青葉らの重巡四隻を発見した。重巡のはるか後方には船団が続いていた。ニューギニアのポートモレスビーからカタリナ飛行艇三機が日本艦隊爆撃に向かったが、うち二機は目標を発見できず、残る一機は翔鶴の零戦三機に撃墜され、パラシュートで降下したパイロットは青葉の内火艇にひろわれて捕虜となった。

この頃、先行した別動隊の特設水上機母艦聖川丸の水上偵察機は、カビエン港に敵の繋留機雷が敷設されていないか?を空中より判定し「機雷なし！」と報告してきた。翌二十二日の昼、第23駆逐隊が先導としてカビエンに接近した。

市内は激しく燃えていた。夜十一時五十分、龍田、卯月、金龍丸の三隻が砲撃隊として泊地に突入したが、火災の炎が目標となって位置の確認に役立った。

「大発おろせ！」号令がかかった。二十二日の夜十一時五十分、大発は浜辺に殺倒したが反撃はまったくなかった。無血占領である。

陸戦隊としては拍子抜けである。敵兵も住民もいないのだ。陸戦隊が滑走路を調査すると退却前、オーストラリア兵が爆破したため直径八メートル、深さ二メートルもの穴が一三個も開いていた。仕事のなくなった陸戦隊は設営隊に早変わりし、この穴を五日間かかって埋めた。カビエン飛行場には後に第253航空隊の零戦や第751航空隊の一式陸攻が進出した。

しかし当面のあいだ、第17航空隊よりの派遣機と練習巡洋艦鹿島の水上偵察機の計三機をあわせて、カビエンに常駐の飛行隊が仮編成された。このようにカビエン占領は意外にうまくいった。以降、同地は日本海軍の基地として重要な役目を果たすのである。

カビエン上陸地点に占領標識を立てる陸戦隊員——この後カビエンもラバウル航空基地網の一つとして有効に使われた

ラバウル航空隊

移動中の零戦二二甲型――花吹山をバックに整備員の顔も明るい。レンガ状の地面は鉄板を敷きつめたもので、爆撃をうけてもそこだけ張り替えれば良い……はずであったが、現実に爆撃をうけるようになってみると、かえって危険なこともあった。まだ余裕しゃくしゃくと戦っていた当時なので機体も奇麗である

零戦を整備中のラバウル基地――まだ敵の攻撃もないころの、のんびりした風景である。零戦にライトグレーのものとダークグリーンのものが混じっているが、ダークグリーンの機体の日の丸の白フチがひときわ白いことから、新着の機体かとも思われる。ラバウルの鉄板滑走路が意外に広くつくられていることがわかる

エンジン整備中の零戦——敷きつめられた鉄板一枚一枚のプレスの様子がわかる写真である。充分な工場を持たなかったラバウルでは、ほとんどの整備はパークした位置のままで行なっていた。このためエンジンの換装などのときはかなり苦労した。この機体は補給で到着したばかりだろうか、尾翼番号も記入されていない

台南空の零戦二一型が離陸した瞬間──上空にはすでに8機の零戦が編隊を組みつつある。多くのエースを抱えた台南空の零戦隊は、つねに一方的な勝利を得ていたが、ガダルカナル戦いらい苦闘を強いられるようになった。写真の機の胴体には報国号の番号が書かれているが、これは国民が献金して海軍に寄贈した機体であることを示したものである

ラバウルを出撃する零戦二二型──胴体の下には増槽を装着している。ラバウルの花とうたわれた零戦隊は、主として東飛行場を使用した。この機体はおそらく251空（昭和17年11月1日、台南空を改称）の所属機と思われるが、尾翼のナンバーの上下の細い帯から見て、分隊長クラスか飛行隊長の搭乗機であろう

離陸する零戦——上空には一式陸攻が飛行中である。この一式陸攻も車輪を出したままのところを見ると、西飛行場から離陸したばかりなのであろう。〝葉巻〟ともいわれたこの機体も、こうして見るとスマートなものである。ラバウルには東西南北４つの飛行場があったが、戦闘機隊は下の飛行場とも呼ばれた東飛行場を使用し、陸攻隊は山の飛行場と呼ばれた西飛行場を使用していた

ラバウルから飛び立つ３空零戦隊——３空は台南空とともに日本海軍戦闘機隊の中で、もっとも輝やかしい戦歴を持った部隊であった。開戦のクラーク攻撃いらい全戦全勝であり、昭和17年11月に202空となるまで、大きな損害をうけたことが一度もなかったという好運の部隊であった

昭和17年５月22日、来襲したＢ－17の迎撃に飛び上がった零戦が、編隊を組んで帰ってきた折のスナップ。この日の戦闘は戦果、被害ともになかったが、滑走路をそれた爆弾は市街地に落ちて民家を破壊した。写真はこの日、九機が緊急離陸した零戦のうち、まず４機が軍艦旗のはためく基地へ帰投してきたところである

ラバウルで昭和18年正月を祝う搭乗員——プロペラのしめ縄は本格的だが、さすがに供えバナナではなかなかムードは出ないようだ。すでに米軍の反攻も激しくなってきたころではあるが、ラバウルの戦力はまだ大きかった

▼出撃する零戦二一型——この機も報国号である。この土煙は花吹山の火山灰で、非常に細かく多数機の一斉出撃などのときは、後発の機は前方が見えなくなるほどで、大いになやまされたという

ラバウルに憩う台南空の零戦二一型Ｖ－187号機――ライトグレーとカウリングのみ黒の塗装は、当時のもっともポピュラーな塗装である。警戒待機中なのであろうか、機体の下に搭乗員と思われる人かげが寝そべっている。左方に見える建物は指揮所である

ラバウル台南空指揮所――撮影時期ははっきりしないが帰投後の報告中であろうか。指揮所の中で立っているのが副長兼飛行長の小園安名中佐、その左で座っているのが斉藤正久大佐。後ろ向きの搭乗員の中央は鈴木一飛曹とライフジャケットに書き込みがある。指揮所前にはヤシの苗が植えてあるが、このヤシが日陰をつくってくれるまで戦う気だったのであろうか

昭和17年５月ごろのラバウル――離陸した機は九九式艦爆であり、後方の台南空の零戦は全機エンジンを始動し、順次タキシングして発進位置に向かうところで、台南空〝栄光の時代〟の活況ぶりが画面に横溢し、ラバウルの良き日のスナップである

▲▼ラバウルにおける零戦の列線——昭和17年5〜6月ごろまでは日本軍ペースですべての作戦が進んでおり、機体の補充も割合順調に行なわれていた。このように何の遮蔽物もないところに零戦を並べておくことは、非常にあぶないわけであるが、当時そのようなことは誰も考えなかったのである

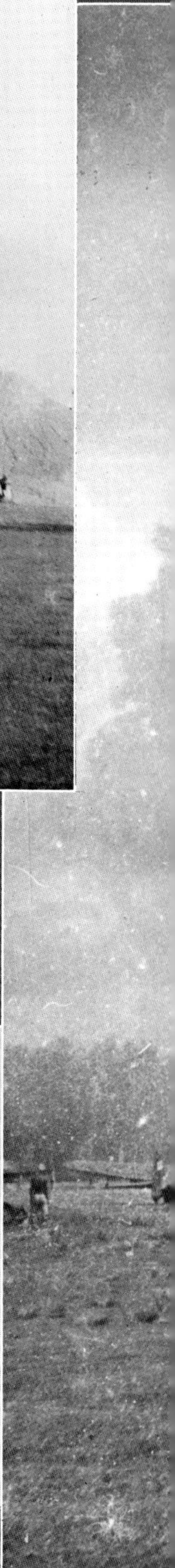

南海の不沈空母ラバウル

多賀一史

ラバウルの花吹山を背景にして、東飛行場に翼を休める零戦――日光の直射を避けるためにシートが掛けられている。花吹山に昇る噴煙の白さが印象的で、のどかなラバウル風景である

ラバウルの名は、開戦後いちやく脚光を浴びたが、開戦前にその名を知っている人はほとんどいなかった。ところが開戦となるやラバウルは、連合艦隊にとって非常に重大な意味を持ってきたのである。

それは連合艦隊最大の泊地であるトラック島は、ラバウルの真北七〇〇カイリにあり、もしも連合軍が飛行場と港のあるラバウルを基地として行動すると、トラック島の安全が脅かされる。しかも、その位置はソロモン群島の扇のカナメとして戦略的にも重要なポイントだったのである。

このために大本営は、内南洋の防壁としてラバウル、カビエンを攻略することに決定した。この攻略にはトラックの第4艦隊の受け持ちとなり、司令長官井上成美中将は24航戦の千歳空陸攻隊と横浜空の九七式大艇で十七年一月四日、ラバウルを攻撃した。

数次にわたる空爆の後、陸軍の南海支隊（堀井富太郎少将指揮）が攻略のために出撃、二十二日の夜ラバウル東海岸に上陸した。ここでは予想していたほどの抵抗もなく、翌日、順調に占領を完了し、さらにその翌日の二十四日には、はやくも特設水上機母艦聖川丸水上機隊が進出して基地を開き、同日、千歳空副長山中龍太郎中佐も飛行場の下見に飛行艇で飛来、ラバウル東飛行場の整備が始められた。

二十五日には千歳空戦闘機隊にラバウル進出が命じられ、三十一日に一八機の九六式艦戦がラバウルに着陸した。このラバウル防空のための旧式戦闘機一八機こそ、ラバウル海軍航空隊の誕生だったのである。この千歳空戦闘機隊は二月に入ると4空に編入され、本格的任務に入った。

とうじ零戦はまだ生産が進まず、ほとんどが機動部隊で使われ、ラバウルのような第一線でも九六式艦戦が使われていたのであるが、少数機ずつながら零戦も補充され、二月末には零戦九機の保有をみたのである。

しかし、すべてが順調に行なっていたわけではなかった。二月二十日のレキシントンを中心としたラバウル攻撃機動部隊の攻撃に向かった4空の陸攻隊は、一七機のうち一三機が失われるという大損害を出し、搭乗員のなかにはこの損害に対し「4空は死空だ」という噂が広がっていった。

とうじ大本営は、ニューギニア方面の戦略ポイントの攻略確保の命令を出しており、これに応ずるためにラバウルを中心に前進基地を次つぎに確保、とくに最大の目標ポートモレスビー攻撃のための足場としたラエには、零戦隊を前進させて本格的攻撃の体勢に入った。

〈ソロモン航空戦〉――着ちゃくと増強をつづけたラバウルは、横浜空の飛行艇と陸攻でソロモン方面に長大な哨戒線を形成していたが、五月六日ツラギの南に米機動部隊を発見、ポートモレスビー攻略のために進撃中だった日本軍との間に珊瑚海海戦が行なわれた。

この海戦は世界で初めての空母同士の海戦で、結果的には日本軍のポートモレスビー攻略が中止されてしまった。

この海戦にはラバウルから陸攻が雷装一二機、爆装二一機で出撃、戦艦一隻の戦果をあげたと思われたが、実際はほとんど効果はなかった。この当時か

◀ヤシの木をバックに離陸する零戦――ラバウルの台南空指揮所前でのスナップである。満タンでの離陸はさすがに重そうで、離陸直前にタイヤが何度かステップした様子が土煙でわかる。写真は昭和17年5月か6月の撮影で、台南空の所属機である

ら航空攻撃による戦果の判定はかなり大きくずれており、後の作戦の資料として使って大きな失敗をすることが多かった。

この後、長期にわたって行なわれた航空戦は、この珊瑚海海戦によるポートモレスビー攻略の失敗を、連続的な空襲で埋め合わせしようとしたためのものであり、実に重大なつまずきだったのである。

この長期にわたるポートモレスビー攻撃の前進基地ラエは、ラバウル航空戦の一つのポイントとして連日の空中戦が繰り返されていた。

当時のラバウル、ラエの航空戦の様子は坂井三郎の著書「大空のサムライ」に刻明に記されているが、まだ多くの日華事変いらいのベテラン搭乗員がいた時期であり、日本軍の損害に十数倍する撃墜スコアをあげており、なかでも坂井を中心としたエースたちの撃墜競走は目を見張るものがあった。

この坂井のエピソードは多いが、なかでも米大統領リンドン・ジョンソンが下院議員として戦地視察のため、B-26によるラエ爆撃に同乗中に坂井機の攻撃をうけ、三機のうち一機が撃墜、もう一機が命中弾をうけるという損害をうけたが、あとの一機の命からがら逃れた機に後の大統領が乗っていたのである。まさにアメリカの運命の一瞬だったわけだ。

〈米軍の反攻〉――十七年八月七日、ツラギとガダルカナルの日本軍は米軍の急襲をうけ、ツラギの横浜空は全滅、ガダルカナルの守備隊は米軍に攻撃され、完成まじかの飛行場を放棄して退避した。

連合艦隊は、この米軍の動きを単なる局地的作戦か、本格的反攻作戦か判断しかねたが、ソロモン群島の真中の飛行場を奪われることはわが軍にとって不利となるので、急きょ可動全機をもって上陸部隊攻撃に向かうこととした。

だが情報不足から、この日の4空の攻撃機は早朝より爆装、雷装、爆装と二転、三転する命令に疲れ果て、あたかも一ヵ月前のミッドウェー海戦における赤城、加賀のような混乱であった。

けっきょく陸攻二七機が一八機の零戦とともに出撃、ほかに九九式艦爆が九機出撃したが、こちらは初めより航続距離から見て帰投不可能の片道攻撃で、出撃にあたっては攻撃後、海上に不時着せよとの命令を受けての発進であった。

しかし片道一、〇〇〇キロにも達する攻撃のために、零戦もガダルカナル上空には五分ほどしかいることができず、陸攻の掩護も充分できなかったため、六〇機以上の米軍機の迎撃をうけて、陸攻七機、零戦二機と九九式艦爆全機を失ったのである。

この日、ラバウルのエース坂井も重傷を負い、奇跡的に生還したものの戦列を離れることになってしまった。この日いらいラバウル海軍航空隊の主戦場はガダルカナルとなり、往くところ無敵の進撃をした開戦直後の栄光の日から「搭乗員の墓場」といわれ、「ラバウルの搭乗員は骨にならないと日本へは帰れない」といわれるような死闘の時期に突入していくのである。

出撃する台南空零戦隊二一型——〝帽振れ〟で送るなかに一人扇を振っている人がいるが、これは従軍記者ででもあろうか

ラバウル東飛行場に着陸する一式陸攻——左手前に機首をのぞかせているのは零戦で、その後方には有名な花吹山が見える。この一式陸攻と零戦のコンビがソロモン航空戦の主役だったのである

昭和17年７月撮影のラバウル東飛行場――当初グッドアイデアとして採用された鉄板滑走路も、敵の爆撃にあうと破片となってあぶないばかりか復旧に手まどるので、この頃にはすべて取り外されていた。よく見ると滑走路周囲に零戦らしき小型機８機、九六式陸攻らしき双発機が７～８機駐機している

陸攻隊の出撃

ラバウルの誘導路をタキシング中の一式陸攻一一型──副操縦士がハッチから身を乗り出して前方を見張っており、ラバウル名物のもうもうたる土煙が巻きあがっている。本機の航続距離は最大4,300キロもあり、中型爆撃機としては世界最大であった

ラバウル西飛行場に待機中の陸攻──左と中央は一式陸攻一一型。右は九六式陸攻。九六式陸攻にはカバーが掛けられているが、北方では保温のために掛けられたカバーも、ここラバウルでは機内の過熱を防ぐためのものとなった

整備直後のラバウルに連絡のために飛来した横空所属の一式陸攻一一型——4,000キロを越える航続力があるため、本機は輸送連絡など各方面で使われた。胴体ドアが開けられているが、日の丸の真中のドアは出撃する搭乗員にとって、何かしら誇らしげな気分をあたえたという

出動する一式陸攻一一型——塗装も大分はげ落ちた歴戦の機体である。この機体はスピナーがはずされていて、プロペラが見えている。長い影はかなり早朝の出撃を思わせ、手前の滑走路上に指揮所と見張りヤグラの影が写っている

ラバウル花吹山上空をみごとな編隊で飛行する 705 空の一式陸攻 —— 705 空の陸攻隊は主として
ラバウル西飛行場を使用して作戦していた。この当時の主作戦はポートモレスビー爆撃であった

ラバウルを出撃する一式陸攻——手前で見送る人びとの足元に置かれた白布は対空標識で、在空機に対し各種の指示をあたえるのに使われていた。一式陸攻の乗員は7名。武装は機首に7.7ミリ機銃1梃、胴体上部および両側面に計3梃、そして尾部銃座に20ミリ機銃1門を装備していた

一式陸攻の出撃――本機の長大な航続力は防御を犠牲にして得られたものであり、敵機の攻撃に対しては極めてモロイ一面をもっていた。搭乗員はこれをワンショットライターと自嘲的に呼んでいたが、彼らはそのライターで黙々と出撃したのである

ラバウルを出撃する九六式陸攻二二型――九六式陸攻は本格的中型陸上攻撃機として初めて成功した機であり、日本海軍の航空戦術に大きな影響をあたえた。日華事変から開戦初期には大活躍をした本機も、一式陸攻の整備とともにしだいに第二線作戦に向けられるようになった

昭和17年７月撮影のラバウル西飛行場 ──西飛行場は陸攻用に使用され、ブナカナウ飛行場あるいは上の飛行場などとも呼ばれた。この当時４空が使用していたが、４空はのちに死空といわれるほどの損害を出した。この飛行場は日本軍が占領する以前からあったもので、占領当時の滑走路は長さ1,200メートル、幅80メートルで東飛行場より大きかったので陸攻隊用に使われたのである。兵舎などの建物は左側に集中しているのがわかる

▲▼ラバウル西飛行場より出撃する九六式陸攻 ──爆装していないところを見ると哨戒飛行のための出撃であろうか。ソロモンの要であったラバウルは索敵の中心でもあり、ガダルカナル戦のころはラバウルから700マイル、レンネル島までの長距離を哨戒網に収めていた。このためソロモン上空では、たびたび日米の索敵機同士の空中戦が演じられた

中部・南部太平洋方面攻略作戦

――ウェーキ、グアム、ラバウル、東部ニューギニアとブーゲンビル攻略作戦――

佐藤和正

◇ウェーキ島攻略◇

南洋部隊の基地攻略戦

開戦時、内南洋を中心とする中部太平洋方面、および赤道以南の南東方面の作戦区域を担当したのは第4艦隊であった。司令長官はカミソリのように鋭い数学的頭脳をもつ井上成美中将である。

この第4艦隊を主力とする当方面の作戦部隊を、別称「南洋部隊」とも呼んだ。

南洋部隊にあたえられた緒戦の任務は、アメリカにとって太平洋の中継基地となっているウェーキ島とグアム島の攻略。ついで内南洋の外側に点在しているマキン、タラワ、ナウル、オーシャンなどのギルバート諸島の攻略。さらに矛を転じて赤道を越え、ラバウルを攻略。東部ニューギニアのラエ、サラモア攻略。さらにソロモン諸島に迫ろうという広大な地域を割り当てられていた。

しかし、これらの要地を攻略するには、第4艦隊の兵力はあまりに矮小であった。

そこで開戦とともに南洋部隊は、まずウェーキとグアムの両島に対して、重点的に攻略作戦を実施した。ウェーキ島は東京から一、七二〇マイルの距離にあり、日本の委任統治領であるクェゼリンから六二〇マイル北方にある。

この島は、ちょうどカニのハサミのような形をした、総面積約八平方キロの小島で、ウィルクス島、ピール島、ウェーキ本島の三つの低平な砂島からなる環礁である。ここに米軍は、昭和十六年八月に長さ五、〇〇〇フィート、幅二〇〇フィートの陸上機の滑走路を完成し、守備隊五二二名、民間隊員一、二三六名、戦闘機一二機が配備されていた。

同島は米国にとっては、その海軍力、空軍力の東西に延びる作戦線、つまりサンフランシスコ―ハワイ―グアム―マニラに通ずる要路上の一大拠点であった。

一方、日本にとっては、東京―硫黄島―南鳥島―クェゼリン―ミレを結ぶ南東へ延びる作戦線上にひっかかる脅威点であった。したがってウェーキ島攻略の成否は、その作戦線の存否にかかわる重大な作戦であった。

十六年十一月二十一日、井上長官はトラック泊地の第4艦隊旗艦・軽巡鹿島において最後の作戦会議

開戦前のウェーキ――昭和16年11月に撮影したもので、海岸のガソリン・タンクに送油しているところ。この島は米太平洋戦略の要地として知られ、昭和12年8月に基礎的な防備を完了し、以後もその充実、強化をはかっていた

中部太平洋に浮かぶ米海軍の前進基地ウェーキは、日本側の攻撃に頑強に抵抗したが、昭和16年12月23日、ついに陥落した。写真は同地に残された米海兵隊のＦ４Ｆワイルドキャット戦闘機の末路

を開き、ウェーキ島攻略部隊指揮官に第6水雷戦隊司令官梶岡定道少将を任命し、これの協力部隊として第18戦隊（天龍、龍田）、第24航空戦隊（ルオット基地）、第7潜水戦隊などをくわえた。

南洋部隊司令部は、ウェーキ島の敵航空兵力と砲台など防備施設を、24航戦の陸上攻撃機（千歳空）によって破壊したのち、攻略部隊による上陸を敢行、同島をいっきに占領する方針であった。

このため、当初は6水戦の乗員からなる艦船陸戦隊を上陸させる構想であったが、相当の守備隊が存在しているとの情報により、特別陸戦隊を二個中隊増援させたのである。

第一次攻略戦の失敗

編成されたウェーキ島攻略部隊は次のとおりである。

▼第6水雷戦隊――夕張、第29駆逐隊（追風、疾風）、第30駆逐隊（睦月、如月、彌生、望月）
▼潜水部隊――第27潜水隊（呂65、66、67潜）
▼特設巡洋艦――金龍丸、金剛丸
▼哨戒艇――第32号、第33号
▼雑船――監視艇三隻、守備隊用漁船五隻
▼陸戦隊――舞鶴特陸一個中隊（内田中隊約三五〇名）、第6根拠地隊一個中隊（高野中隊三一〇名）
▼その他――高角砲四門、水偵四機、基地設営班

以上にくわえて、第18戦隊の軽巡天龍、龍田の二隻が、攻略部隊の掩護隊として部署された。

十二月八日の早朝、わが機動部隊のハワイ奇襲成功の電報を受信した現地作戦部隊の各指揮官は、ウェーキ攻略に向けて進撃の号令を下した。

在ルオット千歳航空隊の陸攻三四機は、八日〇五一〇、ウェーキに向け基地を発進。同攻撃機隊は一〇一〇ウェーキ島の奇襲に成功。飛行場を爆撃して地上にあった敵機をほとんど破壊し、砲台にも大打撃をあたえた。

ついでクェゼリン環礁内に勢揃いしていた攻略部隊は、一三四五、追風、疾風を先頭に出撃した。艦隊はなんら阻害されることなく北上をつづけた。翌九日、航空部隊からのウェーキ初空襲の戦果を受信した攻略部隊は、敵の威力は恐るるにたらずとの確信を得て士気はあがった。

同日、千歳航空隊は陸攻二七機をもって第二次空襲を実施した。目標は兵舎倉庫群、ピール島の水上基地施設、発電所、通信施設などであった。この日、舞い上がってきた敵戦闘機グラマンF4F二機と空戦、一機を撃墜した。

さらに翌十日にも、二六機の陸攻をもって第三次空襲を実施、ウェーキ本島南部の高角砲、機銃陣地、倉庫、指揮所およびウィルクス島西部の高角砲台などを爆撃した。この日もまた敵戦闘機が反撃に出て、陸攻一機が撃墜された。地上の対空砲火も熾烈で、ウェーキ島の防御陣地はあなどりがたいものがあった。しかし、攻略部隊は基地航空部隊からの景気のよい戦況報告を鵜飲みにして安心しきっていた。

十日二三〇〇ごろ、攻略部隊はウェーキの八、〇〇〇メートル沖に達した。海上は荒れ模様で、風速一四メートル、波浪は高く、うねりは大きかった。

だが梶岡司令官は各艦に、
「列を解き適当の地点に到り舟艇を降ろし上陸せしめよ」
と令した。ところが艦の動揺が激しく、大発の降ろし方は困難をきわめ、金剛丸、金龍丸ともに各一隻の大発を破壊、上陸作業は不能の状態であった。このため上陸時刻を延期することとし、ひとまず沖に後退して部隊の立て直しをはかることとした。

十一日、日ノ出の約一時間前、〇三二〇、視界が良くなってきたとき、突然、上空に敵戦闘機が現われた。
「何だ、あれは！　ウェーキには戦闘機が健在じゃないか」
司令官は唖然とした。当時わが軽巡や駆逐艦には、対空火器の準備がきわめて貧弱だった。敵機は傍若無人に艦艇へ銃撃をくり返してきた。このときウェーキには、まだ四機の**Ｆ４Ｆ**が健在だったのである。

それでも部隊を立て直した梶岡司令官は、各艦にウェーキ島に対し艦砲射撃を下令した。〇三二五、まず夕張が射撃を開始。つづいて各駆逐艦も一二・七センチ砲を発砲した。この射撃でウェーキ島の燃料タンクが爆発炎上した。

それまで敵陣は沈黙を守っていたが、〇四〇〇にいたって猛烈な反撃が開始された。陸上砲台から撃ち出す敵弾は攻略部隊艦艇の前後左右に落下、砲弾は艦を夾叉して危険な状態であった。

〇四〇三、ウィクルス島に近接していた疾風に、一発の砲弾が命中した。はじめ艦尾に黒煙が上がったが、それが瞬時にして全艦を覆い、黒煙の合い間から艦橋が瞬間的に見えたが、煙が消えたときには疾風の艦影はなかった。轟沈である。助かったものは一名もいなかった。

これを見て梶岡司令官は〇四一五、全軍避退を下令した。しかし解列攻撃を行なっていた各艦の避退行動は手こずっていた。この間に敵機が襲ってきた。

〇五三〇、ウェーキ本島のピーコック岬の南西一五マイルに出ていた如月に、敵機が突っ込んで爆弾を投下した。轟然と吹き上がる爆煙のあとには、如月の艦橋がなく、平坦になった艦が前のめりに航走していたが、数分後には逆立ちとなって海中深く突っ込んでいった。如月もまた一人の生存者もなかった。さらに金剛丸も敵機の機銃掃射をうけてガソリンに引火、火災を起こした。

敵の熾烈な猛反撃と、海上の激しい波浪のために、司令官は敵前上陸は困難と判断、いったんクェゼリンに復帰し、補給修理をしたうえ、天候をみて再挙することに決心したのであった。

成功した第二次攻略戦

ウェーキ攻略作戦は、駆逐艦二隻を失い失敗に終わった。緒戦唯一の敗北戦であった。第**4**艦隊参謀長・矢野志加三大佐は、ウェーキ攻略の失敗は敵機の存在に原因があるとみて、連合艦隊司令部に、ハワイから帰ってくる機動部隊の一部をもってウェーキ島残存戦闘機の撃滅を依頼した。

ルオット基地の千歳空には、九六艦戦が三六機いたが、航続力の関係でウェーキまで達することができなかったのである。

この要請をうけて山本連合艦隊司令長官は機動部隊に対し、適宜の兵力をもって南洋部隊のウェーキ島攻略を援助すべきむねを令した。これにより、**2**航戦の蒼龍、飛龍が駆けつけることとなった。

一方、攻略部隊指揮官梶岡少将は、再攻略戦のさい、上陸部隊を乗せた二隻の哨戒艇を敵前に擱岸し、陸戦隊を揚陸する決意をかためていた。

哨戒艇とはいえ、数年前までは水雷戦隊に編入されていた旧二等駆逐艦の葵と萩（大正八〜十二年建造の樅型駆逐艦、八五〇トン）である。兵装、速力は減らされてはいるが、まだまだ上陸作戦や船団護衛に充分使える艇である。

この哨戒艇擱岸戦法は、開戦当初としては破天荒の型破り戦法ともいうべきものであった。貴重な艦艇を上陸作戦で擱岸させて、あと使えなくしてしまうことは、日本海軍では考えられないことだっただけに、梶岡司令官の決断はまさに勇断であった。

第二次攻略作戦には、機動部隊からの増援部隊として空母蒼龍、飛龍、重巡利根、筑摩、駆逐艦谷風、浦風が派遣された。さらに支援部隊として、グアム島攻略作戦に参加していた第**6**戦隊（青葉、衣笠、加古、古鷹）の重巡四隻がくわえられた。また攻略部隊には、第一次の編成にくわえて舞二特の一個中隊（板谷中隊三一〇名）が追加され、駆逐艦朝凪、夕凪、水上機母艦の聖川《きよかわ》丸、設営隊付属の天洋丸が新たにくわえられた。

新編成の攻略部隊、掩護隊、支援部隊は、十二月二十一日早朝、ルオット泊地を出撃した。この日、〇四〇〇、ウェーキ島の西方三〇〇マイルに達した**2**航戦は、艦戦一八機、艦爆二九機、艦攻二機を発進、ウェーキ島を初空襲した。これにつづいてルオットから発進した千歳空の陸攻三三機が、ウェーキ島に殺倒して反復爆撃する。

翌二十二日、〇九〇〇、**2**航戦はふたたび艦戦六機、艦攻三三機を発進させ、第二次空襲を行なった。このとき迎撃に飛び上がった敵戦闘機をすべて撃墜し、ウェーキの米機を残らず一掃した。しかし、この空戦で艦攻二機を失ってしまった。

その夜、二一四五、攻略部隊はウェーキの一〇キロ沖に達し、上陸準備を開始した。しかし天候は悪く、風速一五メートル、波浪は高く艦の動揺は左右一〇度に達した。このため大発の降ろし方は今回も困難をきわめ、一部は成功したが順調さを欠いた。やむなく梶岡司令官は哨戒艇の擱岸揚陸を下令。二隻の哨戒艇は速力一二ノットで環礁に突入した。両艇は横転することなくウェーキ本島の海岸に擱座、陸戦隊は上陸した。

つづいて金龍丸、睦月、追風に乗船していた陸戦隊は、それぞれ大発の降ろし方に成功して上陸予定地点に着岸、戦闘に入った。

しかし、敵の反撃はすさまじいものがあった。内田中隊が上陸した前面には機銃陣地と水平砲台があり、これらの砲火を浴びせられて岸辺に釘付けにされた。内田中隊長は陣頭に立って突撃を敢行したが、眉間に貫通銃創をうけて壮烈な戦死をとげた。

ウィクルス島に上陸した高野中隊も、また水際において猛烈な反撃をうけ、一部の小隊は全滅するほどだった。高野中隊長乗艇の一隻は、目的地からやや離れて着岸したが、そこで全員が戦死をとげた。

板谷中隊も例外ではなかった。中隊長は左腕と右足に負傷し、部下も負傷しないものはほとんどなかった。

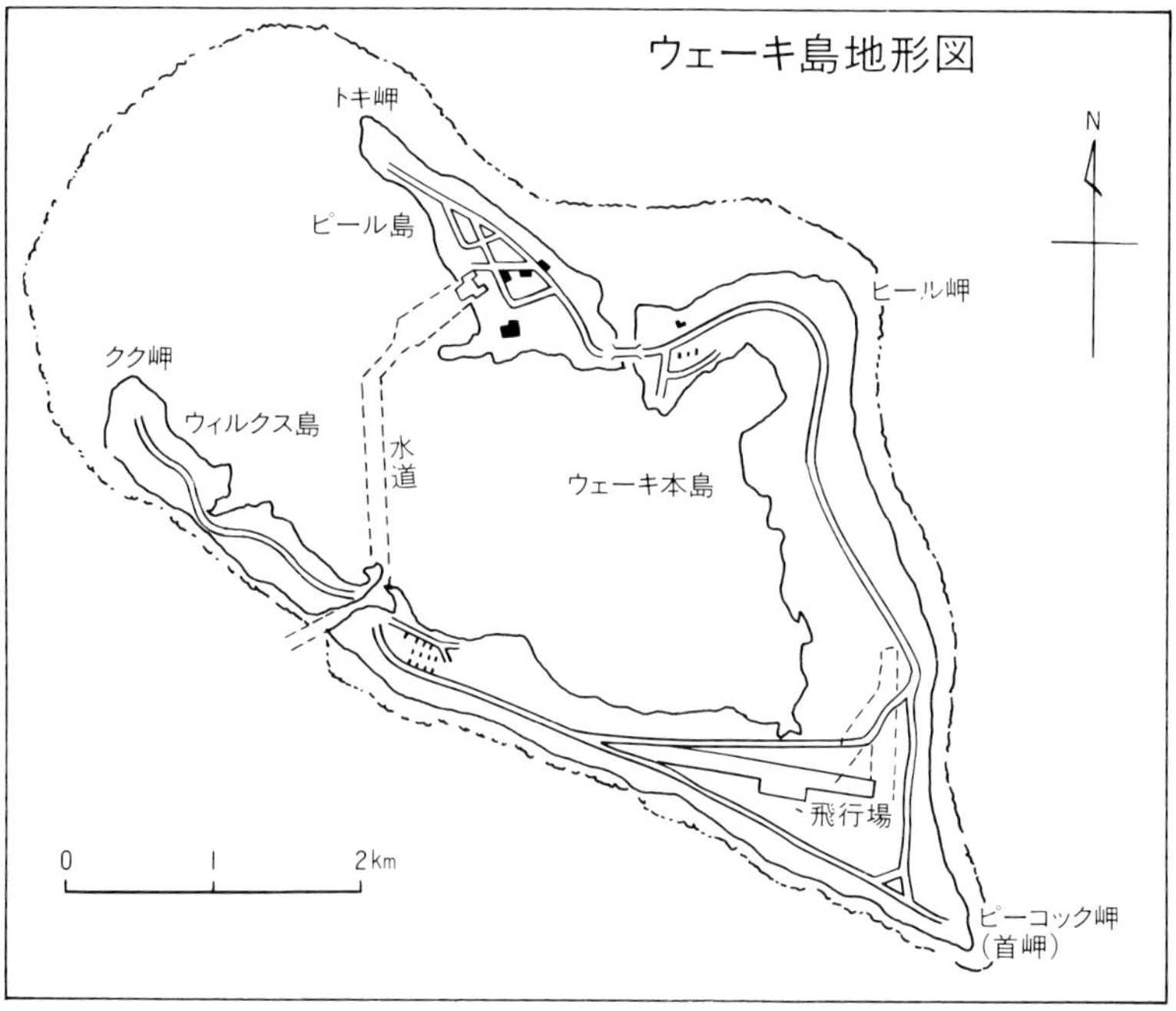

夜明けになるにつれ、敵の応戦も激しくなり激戦はつづいた。戦線は膠着状態となった。しかし、ピーコック岬西方に上陸した内田中隊第3小隊が突破口を開き、飛行場に突入して同島指揮官カニンガム海軍中佐を捕虜とした。午前六時半であった。

第3小隊長堀江喜六兵曹長（終戦時大尉）は、カニンガム中佐をジープに乗せると、膠着状態の海岸守備第一線を回って米軍の降伏を呼びかけさせ、ついに全軍投降のきっかけをつくったのであった。

この間、米軍側はウェーキ島救援のために空母エンタープライズ、レキシントン、サラトガをそれぞれ基幹とする三個の機動部隊を派遣していたが、ウェーク島に到達する前に日本軍が同島に上陸したので、目的を達することなく途中から真珠湾へ引き返していった。日本軍の上陸決行時、サラトガがもっとも近づいており、ウェーキ島の北東四二五マイルに達していた。

日本軍は敵機動部隊がくる前、間一髪で攻略に成功したが、梶岡司令官の哨戒艇二隻同時擱岸の勇断がなかったら、あるいは2航戦による敵機殲滅の掩護がなかったら、第二次攻略戦の成否も予断を許さなかったであろう。

◇グアム島攻略◇

攻略作戦準備

中部太平洋の米軍の拠点の中で、連合艦隊司令部が最重視したのはグアム島であった。グアム島は、サイパン島の南一二八マイルのところにあり、日本の委任統治領のロタ島からわずかに三〇マイルという至近距離にあった。

米側からみれば、グアム島は日本の太平洋拠点地域における唯一の米領なので、西太平洋方面で作戦する場合の前進基地としては重要な意義をもつ島である。しかもグアム島はハワイ、ウェーキ、フィリピンに通ずる要衝でもある。さらに、米国からアジアへ向かう船舶、航空機の中間補給地として、さらにまた海底電線の中継所として、欠くことのできない位置にある。

したがって日本側では、グアム島の戦略的価値の高さからみて、米軍はかなり重厚な防御施設と兵力を準備しているであろうと過大評価していた。

ところが米側では、グアム島は日本に近いため、軍備を強化すると日本を刺激することになるし、米本国から遠いため補給が困難であるとの理由から、積極的な防御準備は行なっていなかった。わずかにアプラ港を潜水艦基地にするための浚渫作業と、オロテ半島に飛行場を建設するために、少数の請負作業員が派遣されていた程度であった。

グアム島に関する情報や資料を、ほとんど入手できなかった大本営および連合艦隊司令部では、用心

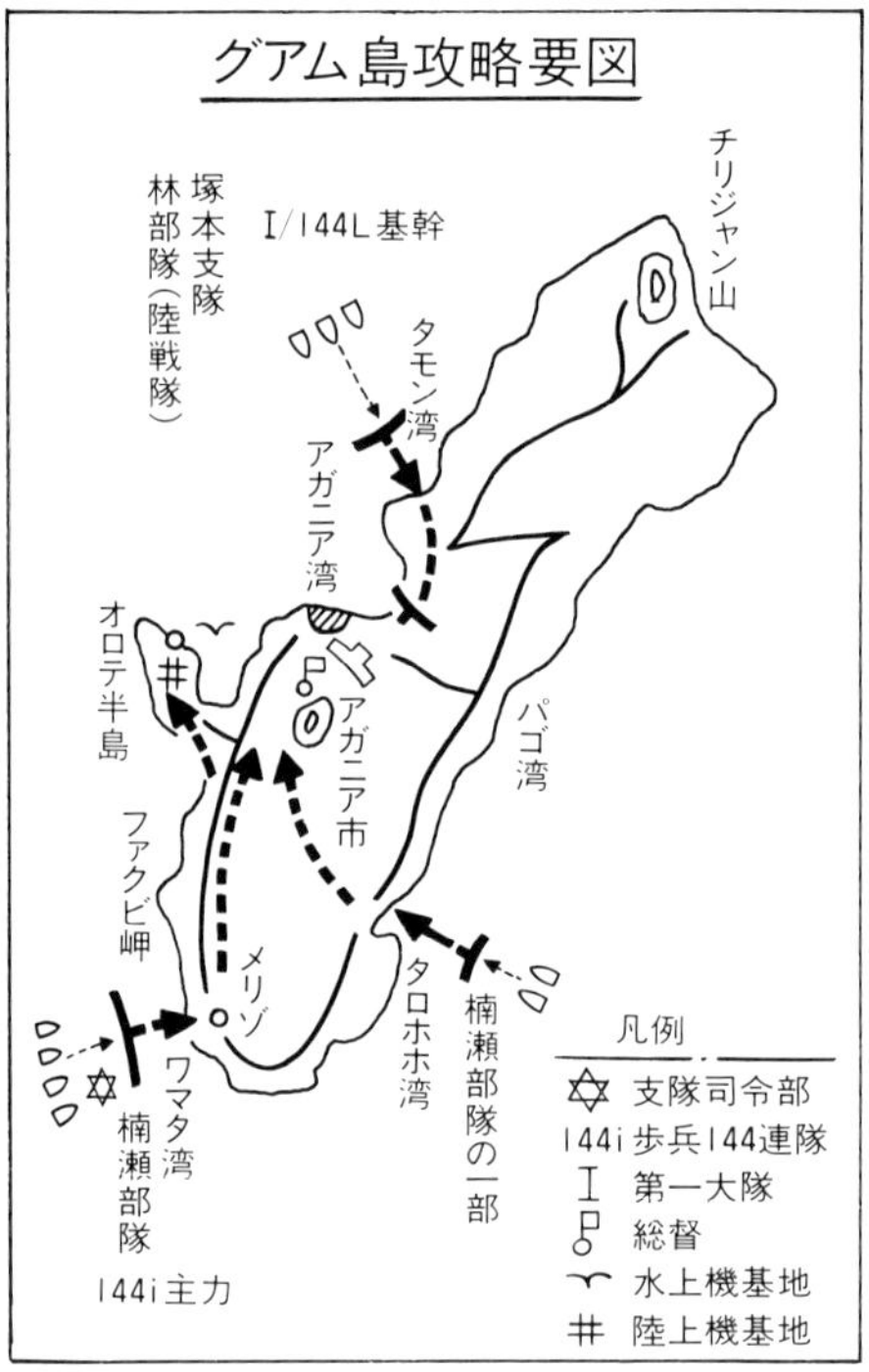

に用心をかさねた作戦を立案した。

　グアム島の攻略は、第4艦隊の海軍兵力だけでは無理と判断した連合艦隊司令部では、陸軍の南海支隊との協同作戦によってあたることとした。グアム島攻略作戦部隊は、海軍のグアム島攻略部隊（指揮官は第5根拠地隊司令官春日篤少将）、グアム島攻略支援隊（指揮官は第6戦隊司令官五藤存知少将）、陸軍の南海支隊（指揮官は南海支隊長堀井富太郎少将）からなり、編成は次のとおりであった。

▼海軍

　グアム島攻略部隊——敷設艦一（津軽）、駆逐艦四（夕月、菊月、卯月、朧）、特設水上機母艦一（聖川丸）、特設砲艦三（昭徳丸、勝泳丸、弘玉《ひろたま》丸）、特設駆潜艇六、特設掃海艇二、陸戦隊一個大隊（約四〇〇名）、輸送船九（ちえりぼん丸、横浜丸、ちゃいな丸、べにす丸、日美丸、門司丸、くらあど丸、松江丸、太福丸）

　グアム島攻略支援部隊——重巡洋艦四（青葉、衣笠、加古、古鷹）

▼陸軍

南海支隊——第55歩兵団司令部、山砲兵第55連隊第1大隊基幹、歩兵第144連隊、総人員四八八六名

意外だった無抵抗占領

　海軍のグアム島攻略部隊は、十二月四日〇九〇〇、陸軍の南海支隊を搭載した九隻の輸送船を護衛して小笠原諸島の母島を出撃、一路南下を開始した。

　サイパンを基地とする第5根拠地隊所属の第18航空隊は、十月中旬以降、数回にわたってグアム島を高々度偵察していたが、敵艦艇や飛行機の存在は認めなかった。しかし写真偵察では陸上の砲台や防御陣地、陸兵の存在などは不明だった。ただ、道路を急設した様子などから、防備状況は相当整備されているものと思われた。

　攻略部隊の出撃した四日いらい七日まで、第18航空隊は穏密のうちに水偵を飛ばして連日グアム島の偵察を行なったが、アプラ港に商船一隻と小艦艇三隻を認めるだけで異状はなかったが、いぜんとして陸上の情況はわからなかった。同島に米軍の陸上部隊が配置されているときわめて厄介なことになる。

　そこでグアム島の警備状況を探るため、サイパン原住民の中でグアムに親戚のあるもの五名ずつ二組を編成し、密偵として同島に送り込むこととなった。

　七日の夜、特設哨戒艇はこれら密偵を乗せてロタ島を出発し、グアムの南端イナラハンと、北西岸のタモン湾に揚陸させた。ところが上陸直後、彼らは米軍に捕えられて尋問をうけ、日本軍が九日朝、アガニア市東方の海水浴場海岸に上陸するとの情報を提供したのであった。

　しかし九日になっても日本軍は現われなかったので、米軍は、守備部署についている海兵隊をおびき出すためのニセ情報ではないかと疑った。ところがこの情報は正しく、ただ上陸日が一日違っていただけであった。これら密偵は、日本軍がグアムを占領したのち捜したのだが、ついに行方がわからなかった。

　十二月八日未明、ハワイ奇襲作戦の成功を受信した攻略部隊指揮官は、麾下の第18航空隊に「ただちにグアム島攻撃を開始せよ、〇五〇〇」と下令した。これを受けて航空部隊は水偵一六機を発進、グアム島を爆撃、戦端を開いた。つづいて翌九日も、水偵九機をもって波状攻撃し、陸上施設を爆撃した。

　十日未明、攻略部隊は四隊に分かれてそれぞれ上陸目標地点に進入していった。グアム島は黒く静まりかえっていた。

　駆潜艇三隻に分乗した海軍陸戦隊の林部隊は、上陸地点のアガニア湾に向かい、〇二一五、アガニア市東方海岸に無血上陸した。ただちに南進を開始した林部隊は、アガニア市の政庁前広場に達したとき、はじめて米軍の抵抗をうけた。

　敵は約八〇名からなる島民の警備隊と、少数の海兵隊員であった。付近在住の米人や原住民のチャモロ族などもくわわって勇敢に抗戦し、二回にわたって林部隊を小銃と機関銃で撃退するという勇戦ぶりだった。

　しかし約二十五分の戦闘のすえ〇五四五、グアム総督のG・J・マクミリン海軍大佐は、べつの日本軍の上陸の報告をうけ、これ以上の抵抗は自殺に等しいと判断、白旗を掲げて降伏した。この戦闘で米側に一七名、日本側に一名の戦死者が出た。

　林部隊は車両を徴発すると海岸道路を南下し、アプラ港に接したスメイの海兵隊基地に進入、オロテ

半島地区一帯を占領した。総督の降伏を知った米海兵隊員は、抵抗をやめて付近の山中から出てきて降伏した。こうして林部隊は、グアム島攻略の先鞭をつけたのであった。

一方、南海支隊の第1分隊、塚本第1大隊は〇三一〇、タモン湾のデデド海岸に上陸、海岸の密林を啓開するのに時間がかかったが一九三〇、アガニア市内に進入した。その後、林部隊のあとを追及してアガット町方面を掃討し、さらに敵の自動車を利用して島の反対側、イリグ方面を制圧した。

堀井支隊長の指揮する第2分隊、堀江第2大隊は、津軽、夕月の護衛のもと、〇三四五にタロホホ湾から上陸した。同隊もまた会敵することなく進撃、内陸部の高地を踏破して一三〇〇、アプラ港を見下ろすテンジョー山と、これに並ぶチャチャオ山に達した。ここで軽機関銃と自動小銃をもった数名の敵兵を捕虜にした。

楠瀬連隊長の指揮する桑田第3大隊は、グアム島南部のメリゾ港とウマタック湾に、〇四三五それぞれ無血上陸に成功した。部隊はただちに海岸線に沿って北上を開始したが、道がなく、炎熱と地形の嶮難さに苦難しながらも、一〇〇〇アガット町に入り、一一〇〇スメイの海兵隊基地に進入、林部隊と合流することができた。

こうしてグアム島の攻略は、ほとんど抵抗らしい抵抗もなく、あっけないほど容易に終了した。この間、支援部隊の第6戦隊は、グアム島の東側および南方海面を、主として敵水上部隊の反撃にそなえて行動していたが、敵を見ることもなく、攻略部隊の奇襲上陸成功の電報も受信したので、間接掩護をやめて一八〇〇トラックに向かった。

日本軍は一名の戦死者を出しただけで、米海兵隊三六五名、土民および看護婦三一三名を捕虜にし、掃海艇一、哨戒艇二基幹の艦船一〇隻を捕獲して攻略を終えたのである。

グアム島総督のマクミリン大佐は、グアムがいつでも日本軍によって攻略されることができることをよく知っていたので、米軍人の家族はすべて十月十七日に本国に引き揚げさせていた。また守備兵力の劣勢から、十日未明にタモン湾の見張所から、駆逐艦二隻に護衛された輸送船発見の報告を聞いた時、彼はグアム島を放棄し、投降を決意していた。このため、海兵隊員や住民の流血を最小限にとどめることができたといえよう。

◇ラバウル攻略◇

井上成美長官の自論

第4艦隊司令長官井上成美中将は、かねてから、日米戦争では艦隊決戦は起こらず、そのかわり基地攻略戦が海軍の主流になる、との卓抜な自論をもっていた。

この主張は、戦争前の軍令部や海軍省のもっていた伝統的兵術思想とはあまりにかけはなれた考えなので握りつぶされていた。そして、とかくうるさい井上中将を、昭和十六年八月十一日、航空本部長から4艦隊長官に移動した。つまり海上勤務に追い出して敬遠したといってよい。

ところが、にわかに日米戦争が現実味を帯びてきた九月中旬、海軍大学校において連合艦隊の図上演習が行なわれた。そのとき南東方面作戦担当の井上中将は、ラバウルを攻略、ひきつづきラエ、サラモアまで進出し、さらにラバウル確保のためにはソロモン諸島およびニューギニアを前進基地として保持することの必要性を述べたのである。

しかし、このとき連合艦隊の作戦計画では、ラバウル以南についての攻略範囲は考えていなかったのである。ところがいよいよ開戦必至となったとき、井上中将の主張が現実のものとなってきた。

大本営海軍部は、十六年十一月五日付けの大海指第一号の中で、ラバウル方面作戦に関して、第4艦隊は陸軍南海支隊と協同して内南洋群島方面の敵を封殺した後、ひきつづきビスマルク諸島を攻略し、さらに南太平洋方面にある敵前進基地を攻撃破壊し、この方面の要地を確保して戦略態勢を強化せよ、との指示を行なったのである。

南洋部隊は十二月十日にグアム島を攻略し、同日、ギルバート諸島において志摩清英少将の指揮する第19戦隊を基幹とする攻略部隊が、マキン、タラワの

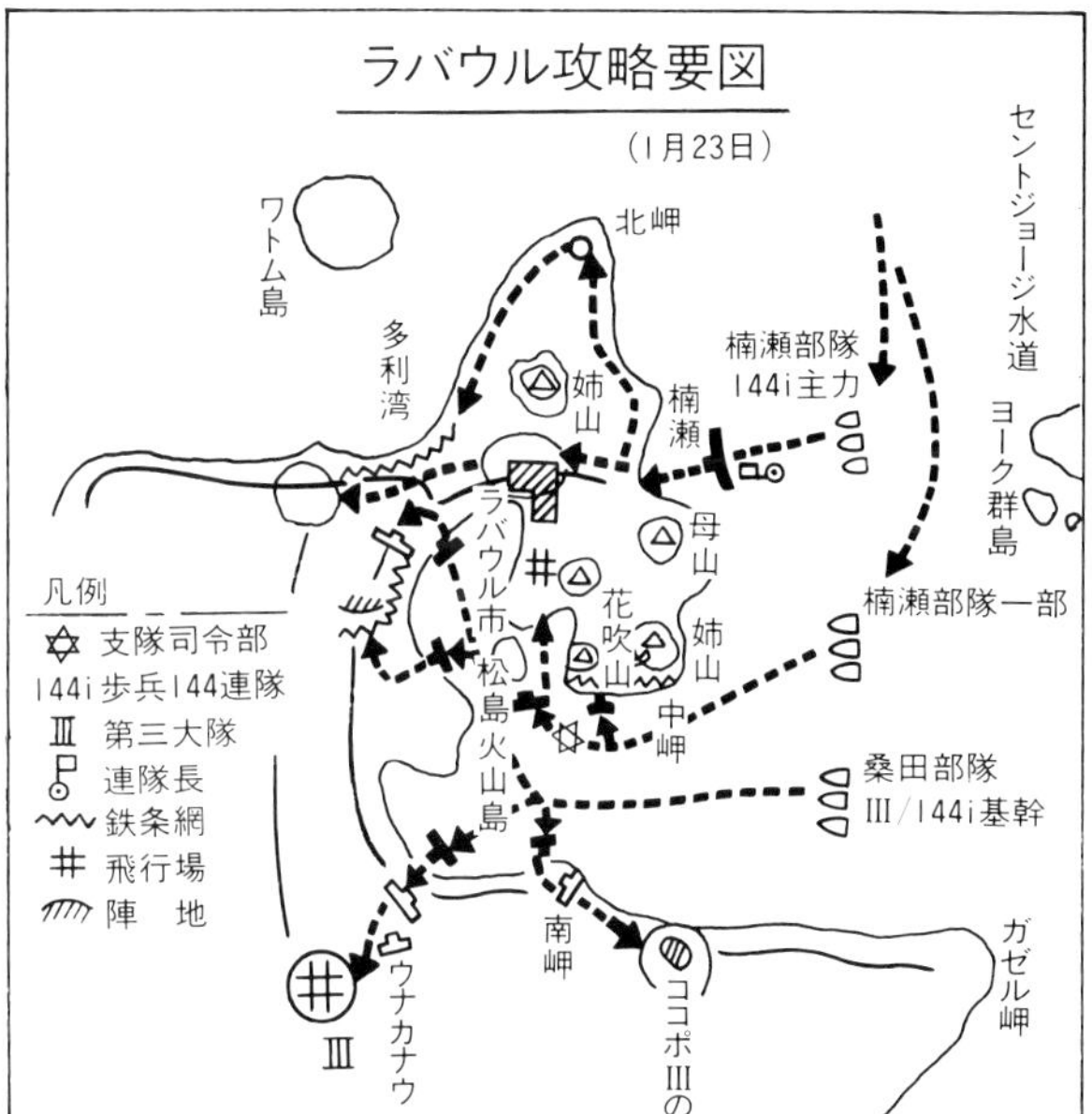

両島を無血占領、さらに二十三日、ウェーキ島攻略に成功したので、いよいよラバウル攻略にとりかかることとなった。

一月五日、井上長官はビスマルク諸島方面攻略の作戦命令を下令するとともに、ラバウル攻略を一月二十三日とし、攻略部隊指揮官に志摩第19戦隊司令官を任命した。

一方、陸軍側は、グアム島攻略で無傷だった南海支隊を、そっくりラバウル攻略に投入することとなった。

南洋部隊では、ラバウル攻略に第19戦隊（敷設艦四）、第6水雷戦隊（軽巡一、駆逐艦六）を主力とする二五隻の艦艇をあて、さらにニューアイルランド島北端のカビエン攻略に、第18戦隊（軽巡二）を主力とする八隻の艦艇を部署した。

この攻略部隊を支援するのが第6戦隊（重巡四）と、第7潜水戦隊（呂5潜）、第24航空戦隊、それに強力な援護部隊として、第1航空艦隊から赤城、加賀、翔鶴、瑞鶴の機動部隊が参加することとなった。

井上長官の命令により、一月四日からトラック方面空襲部隊がラバウル攻撃を開始した。千歳航空隊は陸攻隊一六機の全力をもってラバウルを爆撃し、横浜航空隊も飛行艇八機をもって攻撃した。これを皮切りに、航空部隊のラバウル攻撃は本格化していった。

ラバウル攻略部隊本隊は、一月十四日一三三〇、南海支隊の輸送船九隻（グアム島攻略時と同じ船舶）を護衛して、ラバウルに向けグアム島のアプラ港を出撃した。十九日、支援部隊の第6戦隊と合同して南下をつづけたが、敵に攻撃されることもなく無事に進撃することができた。

一方、十七日にトラックを出撃した機動部隊は、二十日一〇〇〇、ラバウルの北方約二〇〇マイルに達し、四隻の空母から戦爆連合一〇九機を発進、ラバウルを初空襲した。このとき迎撃に飛び上がった敵機五機を、たちまち破壊撃墜する。

翌二十一日、赤城、加賀の計五二機がカビエンを、翔鶴、瑞鶴の七五機が東部ニューギニアのマダン、ラエ、サラモアを空襲、敵基地の飛行機をほとんど破壊し、大損害をあたえた。

つづいて二十二日にも赤城、加賀の計四六機が第二次ラバウル攻撃を行ない、プラエド岬の海岸砲を破壊、そのほか重要施設を徹底的に破壊した。この空襲による敵陣破壊が効を奏して、翌二十三日の上陸はきわめて容易に進捗したのである。

南海支隊の船団を護衛した攻略部隊は、二十二日二二〇〇、ラバウル正面沿岸から約五マイル地点に入港、漂泊した。右手に見える花吹山の噴火がさかんで好目標だった。

上陸部隊の南海支隊は、各大隊ごとに三隊にわかれ、月明の中を各目標地点に向けて舟艇を走らせた。各隊は二十三日午前零時半から二時半ごろにかけて、ほとんど敵の抵抗をうけることなく上陸に成功した。この間、心配していた海岸砲の応射がまったくなく、沈黙したままだった。

ラバウルを守備していたのは豪軍であったが、守備兵力は約一、五〇〇名であった。しかし、これまでの日本軍の空襲により、大きな損害をうけていたので防戦はほとんど不能の状態にあった。

二十三日の未明、日本軍が上陸したとき、ラバウル港西岸地区においては抵抗したが、夜が明けてみると港内には日本艦隊が整然と並んでおり、守備隊は数的に劣勢であることを知って退却を開始したのであった。

ビスマルク諸島の要地ラバウルは、わが陸海軍の協同作戦によって昭和17年1月23日陥落した。この地には飛行場二ヵ所と良好な泊地があり、以後ソロモン海空戦の一大拠点となった。写真はラバウルを飛び立つ一式陸上攻撃機

彼らはニューブリテン島の南岸および北岸に避退していったが、その大半は日本軍に捕えられた。これを逃れた部隊は病気と飢えに悩まされながら西進をつづけ、ニューギニアの沿岸監視隊の舟艇に救出されて脱出することができたという。

一方、カビエンに向かった第18戦隊主力の攻略部隊支隊は、二十二日二三五〇、カビエン港外に到着し、ただちに上陸を開始した。舞鶴鎮守府第2特別陸戦隊の一、〇一二名、鹿島陸戦隊一個中隊八五名

は、まったく敵の抵抗をうけなかった。

　カビエンには海兵少佐の率いる約二〇〇名の海兵隊がいたのだが、二十一日の1航戦による猛爆をうけて守備不能となり、空襲後南方に逃走したのであった。こうしてラバウル攻略は成功し、いらい終戦まで南東方面のカナメとして日本軍の重要拠点となったのである。

◇東部ニューギニアとブーゲルビル攻略◇

昭和17年1月23日、R作戦の一環としてニューアイルランド島カビエン攻略が行なわれた。写真は同地に上陸したわが海軍陸戦隊。上陸初日の23日中にカビエンは占領され、オーストラリア軍が破壊していった飛行場もすぐ修復された

奇襲上陸で無血占領

　大本営はラバウル占領後の一月二十九日、連合艦隊にラエ、サラモアを含むツラギ、ポートモレスビーの攻略を指示した。

　このことは、豪州本土からラバウル方面に対する反攻を封止する一方、これらを拠点として珊瑚海を制圧し、米英と豪州間の連絡を遮断する作戦を進め、豪州を孤立化させて戦線から離脱させるのが狙いであった。これに基づいて南洋部隊は、まずラエ、サラモア攻略の準備を進めた。この両基地には飛行場があったので、ラバウルを防衛するうえでも攻略する必要性があった。

　攻略後はラエの飛行場を対戦闘機、対中攻用に整備し、サラモアの飛行場は応急用として整備する方針が立てられた。

　ラエ攻略には、ラバウル警備隊の陸戦隊一個大隊約五六〇名と、八センチ高角砲四門を有する高角砲隊を基幹とする海軍部隊が当てられ、サラモア攻略には陸軍の南海支隊のうち、堀江正少佐の第2大隊と、山砲一個中隊を基幹とする約二、〇〇〇名が当てられた。準備がととのった攻略部隊は、三月五日一三〇〇ラバウルを出撃した。

　攻略部隊指揮官は第6水雷戦隊司令官梶岡定道少将が任じ、軽巡夕張以下、駆逐艦六、特設水上機母艦、特設巡洋艦、敷設艦、特設砲艦など六、掃海艇四を率いてニューブリテン島の南方航路をとり西進した。

　進撃は順調にはこび、三月八日〇一〇〇、陸軍部隊は折りからのスコールの中をサラモアの南岸に上陸した。敵の抵抗はなかった。部隊はそのまま進撃し、〇七一〇サラモア飛行場を難なく占領した。

　一方、陸戦隊は同日〇二三〇にラエ南岸に上陸した。やはり敵の抵抗はなかった。ただちにラエ飛行場を制圧、占領し、つづいて〇五四五にはラエ市街を無血占領した。

　こうしてラエ、サラモアの攻略作戦は順調に行なわれたが、翌々日の十日朝、とつぜん米艦上機一〇四機、B-17八機、ロッキード六機が大挙して入泊中のわが艦船に攻撃をくわえてきたのである。

　これはポートモレスビー沖に進出してきた米空母レキシントン、ヨークタウンから発進したものであった。日本軍は完全に虚を突かれ、所在艦船一八隻中、沈没四隻(横浜丸、天洋丸、金剛丸、第2玉丸)を含む一三隻が被害をうけた。この損害は一作戦のものとしては開戦いらい最大のものであった。

　南洋部隊はラエ、サラモア攻略後、ラバウル周辺の要地を確保するために、ブーゲンビル島の攻略を必要とした。この島は、いわばラバウルの外郭をなしており、北端のブカ島、ブ島東側中央部のキエタには飛行場があり、南端のショートランドには絶好の泊地があったので、ラバウル防衛とツラギ攻略の準備をかねて攻略することとした。

　三月二十八日、第30駆逐隊、宗谷、8特根陸上警備隊などからなるショートランド、キエタ攻略部隊はラバウルを出撃、三十日にショートランドを無血占領した。ここには敵はまったくいなかった。翌三十一日に反転北上し、キエタに上陸する。ここもまた敵影はなく無血占領に成功した。

　一方、第5砲艦隊(日海丸、静海丸)基幹のブカ島攻略部隊は、三十日にブカ島に上陸し、飛行場を占領した。ここも同様に敵影はなかった。

　こうして南洋部隊は、南東方面の主要基地を確保することに成功したのだが、やがてこの方面が日米決戦の天王山となっていくのである。

飛行艇隊ラバウルに進出

ラバウルに進出した九七式大型飛行艇——ラバウルを占領した2日後の昭和17年1月25日、横浜航空隊の九七式大型飛行艇8機が移動してきた。しかし、敵機の来襲を避けるため一時グリーン島に移動し、わが戦闘機部隊が整備されたため2月4日にふたたびラバウルに進出し、以後、同地を基地として活動した。MO作戦(ツラギ、ポートモレスビー攻略作戦)の始まる昭和17年4月ごろには12機に増勢され、ラバウル南東海面および珊瑚海方面の哨戒、索敵に当たっていた。5月3日ツラギ島を占領するや、ただちに3機が進出して索敵活動を開始した。写真の機体は第14空の第6号艇(二三型)

ラバウル港を飛び立つ九七式大型飛行艇（二三型）――ラバウル方面に進出した横浜航空隊の九七式大型飛行艇は、遠距離行動能力を生かしてソロモン、ニューギニア方面の偵察、ポートモレスビー爆撃、ラバウル南東海面の索敵などの作戦に従事した。また本機は、魚雷２本を搭載して艦船に対する雷撃を敢行することも可能とされていたが、実際にはそのような攻撃を行なう機会に恵まれなかった

ラバウルにおける九七式輸送飛行艇――本機は九七式大艇二二型を改造したもので、胴体各部の銃座はとりのぞかれている。なお九七式輸送飛行艇は15年から18年までに合計38機つくられ、うち海軍が20機、日航が18機使用した。写真では乗員が機首から身を乗り出してもやい綱をとり、機体を安定させている。本機のような大型の鈍足機は、戦闘機はもとより大型機同士の戦闘でも簡単に撃墜され、戦争末期には昼間の行動はほとんど不可能であった

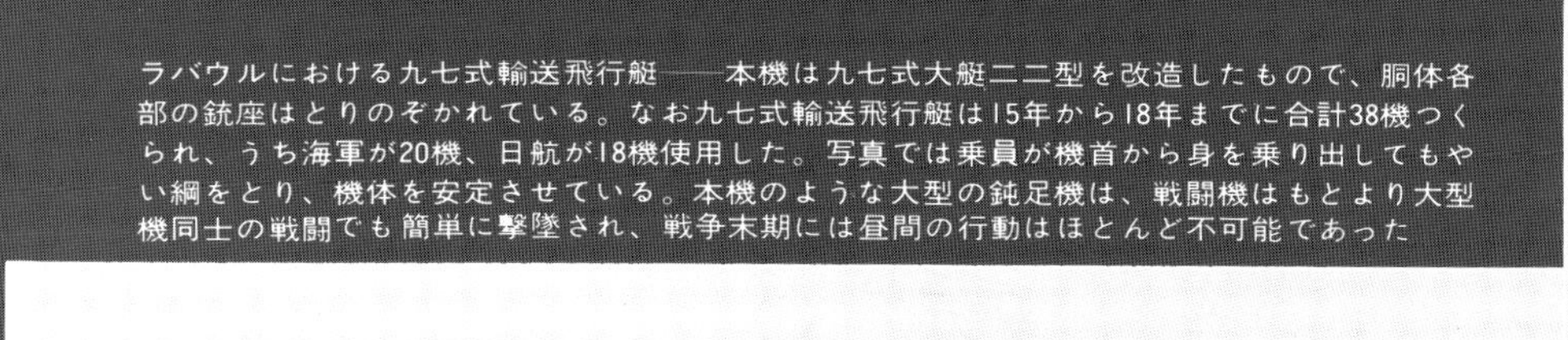

ラバウル港に翼を休める九七式輸送飛行艇――内地あるいはトラック島からラバウルへの人員輸送・連絡には、九七式大型飛行艇をベースとしてつくられた九七式輸送飛行艇が重用された。写真はラバウル湾内の双子岩付近に停泊中の光景で、当時このあたりが我が水上機の基地とされていた。写真の機体は民間型の飛行艇で、通称「川西式四発飛行艇」とよばれていた

▶ラバウルに集結した九七式大型飛行艇（二三型）部隊――ツラギの占領後、横浜航空隊本隊はラバウルより同地に進出し、米軍がガダルカナル島に進攻してきた時にはツラギに九七式大型飛行艇７機が配備されていた。これらはすべて破壊され、横空司令部も玉砕した。写真はガ島作戦のため、昭和17年後半に横浜、東港、14空の３航空隊の九七式大型飛行艇がラバウルに集結したときの光景

▼九七式輸送飛行艇のキャビン――本機は艇体内に前後２つのキャビン（客室）を設けて、10～18名を輸送した。写真は大日本航空所属の民間機型の後部キャビンを示したもので、ソファー、テーブル、網棚、カーテンなどの室内艤装はスマートにまとめられ、照明、暖房、防音なども当時としては一流の水準であった

ラバウル雑景

ラバウル港の遠望——ラバウルはビスマルク諸島ニューブリテン島の首都で、同島の北東端に位置している。オーストラリア北東部、東部ニューギニア、ソロモン群島などへの進出の足掛りとしても、また我が海軍の重要根拠地トラック島の防衛のためにも重要な地点で、大きな戦略的価値を有していた。またラバウル港は多数の艦船を収容し得る天然の良港で、占領後は我が艦隊の前進基地として使用された

ラバウル港に入港した病院船高砂丸——港内定期連絡用の舟艇からのぞんだ光景。高砂丸は大阪商船の台湾・基隆航路に就行していた花形貨客船だったが、海軍に徴傭されて開戦直前に特設病院船となり、連合艦隊の直属として患者の治療と輸送に活躍した。ラバウル地区の病院で呻吟していた多数の傷病兵士は、本船によって無地に内地へ還送されたのである

ラバウル在泊中の水上機母艦（飛行艇母艦）秋津洲を訪れた第11航空艦隊司令長官塚原二四三中将。中央の第三種軍装の人物がそれで、左手の一番前は本艦艦長黛治夫大佐である。背景には2番一二・七センチ連装高角砲と前檣基部が写っている。昭和17年秋の撮影

ラバウル港内の連絡用舟艇——ラバウル港には、１万トンまでの船舶が接岸し得る桟橋一ヵ所と数ヵ所の小桟橋が設けられていたが、多くの我が艦船は港内に錨泊して人員、物資などを陸揚げした。このため特設運貨船などの小舟艇が港内での輸送、連絡用として使用された。写真の艇もその１隻で、人員輸送を目的とした連絡艇である

第８艦隊旗艦鳥海――ラバウルなどビスマルク諸島や、ソロモン諸島、東部ニューギニア北岸を手中におさめた日本海軍は、昭和17年７月14日に南東方面での作戦を担当する第８艦隊を新設し、ラバウルにその司令部を設置した。司令長官は三川軍一中将で、重巡鳥海を旗艦としていた。第８艦隊はこのほかに第18戦隊、第７潜水戦隊、第７および第８根拠地隊、第30駆逐隊、敷設艦津軽、特設水上機母艦聖川丸、その他の兵力を有し、次期作戦に備えた

▼ラバウル港内より離水せんとする零式水上観測機――ラバウルを基地として作戦に従事した最初の航空隊は、特設水上機母艦聖川丸に搭載されていた水上機部隊である。当初は九五式水偵８機と零式水偵４機で作戦したが、その後、零式水上観測機もくわわった。零式水上観測機はのちに増勢され、ラバウル湾の一番奥まった丸木浜を基地として作戦に従事した

▲ラバウル港上空を飛ぶ零式水上観測機――本機は戦艦などに搭載して艦隊決戦での弾着観測を行なうために造られた艦載機であるが、ラバウル方面では主として出入港する船舶の護衛、付近海面における対潜哨戒・攻撃などに使用され、また優れた空戦性能を生かして時には敵機と空中戦を交えることもあった

噴煙を上げる花吹山――ラバウルには火山が多く、昭和12年にはその一つが大爆発を起こし、市街に大きな被害をあたえたため、オーストラリア委任統治領の首都をラバウルから他に移転することになっていた。日本軍が占領した時は、港の東側にあるタファルファル火山だけが活動状態にあり、上陸作戦時に燈台の役目を果たしたという。この山は占領後に花吹山と名付けられた。左の大きな山は、伯母山である

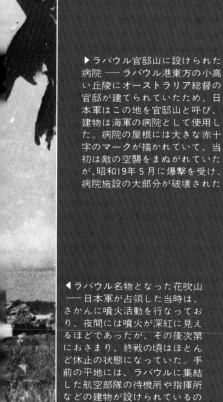

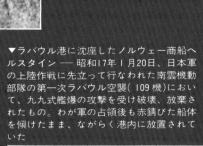

▶ラバウル官邸山に設けられた病院 ── ラバウル港東方の小高い丘陵にオーストラリア総督の官邸が建てられていたため、日本軍はこの地を官邸山と呼び、建物は海軍の病院として使用した。病院の屋根には大きな赤十字のマークが描かれていて、当初は敵の空襲をまぬがれていたが、昭和19年5月に爆撃を受け、病院施設の大部分が破壊された

◀ラバウル名物となった花吹山 ── 日本軍が占領した当時は、さかんに噴火活動を行なっており、夜間には噴火が深紅に見えるほどであったが、その後次第におさまり、終戦の頃はほとんど休止の状態になっていた。手前の平地には、ラバウルに集結した航空部隊の待機所や指揮所などの建物が設けられているのが見える

▼ラバウル港に沈座したノルウェー商船ヘルスタイン ── 昭和17年1月20日、日本軍の上陸作戦に先立って行なわれた南雲機動部隊の第一次ラバウル空襲(109機)において、九九式艦爆の攻撃を受け破壊、放棄されたもの。わが軍の占領後も赤錆びた船体を傾けたまま、ながらく港内に放置されていた

飛行機からのぞんだ花吹山の噴火口——海側の上空より眺めた光景で、手前の海上に突出した山すその部分が硫黄崎、また背後の山は母山である。占領当初、日本海軍はラバウル周辺の火山が噴火して作戦を阻害することを懸念し、ラバウルに火山研究所を設けて火山爆発予知の研究を行なった。この結果、向こう２年間は大爆発の兆候なしとの結論が得られ、わが部隊は安心して作戦に専念できたと伝えられている

ラバウルの並木道――道の両側に数おおくのレイントリーの植わったこの並木道は、花吹山とともにラバウルの名物であり、戦いに明け暮れる我が将兵にしばしのやすらぎをあたえ、そのたたずまいをいまでもなつかしく思う人びとが多い

▼熱帯樹のあいだに設けられたラバウル部隊の兵舎――南東方面の戦闘激化により多くの部隊がラバウルに進出し、これに伴って数多くの兵舎が設営され、各所に小集落が出現した。これらの兵舎は木造の粗末なものだったが、床を高くし、軒を深くとるなど熱帯地方に適応した造りとされており、その後ソロモン諸島の各地に設営された兵舎に比べれば、居住性ははるかに優っていたと伝えられている

航空部隊の紀元節式典 ──昭和18年２月11日、ラバウル東飛行場で挙行された紀元節式典における皇居遙拝の光景を写したもの。すでに紹介したように、ラバウル部隊の式典や皇居遙拝などは、将軍山のすそにある練兵場と称する広場で行なわれたが、毎日、敵と激戦を交えている航空部隊はこれに参加する余裕がなく、飛行場の指揮所前でこれらの行事を取りすすめていた

海中温泉に憩うラバウルの勇士たち── 活動状態にある花吹山の周辺の海中には、そこかしこに温泉が湧き出していた。わが将兵は、激しい敵襲の合い間をぬってこの天然温泉につかり、戦いのつかれをいやしたのだった

ブカ飛行場から発進

昭和17年11月、ブカ基地を発進する零戦――所属は鹿屋空の戦闘機隊が11月1日独立した253空のものである。253空の本隊はカビエンにあったが、主としてこのブカ基地よりガダルカナル方面の戦闘に参加していた。機体は二一型で、尾翼が浮き、まさに離陸直前である

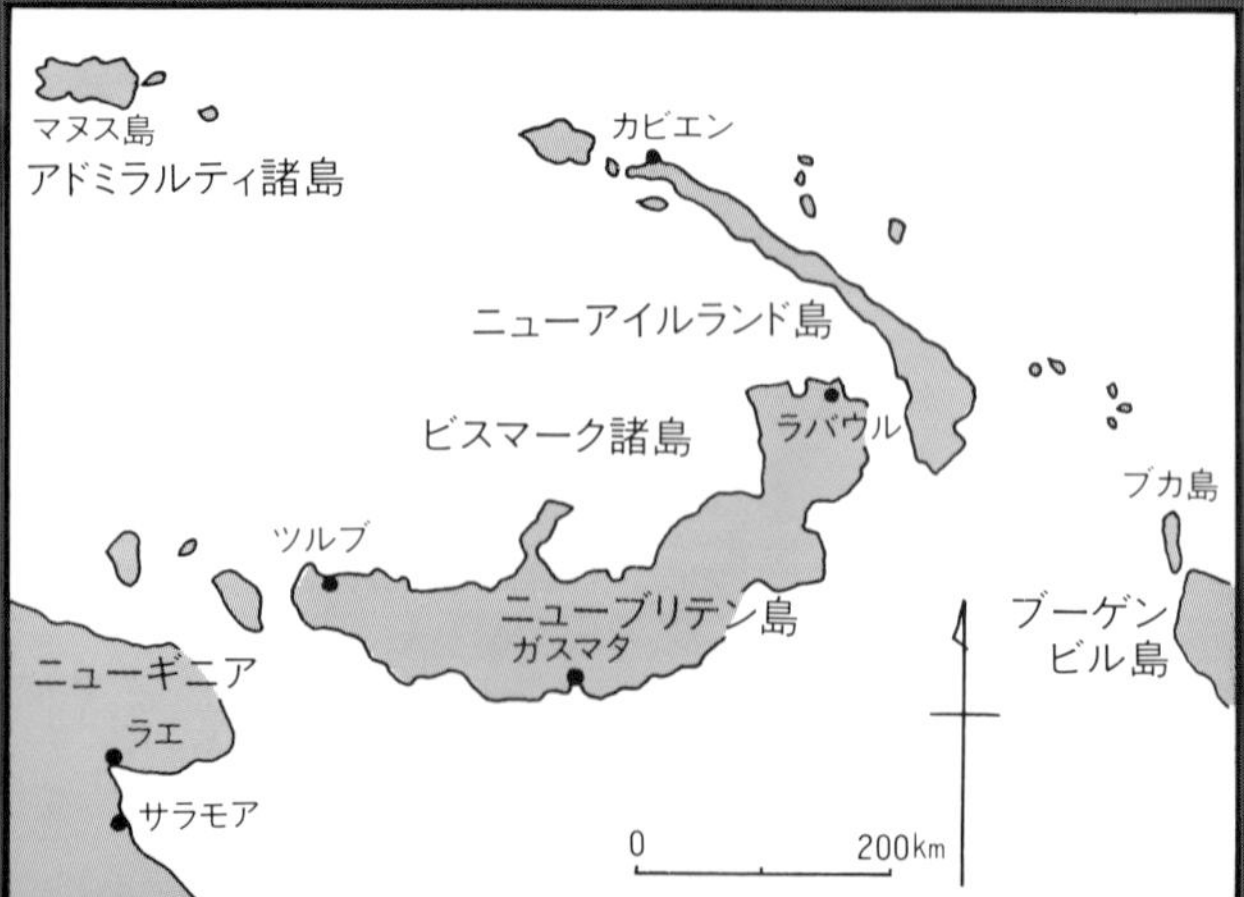

プカを離陸直後の零戦——増槽を付けており、やはり遠距離攻撃に向かうのであろう。253空の戦闘機隊は総計約110機撃墜破の戦果をあげている

▶プカより出撃する751空の一式陸攻一一型——胴体内に収められているのは魚雷か爆弾か。出撃を見送る基地員の〝帽振れ〟に戦果への期待があらわれている。後方に零戦が並んでいるが、スピードの速い零戦は陸攻隊出撃後、時間をおいてから出発するように調整していた

ポートモレスビー大爆撃

ポートモレスビー爆撃に向かう九六式陸上攻撃機——整備員の〝帽振れ〟に送られて滑走中の姿である。
ポートモレスビー爆撃は昭和17年2月24日、ラバウルを発進した陸攻9機による昼間強襲が最初であった

ポートモレスビー爆撃を前に指揮所の前庭に集合した陸攻搭乗員たち——黒板の字から昭和17年6月の撮影なのがわかる。6月中に行なわれた陸攻によるポートモレスビー爆撃は1日、4日、17日、18日、26日、28日と6回出撃したが、写真はそのいずれであろうか

月光を浴びながら発進を開始した一式陸上攻撃機――本機は九六式陸攻の後継機で昭和16年４月に制式採用されたもの。ポートモレスビー爆撃は３月下旬まで二十数次にわたり攻撃がつづけられた

ポートモレスビー爆撃を前に爆弾を点検する九六式陸上攻撃機の搭乗員たち――爆弾は250キロ通常爆弾である。ちなみに通常爆弾というのは対艦船攻撃用爆弾のことで、陸攻の場合、60キロと250キロがもっともポピュラーだった

一式陸上攻撃機の内部──一番手前の搭乗員は電信員で、右手奥の高いシートに座っているのが機長である。一式陸攻の搭乗員は7名だが、画面にはそのうち5名が写っている

暁をついて出撃する九六式陸上攻撃機──タキシング開始直前の姿で、胴体下面には懸吊器に吊るされた爆弾が見える。写真の機体は胴体上面に大型銃座があるので、二一型と思われる

ポートモレスビー上空の一式陸上攻撃機編隊──がっしりと水平爆撃の基本隊形を組んでいる。陸攻隊は1個中隊9機からなるが、この編隊はそれ以上の攻撃部隊だ。正に鵬翼つらねての爆撃行である

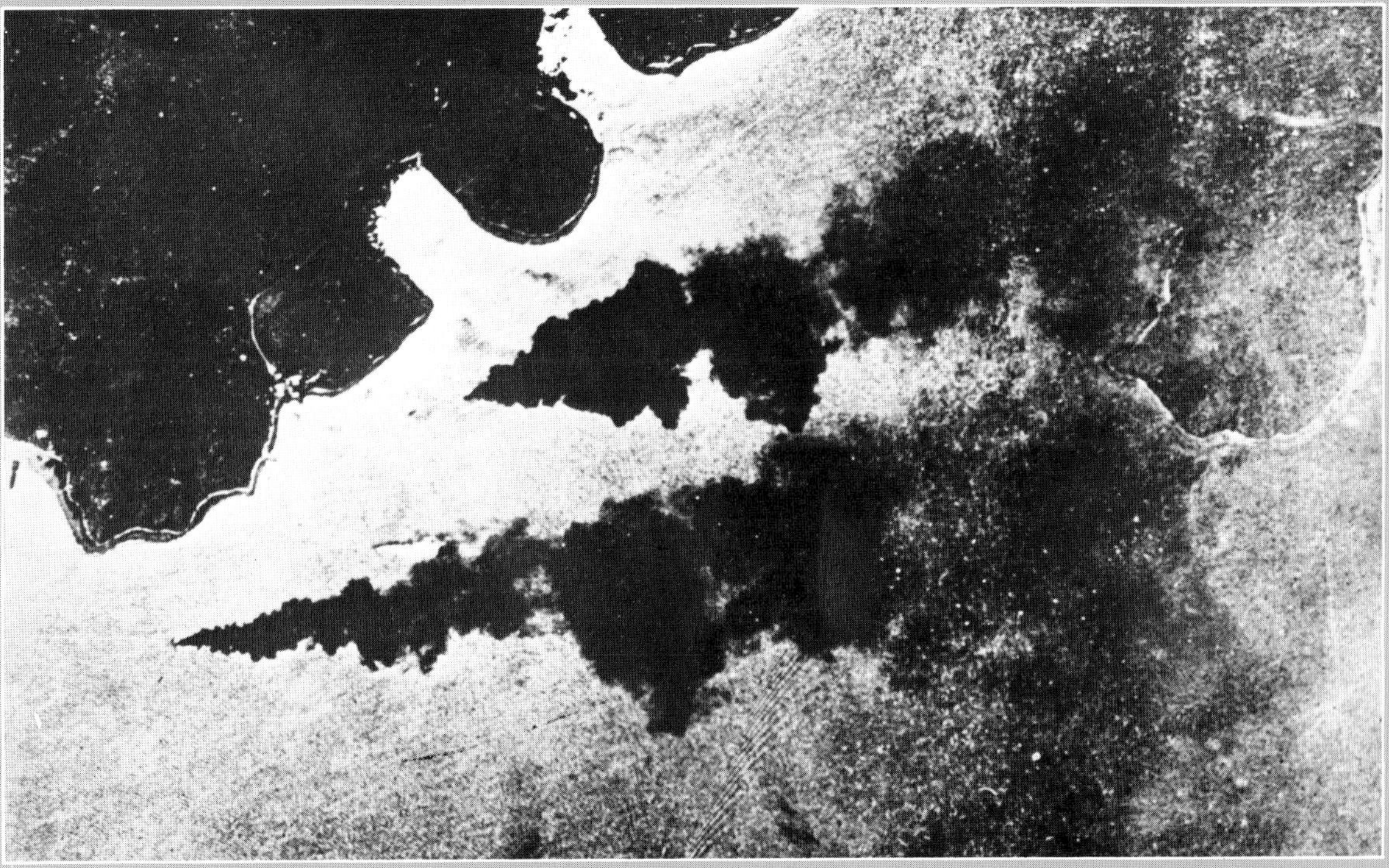

ポートモレスビーを猛爆中のわが陸攻隊──目標は水上機基地で、黒煙を上げているのは敵飛行艇である。画面左端に落下する爆弾が見える。ポートモレスビーは珊瑚礁に囲まれた天然の良港であり、付近に三ヵ所の飛行場があった

零戦隊ラエ基地に進出

ラエ基地を後にする台南空の零式艦上戦闘機――台南空は昭和17年4月から7月にかけての作戦で、米国およびオーストラリアの航空機約300機を撃墜する華ばなしい戦果をあげている。正に向かうところ敵なしといった強さであった

ラエ基地に勢揃いしたエースたち――後列左端が坂井三郎一飛曹、石川清治一飛曹、吉田一カメラマン。これは昭和17年6月9日に撮影したもの。この日、この写真を撮り終わった直後、ラエ基地に空襲警報が鳴りひびき、B－17、B－25、B－26などの敵爆撃機が空襲をしかけてきた。その中の1機に、奇しくも元大統領ジョンソン氏が同乗しており、坂井機の猛攻をうけて危うく撃墜されるところであったという

▶ラエ基地を出撃する台南航空隊所属の零式艦上戦闘機――台南空は海軍戦闘機隊の中でもっとも多くのエースを生み出した航空隊として知られる。開戦時は第23航空部隊の隷下にあったが、昭和17年4月1日以降は第25航空戦隊隷下となった

モレスビー街道を行く零戦隊 ── 台南空はラバウルに進出して間もなく、ニューギニアのラエに前進基地を設け、ここから連日のように標高 4,000 メートルのスタンレー山脈を越えてポートモレスビーになぐり込みをかけた。ラバウル航空隊の意気もっとも盛んなころの一コマである

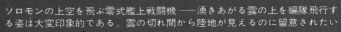

ソロモンの上空を飛ぶ零式艦上戦闘機 ── 湧きあがる雲の上を編隊飛行する姿は大変印象的である。雲の切れ間から陸地が見えるのに留意されたい

次つぎとラエを発進する台南空の零戦隊——台南空は昭和17年４月からラバウルを基地とし、ラエにも部隊の一部を派遣していた。台南空司令は斉藤正久大佐で、副長は小園安名中佐だった。この頃の台南空零戦隊は、自他ともに世界最強のチームを誇っていた

水上機隊ラバウルに進出

翼を休める958空の零式水上観測機——砂浜を歩く二人の搭乗員は愛機に向かうところであろうか。958空は零水観12機、零式水偵24機を擁する部隊で、戦闘から後方支援まで幅広い活躍をした

岸辺の零式水上観測機——958空の所属機で、機体の要部にはキャンバスがかけられている。零水観は日本海軍最後の複葉機だが、非常に高性能であり、傑作機として知られる。背景に見える小島はラバウル名所のひとつ親子岩

海岸の杭に繋留された零式水上偵察機── 機体を整備しているところで、958空の所属機である。どことなくノンビリした雰囲気の写真で、整備員たちの姿もほとんど裸に近い。最後部の座席に7.7ミリ旋回機銃が見える

ラバウルの水上機基地で翼を休める第958航空隊の零式水上偵察機── 958空は零式水上偵察機と零式水上観測機で編成された部隊で、昭和18年2月から終戦までこの地をベースにしていた。垂直尾翼に記された番号はハイフォンの左側が部隊名、右側が機体番号をあらわしている。なお部隊名は百の位が省略されている

ショートランドの水上機部隊

瀬名堯彦

ショートランド島は、ソロモン諸島でブーゲンビル島南西に位置する小島であるが、そのショートランド港は大型船舶も利用できる優れた港湾施設があり、十七年三月に日本海軍が同島を攻略した後も、前進基地としてさかんに使われていた。

ここに水上基地が設置されたのはMO作戦の時である。ポートモレスビー攻略部隊への対空対潜警戒実施のため、四月二十八日に特設砲艦日海丸がショートランドに入港して、飛行艇ならびに水偵の基地を設営したのがその幕明けであった。ただちに横浜航空隊の九七式大艇五機が進出して、翌二十九日からさっそく哨戒を開始し、三十日には特設水上機母艦聖川丸の水偵三機、水上観測機三機も到着して、日海丸は水偵隊の母艦役をつとめた。

五月五日、索敵に飛び立った大艇の一機は消息を絶ち、はやくも最初の犠牲を出していた。しかし、この時の水上基地は一時的なものであり、まもなく飛行艇隊はツラギへ、水偵隊はデボイネへ移動してしまい、作戦そのものも延期となってしまったが、ショートランドが水上基地として有効に使えることは、これで充分立証された。

同島が水上基地として再び脚光を浴びたのは、八月に入って米軍がガダルカナル島(以下ガ島と略す)に来攻し、ソロモン方面の戦闘が一段と激しくなってきてからであった。日本海軍は決戦兵力を同水域に集中させることとし、水上機母艦にも同様な措置がとられた。

これに基づいて特設水母聖川丸、神川丸、讃岐丸、山陽丸などが次つぎとラバウルに集結したが、折しもガ島めざして輸送船団が接近しつつあったので、このうち山陽丸と讃岐丸はショートランドとレカタに進出して、船団の警戒に従事するよう命じられた。ショートランドはラバウルとガ島の中間にあり、この間に陸上航空基地がなかったから、水上機への要望が強まってきたからである。

山陽丸は八月二十四日、ショートランドに入港し、翌日、水上基地の設営を完了した。しかし、きびしい戦況からガ島へ向かう船団もショートランドから先は艦艇輸送にたよらざるを得なくなり、前進基地として同地の重要性が一段と増した結果、ここに水母一隻を常駐させて船団の護衛や泊地の警戒にあたらせることになった。

山陽丸は讃岐丸の水偵隊を引き継いで、二十六日からショートランド泊地の対空、対潜警戒を開始し、この日飛来したB-17二機に有効な攻撃をくわえ、水偵でも立派に爆撃機と戦えることを示し、士気を高めたその功績が認められたのか、二十九日には、これがさらに強化されR方面航空部隊が新編された。Rはむろんラバウルの意味である。

R方面航空部隊は外南洋部隊の指揮下にあり、指揮官は第11航空戦隊司令官城島高次少将で、ショートランド(またはレカタ湾)方面に基地を設置してガ島方面の航空戦に従事するのが主な任務であった。兵力は新編時、第11航空戦隊の水上機母艦千歳をはじめ、特設水母山陽丸と讃岐丸の二隻であったが、九月一日付けで神川丸も編入されたので合計四隻となった。当時の航空兵力は次のとおりである。

千歳=零式水上観測機または九五式水上偵察機一六機、零式または九四式水上偵察機七機の合計二三機。

神川丸=零式または九四式水上偵察機二機、二式水上戦闘機一一機の計一三機

夕闇せまるショートランドの水上機基地 ——非常にファンタジックな写真だ。岸辺では零式水上観測機の整備が行なわれている。主フロートに繋留索が取り付けられているのに注意されたい

山陽丸＝零式または九五式水上偵察機六機、零式
　または九四式水上偵察機二機の計八機
讃岐丸＝零式水上観測機八機

総計五二機で当時の海軍では、もっとも有力な第一線水上機部隊であった。本隊はショートランド島とガ島への中間地点にあたるイサベル島のレカタ基地（ショートランド南西約一五〇カイリ）を拠点としガ島へ人員、武器、弾薬、糧食などを輸送する艦船や護衛部隊の上空警戒、対潜警戒、前路哨戒にあたるほか、ショートランド泊地や基地の上空警戒にも従事するなど、さっそくソロモン水域で活発な活動を開始した。

R方面航空部隊が最初に重要な役割を果たしたのは、九月十二日夜から十三日朝にかけて陸軍の川口支隊がガ島の総攻撃を実施したときであった。当初、海軍側では陸軍の通報から飛行場の奪回に成功したと信じていたが、実際は飛行場の占領は不成功であり、これを確認し敵機十数機が健在であることを報告したのは、偵察に飛び立った本隊の二式水戦二機であった。

また十四日には二式水戦二機、零式観測機一九機でガ島の薄暮攻撃を敢行し、グラマン戦闘機五機（うち不確実一機）を撃墜し、飛行場数ヵ所を炎上させたと報告している。だがその犠牲も大きく、四機が未帰還、被弾のため二機が着水時に失われた他、ガ島の偵察に向かった二式水戦三機も喪失となった。

こうした連日の激戦で水上機の損耗は甚だしく、同隊指揮官は十六日に連合艦隊に増強を要請した。これに基づいて横須賀の第14空水戦隊の派遣が決定し、ラバウルに在った特設水母聖川丸は横須賀へ急行して二式水戦九機、零式観測機四機を搭載して現地へ向かった。また神川丸も補給機受け取りに横須賀へ向け出港した。

二十日さらに東方哨戒隊の特設水母国川丸も外南洋部隊に編入され、R方面航空部隊指揮官の指揮下に入るなど、可能なかぎりの兵力増強がほどこされた。というのも、ガ島輸送は敵機の妨害で一時中止となり、使用予定のブイン飛行場は豪雨のため見込みが立たず、輸送再開後の上空警戒は本隊の水戦に期待する他はなかったからであった。

こうして、これら水上機部隊は連日のようにガ島を往来する艦船の上空警戒に任じ、しばしば敵機を撃退して我が艦船護衛に大きな役割を果たしていた。九月二十四日、輸送中の第24駆逐隊上空を警戒中の山陽丸と国川丸の零水観三機は、SBD一二機と交戦してこれを撃退したのはその一例である。

またショートランドやレカタにもB-17爆撃機による攻撃が絶えず、同隊はこれにも全力をあげて反撃し、零水観は三号爆弾も使用したといわれる。この必死の攻撃により、二十四日にはB-17一機撃墜確実、二十六日に同一機撃墜の戦果をあげている。

同隊の零式水偵隊は、陸軍部隊のガ島総攻撃にそなえ、九月中旬からインデスペンサブル礁を中継とした洋上索敵を実施した。同礁に潜水艦を派遣して燃料補給を受けることにより索敵範囲の拡大をはかったもので、九月十四日からソロモン群島最南端のサンクリストバル島の南方海面の捜索を開始、十五日に空母一隻を含んだ敵機動部隊、十六日に巡洋艦、駆逐艦など十数隻を発見している。

陸上機に比べ劣性能の水上機を駆使して、これら困難な任務をよく果たしたのは、日本の水上機の優秀性もさることながら、地味な任務に徹したR方面航空部隊の尽力の賜物であった。

十八年一月から九四式など三座水偵を用いて輸送路を脅かす敵魚雷艇攻撃が開始され、この目的で九四式水偵に二〇ミリ機銃を装備する改造もラバウルで行なわれた。ガ島失陥後もこれは続けられ、十九年以降もラバウル、ブーゲンビル方面でしばしば戦果をあげたといわれる。

ショートランド基地における二式水上戦闘機――ブーゲンビル島ブインの対岸にあるこの地は水上機には絶好の基地で、艦船の泊地としても有効に使われた

米機動部隊ラバウル空襲ならず

阿部安雄

〝日本軍ラバウル占領〟の報に接した米海軍は、さらに日本軍がここを足場として、有力な艦隊によりニューヘブライズ諸島やニューカレドニア島に進攻してくるものと考えた。そこでこの方面への日本軍の攻撃を阻止するため、海軍哨戒機や陸軍爆撃機とともに、空母レキシントンを中核とした第11任務部隊を、豪州ニュージーランド方面軍（ANZAC）に派遣した。

このようにしてANZAC軍に一時編入された、第11任務部隊司令官のウイルソン・ブラウン中将は、ANZAC指揮官リアリー中将に対して空母機によるラバウル空襲作戦を進言した。リアリー中将はこの提案をさっそく採用し、ここに第11任務部隊によるラバウル空襲作戦が実施されることになった。

第11任務部隊は、空母レキシントン、重巡四隻および駆逐艦一〇隻から構成された空母機動部隊で、ラバウル目指して昭和十七年二月十七日にニューヘブライズ諸島の東方海面から北上を開始した。二月二十一日にニューアイルランド島の東方海上に到達し、同日早朝ここから艦上機を発進させてラバウルをとつじょ空襲するというのが、この作戦の骨子だった。

日本軍がラバウルを占領したのは昭和十七年一月二十三日のことで、以後同地の航空兵力増強につとめたため、二月中旬には次のような基地航空部隊が布陣していた。

第24航空戦隊司令部

第4航空隊（九六式艦戦一五機、零戦九機、一式陸攻一八機）

横浜航空隊ラバウル派遣隊（九七式大型飛行艇九機）

第4航空隊と横浜航空隊は、第24航空戦隊の所属隊であった。

二月十四日、日本海軍は通信情報によって、米機動部隊がハワイ西方海面に出撃した可能性があると判断し、各部隊に警報を発した。これにより第4艦隊も厳重な警戒体制に入ったところ、十九日にはモートロック諸島のサトワン島から国籍不明の駆逐艦二隻が北上との報告があったため、ラバウルの第24航空戦隊は日の出一時間前より十五分待機の攻撃態勢をとると共に、横浜航空隊ラバウル派遣隊は二十日早朝から、ラバウル東方海面に対する広範囲な哨戒を実施することとなった。

これに従って、二十日午前四時三十分に三機の九七式大型飛行艇が、また午前六時にも九七式大型飛行艇が、それぞれラバウルより哨戒飛行に飛び立った。ところが四時半発進機のうち、ラバウルの東北東から東方にかけての海面の哨戒に当たった一機（坂井登中尉指揮）は、ラバウル七五度四六〇カイリの海上を針路三一五度で航行中の敵艦隊を発見し、午前八時三十分に「敵大部隊見ゆ」との報告を発信した。

殊勲の坂井機は続いて敵は空母一隻、重巡四隻、駆逐艦一〇隻であると正確な敵状を報告したのち、消息を断った。また六時に発進して、ラバウル東方から東南東海域の哨戒に当たった九七式大型飛行艇も、間もなく消息不明となってしまった。

この坂井機が報じた敵機動部隊こそ、翌二十一日にラバウルを空襲するために接近中の、米第11任務部隊だったのだ。米機動部隊発見との報を得た第24航空戦隊司令官後藤英次中将は、ただちに第4航空隊司令森玉賀四大佐に対して敵艦攻撃を命令した。

第4航空隊はラバウル進出後、日が浅く諸事不備の状況下で鋭意攻撃準備をすすめた。同隊の零戦は、まだラバウルに燃料の増槽が到着していなかったため、四六〇カイリ遠方の敵に対しては進出距離が届かず（増槽なしの零戦の進出距離は四五〇カイリ）、

昭和17年2月20日、空母レキシントンを中心とした米第11任務部隊は、ラバウルを空襲せんとして同地東方海上を接近中のところを、我が哨戒機に発見された。この報により第4航空隊の一式陸攻18機がラバウルより発進し、東方海上で敵を発見し攻撃をくわえた。写真は我が陸攻隊の攻撃を受ける米艦隊で、中央に空母レキシントンの姿が見える

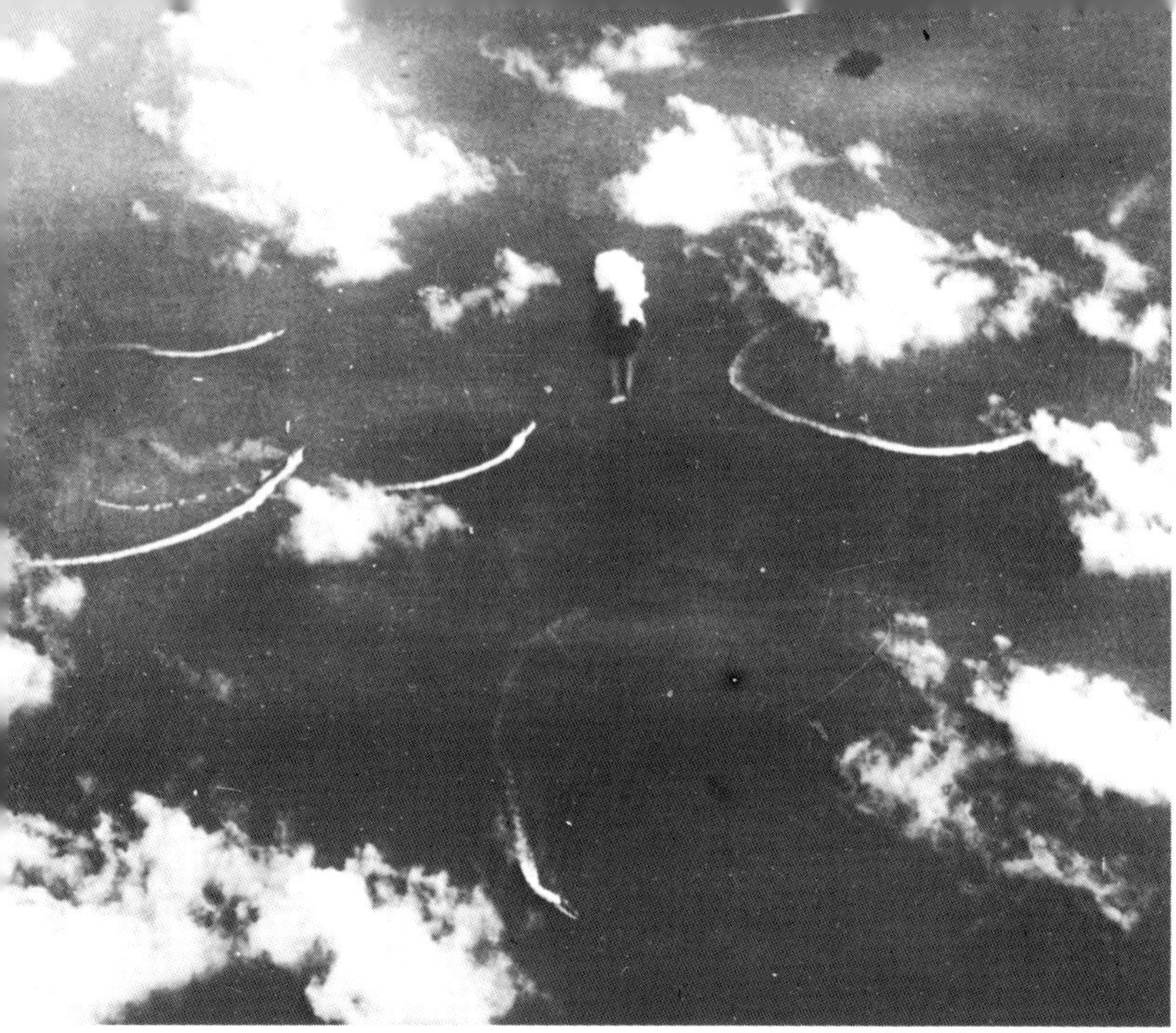

わが陸攻部隊の爆撃を回避中の米艦隊——敵艦隊の位置が遠方だったため、陸攻部隊は戦闘機の掩護なしで単独出撃した。ラバウル占領直後のため、まだ魚雷は到着しておらず、爆弾装備だった。はだかの陸攻隊は、敵戦闘機の邀撃と強力な対空砲火により実に14機が撃墜され、しかも敵に1発の命中弾もあたえられなかった。だが、この攻撃をうけた米艦隊は、ラバウル空襲をあきらめて避退した。画面中央の爆煙は、撃墜された陸攻のものであろう

ましてや九六式艦戦は、さらに航続力が短かったため、わが戦闘機は敵に取り付けなかった。

そこで、もっと敵を引きつけてから、戦闘機の護衛をつけた陸攻部隊で攻撃する案も考えられたが、24航戦司令官は陸攻部隊だけによる反覆攻撃をかけることに決心し、第4航空隊に陸攻隊だけの出撃を命令した。

この命令により第4航空隊飛行隊長伊藤琢蔵少佐の指揮する一式陸攻二個中隊一七機が、一二時二十分にラバウル西飛行場から発進した。当時まだラバウル西飛行場には魚雷が到着していなかったため、これらの陸攻は二五〇キロ爆弾二発と六〇キロ爆弾六発をそれぞれ搭載していた。せっかくの米機動部隊攻撃にさいし、戦闘機の掩護が得られず、また魚雷ではなく爆弾装備を余儀なくされたことから、この攻撃の成果に多くの不安を感じた人もいたようだが、陸攻部隊の搭乗員たちは攻撃の成功を確信し、意気軒昂として進撃していったと伝えられている。

さて、ラバウル目指して進撃していた米第11任務部隊が、二月二十日午前ソロモン群島北方のラバウル東方三五〇カイリの地点に達したとき、空母レキシントンのレーダーは敵味方不明の飛行機三機を発見、ただちにF4F戦闘機を発進させ、これを日本軍の四発飛行艇と確認し、二機を撃墜したが、一機はとり逃がした。

この撃墜された飛行艇が、先に述べた坂井機と、午前六時に発進した哨戒機である。坂井機の報告と米海軍の記録とでは、ラバウルからの米艦隊の距離が約一〇〇カイリも違っている。もし米側の記録が正しければ、零戦の進出距離内にあったことになる。

進撃を続ける我が陸攻隊は、レキシントンの西方七五カイリの地点で同艦のレーダーに捕えられた。日本攻撃隊の出現を知った米軍は、ただちにF4F戦闘機によりこれを邀撃した。

陸攻隊は約二時間の東進飛行ののち、午後二時三十五分にまず第2中隊（九機編成）が敵を発見、ただちに水平爆撃による攻撃態勢に入った。

しかし、この隊は爆撃に入る前に二機が敵戦闘機により撃墜され、残りの七機が爆撃を行なったが、敵艦の回避運動のため一発も命中しなかった。戦闘機の掩護のない我が陸攻は、敵戦闘機の攻撃により潰滅的な打撃をうけ、さらに敵艦の熾烈な対空砲火をうけ、爆撃後に全機撃墜され、第2中隊は全滅して果てた。

一方、第1中隊（八機編成）は、午後三時に敵艦隊を発見し攻撃に移ったが、爆撃前に三機が敵戦闘機に撃墜され、残り五機だけが爆撃を実施した。だが、この爆撃も敵の回避により命中せず、わずかにレキシントンに至近弾をあたえたに止まった。爆撃後さらに一機が撃墜され、けっきょく四機だけが帰途についた。

この戦いで被弾した我が陸攻二機が、レキシントンに体当たりを試みたが、いずれも成功せず海上に墜落してしまった。なお、指揮官伊藤少佐の搭乗機も撃墜され、基地にもどらなかった。

攻撃隊一七機のうち生き残った四機（すべて第1中隊機）は帰途についたが、二機が不時着し、結局わずか二機だけが夕方にラバウル西飛行場に帰投した。このような惨たんたる被害に対し、戦果は帰投した搭乗員から巡洋艦または駆逐艦一隻撃沈、空母一隻大火災、撃墜八機と報告されたが、実際には敵艦は無キズで、撃墜は二機にすぎなかった。

我が方は陸攻部隊の大損害により、第二次攻撃をかけられなかった。一方、米艦隊もラバウル奇襲攻撃が露見し、かつ我が陸攻隊の攻撃を避けるために高速航行を続けたので燃料消費が著しく、ついにラバウル空襲を断念して引き返す破目になった。従って第4航空隊の犠牲的攻撃は無駄とならず、敵のラバウル空襲を阻止することが出来たのだった。

日本側は、この戦いをニューギニア沖海戦と称し、敵空母一隻および艦型不詳一隻を撃沈したと公表したが、実情はすでに紹介したとおりの惨状だった。

米空母機動部隊の反撃

石橋孝夫

昭和十六年十二月七日(現地日時、以下同じ)、日本の機動部隊が去ったとき、真珠湾を離れていた米空母は、ウェーキ島への戦闘機輸送を終えたエンタープライズ(第8任務部隊、ハルゼー中将)がオアフ島の西方二〇〇カイリに、またミッドウェー島へ航空機輸送中のレキシントンが、ミッドウェー島の南東四二〇カイリにあった。これらの部隊には、ただちに日本空母の捕捉攻撃が命じられたが、いずれも成果なく、翌八日中には真珠湾への帰投が命じられた。

一方、十二月八日、空母サラトガが第3の機動部隊を編成すべくサンディエゴを出港、また大西洋にあった空母ヨークタウンは搭載機定数を搭載のうえ、太平洋への回航を命じられた。かくして戦艦部隊は壊滅したとはいえ、米国は高速空母群を無傷のまま保持して、あらたな反撃を企図したのである。

最初の作戦はウェーキ島救援であった。これは真珠湾に向かっていたサラトガが当てられたが、これはサラトガがウェーキ島輸送するためのバッファロー戦闘機一八機とその人員を搭載していたためで、フレッチャー少将が指揮する第14任務部隊を編成することになった。しかしサラトガの入港は十二月十五日で、さらに燃料補給を終わって真珠湾を出港したのは十二月十七日のことだった。

これより先、十二月十四日にレキシントンを中心とする第11任務部隊(ブラウン中将)は真珠湾を出港、フレッチャー中将のウェーキ救援を支援するためヤルートの空襲に向かった。またエンタープライズを中心とした第8任務部隊も十二月二十日に真珠湾を出撃、これも海戦のあった場合に備えて、ウェーキ救援部隊を支援することになっていた。

だがサラトガを中心とする第14任務部隊は、各艦とも一緒に行動するのは初めてで、しかも真珠湾攻撃直後のことで士気もあがらなかった。十二月二十一日、ウェーキ島では飛龍、蒼龍の搭載機が地上攻撃を実施していたころ、サラトガはウェーキ島東方六〇〇カイリの海上にあった。しかしサラトガは駆逐艦に対する洋上給油のため、二十二〜二十三日をついやし、十二月二十三日にウェーキ島に四二五カイリに近付いたのが最後だった。

キンメル大将の罷免により、臨時に指揮をとっていたパイ中将の命令も消極的で、十二月二十三日、フレッチャー中将とブラウン中将に真珠湾への帰還が命じられた。かくして米海軍は日本空母との最初の戦闘の機会を自ら棄てて、去って行った。もちろん、この時にサラトガが飛龍、蒼龍と戦闘を交えていたら、たぶん勝目はなかったであろうから賢明な処置であった。

十二月二十五日、クリスマス当日に新しい太平洋艦隊司令長官ニミッツ大将が就任した。年が明けて新年そうそう、サモア島に対する増援部隊の護衛にエンタープライズと、パナマ運河経由で来航したばかりのヨークタウンが出動した。

これより先、あらたにサラトガを中心として編成

米空母ヨークタウン(ＣＶ‐５)——開戦当時の米海軍最新鋭空母であるヨークタウン級の１番艦で、基準排水量19,900トン、約85機の飛行機を搭載する。開戦時は大西洋艦隊に所属していたが、急きょ太平洋戦線に回航され、本艦を中核として第17任務部隊が編成された(指揮官フレッチャー少将)。この部隊は、昭和17年初頭から米海軍対日反撃作戦の一翼をにない、南部マーシャル諸島攻撃(２月１日)やニューギニア島のラエ、サラモア空襲(３月10日)を行なった

された第14任務部隊（リアリー中将）は、サラトガが一月十二日、ハワイ南西五〇〇カイリの地点で伊6潜に雷撃され、魚雷一本が右舷中央部に命中、乗員六名が戦死、機関室に浸水して速力一五〜一六ノットが限度となった。サラトガは修理と近代化改装のためブレマートンに向かい、ここに第14任務部隊は解隊された。伊6潜はこれをレキシントンと見て撃沈確実と報告している。

昭和17年２月１日、米第８任務部隊の攻撃下にあるウォッゼ島——空母エンタープライズからの戦闘機による空襲に呼応して、スプルーアンス少将指揮する重巡ノーザンプトン、ソートレーク・シティー、駆逐艦１隻が、ウォッゼ島に艦砲射撃を行なった。この海空両攻撃によりウォッゼ島の日本軍は、特設艦２隻沈没、２隻大中破、航空施設破壊炎上などの被害をうけた。画面左の飛行機は、ウォッゼ島の損傷度を写真撮影中の米重巡搭載水上偵察機

　一月二十五日、サモア増援部隊の護衛を終えたエンタープライズとヨークタウン（第17任務部隊、フレッチャー中将）は、初めてマーシャル群島に本格的攻撃を実施することになった。両部隊は一月三十一日までは合同して航行していたが、そこで分離、二月一日にエンタープライズはクェゼリン、ウォッゼ、マロエラップ環礁に空襲をかけた。同時に水上艦艇による砲撃も実施された。

　当時クェゼリンには先遣部隊の第1潜水戦隊（伊9潜以下七隻）、第6艦隊旗艦の香取、特設潜水母艦の平安丸など七隻があり、さらにクェゼリン防備部隊の敷設艦常盤以下特設駆潜艇、特設掃海艇などが在泊していた。同様にマロエップ環礁のタロア島にもタロア防備部隊、ウォッゼのウォッゼ防備部隊にも、特設砲艦以下特設駆潜艇、特設監視艇などが配置されていた。また航空部隊はクェゼリンのルオットに千歳航空隊の九六戦一八機、タロアには千歳派遣隊の九六戦一五機と陸攻九機が主要なものであった。

　エンタープライズ機は陸上基地を爆撃して、艦船に若干の被害をあたえたが、戦果というほどのものはなかった。日本軍も陸攻が反撃をくわえたが、重巡チェスターに爆弾一発を命中させただけであった。

一方ヨークタウンも同時にヤルート、マキン島に攻撃をくわえた。この方面にも防備部隊の特設艦艇と、小数の水偵などがいたのみで有力な部隊はなく、主に陸上基地を攻撃したが、損害も大きく六機の未帰還機をだした。

　このマーシャル空襲と呼応して、レキシントンよ

マーシャル諸島攻撃準備中のエンタープライズ——昭和17年２月１日、ハルゼー中将率いる第８任務部隊は、マーシャル諸島のクェゼリン、ルオット、ウォッゼおよびタロアの日本軍を、エンタープライズの航空機と、重巡および駆逐艦の艦砲により攻撃した。写真は攻撃準備中の光景で、爆弾が飛行甲板上に運び上げられている。この攻撃で、所在の日本艦艇（大部分が特設艦船）若干とかなりの航空機が被害をうけ、米側の喪失機は５機だった

りなる第11任務部隊が、一月二十三日に真珠湾を出撃、ウェーキ島の空襲を目指して航行中、給油艦が伊72潜により撃沈され、燃料補給を絶たれたため作戦を中止し引き返している。

結局、この二月における米空母部隊の最初の日本軍に対する反撃は、実質的な戦果は小さかったが、士気を高め、かつ日本軍に米空母の健在ぶりを認めさせる効果はあった。

先に給油艦の撃沈から、ウェーキ島の攻撃を中心としていたレキシントンを主軸とする第11任務部隊は、ANZAC部隊へ編入されて、クリスマス、カントン、ニューカレドニア方面への船団護衛に従事するため一月三十一日、真珠湾を出港した。

任務終了後、同部隊はブラウン中将の進言したラバウル空襲を実施するため航行中、二月二十日、ラバウル東方三五〇カイリの地点で哨戒中の日本軍飛行艇に発見されてしまった。その日の午後に日本軍の陸攻一七機が来襲したが、戦闘機隊はよく迎撃して、一三機が未帰還機となった。

しかしラバウル空襲は中止され、部隊はソロモン東方に南下、ブラウン中将はラバウル程度の強力な航空基地を襲うには、空母二隻以上が必要と進言した。そのため二月十七日に真珠湾を出港したヨークタウンの第17任務部隊と合同、三月十日、ラエ、サラモアを空襲した。

他方マーシャル空襲よりもどったハルゼーは、あらたにエンタープライズを中心に第16任務部隊を編成、二月十四日に真珠湾を出港、ウェーキ島の空襲に向かった。前回のマーシャル空襲と同じく、スプルーアンス中将の率いる重巡二隻と駆逐艦二隻は、艦載機の攻撃と同時に接近して陸上に砲撃をくわえた。当時ウェーキ島に飛行艇、水偵若干がいて、第26潜水隊（呂61、62潜）と監視艇は洋上にあった。

二月二十四日、ハルゼー部隊は陸上基地を破壊、さらに水偵や監視艇若干に損害をあたえ、マーシャル方面にあった日本海軍の陸攻隊は攻撃のチャンスを失い、ハルゼー部隊はこの後、三月四日には大胆にも南鳥島を空襲して、三月十日、真珠湾に帰投した。

真珠湾以後の日本軍攻勢期に見られた、米空母陣のこのような休むことなき各地への奇襲作戦は、戦果的には目ぼしいものはなかったが、決して軽視できない将来への警鐘を含んでいたように思われた。

米空母エンタープライズ（CV－6）――ヨークタウン級の2番艦。開戦当時には、海軍機輸送任務を終えてウェーキ島から真珠湾への帰途にあったため、わが機動部隊の攻撃をまぬがれた。本艦は第8任務部隊（のち第16任務部隊と改称）の中心的存在であり、猛将として名高いハルゼー中将が指揮官として座乗していた。この部隊は昭和17年初めからの対日反撃作戦において、マーシャル諸島攻撃、ウェーキ島攻撃および南鳥島空襲などを行なっている

▼米空母レキシントン（CV－2）――開戦当時、米海軍最大の空母であるレキシントン級の1番艦で、基準排水量33,000トン、搭載機数は約90機だった。開戦時はミッドウェー島より真珠湾への帰途にあったため、わが真珠湾攻撃隊の餌食とならずにすんだ。本艦を中心としてブラウン中将率いる第11任務部隊が構成されており、対日戦反撃の初陣としてラバウル空襲を企図したが、昭和17年2月10日、わが陸攻部隊の攻撃をうけ（ニューギニア北東沖海戦）、作戦を放棄した。その後、3月10日にヨークタウンとともに、ラエ、サラモアを空襲している

ウェーキ島空襲にエンタープライズ艦上より発進せんとするドーントレス艦爆——各所で攻勢に出ている日本軍を牽制する目的で、ハルゼー中将の第16任務部隊（従来の第８任務部隊を改称したもの）は、昭和17年２月24日に北部マーシャル諸島を攻撃し、エンタープライズからドーントレス艦爆36機とワイルドキャット艦戦６機が攻撃に飛び立った

ウェーキ島を砲撃中の重巡ソートレーク・シティー——ハルゼー提督はエンタープライズ機の空襲とともに、水上艦艇による艦砲射撃も行なうこととし、スプルーアンス中将（直前に昇進）指揮の重巡ソートレーク・シティー、サザンプトン、駆逐艦２隻が、ウェーキ島を砲撃した。だが、若干の陸上施設を破壊し小型監視艇１隻を撃沈したが、沿岸砲台の制圧はできなかった。円内の写真の人物は、ザカリアス艦長

ウェーキ島を攻撃中のドーントレス艦爆——米第16任務部隊の海空からの攻撃により、すでに日本軍の施設に火災が生じている。この攻撃で米軍は小型監視艇２隻を撃沈し、飛行艇３機と各種陸上施設を破壊する戦果をあげ、同島はしばらくの間、基地としての機能を喪失してしまった

通信筒を投下するドーントレス艦爆——ウェーキ島攻撃作戦において、偵察任務からもどった艦爆が、無線封止中のため報告文をエンタープライズに投下した折の光景。ウェーキ島攻撃では米軍はわずか一機の未帰還機を出しただけで、このあと第16任務部隊は三月四日に南鳥島を空襲している。あいつぐ米空母機動部隊の反撃に対し、日本海軍はこれを捕捉撃滅することができず、以後その対策に悩まされることとなった

蘭印攻略作戦／インド洋作戦

蘭印攻略作戦——ボルネオ攻略

タラカン攻略

▲タラカン攻略作戦中の4水戦旗艦・軽巡那珂——タラカンは蘭領ボルネオ北部東岸にある小島で、年産70万トンの石油を産出する油田がある。昭和17年1月11日、蘭印攻略の手始めとして、第4水雷戦隊、第11および第30掃海隊などに護衛された陸軍の阪口支隊と海軍の呉第2特別陸戦隊が、この地に上陸し激戦のすえ翌12日に占領した。だが油田は破壊され、写真のように炎上した。海軍部隊は陸上砲台と交戦して第13および第14号掃海艇を失ったが、オランダ敷設艦プリンス・ファン・オラーニュを撃沈した

修理なり噴油を開始したバリックパパン油田——バリックパパンは蘭領ボルネオ南部東岸にあり、付近に年産100万トンの石油を産出する油田群と精油所があった。タラカンを攻略した我が坂口部隊は、第4水雷戦隊などの護衛を受けて、昭和17年1月24日に上陸し、26日までにバリックパパン市と油田群を占領した。油田と精油所は敵により完全に破壊されたが、わが海軍は驚異的なスピードで復旧し、昭和17年6月から操業を再開した。なお上陸作戦時に米駆逐艦の反撃を受け、バリックパパン沖海戦が起きた

蘭印攻略作戦を目前にして

昭和17年1月7日、カムラン湾における重巡愛宕の艦上風景――マレー方面の英艦隊を撃滅し、フィリピンの作戦も大勢決して、南方部隊本隊の旗艦愛宕はカムラン湾で最良の正月を迎えた。写真は内地からとどいた郵便物を配布している状況を写したもの。本艦は、このあと蘭印攻略作戦におもむいた

カムラン湾に停泊中の重巡最上――昭和16年12月29日から翌年1月8日までの期間に、撮影されたものと思われる艦影。本艦が所属する第7戦隊は、当時マレー攻略作戦に従事していたが、これから約40日後にバンカ、パレンバン攻略作戦に参加したのを皮切りに、蘭印西部の攻略作戦で主力部隊として奮戦した

▲▼金剛艦上よりのぞんだ重巡愛宕——昭和16年12月29日から翌年1月8日までの期間に、仏印のカムラン湾で写されたものと推定される、南方部隊旗艦愛宕の艦影である。マレーとフィリピン攻略の山をこえた南方部隊所属の各部隊は、昭和16年暮にすでに蘭印攻略の態勢に転換をおえ、愛宕は1月8日にカムラン湾を出撃、その後パラオに進出し、ここから蘭印攻略におもむいた。上写真の遠方には最上型重巡が停泊しており、また下写真の手前に一部分見えているのは、高速戦艦金剛である

日本軍初のメナド空挺降下

木俣滋郎

メナドに降下する海軍落下傘部隊——メナドはセレベス島の北端に位置し、港と飛行場があり、蘭印攻略のため確保が必要であった。昭和17年1月11日、わが軍は海空からのメナド攻略を開始し、ランゴアン飛行場奪取のため、堀内豊秋中佐指揮する横須賀第1特別陸戦隊第一次降下戦闘員334名が、27機の輸送機から降下し成功をおさめた。これは日本陸海軍を通じて史上初の降下作戦であった

日本軍がスマトラ、ジャワの進攻作戦をする前に、どうしても占領しておかねばならなかったのが、セレベス島攻略だった。その中心のメナド市には約一、五〇〇名のオランダ守備隊がいるほか、小さな飛行場もあった。

この飛行場はオーストラリアへの中継基地にすぎなかったのだが、このランゴアン飛行場には、たまたま旧式な米グレン・マーチン双発爆撃機B-10型が在ったのがいけなかったのだ。

日本側はこれを新型のコンソリデーテッドB-24リベレーターと見誤ったため、メナド市の価値を実際以上に見てしまった。ましてや市の郊外カカスの町には、ドルニエ24型やカタリナ飛行艇用の水上基地とガソリンタンクもあった。メナドのオランダ軍にとっては実力を過大評価され、迷惑千万であったろう。

もしメナドに強力なオランダ空軍の基地があるのなら、これに向かう我が進攻船団が危ういことになる。そこで佐世保第1、第2特別陸戦隊が、海から島の北方に上陸するのにタイミングを合わせ、横須賀第1特別陸戦隊（パラシュート部隊）を南の敵ランゴアン飛行場に降下させ、敵機が舞い上がるのを阻止することとなったのである。

それは日本軍が行なう史上初のパラシュート降下であった。昭和十五年ドイツ軍がデンマークやオランダに落下傘部隊を降下させたことが刺激となり、日本海軍も陸軍もそれぞれ別個に開戦一年前から、こっそりと落下傘部隊を編成、訓練していたのである。

しかしパラシュート部隊という言葉は秘密だったので、横須賀第1および第3（第3はメナドに降下せず）特別陸戦隊と呼ばれた。

彼らは降下訓練と陸上戦を千葉県館山の砲術学校で身につけた。横須賀第1特別陸戦隊は一個大隊であり、本部と二個中隊よりなっていた。メナドへの降下は二回にわかれて行ない、第一次は三三四名、第二次七四名である。指揮は堀内豊秋中佐がとった。

彼は戦後、部下の残虐行為の罪を一身に背負って軍事裁判をうけ、刑場のツユと消えた。

パラシュート部隊の弱点は軽装備とならざるを得ぬため、重火器のないことだった。つまり士官は口径九ミリ六連発の一九一〇年型ブローニング拳銃、兵士は三八式六・五ミリ騎兵銃を持つだけである。騎兵銃は歩兵銃より三一センチ短いから、降下のさい都合がよい。八九式手榴弾は一人二発ずつ持った。

チェコ式を真似た九六式六・五ミリ軽機は一個中隊につき六〜七梃、つまり二〇人に一梃の割だ。九二式七・七ミリ重機は一個中隊につき二梃、つまり計四梃のみ。また直径五センチの八九式重擲弾筒（ミニ迫撃砲）は計一三本。べつに通信隊一四名はTM型軽便電信機二と航空機用の空2号電信機一基を持って降下する。第3航空隊の九八式陸上偵察機（陸軍の九七式軍偵察機と同型）はすでにメナドの防衛状況を偵察済みであった。

昭和十七年一月十日の朝六時半、第一次降下隊は九六式輸送機二七機に分乗、南フィリピンのダバオを離陸した。九六式双発輸送機は九六式陸上攻撃機を輸送機化したもので、まだ零式輸送機（ダグラスDC3型）は充分、数が揃わなかったのである。

この出撃には第3航空隊の零戦五四機が護衛についた。ところが途中、水上機母艦瑞穂の零式水上観測機がパトロール中、敵と見誤って輸送機一機を撃墜してしまった。とんだ味方打ちである。そのため搭乗員五名と降下兵一二名が死んだ。

飛行三時間二十二分たったときブザーが鳴った。「降下開始！」である。高度はわずか一五〇メートルで、全部の機材を投下するのに三〇分近くかかり、朝十時二十分に完了した。

オランダ軍は日本の落下傘降下を、薄うす感付いていたらしい。あちこちに障害物を立てたり、杭を打

投下された兵器梱包を解く降下隊員――わが降下部隊に対するオランダ軍の射撃は、猛烈をきわめた。降下部隊は、三八式騎兵銃、拳銃、手榴弾を主体に、若干の機関銃、重擲弾筒などを持つ軽装備だったが勇戦敢闘し、降下後約1時間半で飛行場一帯を制圧してしまった。その後カカス市街と水上機の基地をも戦闘で奪取したが、わが方の被害は、戦死20、負傷32人にすぎなかった。写真は館山基地での訓練風景

ったりしていたのである。飛行場の守備兵は約四〇〇名で我が方と大差なかったが、滑走路の西方に七・九二ミリ機銃八基を配置し、さらに軽装甲車二両を両側に置いて手ぐすね引いて待ちかまえていた。この装甲車は英カーデンロイド社系のもので、砲はないが七・七ミリ機銃を付けていた。

　トーチカと装甲車の機銃に射ちすくめられ、降下した隊員は身動きもできなかった。隊員は降下直後、巨大な傘に引きずられているときが一番危なく、犠牲になりやすい。彼らはピストルを片手にじっと身を伏せているほか仕方がなかった。ピストルだけでは思うように反撃できない。だが、やがてじりじりと接近をはじめた。一兵長が手榴弾をトーチカの銃眼に投げ込んで沈黙させると、ようやく日本側は元気付いた。彼らは広く散開して陣形をととのえたが、装甲車一台が背後から現われた時には肝を冷やした。

　九四式三七ミリ速射砲（対戦車砲）はパラシュートでは降ろせないので、九七式大型飛行艇に一門だけ積み、飛行場の北東トンダノ湖に着水することになっていた。だが、この時は手元に砲はない。しかし、どうやら機銃と手榴弾だけで装甲車を捕獲することができた。

　オランダ兵は日本軍の降下兵の数が予想より多かったので動揺したのであろう。もちろんこの中には弾薬や機銃の箱だけのものもあったのだが、一八九五年型（わが三八式歩兵銃より一〇年古い）六・五ミリ、マンリッヘル騎兵銃を放り投げて、逃げ腰になる者もいた。午前十一時二十五分には飛行場一帯を手中に収め、午後二時五十分にはメナド市街を完全に占領した。

　一時間後、カカス水上機基地への攻撃が開始された。そこには一五〇名の敵兵が速射砲一門を持って守っていた。だが彼らは火を放ってトラックに乗り、山の中に逃亡してしまった。

　意外に占領が簡単だったのは、浜辺に佐世保第**1**、第**2**特別陸戦隊が上陸を開始したため、敵はすっかり戦意を失ってしまったのであろう。降下部隊は地上戦で二〇名の戦死者と三二名の負傷者を出した。

　第二次降下部隊は翌一月十二日、輸送機一八機から降下して主力と合流した。また降下部隊は、この日の昼、海から上陸した佐世保特別陸戦隊の戦車とトムパソ村で連絡をとることができた。

　この作戦での死傷者があまりにも多かったので第二回目の作戦は二の足をふんだ。しかし、一ヵ月後、再度、チモール島クーパン飛行場に降下したのである。

　陸軍落下傘部隊も、とうじ降下作戦を企画していたが、先を越されて面白くなかったのであろうか、大本営陸軍部では「スマトラのパレンバンへ二月十四日、陸軍落下傘部隊が初降下するまで発表を待ってくれ」と海軍部へ申し入れたといわれる。

　まさに陸海軍の対抗意識まる出しで、つまり日本海軍初のメナド降下の発表は一ヵ月余も伏せておかれたのである。

メナド市街に突入する海軍陸戦隊――海上からのメナド攻略は、第2水雷戦隊司令官田中頼三少将指揮のもとに、第15駆逐隊、第21掃海隊および第1駆潜隊により護衛された、佐世保連合特別陸戦隊により行なわれ、落下傘部隊の降下と同じ日に上陸作戦が行なわれた。同隊麾下の佐世保第1特別陸戦隊は、メナド市南および北の海岸に上陸し、約4時間半の戦闘で同市を占領した。写真は市内で作戦中の光景。なお上陸部隊は、翌1月12日に降下部隊と連絡できた

スマトラ攻略

パレンバン炎上

燃えしきるパレンバンの石油タンク群——ムシ河上から撮影したもの。パレンバンはスマトラの重要な油田地帯でムシ河の上流に位置する。この地には昭和17年2月14日、陸軍の落下傘部隊が降下し、日本側の手に落ちたが、それに呼応してムシ河からも陸海両軍の部隊が作戦した。ここの精油所はBPM精油所といい、南方随一の設備を誇っていた

バンカ泊地で重巡羽黒から給油を受ける特型駆逐艦——昭和17年2月2日に撮影したもの。駆逐艦は漣か潮のいずれかだが、漣の可能性の方が強い。バンカ泊地はスマトラの東岸沖のバンカ島にある泊地である。バンカ島はこの月の19日に陸軍部隊が占領するので、写真は同島占領前のスナップということになる

空から見た炎上中のパレンバン――石油タンクの燃える黒煙がものすごい。写真は昭和17年2月15日、空母龍驤搭載機が撮影したものである。画面左端に九七式艦上攻撃機の一部が写っている。こうした石油タンクの破壊は連合軍が日本側にわたすまいと計画的に行なったのだが、全施設を炎上させることはできなかった

日本側が占領したのちのパレンバン飛行場――パレンバンに対する空挺作戦は飛行場を主、精油所を従として行なわれた。降下した部隊は陸軍の第1挺進団（挺進第2連隊主力339名）である。敗残の身をさらす敵航空機は実にさまざまな機種からなっており、その中にはホーカー・ハリケーン戦闘機やロッキード・ハドソン爆撃機の姿も見える

ジャワ南方機動作戦出撃前夜

昭和17年２月21日、セレベス島スターリング湾に入港した榛名――本艦は、僚艦金剛とともに開戦とうじ南方部隊に編入され、マレーおよびフィリピン攻略作戦の支援任務に当たっていたが、蘭印攻略のため南方部隊に増援にかけつけた機動部隊に編入されて、空母群の直衛任務につくこととなった

〈右ページ上〉ジャワ南方機動作戦実施のため、昭和17年２月21日スターリング湾入港直前の第３戦隊――南方部隊本隊旗艦の重巡愛宕のより撮影した高速戦艦群で、比叡、霧島、榛名、金剛の順で航行している。第３戦隊は、開戦時に２隻ずつ分割されて機動部隊と南方部隊に配属されて作戦したが、２月８日にパラオで合同し、開戦いらい初めて全艦一緒に行動することとなった。後方には２月19日にポートダーウィンを空襲してスターリング湾に向かう、機動部隊の空母赤城、加賀、飛龍、蒼龍が見える

▶スターリング湾に集結した機動部隊（その１）――昭和17年２月22日ごろ、南方部隊主隊旗艦愛宕より、ジャワ南方機動作戦準備中の我が艦艇をのぞんだ光景。左より重巡筑摩、空母蒼龍、日本丸級の給油艦、空母飛龍、重巡高雄の順に停泊しており、南方部隊本隊の高雄以外は南雲機動部隊の所属である

スターリング湾に集結した機動部隊（その２）―― 昭和17年２月22日、第５戦隊がスターリング湾に入港した折に、すでに前日入港していた南雲機動部隊の威容を重巡羽黒の艦上より撮影したもの。中央の空母は、手前が２航戦の蒼龍、後方は１航戦の加賀、右手遠方の艦は、一足先に入港をすませた５戦隊の重巡那智

スターリング湾に集結した機動部隊（その３）——昭和17年２月21～25日の期間に、重巡愛宕の水偵が撮影したもので、南雲機動部隊と南方部隊主隊の大部分が望見される。画面左遠方より軽巡阿武隈（１水戦旗艦）、その手前が戦艦金剛、すこし離れて比叡（３戦隊旗艦）、その右方が霧島。中央の空母群は、左から赤城（機動部隊旗艦）、加賀、蒼龍。蒼龍の後方左右に重巡筑摩と利根が、また手前に重巡愛宕（南方部隊旗艦）と高雄が停泊しており、そのほか駆逐艦や給油艦が点在している

▼スターリング湾に集結した機動部隊（その４）——右ページ下写真から一瞬後の時点に、同じく蒼龍と加賀（左端）を写したもの。蒼龍の飛行甲板後部には、九九式艦爆が並べられている。南雲機動部隊はスターリング湾への進出に先立ち、２月15日にパラオを出撃して19日にオーストラリアのポートダーウィンを空襲し、潰滅的な打撃をあたえた

スターリング湾に集結した機動部隊（その５）――昭和17年２月22日（推定）重巡羽黒からのぞんだ光景で、左は空母加賀、右に金剛型の高速戦艦２隻が見える。加賀はスターリング湾への進出前に、パラオで暗礁に触れて艦底に軽微な損傷を受けたが、乗員の手で応急修理を行ない蘭印攻略作戦に参加したもの。南雲機動部隊は、これから３日後の２月25日に、ジャワ南方機動作戦を行なうためにスターリング湾から出撃した

重巡愛宕の艦橋風景（その１）――南方部隊本隊は、機動部隊のあとを追って昭和17年２月15日スターリング湾を出撃し、ジャワ島南方海面での機動作戦を実施した。写真は２月28日、バリ島南方海面で索敵航海中の愛宕の艦橋を写したもので、手前のデッキチェアーに腰掛けているのは、南方攻略作戦の指揮をとる第２艦隊司令長官近藤信竹中将

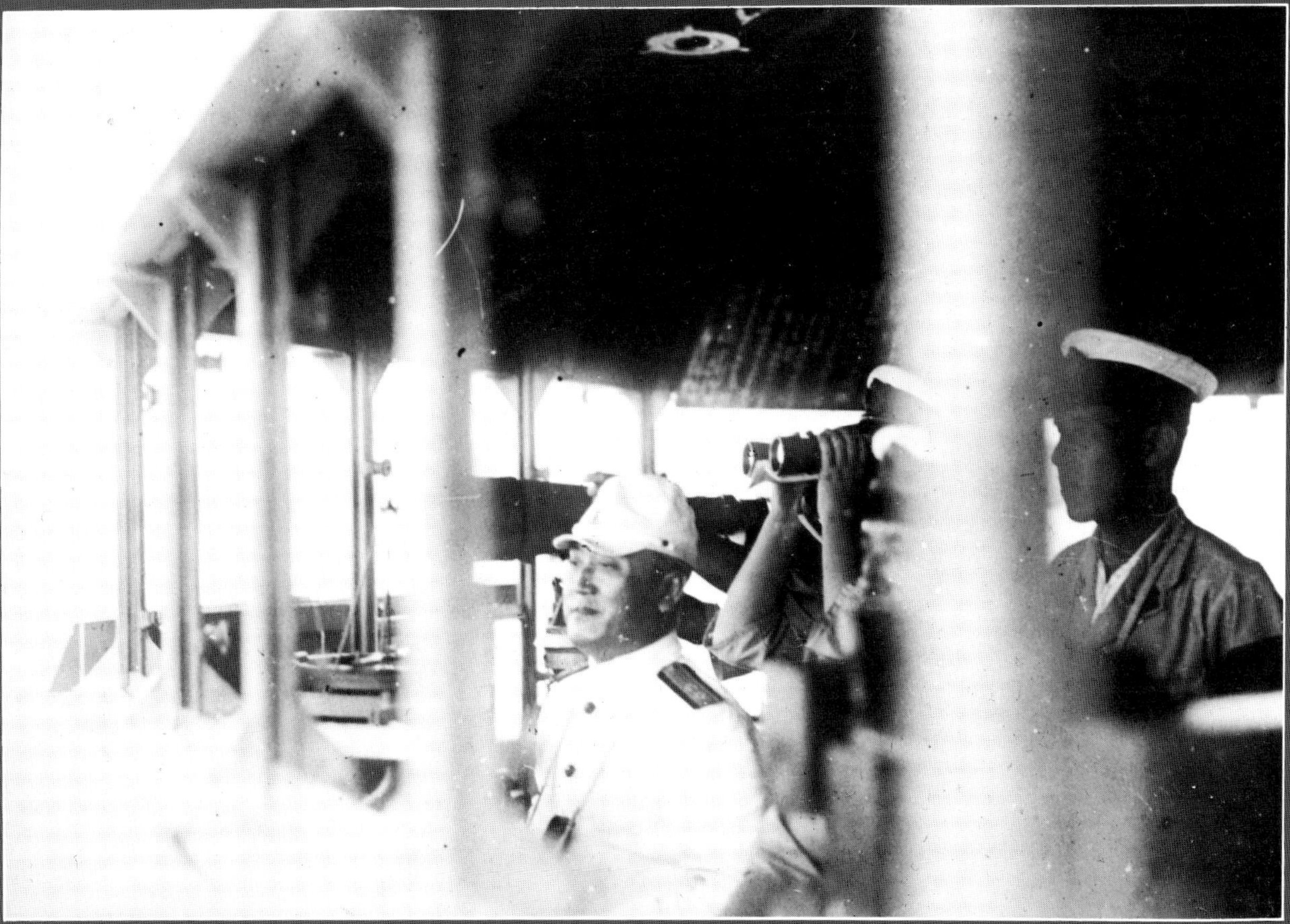

重巡愛宕の艦橋風景（その２）――ジャワ南方機動作戦での南方部隊本隊は、重巡愛宕、高雄、摩耶、駆逐艦嵐、野分、早潮の６隻で構成されており、昭和17年３月１日にはチラチャップ南方海面70カイリ付近の海面に達し、ジャワ島より脱出して来る敵艦船への攻撃を開始した。写真は、この日の愛宕の艦橋で、近藤長官以下全員が左舷を注視している

昭和17年３月４日夕方、オランダ商船（左方）の拿捕におもむく重巡高雄――この日、南方部隊本隊はチラチャップ南方280カイリ付近にあり、オーストラリア護衛艦、英掃海艇各１隻、商船２隻を撃沈し、ほかに商船２隻を捕獲した。写真の船は、オランダの武装商船で、乗船していた多数の兵員もろとも拿捕したもの。この日をもって南方部隊本隊は作戦を終了したが、この作戦で艦船６隻撃沈、商船１隻撃破、商船４隻拿捕の戦果をあげた

ジャワ沖海戦

ジャワ沖海戦でわが航空部隊の攻撃を受ける連合国水上部隊——昭和17年2月4日、索敵任務についていた我が陸上攻撃機の1機は、ジャワ沖で連合国水上部隊を発見、陸上攻撃機57機からなる攻撃部隊は敵艦隊に殺到した。写真は米軽巡マーブルヘッドと重巡ヒューストンが爆撃されているところ。攻撃に参加した我が陸攻部隊は鹿屋航空隊、高雄航空隊および第1航空隊の所属機であった

ジャワ沖海戦に参加したオランダ駆逐艦——ほとんどシルエット状態なので個艦名はわからないが、ウイッテ・デ・ウイット級であることは間違いない。このクラスは基準排水量1,316トンで、わが艦隊型駆逐艦に比べてかなり見劣りするものであった。本海戦における連合国勢力は米重巡1隻、蘭軽巡2隻、米軽巡1隻、米駆逐艦4隻、蘭駆逐艦4隻の計12隻である

ジャワ沖海戦直後の米軽巡マーブルヘッド——本艦は同海戦で爆弾を喫したが、写真はジャワのチラチャップに帰投した折のスナップである。直撃弾は２発だが、他に至近弾４発を被っている。写真では艦尾の損傷具合が良くわかる。他に右舷前部と艦首を損傷したが、艦首のそれは至近弾によるものである。人的被害は戦死15名、戦傷34名

ジャワ沖海戦後のチラチャップ港内風景——写真は映画フィルムからの一コマで、米軽巡マーブルヘッドの戦傷者を病院列車に移送しているところである。画面右手に同艦の七・六センチ単装高角砲が三基見える。また右上に写っている艦は米重巡ヒューストンだが、こちらもジャワ沖海戦で直撃弾一発を被っている

基地航空隊の艦船攻撃

阿部安雄

龍驤の艦攻隊は昭和17年２月15日、バンカ島東方のガスパル海峡で英巡エクゼター型を発見、これを攻撃したが、高速の軍艦に対して水平爆撃を行なったため、命中弾をあたえることができず逃がしてしまった。写真は高度　3,000メートルから弾着後約10秒たったときのもので、英巡は間一髪で弾着をかわしたところである

蘭印攻略の基地航空隊は、東正面と西正面の二つの作戦部隊にわかれていた。東正面作戦部隊は、当初、比島攻略に従事していた11航艦の主力で、21航戦（鹿屋空支隊、東港空、1空）と23航戦（高雄空、台南空、3空）とで構成されていた。

この部隊は昭和十六年十二月二十三日から比島のダバオ、ホロなどを基地として、東部蘭印各地の敵航空兵力撃滅、艦船攻撃、地上施設の制圧・破壊などの作戦を展開し、次の各地に進出していった。バリックパパン（蘭印ボルネオ、十七年一月二十三日）、ケンダリー（セレベス、二十四日）、アンボン（三十一日）、マカッサル（セレベス、二月九日）、バリ（十九日）、クーパン（チモール、二十日）。

そして二月三日から、ジャワ島東部スラバヤ方面の航空撃滅作戦（Z作戦）を開始し、数日で敵空軍を潰滅した。その後は主として23航戦が約三週間にわたる反覆攻撃を行ない、同方面の敵機を完全に駆逐し、地上施設や艦船にも大損害をあたえた。また21航戦は、主にスンダ列島、豪北西部、ニューギニア北西部に対する攻撃を担当し、二月十九日には、豪ポートダーウィンを空襲している。

一方、西正面作戦部隊は、マレー部隊所属の22航戦と増強部隊（美幌空、元山空、鹿屋空本隊）で、一部の隊がマレー攻略作戦中の十六年十二月下旬にミリ（英領ボルネオ）に進出し、蘭印作戦をはじめた。

翌十七年二月初旬にはクチン（英領ボルネオ）を基地として南部スマトラ、西部ジャワに対する航空戦をスタートし、二月中旬パレンバン（南部スマトラ）攻略後、ゲルパンとバンカ（南部スマトラ）を基地として、二十五日からバタビアを中心としたジャワ西部の攻撃を開始し、敵航空機、艦船、地上施設に打撃をあたえた。

なお、美幌空いがいの西正面作戦部隊は、二月二十一日に11航艦に編入され、蘭印攻略基地航空部隊は、すべて11航艦の統一指揮のもとに作戦することとなった。

このように東西両正面からの航空攻撃で痛めつけられたジャワ島連合軍は、わが陸軍部隊の上陸（三月一日）、進撃に対し九～十二日にあい次いで降伏し、ここに基地航空隊の作戦は終了した。

この間に実施された主な艦船攻撃には、次のような戦いがあった。

●ジャワ沖海戦＝昭和十七年二月四日朝、東正面作戦部隊のわが索敵機は、日本軍迎撃のためマカッサル海峡に向けてバリ島北方海面を進撃中の連合国艦隊（重巡一、軽巡二、駆逐艦八）を発見した。この報告によりスラバヤ方面の爆撃に向いつつあった鹿屋空の一式陸攻二七機、高雄空の一式陸攻九機、1空の九六式陸攻二四機が、ただちに敵艦隊目指して殺到した。

鹿屋空陸攻隊が、午前十一時十五分にまず敵艦隊を発見してこれに爆撃を行ない、ついで高雄空、1空の順に爆撃をくわえた。

この攻撃で米重巡ヒューストンが、二五〇キロ通常爆弾一発の命中により後部砲塔大砲（1空戦果）、米軽巡マーブルヘッドが二五〇キロ通常爆弾二発命中、至近弾四発により前部火災、艦首破損、舵機故障（鹿屋空戦果）、蘭軽巡のデロイテルが挾叉弾により対空射撃指揮装置破壊

日本軍機の航空攻撃を受ける連合国艦隊——昭和17年２月15日、ガスパル海峡における戦闘シーンである。右手の艦は旗艦のオランダ軽巡デロイテル、左手の２隻のうち右側は同じくオランダ軽巡トロンプ。この時の連合国艦隊の構成は重巡１隻、軽巡４隻、駆逐艦８隻であったが、彼らはたいした被害を受けなかった

（1空戦果）しただけで、撃沈艦は無く、わが方の損害は、一式陸攻一機が被弾自爆した。

翌五日、わが索敵機はバリ島の西南西一五〇カイバリの地点で避退中の敵艦隊を発見したが、通信不良により攻撃隊にこの報が伝わらず、ついに追撃の機を逸し、連合国艦隊は八日にチラチャップに帰投した。日本側にとり不本意な戦いといえよう。

●チモール海での敵船団攻撃――昭和十七年二月十五日午前十一時、わが九七式飛行艇（東港空）はポートダーウィン西方のチモール海上を西進中の敵船団を発見した。これはチモール島防衛強化の部隊を運ぶ船団で、米重巡ヒューストン、米駆逐艦二隻、豪コルベット二隻、大型輸送船二隻、小型輸送船二隻で構成されていた。

翌十六日午前十時四十五分から約一時間、東正面作戦部隊に属する東港空の九七式飛行艇一〇機と、1空の九六式陸攻三五機が敵船団に爆撃をくわえたが、その結果は芳しくなく敵輸送船三隻大破と報告された。鹿屋空支隊の一式陸攻二七機も攻撃に出撃したが、天候不良のため敵を発見できなかった。前記の報告戦果でも期待を大きく裏切るものであったが、実際には、輸送船一隻に至近弾一発をあたえただけで、無傷の敵船団はポートダーウィンに引き返した。

●L作戦における敵艦船攻撃――バンカ、パレンバン攻略作戦（L作戦）における西正面作戦航空部隊のバンカ方面敵艦船索敵攻撃は、十七年二月十一日から開始された。

十一日は美幌空隊の陸攻が巡洋艦三隻、駆逐艦一隻、商船二隻と思われる敵を爆撃し、巡洋艦一隻と商船二隻撃破と報告された。十二日は元山空の陸攻一七機、美幌空の陸攻二六機、鹿屋空本隊の陸攻二七機の合計七〇機が、巡洋艦一隻、駆逐艦三隻、特務艦二隻、商船三隻と見られる敵を爆撃し、巡洋艦、特務艦、商船各一隻撃破と報じられた。

十三日は元山空二七機、美幌空二八機、鹿屋空本隊二七機の合計八二機の陸攻が、駆逐艦一隻、特務艦一隻、商船十数隻に対して爆撃をくわえたが、商船一隻撃沈、一隻大破の戦果しかあげられなかった。十四日は元山空二七機、美幌空二九機、鹿屋空本隊二七機の陸攻が、駆逐艦一隻、敷設艦四隻、特務艦三隻、商船八隻に爆撃を行ない、敷設艦二隻、商船四隻撃沈、敷設艦一隻、商船四隻撃破の戦果を報告した。

十五日には、ドールマン提督指揮する巡洋艦五隻、駆逐艦八隻がガスパル海峡を北上するのを発見、空母龍驤の艦攻隊の四次にわたる爆撃と併行して、元山空二三機、美幌空二七機、鹿屋空本隊一七機があい次いで爆撃したが、まったく命中弾が得られなかった。敵は駆逐艦二隻が大破され退却したが、この戦果は龍驤機によるものである。

このように、L作戦における基地航空隊の艦船攻撃成績はきわめて不良で、大問題となった。

●ラングレーの撃沈――昭和十七年二月二十七日、東正面作戦の航空部隊は、バリ島の西三六八カイリの地点で、ジャワ島チラチャップに向けて戦闘機を輸送中の米水上機母艦ラングレーと米駆逐艦二隻を発見、高雄空の一式陸攻一六機が同日昼すぎにこれを爆撃した。これにより二五〇キロ三発と六〇キロ三発の陸用爆弾が命中し、午後一時四〇分にラングレーは沈没した。

以上の数例からも明らかなように、蘭印攻略作戦における基地航空隊による艦船攻撃の成績は、期待を裏切るものであった。これは、あい次ぐ航空基地の推進に対し魚雷の整備が追いつかなかったこと、爆撃照準器の精度が悪かったこと、戦地において爆撃訓練が充分に行なえなかったことなどに原因があるものと思われる。

ともあれ、この作戦で我が基地航空隊の艦船攻撃能力に暗影が投じられ、ついに終戦までマレー沖海戦のような大戦果を二度とあげることは出来なかった。

米水上機母艦ラングレーの救難作業――昭和17年2月27日、戦闘機輸送任務についていたラングレーは、わが陸上攻撃機隊によってジャワ南方海域で撃沈された。写真は沈没直前の姿で、その左手には米駆逐艦エドソールが写っている。攻撃に出動したのは高雄航空隊の陸攻16機である。なおそばによりそうエドソールの方も、この2日後に戦没した

攻勢から守勢へ ポートダーウィン航空戦

――多賀一史

昭和十七年一月三十一日、第一段作戦の順調な進行にともない、連合艦隊はシンガポール、ジャワ方面の連合軍がオーストラリアに退路を求めることを予想し、その退路を断つ作戦を南方部隊指揮官近藤中将に命じた。

ポートダーウィン爆撃より帰投する第1航空隊――ポートダーウィンはオーストラリア北部の港であるが、マレー、ジャワに近く、日本軍に追われた連合軍の退路となっていた。このため連合艦隊はその退路を断ち、連合軍を撃滅するためにポートダーウィンの攻撃を決定した。写真は4月下旬の攻撃時の撮影と思われる

近藤長官は11航艦の陸攻隊と機動部隊の同時攻撃で、オーストラリアのポートダーウィンを攻撃する作戦をたてた。二月十日、3空の陸偵一機がポートダーウィンを隠密偵察して二ヵ所の飛行場と約二五機の飛行機を認めた。この情報にもとづき機動部隊は二月十五日パラオを出撃、十九日〇六二二、四隻の空母から一八八機の攻撃隊が発進を始めた。

当時のポートダーウィンの様子は、指揮官淵田中佐の言葉によれば「片田舎の一寸した町という感じ……港湾施設といっても、一本の貧弱な桟橋と、岸壁に多少の家がある程度で、その他は今さかんに工事中の燃料タンクだけであった。近郊にはそうとう広い飛行場があったが、小さな格納庫が二つ三つあるきりで、目ぼしい基地施設は見当たらなかった。……大薙刀を振り上げながら、私はまたしても内心で、連合艦隊司令部は何を勘違いしているのだろうと思った」と。

またしても、とは米海軍を放り出してラバウル、ポートダーウィンなどの小目標に、世界一の機動部隊を手軽に使っていることへの不満だったのである。

攻撃は八時から九時にかけて行なわれ、充分な戦果をあげたとされ、攻撃は一回で打ち切られた。しかし、この〝片田舎の町〟が実はなかなかのクセモノだったのである。

この日、機動部隊の攻撃が終わった一時間半の後、鹿屋空と1空の陸攻五四機がポートダーウィン飛行場を空襲、爆弾は全飛行場を覆った。日本軍はこの攻撃でポートダーウィンの機能は早急には回復されないであろう、と判断した。

四月上旬、第二段作戦に入った連合艦隊は、オーストラリア北西部の制圧は「兵力をなるべく損耗しないようにして、敵に進攻の徴候があれば、これを叩く」ことに方針を変更した。

ところが意外にはやく兵力を回復したポートダーウィンの航空兵力により、クーパンの高雄空がたびたび攻撃されたので、四月二十五日、高雄空陸攻二四機と3空零戦隊一五機をもってポートダーウィンの攻撃を行なった。

爆撃により地上にあった十数機の飛行機を破壊したが、米軍のP-40二五機の迎撃をうけて自爆四機、不時着三機、被弾二〇機という大損害をうけてしまった。これに対しP-40を一二機撃墜したが、護衛戦闘機の不足が最大の原因であったことは明らかで、二十七日の再攻撃のおりには、高雄空陸攻一六機に対し3空の零戦二一機が護衛についた。このため二十七日の被害は陸攻一機の自爆のみであった。

このような日本軍の攻撃に対し、英空軍はオーストラリアに対し新鋭のスピットファイアの一隊を急きょポートダーウィンに送ってきた。この飛行隊のパイロットはすべてオーストラリア人であり、しかもヨーロッパでドイツとの戦闘の経験を持つ者ばか

りだった。彼らは日本軍の来襲を腕をなでながら待っていたのである。

スピットファイアの増援に力を得た英軍は、クーパン、アンボンなどの日本軍基地に対して、連日のように少数機での攻撃をかけてくるようになった。

五月初旬、いつものように二一機の陸攻と零戦三二機がポートダーウィンの上空に達すると、P-40のかわりに三二機のスピットファイアが迎撃してきた。この機はMk5型で時速五九〇キロと零戦二一型よりも時速が七〇キロも優速であった。

これらのスピットファイアはレーダー誘導により理想的な迎撃をしたが、零戦との激しい空中戦で一三機が撃墜されてしまった。英軍はこれにショックをうけ、目標を爆撃機にしぼった一撃離脱に変えていったため、日本側もそうとうに悩まされることになった。

当時ポートダーウィンの攻撃は、クーパンの高雄空陸攻隊と海軍戦闘機の名門である3空の零戦隊によって行なわれていたが、直線距離で四五〇マイルもあり、しかも途中にまったく島がないため戦闘機にとっては楽な攻撃ではなかった。

しかし、これは英軍側にとっても同じであり、ロッキード・ハドソン軽爆なども、あるいは日本軍以上に決死的な攻撃であったかも知れないのである。

日、英たがいに決定的な戦果をあげられないままに消耗戦になっていった四月の頃、クーパン上空で撃墜された英軍爆撃機のパイロットの一人が、飛行場に忍びこみ零式輸送機を乗り逃げしようとしたことがあった。

この零式輸送機はダグラスDC-3の日本版であったので、何とか操縦できると思ったのであろうが、エンジンがかからなかった。その彼は再び飛行場から抜け出し、潜水艦によってオーストラリアまで脱出したという。

八月二十三日、このような攻防に終止符が打たれることになった。この日、高雄空の陸攻二七機と3空の零戦二七機は、いつものようにポートダーウィンに向かった。零戦隊の指揮は3空編成いらいのベテラン戸梶忠恒大尉（海兵六四期）であった。

攻撃隊がポートダーウィンに六〇マイルほどに近づいたとき、P-40を中心とした戦闘機約四〇機の迎撃をうけて乱戦となり、たちまち陸攻一機が自爆した。零戦は十数機を撃墜したが、空戦中、不運にも戸梶大尉の小隊三機の零戦が一瞬のうちに空中衝突し、火の玉となってしまった。

残った機はそのままポートダーウィンに進入、飛行場を爆撃し全弾命中の戦果をあげた。しかし歴戦の中隊長を失った痛手は大きく、当分のあいだポートダーウィン攻撃は夜間のみとされ、昼間強襲は中止されたのである。

ポートダーウィン攻撃は、初め敗走する連合軍退路を断つという攻勢作戦であったが、まもなくポートダーウィンを基地とする敵の攻撃を防ぐ、という守勢作戦に変質していってしまった。

ところが日本軍はこの変化を充分に把握できず、中途半端な攻撃を繰り返して、ずるずると消耗戦にまきこまれていった。そしてインド洋作戦当時のような、栄光の日々はついに帰ってこなかったのである。

ポートダーウィン攻撃の第一撃は機動部隊によって行なわれた。2月19日、188機の攻撃隊はポートダーウィン上空に達したが、ほとんど目標もなく港内の艦船と基地施設を爆撃したものの、攻撃隊指揮官の淵田美津雄中佐は「これでは目標が食いたりない……」と思ったという

▼陸攻隊の爆撃をうけるポートダーウィン飛行場——この飛行場は港の東にあり、かなりの戦闘機を集中し日本軍の攻撃に対して激しい迎撃を行なった。毎日の空襲で多くの被害をうけながらも戦闘機の補充をつづけ、ついに日本軍の攻撃を一時断念させたほどであった

バリ島沖海戦

スラバヤの乾ドックで横転した米駆逐艦スチュワート——本艦は昭和17年2月20日、バリ島沖海戦で日本駆逐艦の射った12.7センチ砲弾が舵取機械室に命中、小破した。海戦後スラバヤの乾ドックで修理中だったが、2月24日の空襲で写真のような有様になった。ちなみに本艦はのちに日本側に捕獲され、改修のうえ第102号哨戒艇となり、旭日の軍艦旗を掲げて活躍した

米駆逐艦スチュワートの数奇な生涯

梅野和夫

米駆逐艦スチュワート（DD-224）は、米海軍が第一次大戦中から戦後にかけて、じつに二七九隻の大量建造を行なった四本煙突、水平甲板型駆逐艦である。第二次大戦初期のバリ島沖海戦で損傷し、スラバヤで自沈したが、その後、日本海軍の手で復旧され、哨戒艇として米海軍を相手に二年間戦い、終戦後ふたたび米海軍の手にもどるという数奇な一生を送った駆逐艦である。

スチュワートは水平甲板型駆逐艦の最後のタイプである、クレムソン級の一艦として一九一九年九月九日、フィラデルフィアのウィリアム・クランプ造船所で起工され、第一次大戦終了後の一九二〇年九月十五日竣工した。基準排水量一、一九〇トン、兵装として五〇径四インチ単装砲四門、二三口径三インチ高角砲一門、二一インチ三連装魚雷発射管四基を装備した、当時としては有力な艦隊型駆逐艦だった。

スチュワートは竣工後、大西洋艦隊に配属されたが、一九二二年六月、米アジア艦隊に編入され、以後、米アジア艦隊にあって米本国には一度も帰国せず、本艦が米本国に帰ったのは二十五年後の一九四六年であった。

第二次大戦開戦時、スチュワートは第58駆逐隊に編入されていた。同隊はスチュワートのほかパロット（DD-218）、ベーカー（DD-213）、ペルスー（DD-222）の四隻で編成されていたが、いずれも四本煙突、水平甲板型駆逐艦であった。

スチュワートは開戦後、輸送船、艦隊の護衛任務に従事していたが、日本軍のフィリピン侵攻にともなって南に追われ、一九四二年二月には日本軍のジャワ島侵攻作戦を阻止するため、オランダ海軍のドールマン海軍少将を指揮官とする、米、英、豪、蘭の連合国艦隊に編入され、ジャワ島スラバヤにあった。

一九四二年二月十七日、バリ島への日本軍上陸作戦を察知したドールマン少将は、麾下部隊に出動を命じ第一陣としてオランダ巡洋艦のデロイテル、ジャバ、ピート・ハイン、米駆逐艦ジョン・D・フォード、ホープを率いてバリ島サヌール沖泊地で上陸作業中の日本軍上陸部隊攻撃に向かった。

スチュワートは米駆逐艦パロット、エドワーズ、ピルスベリー、オランダ軽巡トロンプと共に第二陣としてスラバヤを出撃した。

第二陣の米蘭艦隊が、バリ島サヌール沖泊地へ突入したとき、第一陣の米蘭連合国艦隊は泊地警戒中の、日本海軍の第8駆逐隊の駆逐艦大潮、朝潮、満潮、荒潮と激しい戦闘を交えていた。

第二陣はスチュワートを先頭に単縦陣で戦場に突入したが、日本駆逐艦部隊の激しい砲火を浴びて、スチュワートは舵取機室に被弾した。この被弾によ

第102号哨戒艇——蘭印攻略後、17年5月にスラバヤで浮ドックと共に沈んでいたのを第102工作部で捕獲し、浮揚整備をして18年9月にわが哨戒艇として復活させた。写真は戦後、米国へ回航時の姿といわれ、前檣に13号レーダーが見える

駆逐艦大潮——写真は公試時の艦影である。本艦は昭和17年2月20日、バリ島沖海戦で2番12.7センチ連装砲給薬室に被弾した。この一弾はオランダ軽巡トロンプが発射したものである。本海戦における連合国側兵力は軽巡3隻、駆逐艦7隻だったのに対し、日本側は駆逐艦4隻という劣勢であった。しかし戦闘は日本側に有利に展開され、駆逐艦1隻を撃沈し、軽巡および駆逐艦各1隻を撃破した

り米蘭艦隊の隊列は乱れ、各個ばらばらに日本駆逐艦と砲火、雷撃を交えた。二月二十日夜明けには連合国艦隊は戦場を離脱したが、この戦闘はバリ島沖海戦として有名である。

この戦闘でオランダ軽巡トロンプとスチュワートは被弾損傷のため緊急修理の必要があり、スチュワートはスラバヤに帰投し、二月二十二日、同所の浮ドックに修理のため入渠した。しかし浮ドック内での本艦のサポートが不完全であったため、ドックを排水して浮上させたところ、キールをはずれ、左舷に傾いてしまった。また、この事故のため左舷プロペラ・シャフトが曲がり、船体にも損傷をうけた。

スラバヤはこの頃、日本海軍機の激しい空爆にさらされており、浮ドック内で傾いていたスチュワートも被弾、損害をうけ、日本軍のスラバヤ侵攻も近く、修理の余裕なく、三月二日、米海軍のスラバヤ撤退時、本艦に爆薬を仕掛け、ドックもろとも自沈させた。

米海軍は駆逐艦スチュワートが完全に破壊されたものと信じ、一九四二年三月二十五日付けで本艦を除籍した。

ジャワ島は一九四二年三月八日、日本軍の占領するところとなり、スラバヤには第102工作部が設けられ艦船の修理を開始した。ドックと共に自沈していたスチュワートは一九四三年二月、第102工作部の手で浮揚され、同所で修理工事が実施された。

修理にあたっては船体、主機械はそのまま復旧されたが、特長ある四本煙突は米駆逐艦とまぎらわしいため、1番煙突を後方に屈曲させ、2番煙突と結合した集合煙突に改めた。

米駆逐艦時代の魚雷発射管、主砲、機銃などの兵装はすべて撤去され、占領地で押収したオランダ軍の七五ミリ単装高角砲二基、一二・七ミリ機銃二梃が新たに装備された。一九四三年九月二十日、本艦は第102号哨戒艇として哨戒艇籍に編入された。

第102号哨戒艇は第2南遣艦隊に編入され、ボルネオ、セレベス方面での船団護衛任務に従事したが、このころ本艦を目撃した米潜水艦乗組員や航空機搭乗員から、米海軍の水平甲板型駆逐艦が敵水域で活動中との報告が、たびたび司令部へ寄せられており、米海軍でもこの報告を聞いて不可思議な出来事として大きな話題になったといわれているが、米海軍がその真相を知ったのは第二次大戦が終わってからである。

第102号哨戒艇は一九四四年十一月、呉に回航され、兵装増備、船体、機関の修理工事を実施した。兵装は従来装備の七五ミリ高角砲、一二・七ミリ機銃を撤去し、八センチ単装高角砲二基、二五ミリ連装機銃四基、同単装機銃八基、爆雷七二個を装備した。

前檣は単檣から三脚檣に改装され、中段に一三号電探を装備し、艦橋上部には二二号電探が装備された。また船体の動揺性能改善のため、ビルジキールを二八〇ミリから四八〇ミリに延長した。

改装工事を完了した第102号哨戒艇は、上海方面への船団輸送任務に従事したが、一九四五年三月二十五日、朝鮮の木浦沖で米陸軍機の攻撃をうけ損傷、三月三十日、呉に回航され同地で終戦を迎えた。

第102号哨戒艇は一九四五年十月二十九日、呉港外の広湾へ回航され、同地で米海軍に引き渡され、ふたたび星条旗が本艦にはためいた。

本艦には再びDD－224の艦番号が付与されたが、スチュワートの艦名は一九四三年五月三十一日に完成した護衛駆逐艦DE－238に命名されていたため、本艦は単にDD－224と呼ばれた。本艦は乗組員からRAMP－224とニックネームを付けられたが、RAMPとはRecovered Allied Military Personnel（取りもどされた連合国軍人）の略である。

DD－224は一九四六年二月、本国へ回航され、三月初旬サンフランシスコへ入港したが、二十五年ぶりの帰国であった。本艦は五月二十三日付けで再び米海軍艦籍から除籍され、その後サンフランシスコ沖合で航空機の実艦標的として使用され沈没、数奇な一生を終えた。

スラバヤ沖海戦前夜

昭和17年2月22日、スターリング湾に入港、停泊中の重巡那智——重巡羽黒より撮影したもので、とうじ那智と羽黒は第5戦隊を編成し、蘭印攻略部隊の主力的存在であった。この隊は2月17日にスターリング湾を出撃し、チモール島のデリー、クーパン攻略作戦の支援を行なった。写真は作戦を終了し次期作戦(ジャワ攻略作戦)準備のため、スターリング湾に入港した時の姿。本艦は24日に出港し、27日のスラバヤ沖海戦に参加した

重巡羽黒の操舵室——蘭印攻略作戦における、中部艦橋甲板に設置された操舵室の光景を写したもの。操舵員保護のため前面にはきわめて小さな窓が設けられているのみで、これで外を見ながら操舵員は上方の羅針艦橋からの指示により、戦闘中の急激な変針運動をコントロールするのだ。本艦も17年2月24日にスターリング湾を出撃、ジャワ攻略作戦支援、スラバヤ沖海戦に参加した

重巡羽黒から給油を受ける駆逐艦潮——昭和17年2月13日、マカッサルで撮影したものといわれるが、マカッサルでなくケンダリーだという説もある。1番連管の横に給油蛇管が見える。前後の煙突や日本駆逐艦の特長の一つである、お椀型のベンチレーダーが非常に良くわかる。後部煙突直後の大型探照燈は90センチ探照燈である。本艦は第5戦隊の直衛としてスラバヤ沖海戦に参加した

▼ケンダリーを出港していく特型駆逐艦——昭和17年2月、羽黒から撮影したものである。駆逐艦は潮か漣だが漣の公算が大である。前檣のヤードに掲げられた速力標は原速を示しているが、まだ実際の速力はそこまで上がっていないようだ。艦尾の爆雷投下軌条に防弾覆がかけられているのに注意されたい。漣は当時、第1航空艦隊第1航空戦隊に編入されていた

スラバヤ沖海戦

▲重巡羽黒の後檣に掲げられた戦闘旗――蘭印攻略作戦中のスナップで、昭和17年２月27日の撮影である。この日、本艦を含む日本艦隊はスラバヤ沖でオランダ、アメリカ、イギリスの四ヵ国海軍艦艇と相まみえた。スラバヤ沖海戦である。ちなみに戦闘旗というのは、戦闘中に檣頭に掲揚する軍艦旗一旒の俗称である

蘭印攻略部隊支援隊の一艦として行動中の重巡羽黒――昭和17年２月に撮影したもの。カメラは艦橋左舷後部から艦尾方向を見ており、警戒態勢をとりつつ航行する緊迫した艦上の雰囲気が伝わってくる。高角砲や機銃に配員した状態なのに留意されたい。２番射出機の横に繋止中の水上機は零式水上偵察機である

スラバヤ沖海戦当日の重巡羽黒——昭和17年2月27日、会敵直前の艦橋左舷ウイングである。見張を厳にして航行しているが、乗員にはある余裕がうかがえる。艦の目である大型双眼望遠鏡が3基写っているのに留意されたい。この日の本艦の接敵速力は30ノットだったといわれる

▼スラバヤ沖海戦におけるわが駆逐艦部隊(その1)——駆逐艦潮から撮影した第4水雷戦隊所属の駆逐艦群で、各艦煙幕を展張している。4水戦は軽巡那珂を旗艦に、第2駆逐隊(村雨、五月雨、春風、夕立)、第9駆逐隊(朝雲、峯雲)の2個駆逐隊からなっていた。昭和17年2月27日の第一次および第二次昼戦で、この部隊が果敢な戦闘を行なった

スラバヤ沖海戦におけるわが駆逐艦部隊(その2)——昭和17年2月27日、わが蘭印上陸船団を撃滅すべく行動中のアメリカ、イギリス、オランダ、オーストラリアの四ヵ国艦艇からなる連合国打撃部隊と、それを阻止しようとするわが第5戦隊、第2水雷戦隊、第4水雷戦隊などからなる部隊が海戦を行なった。世にいうスラバヤ沖海戦である。戦闘は2日間にわたり、第一、第二次昼戦、第一次、第二次夜戦の4回戦におよんだ

スラバヤ沖で見せた砲雷撃戦の腕前

石橋孝夫

昭和十七年二月二十七日、スラバヤ沖のジャワ海で、日本海軍の重巡および水雷戦隊と連合国の巡洋艦、駆逐艦部隊が交戦したスラバヤ沖海戦は、太平洋戦争最初の大規模な水上艦同士の戦闘だった。

海戦は、東部ジャワ攻略の陸軍輸送船団を護衛していた第4水雷戦隊（西村少将）、これを支援していた第5戦隊（高木少将）、第2水雷戦隊（田中少将）と、この輸送船団を阻止するために出撃してきた英、米、蘭、豪四カ国の連合国艦隊との間で戦われた。

日本側の兵力は次のとおりであった。

第5戦隊部隊（那智、羽黒、潮、漣、江風、山風）
第2水雷戦隊（神通、雪風、時津風、初風、天津風）
第4水雷戦隊（那珂、村雨、五月雨、春風、夕立、朝雲、峯雲）
■合計（重巡二、軽巡二、駆逐艦一四）

これに対し連合国側の兵力は次のとおりだった。

重巡二（ヒューストン〈米〉、エクゼター〈英〉）
軽巡三（デロイテル、ジャワ〈蘭〉、パース〈豪〉）
駆逐艦九（米四、英三、蘭二）

以上の兵力だけみると双方ほぼ互格といえるが、実質的には巡洋艦兵力ではほぼ伯仲していたが、駆逐艦兵力では日本側が数隻、個艦性能で大きく優っており、下表のように一二・七センチ砲以下の砲数および魚雷射線数では五割方優勢であった。また連合国側の主力、重巡ヒューストンは先の空襲で後部の3番砲塔が使用不能となり、二〇センチ砲力でも実際は日本側が倍ちかく優勢だったのである。

両軍総合兵装比較

	日本		連合軍	
	両舷	片舷	両舷	片舷
20cm砲	20	20	15	15
15cm砲	—	—	25	22
14cm砲	14	12	—	—
12.7cm砲	94	86	8	4
12cm砲	—	—	22	22
10cm砲	—	—	32	20
61cm発射管	162	138	—	—
53cm発射管	—	—	100	69

（注）10cm以下の砲は省略

さて、この海戦はその経過から、第一次および第二次昼戦、第一次夜戦および第二次夜戦の四つにわけられる。第一次昼戦は一七二五から同一八五〇までの約一時間半の戦闘である。この時の視界は三五キロと良好で、風もなく、日没は一九五〇であった。

この戦闘は第2水雷戦隊の発砲より始まったが、第5戦隊の重巡は二万メートル前後の遠距離砲戦に終始し、連合軍の巧みな避弾行動もあって有効な射撃ができなかった。

これは指揮官の高木少将が敵の兵力を過大に評価して接近戦をさけ、昼間は敵の輸送船団への接近を阻止するだけで、夜戦に持ち込んで優勢な魚雷でいっきょに撃滅せんとしたものであったが、最後に敵の接近がやまず突撃を決意するに至ったのであった。

英重巡エクゼターを砲撃するわが蘭印部隊主隊——スラバヤ沖海戦で機械室に一弾を被ったエクゼターは、昭和17年3月1日、英駆逐艦エンカウンターと米駆逐艦ポープを伴ってスラバヤからチラチャップに向かおうとしたが、わが第5戦隊部隊に捕捉された。第5戦隊部隊はさらに蘭印部隊主隊の助力を得て挟撃作戦をとったのである。写真は重巡妙高から砲撃中の旗艦の重巡足柄を撮影したもの

この間、重巡の二〇センチ砲弾は二隻から一、二七一発が砲撃され、このうち約五発が命中（ジャワ一、デロイテル一、ヒューストン二、エクゼター一）したが、エクゼターの一発をのぞいては不発弾で効果はなかったという。

命中率からいえば〇・四パーセントで、これは戦前の演習などで予想されていた重巡の距離二万メートルでの命中率、約五パーセントに比較すると約十分の一の低率であった。しかも日本側は重巡、軽巡から搭載機が発進されて、充分な弾着観測を行なっていたのである。このへんに単に数字だけでは予測

スラバヤ沖海戦直後の重巡羽黒——前甲板から1、2番主砲塔ごしに艦橋を見上げたところ。主砲塔は即座に戦闘を行なえる状態にある。艦橋構造物のトップが白く塗られているのに注目されたい。これは連合艦隊所属艦であることを示している。本艦はとうじ姉妹艦の那智とともに第5戦隊を編成していた

できない、砲戦の不確定要素があるといえよう。

つぎに魚雷だが、この戦闘では第4水雷戦隊が二七本、神通が四本、羽黒が八本の合計三九本が発射されている。このうち命中したのはオランダの駆逐艦コルテノールを撃沈した羽黒の一本のみと見られており、その命中率も二・五パーセントと問題とならない低さであった。

しかし魚雷の場合に、後にわかったことだが、多数の自爆があったのであった。このときの魚雷は特型をのぞいては、すべて九三式魚雷で、その威力については絶対の自信を持っていたが、この戦闘では、その発射した魚雷のかなりのものが途中で自爆してしまったのである。

これは後に、その先端部の爆発尖の調整が軽すぎて、波浪のために作動したとされ、艦側の調整ミスと中央では判断していたが、艦側では、そのような調整はしたくとも出来なかったと反論しており、事実関係は不明である。一部に指摘されているように、グリースなどが南方の温度と湿度などにより軟化していた可能性も強く、技術的なミスではないかと推定される。しかし、とにかく切り札といえる九三式魚雷の威力はまだ発揮できなかったのである。

第二次昼戦は一八五〇から日没（一九五〇）までの約五〇分間である。先のエクゼターに命中した一発の二〇センチ砲弾により同艦の速力が低下、陣形が乱れたスキに日本側が突撃を開始、退却する連合国艦隊に対し主に駆逐艦同士の接近戦が行なわれたのである。また水雷戦隊各艦も積極的に魚雷戦を行なったが、効果はなかった。

この間の発射弾数は、二〇センチ砲弾が、三〇二発、一四センチ砲弾五〇発、一二・七センチ砲弾五一五発、九三式魚雷九八本といわれている。

これを見ても駆逐艦がよく動いたのがわかるが、残念ながら撃沈したのは英駆逐艦エンカウンターだけで、これは朝雲と峯雲の手柄だったが、朝雲は機関を損傷し全力発揮が不可能となった。

いずれにしろ、魚雷を九八本も消耗したのは驚くべき浪費で、この時もかなり自爆魚雷があったらしいが、それにしても、もったいない話である。

夜に入って第5戦隊は水偵収容のため停止、作業を開始したが、二〇五二、敵が接近してきたため再び戦闘を再開しようとしたが、まもなく敵を見失ってしまった。このとき神通だけが魚雷四本を発射したが、命中しなかった。このとき連合国側は、エクゼターと駆逐艦二隻がスラバヤに引き揚げて、陣形から抜けていた。

真夜中すぎの〇〇三三、第5戦隊は反航してくる敵艦を距離一五、〇〇〇メートルに発見、反転して同航態勢となった。敵は照明弾射撃を開始、これに対して第5戦隊も距離一二、〇〇〇～一三、五〇〇メートルぐらいで応戦した。

ただ弾丸の残数が少なかったので、発射弾数は四六発と少なかった。〇〇五三、昼間の戦闘で発射を逸した那智が八本、羽黒が四本の魚雷を発射、これが先頭のデロイテルとジャワに命中、これを撃沈したのである。このとき第2、第4水雷戦隊は第5戦隊と離れており、この戦闘にくわわらなかった。かくして第5戦隊は夜戦の成功で、なんとか昼戦の不手際を帳消しにしたのであった。

この戦闘で消耗したのは、二〇センチ砲弾一、六一九発、一四センチ砲弾二二一発、一二・七センチ砲弾五一五発、九三式魚雷一五一本にのぼり、重巡だけでも主砲弾定数の四〇パーセントを消耗していた。

全体にこの戦闘は、最初の大規模水上戦ということもあり、多分に相手を過大評価して、やたらめったに射ちまくったというのが実態で、その腕前については残念ながら合格点とはいえず、夜戦の埋め合わせで、なんとか六〇点の及第点すれすれといったところであろうか。

重巡羽黒の前甲板――スラバヤ沖海戦後のスナップで、2番主砲塔上から艦首方向を写したもの。1番主砲塔の天蓋には、取り外し式のキセル型通筒と臨時装備の留式七・七ミリ単装機銃が装備されている。印刷ではあまり良くわからないかもしれないが、主砲身は発砲の熱で焼けただれている。前方を航行するのは僚艦の那智

スラバヤ沖海戦直後の重巡那智1、2番主砲塔――この海戦で本艦は1,015発の主砲弾を発射した。実に1門あたり103発という数字である。砲身の外筒は御覧のように焼けただれ、激しい砲撃戦を彷彿させるものがある。だが、砲戦距離が遠かったため、発射弾数の割には敵に有効打をあたえることはできなかった。本艦は3月10日、北方部隊に編入されて佐世保に向かい21日に佐世保へ入渠し、旗艦設備および防寒施設がほどこされた

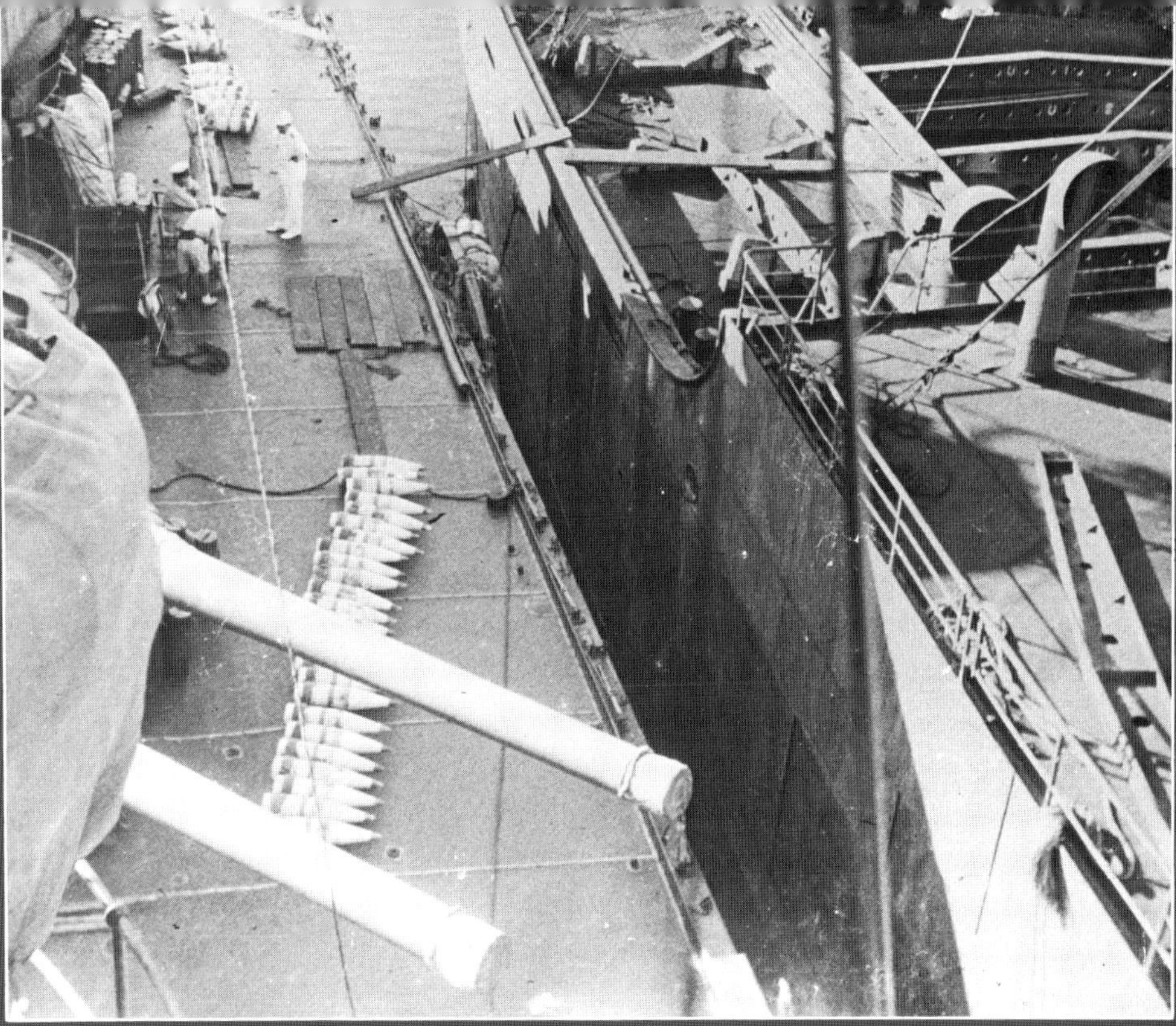

輸送船から主砲弾の補給を受ける重巡羽黒――スラバヤ沖海戦で大量に消耗した主砲弾を、マカッサルにおいて補充中の光景である。主砲弾は裸のまま甲板上に置かれている。20センチ砲の砲弾搭載定数は1門あたり二〇〇発なので、本艦の場合は合計二、〇〇〇発となる。画面左下に見える砲身は、3番主砲塔のそれである

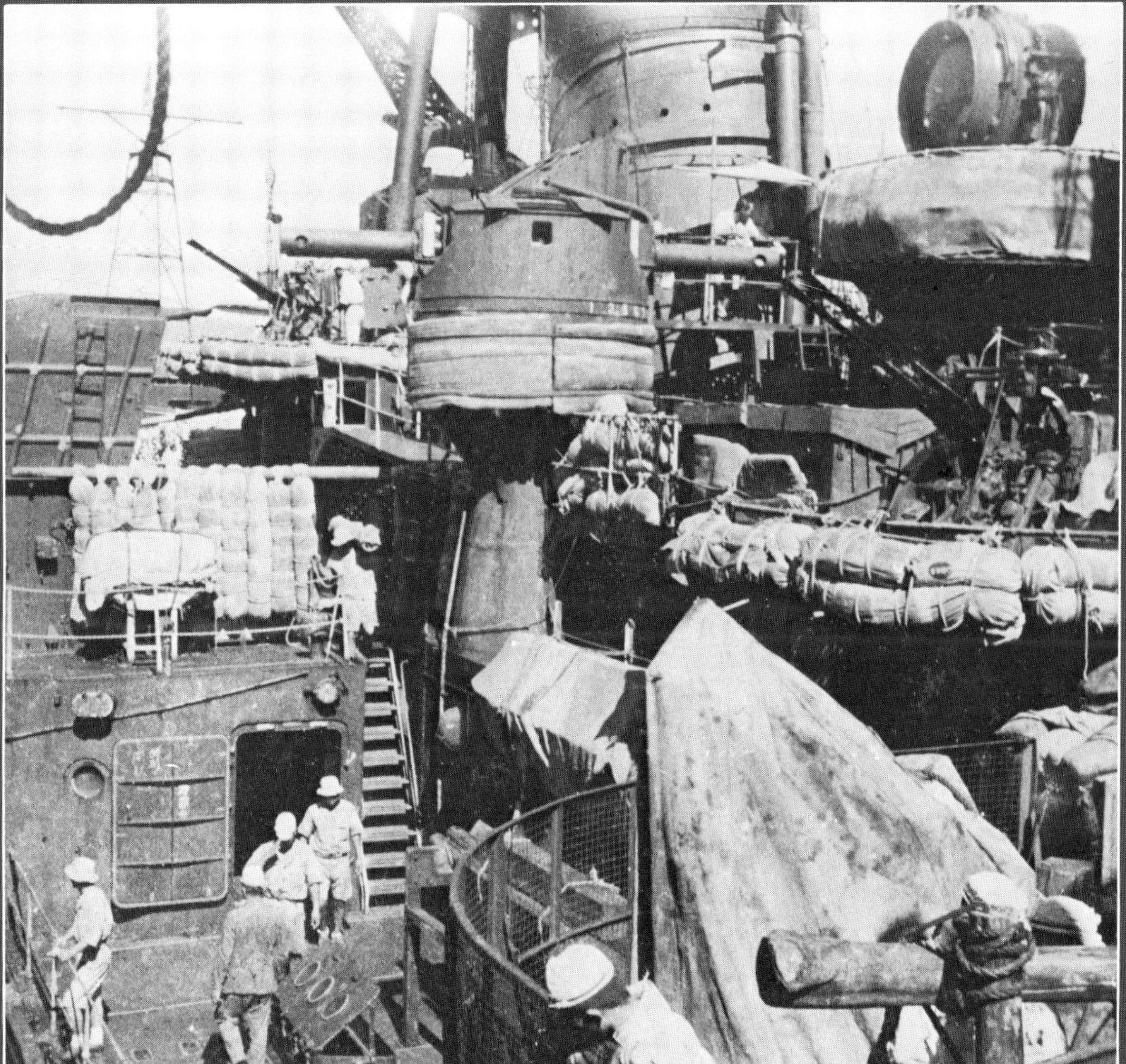

重巡羽黒の右舷中部――昭和17年3月6日、マカッサルにおいて撮影したもの。随所にマントレットが装着されたままで、スラバヤ沖海戦の余韻が残っているようだ。画面中央に見える測距儀は四・五メートル高角測距儀。ちなみにカメラの位置は1番高角砲のブルワークの中である。本艦は3月13日にマカッサルを出港して内地へ向かい、次期作戦にそなえ佐世保に入渠した

バタビア沖海戦

▲バタビア沖海戦における連合国艦隊――スラバヤ沖海戦につづき、昭和17年2月28日、バタビア沖海戦が生起した。この海戦は、米重巡ヒューストンとオーストラリア軽巡パースの2隻が、バンタム湾で揚陸作業中のわが輸送船団を急襲し、それをわが掩護部隊が撃退したというもの。ヒューストンとパースはともにこの海戦で戦没した。戦闘は28日の夜半から3月1日の未明にかけて戦われたが、写真はその緒戦期のシーンである

▲米駆逐艦ポープの最後――昭和17年3月1日、英重巡エクゼダーに従っていた本艦は、僚艦がすべて沈むや、スコールを利用して遁走した。しかし我が第4航空戦隊の艦上機と第11航空艦隊の陸上機に捕捉され、爆撃で航行不能となっていたところを蘭印部隊主隊の砲撃により沈没。沈没位置はボルネオ南岸沖である

米重巡ヒューストン――条約型巡洋艦で昭和5年6月の竣工。開戦時、米国アジア艦隊旗艦だった。17年2月上旬、連合国艦隊に編入され、ジャワ沖海戦で日本機の攻撃をうけ後部砲塔に爆弾1発の命中をうけたがスラバヤに帰港した。スラバヤ海戦後、28日豪巡パースとともにバタビアを出港したが、日本重巡の砲撃と雷撃に乱打され、3月1日ジャワ海で沈没した。写真は昭和14年に撮影したもの

英重巡エクゼターの最後——本艦と駆逐艦２隻は、３月１日、発見されると同時に煙幕を展張して逃走をはかったが、衆寡敵せず撃沈の憂き目にあったのである。本戦闘に参加した我が方の勢力は次のとおり。重巡足柄、妙高、那智、羽黒、駆逐艦雷、山風、江風の合計７隻であった

▼英重巡エクゼター——英海軍最後の条約型巡洋艦で昭和６年の竣工。ドイツのポケット戦艦アドミラル・グラーフ・シュペーを自沈に至らせたラ・プラタ沖海戦の立役者として有名である。写真は同海戦での損傷修理なった姿。16年に入って極東に配備され、米、英、蘭、豪四ヵ国連合国艦隊に加わって蘭印方面で奮戦した。基準排水量 8,390トン、速力32.3ノット、主兵装20センチ連装砲３基

バンタン湾海戦と陸軍特殊船の被害

高橋治夫

蘭印を目指して進む輸送船団――軽巡から撮影したものだといわれる。左端に写っている特異な船容の輸送船は、日本陸軍が揚陸作戦用に建造した特殊船龍城丸で、このとき本船には蘭印攻略陸軍部隊指揮官今村均中将が乗船していた。ちなみに蘭印攻略部隊主力は前進基地であるカムラン湾を昭和17年2月18日に出撃している

昭和十七年二月十八日、西部ジャワ攻略部隊は前進基地カムラン湾をあとに、一路目的地へ向けて出港した。輸送船五六隻、護衛艦一四隻、合計七〇隻の大部隊である。輸送船部隊の第3船隊に所属する龍城丸には、蘭印攻略部隊指揮官(第16軍司令官)今村均陸軍中将とその司令部が乗っていた。

この龍城丸、いささか風変わりな船容をしている。陸軍の特殊船なのである。特殊船というのは、上陸作戦母艦のことで、現在の米海軍風にいえば揚陸侵攻艦(LHA)といったところ。とりわけ龍城丸はその第一船で、世界に先駆けて日本陸軍が建造したものである。船名は秘密保全上の理由からいくつかあるが、原名は神州丸といった。ともかく蘭印攻略時には龍城丸と呼んでいたのである。

建造所は相生の播磨造船所で、昭和九年十二月に竣工した。その任務は、上陸用舟艇母艦として、作戦地まで舟艇を輸送し、現地に到着後は搭載舟艇を安全かつ速やかに発進させるというもの。くわえて飛行機も作戦地付近まで組み立てた状態で輸送し、カタパルトで発船させる能力も持っていた。

設計にあたっては陸軍運輸部が中心になり、海軍の援助を得て実現にこぎつけた。

新造時の主要目は、次のとおりである。

公試排水量＝七、一〇〇トン
満載排水量＝八、六〇〇トン
全　長＝一五六・〇メートル
型　幅＝一九・〇メートル
型　深＝一三・〇メートル
公試吃水＝五・〇メートル
満載吃水＝六・〇メートル
主　機＝蒸気タービン一基
主　缶＝艦本式水管ボイラー二基
出力／速力＝八、〇〇〇馬力／一九ノット
兵　装＝八センチ高射砲二門
　　二五メートル・カタパルト二基
搭載能力＝九七式軽爆撃機六機
　　九一式戦闘機六機
　　大型発動艇七隻
　　中型発動艇一〇隻
　　小型発動艇二〇隻
　　輸送兵員二、〇〇〇名

蘭印攻略作戦参加時には航空兵装が廃止されていたので、その他の搭載能力が一段と高くなっていたはずだが、その詳細は残念ながらわからない。おそらく飛行機搭載スペースに軍馬あるいは兵員を載せていたものと思われる。

最上甲板は平面で、前方に船橋、中部にダミー煙突、後部に本物の煙突が一本あった。その下が馬欄甲板である。馬欄とは陸軍用語で馬をつなぐもののことだが、じつはこの甲板は飛行機格納庫で、馬欄甲板と呼んだのは飛行機搭載能力を秘密にするための措置であった。

上甲板は前後に船楼を設け、上構内は居住区にあてられた。下甲板は上陸用舟艇の格納庫となってお

り、諸タンクや機関区画はその下方に設けられていた。なお備砲の八センチ高射砲は、船首楼と船尾楼の上に一基ずつ配置されていた。

下甲板の上陸用舟艇格納庫は、第Ⅰ区から第Ⅵ区まで六つに区分されていたが、各区の用途は次のとおりである。第Ⅰ区と第Ⅱ区は小発格納区画、第Ⅲ区は中発格納区画、第Ⅳ区は用具庫兼兵員休憩所、第Ⅴ区と第Ⅵ区は大発格納区画。

本船の最も特長ある設備は大発の進水装置（陸軍ではこれを泛水装置と呼んだ）で、下甲板の第Ⅵ区に配置されていた。この装置はコロとエンドレス・ロープを使った移送装置と、反転台からなる。反転台というのは一種のシーソーで、この台の上まで移送されてきた大発は、船尾門から海上に滑りおりるのである。これを使うことによって、戦車を載せたままの大発を、安全かつ速やかに海上に発進させることができるわけだ。

一方、小発は前部ハッチをあけ、デリックで一隻ずつ海上に吊りおろし、中発は両舷に設けられた開口から舷外に吊り降ろすようになっていた。中発の吊り降ろしは五・五トン・ハンギング・クレーンによった。小発、中発とも海上に降ろす時は空船でおろし、兵員は舷側から縄梯子を使って乗り込む方式である。

舟艇の揚収は、発進の時と逆の手順で行なうのだが、大発については三〇トン巻き上げウインチを用いて船内に引き込んだ。ちなみに全舟艇の発進および揚収に要する時間は、一時間ほどだったといわれる。荷役設備として、二〇トン・デリック二基を備えていた。中発揚降用のハンギング・クレーンの装備数は四基で、舷側門の大きさは長さ一四メートル、高さ五メートルあった。

参考までに新造時装備していた航空兵装について触れておこう。カタパルトは前部ウエル・デッキの両舷に一基ずつ配置され、飛行機は格納庫からダイレクトにカタパルト上に移動できた。搭載機は陸上機なので、もちろん発船しっぱなしとなる。

ここで再び場面を西部ジャワ攻略作戦時の本船にもどすことにしよう。

上陸船団は連合国打撃部隊の動きに災いされ、なかなか上陸を敢行できないでいた。二月一日午前零時、メラク方面、バンタン湾方面ともやっと入泊を完了した。ところがその直後、バンタン湾に米重巡ヒューストンと豪軽巡パースが殴り込みをかけてきた。バタビア沖海戦である。泊地は大混乱に陥った。

その最中、輸送船団に被害が発生した。一隻が沈没し、三隻が大破したのである。そして大破した三隻の中に龍城丸も含まれていた。ちょうど第二回上陸を行なっているところだったという。被害をもたらしたのは魚雷であった。今村軍司令官も重油の漂う海面を救命胴衣だけで約三時間泳ぎ、午前四時半ごろ舟艇に救い上げられるという始末。

だが、これら輸送船の被害は、敵によるものでなく、味方の発射した流れダマならぬ「流れ魚雷」が犯人であった。のちの調査によると、重巡三隈、最上の二隻からなる第7戦隊第1小隊の発射した魚雷であることが判明した。そして陸軍の上陸地点付近で、九三式魚雷の尾部が回収されたのだ。

海軍側はさっそくに今村軍司令官に謝罪したところ、軍司令官はそれを了承し、この事実を公けにしなかった。そのため、この一件は現在に至るも、敵巡洋艦に続いて泊地に侵入してきた敵魚雷艇の攻撃によるものと一部では信じられているほどである。

大破した龍城丸はその後、浮揚され、修理を施して再就役したが、二十年三月一日、台湾沖で爆撃と潜水艦からの雷撃によって海の藻屑となった。

陸軍特殊船龍城丸――日本陸軍は世界に先がけて揚陸作戦母艦を計画し、昭和9年に完成させた。これが本船である。船名は正式には神州丸といったが、必要に応じて船名を変えた。龍城丸というのもその一つで、蘭印攻略作戦時はこの名前が使われた。攻略部隊指揮官今村均陸軍中将は本船に乗船したが、バタビア沖海戦で友軍の魚雷を喫して転覆。その後、修理して再就役したが、昭和20年3月戦没した。写真は13年10月12日の撮影である

蘭印脱出艦艇掃蕩作戦

瀬名堯彦

昭和十七年二月二十七日のスラバヤ沖海戦で、米、英、蘭、豪連合国海軍部隊は高木中将率いる日本海軍部隊と交戦し、旗艦デロイテル以下五隻を失い、指揮官ドールマン少将も戦死するなど、さんざんな目にあってスラバヤへ引き揚げてきた。

同じ日にバリ島沖で、戦闘機を輸送中の米水上機母艦ラングレーも高雄空の陸攻隊に襲われて撃沈され、連合国側も蘭印に進攻してくる日本軍の脅威をはっきりと認めざるを得なかった。その兵力はスラバヤとバダビアに分断され、燃料も弾薬も乏しくなってきたので、翌二十八日、連合国部隊はチラチャップに集結して兵力を再編成することになった。

その日の夕刻、まず弾薬を使い果たした米駆逐艦四隻が補給のため、オーストラリアを目指しスラバヤを離れた。つづいて英重巡エクゼターが米、英駆逐艦各一隻に守られてスンダ海峡経由でチラチャップへと向かった。

一方スラバヤに入港していた米重巡ヒューストンと豪軽巡パースもスンダ海峡を目指し出港した。夜半、これら二隻はバンタン湾で上陸中の日本輸送船団に遭遇して、護衛の第7戦隊と激しい戦闘が開始され、二隻とも相次いで撃沈された。これがバタビア沖海戦である。

この二隻より遅れてバタビアを出港したオランダ駆逐艦エヴェルツエンがスンダ海峡に突入したときは三月一日になっていたが、同艦も日本駆逐艦二隻に追撃され、インド洋入口のサブク島に擱座して果てた。

この日の午前中、バウイン島沖を西進中の英重巡エクゼターなどは哨戒中の第5戦隊に発見され、煙幕を展張して離脱をはかったが、砲撃と雷撃の集中攻撃をうけて、昼すぎにエクゼターと英駆逐艦エンカウンターが沈没した。

米駆逐艦ポープはこれを振り切ってボルネオ南岸まで逃れたが、空母龍驤や第11航空艦隊の航空機の爆撃をうけて航行不能となり、重巡足柄、妙高などの砲雷撃を浴び、やはりその後を追った。

こうして連合国海軍部隊の主力の大半が、二十七日いらいの数日の戦闘で失われたのである。

三月一日朝、チラチャップは爆撃され、ジャワ各地に日本軍が上陸し、もはや破竹の勢いで進撃してくる日本軍の攻撃を食い止めることは不可能と覚った連合国海上指揮官は、合同編成の解消を決定、その艦艇はそれぞれ日本軍の包囲を逃れて、オーストラリアへと落ちのびることになった。

損傷してドックの中で転覆していた米駆逐艦スチュワートは三月二日に爆破された（のち日本軍に引き揚げられ哨戒艇102号となった）。チラチャップに飛行艇が呼び寄せられ、残っていた艦船がかき集められて脱出をはかる人びとを収容し、オーストラリアへと向かって行った。

しかし、その前途もあまり安全とはいえなかった。二月二十五日にセレベスのスターリング湾を離れた南雲中将麾下の機動部隊は、第1航空戦隊（赤城、加賀）、第2航空戦隊（蒼龍、飛龍）を基幹とし、戦艦四隻、重巡二隻をふくむ当時最強の兵力であった。

本隊はオンバイ海峡を抜けて蘭印諸島の南方に進出し、西進して三月一日ジャワ南のクリスマス島付近まで達した。この日、米給油艦ペコスはチラチャップからインド洋へ向かう途上、クリスマス島沖で先に沈んだラングレーの生存者を駆逐艦から収容したが、その後、この2航戦の蒼龍艦上機に発見され、三度にわたる攻撃をうけて撃沈された。

またペコスと別れた米駆逐艦エドソールも蒼龍機の捕捉するところとなり、戦艦および重巡の集中砲火と、赤城、蒼龍の艦爆隊の爆撃を浴びてクリスマス島南方に沈んだ。

しかし、同艦はこの攻撃を巧みにかわし続け、仕止められるまでに日本海軍は三六センチ砲弾二九七発、二〇センチ砲弾八四四発、一五センチ砲弾一三二発、一二・七センチ砲弾六二発、五〇〇キロ爆弾九発、二五〇キロ爆弾八発を費やさねばならなかった。この日、機動部隊はオランダ商船モッドヨカードも撃沈している。

三月四日に機動部隊は災上中のオランダ武装商船エンガノを発見、雷撃により処分した。翌五日、機動部隊はチラチャップを空襲、すでに艦船の大半は脱出していたが、在泊していた商船一七隻を撃沈ま

〈上写真〉バンカ、パレンバン作戦よりサンジャックに帰投した龍驤は、17年2月27日ふたたび出撃、ジャワ海に向かった。3月1日にはカリマタ海峡で米駆逐艦ポープを大破させるなどの戦果をあげたが、2日には龍驤の視界内にオランダ監視艇を発見、龍驤の12.7センチ高角砲でこれを撃沈した。空母の砲撃で敵艦船を撃沈したのは、きわめて珍しいことである

たは大破させ、ほぼ全滅させた。

六日、2航戦と戦艦比叡、霧島などを別働隊として分離し、七日にクリスマス島攻略に向かわせたが、そのさい商船一隻を撃沈している。機動部隊主隊は東進して残敵掃蕩を行なったが敵影を見ず、別働隊とともに十一日にスターリング湾に帰投した。

また近藤中将率いる南方部隊本隊（愛宕、高雄、摩耶、駆逐艦三隻）も機動部隊に続いてスターリング湾を発し、三月一日にジャワ南方へと抜け、東西に遊よくしながら南下し、商船狩りを実施した。ちょうどチラチャップから脱出してくる獲物も多く、第4駆逐隊第1小隊（嵐、野分）は商船四隻を撃沈し、一隻を拿捕した。そのほかに高雄の艦載機も武装商船一隻を爆撃し、炎上させている。翌二日、さらにオランダ船一隻を駆逐艦早潮が拿捕し、二隻とも回航員により後方へ送られた。

基地航空隊よりバリ島南方および南西に敵発見の報が入り、艦隊に二手にわかれてこれを追撃した。愛宕と高雄は軽巡と目される敵に向かい、夜に入ってこれを捕え照射砲射をくわえて撃沈したが、米駆逐艦ピルスペリーであった。

一方、摩耶と駆逐艦などは英駆逐艦ストロングホールドを急追し、砲戦のすえこれも海底へ送り込んだ。三日にバリ島付近で嵐、野分は米砲艦アッシュビルを発見、砲撃をくわえてこれも沈めている。

四日、さらに南方部隊本隊はチラチャップ南方でオーストラリアのスループのヤーラと掃海艇MMS51に護衛された特務船アンキングと給油船フランコルの一団の出会い、重巡と駆逐艦の砲撃によりこれらを全滅させた。

この日は獲物が豊富で、このほかに基地航空隊の通報により、嵐はオランダ船チサロアを拿捕したが、これには積荷のほかに海兵や水兵約五〇〇名が乗船していた。また愛宕もオランダ船一隻を拿捕している。

駆逐艦潮艦上の米軍捕虜――この捕虜たちは潜水艦パーチの乗員である。パーチは昭和17年3月3日、ジャワ海でわが水上艦艇の爆雷攻撃と砲撃により損傷し、自沈したもの。捕虜の数は150人ほどだったといわれるが、P型潜水艦の乗員だけにしては人数が多過ぎるようだ。なお捕虜はバリックパパンに収容された

この収獲をもって南方部隊本隊もジャワ南方洋上の残敵掃蕩作戦を終了、スターリング湾へと向かい、三月七日に帰着した。

この時期、航空部隊も敵艦船攻撃に活躍した。三月一日に鹿屋空の陸攻隊はスラバヤを、四日に高雄空の陸攻隊がチラチャップをそれぞれ空襲して、艦船に被害をあたえた他、第4航空部隊も二日から三日にかけて、ジャワ海西部カリマタ海峡の索敵やチラチャップの残存艦艇の捜索などを実施、商船一隻を撃沈、二隻を擱座させたといわれる。

そのほか対潜戦闘では、三月三日にジャワ海で駆逐艦潮が米潜水艦パーチを沈めている。

三月八日、チラチャップは日本軍に占領され、九日、ジャワ島は全面降伏した。

連合国部隊の主要艦艇でオーストラリア方面への脱出に成功したのは、米軽巡マーブルヘッド、英軽巡ダネー、ドラゴン、豪軽巡ホバート、蘭軽巡トロンプなどがあったが、いずれも早期にジャワ水道を離脱したものであった。

特にスラバヤ沖海戦に参加した連合国兵力一四隻のうち、無事に逃れることのできたのは米駆逐艦ジョン・D・フォード以下四隻にすぎず、二月二十八日、最初にチラチャップを離れたこの四隻だけが生き延びることが出来たのである。

脱出に成功し、オーストラリアのシドニーに停泊中のオランダ軽巡トロンプ――本艦はジャワ沖海戦とバリ島沖海戦に参加し、後者ではわが駆逐艦荒潮の放った12.7センチ砲弾を喫して中破した。このとき10名が戦死したという。写真は損傷復旧なった姿である。なお本艦は第二次大戦を生きのび、昭和33年まで在籍した

蘭印方面の潜水艦作戦

伊達 久

ジャワ攻略作戦に当たり、南方部隊指揮官近藤信竹中将は、馬来部隊に編入されている第4潜水戦隊と、直率している第6潜水戦隊をもって、甲潜水部隊（指揮官第4潜水戦隊司令官吉富説三少将）を編成し、昭和十七年二月一日チモール、バリ、ジャワ攻略作戦時の甲潜水部隊の作戦要領を次のとおり発令した。

一、任務

1敵増援および脱出兵力の捕捉撃滅

2敵要地の監視攻撃

二、配備

1ジャワおよびスンダ列島南岸五隻。ただしジャワ上陸前はスンダ海峡およびロンボック海峡南口付近に各二隻。上陸後はチラチャップ沖に二隻以上

2トレス海峡二隻

3ポートダーウィン沖一隻

この発令にもとづき甲潜水部隊指揮官は、二月五日、配備を左のように発令した。

一、第4潜水戦隊の配備＝スンダ海峡南口、チラチャップ沖、ロンボック海峡南口

二、第6潜水戦隊の配備＝ポートダーウィン、トレス海峡

伊53、伊54、伊58潜は二月七日、呂33潜は二月八日それぞれカムラン湾を出港、ジャワ作戦期日延期のためアナンバスにて待機し、二月十三日に出撃して所定の配備に向かった。

呂34潜は二月十七日カムラン湾を出撃したが、伊57潜は赤痢患者発生のため本作戦の参加を取り止めている。各潜水艦の行動は次のとおりであった。

伊54潜＝ロンボック海峡を経由して二月二十日ごろスンダ海峡南西方の哨区につき、三月九日スターリング湾に帰投。この間に商船三隻を攻撃し八、〇〇〇トン級客船一隻を撃沈した。

伊53潜＝ガスパル海峡、ロンボック海峡をへてチラチャップ沖に進出した。三月四日配備を撤し、八日スターリング湾に帰投。この間に商船三隻（一一、〇〇〇トン）を撃沈した。

伊58潜＝ロンボック海峡をへて、二月二十日ごろスンダ海峡南方海面東方哨区に着き、三月八日スターリング湾に帰投した。この間に商船二隻（一〇、一一七トン）を撃沈し、一隻を撃破した。

呂33潜＝スンダ海峡をへてロンボック海峡南口の哨区につき、バリ島付近、チラチャップ沖の配備をへて、三月八日スターリング湾に帰投。こ

スターリング湾で出撃準備中の伊1潜（手前）と敷設艦津軽――昭和17年2月22日または23日に、重巡羽黒の艦上から撮影された光景。伊1潜の属する2潜戦は、開戦当初ハワイ作戦に参加したのち2月8日に南方部隊に編入された。伊1潜は2月23日スターリング湾を出撃し、オーストラリア北西海面で作戦し、商船1隻を撃沈した。津軽はラバウル攻略作戦を終えて、スターリング湾に入港した折の姿である

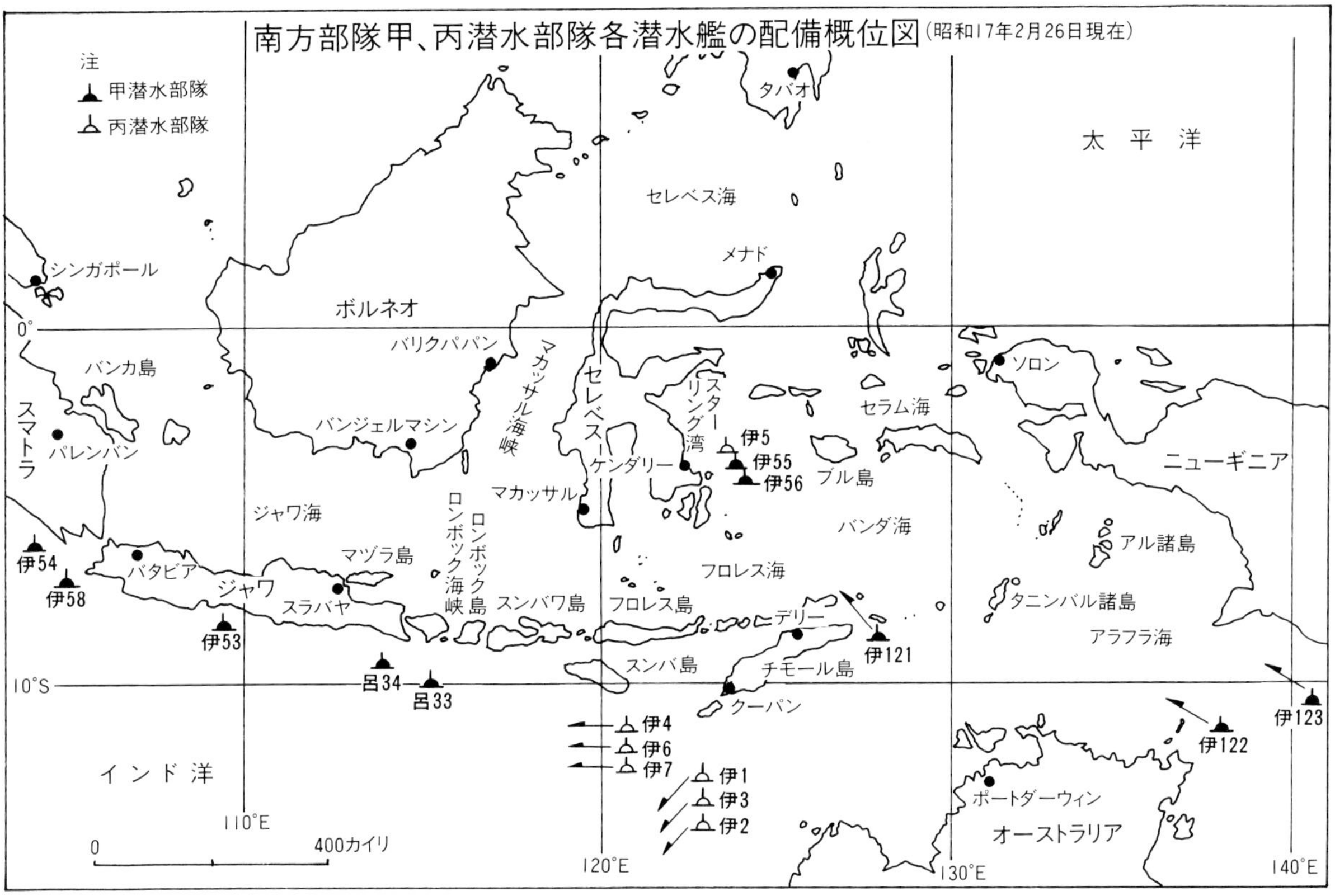

の間おおくの商船、駆逐艦を発見して攻撃したが、いずれも不成功であった。

呂34潜＝バリ島付近をへてロンボック海峡南東哨区につき、二月二十八日チラチャップ沖に配備を変更し、三月七日スターリング湾に帰投。この間に駆逐艦一隻を発見したほか敵を見なかった。

バンカ、パレンバン作戦に協力して、スターリング湾に進出していた伊56潜は、三月五日出港してチラチャップ沖を行動した後、十二日スターリング湾に帰投。伊55潜は内地に帰投。伊57潜は三月七日スターリング湾に回航していた。

三月十日、第4潜水戦隊は解隊されて第18、19潜水隊は内地へ帰還し、呉鎮守府部隊および第5潜水戦隊に編入された。第21潜水隊は第6潜水戦隊に編入され、パラオを経由して四月三日トラックへ回航した。

二月八日、ハワイ作戦から横須賀に帰投した第2潜水戦隊は、南方部隊に編入され、南方部隊指揮官は同潜戦をもって丙潜水部隊を編成し、二月九日、作戦要領を次のように発令した。

「二月二十三日ころスターリング湾を出撃、大部をもってジャワ南方距岸四〇〇カイリ付近を掃航、すみやかにココス島南方に達し、以後三月一日まで、おおむねパレンバンの六〇〇カイリ圏外東経九七度ないし一〇〇度付近の哨戒に任ず。また一部をもって豪州西岸航路上を掃航、フリーマントル沖哨戒に任じたる後、三月六日ころスターリング湾に帰投。なお一艦を指定し、すみやかにココス島の偵察監視に任ぜしむ」

この作戦要領により、丙潜水部隊の各潜水艦はジャワ攻略作戦に策応し、次のように行動した。

伊1潜＝二月二十三日出撃、機械故障で修理を必要としたが、豪州北西方面を行動して、三月十一日スターリング湾をへて横須賀に帰投した。この間に輸送船一隻（八、六六七トン）を撃沈した。

伊2、3潜＝二月二十二日出撃、豪州西方海面を行動して、三月十四日ペナンに入港、この間に伊2潜は輸送船一隻（四、三六〇トン）を撃沈した。

伊4、6、7潜＝二月二十三日出撃、ジャワ南方を掃航し、伊4潜はココス島の砲撃を実施し、三月八日および九日にペナンへ入港した。この間に伊4潜は輸送船一隻（一、六九三トン）、伊7潜は同一隻（三、二七一トン）を撃沈した。

伊5潜＝二月二十三日出撃したが、二十五日チモール島西方海面で味方航空機の誤掃射を受け、艦長が重傷するなどの被害をうけてクーパンに入港し、応急修理のうえスターリング湾に向かったところ、同湾入口で座礁し、三月三十日離礁したが、作戦に参加できなかった。

このように蘭印方面の作戦が終了し、丙潜水部隊はペナンに進出し、次期インド洋作戦に従事することとなった。

蘭印攻略作戦後のわが艦艇

マカッサルに停泊中の重巡羽黒 ——マカッサルはセレベスの要地で、昭和17年2月9日、佐世保連合特別陸戦隊奇襲隊が占領したもの。この地の港は比較的整備されており、このように大型艦艇も利用できた。写真はどことなくノンビリした雰囲気だが、この少し前に羽黒はスラバヤ沖海戦を経験しているのだ

マカッサルに錨をおろした重巡那智 ——昭和17年3月6日、スラバヤ沖海戦直後の姿である。艦橋には弾片防御用のマントレットが装着され、艦首舷側には防雷具曳航用のチェーンが取り付けられているなど、戦塵いまださめやらず、といった雰囲気の写真だ。吃水が浅いせいか、舷側のバルジが非常に良くわかる

マカッサルを出港する病院船高砂丸——昭和17年3月、重巡羽黒より撮影したもの。本船は大阪商船の阪神～基隆航路客船で、16年11月12日徴用され、同年12月1日付けで病院船となった。当時の優秀病院船の1隻であり、連合艦隊直属として、傷病兵の治療と輸送に活躍したことは良く知られている

マカッサルに在泊中の重巡羽黒——昭和17年3月、横付けした輸送船から撮影したもの。右手前は3番12.7センチ連装高角砲で、その後方には1番射出機や主翼を折りたたんだ零式水上偵察機の姿が見える。零式水偵の横には複葉の九五式水上偵察機が写っているのに注意されたい。12.7センチ連装高角砲シールドの細部が良く分かる

マカッサルを後に内地へ向かう重巡那智——昭和17年3月10日、重巡羽黒から撮影したもの。両艦の乗員は整列して〝帽振れ〟で別れを惜しんでいる。那智と羽黒は開戦いらい第5戦隊を編成して戦ってきたが、那智は新たに第5艦隊に編入され、単艦で内地を目差すのである。画面左手前は羽黒の一四式1.5メートル測距儀で、天蓋部には弾片防御用のロープが装着されている

重巡羽黒艦上の九五式水上偵察機——昭和17年3月中旬、マカッサルから内地に向かって航行中のスナップである。九五式水偵の右主翼が破損しているのに注意されたい。これは繋止索をはずさずにクレーンで吊り上げたのが原因である。同機はこれから対潜哨戒に出動するところだったらしく、爆弾を携行している。下方に写っている射出機は呉式2号5型射出機

セレベス島マカッサルに停泊中のわが特設艦船群――マカッサルに入港した重巡羽黒から、昭和17年3月6～10日に写されたものと推定される艦影である。手前に見えるのは乾汽船の所有船で、昭和16年9月2日に海軍に徴用された特設運送船乾用丸と思われる。このような特設運送船が、わが海軍南方攻略作戦のための補給、輸送を支えていたのである

▼マカッサルから内地へ向かって航行中の重巡羽黒――昭和17年3月中旬のスナップで、1番カタパルト付近から艦首方向を見たところ。前檣のヤードに掲げられた速力標は一戦速を示しているようだ。画面左端にはマカッサルで破損した九五式水上偵察機の主翼が写っている。その右にあるのは水偵運搬台である

洋上給油を受ける重巡羽黒——右が羽黒で、左が特設給油艦（日本丸と推定されている）である。マカッサルから内地へ向かう航海の一コマであり、昭和17年3月中旬に撮影したもの。給油法は横曳給油方式をとっている。日本海軍艦艇の洋上給油写真は少ないので、非常に貴重なスナップといえよう。ちなみに羽黒のマカッサル出港は3月12日、佐世保入港は同20日であった

昭和17年3月7日、ケンダリーに入港直前の重巡愛宕の前甲板——3月4日をもってジャワ南方機動作戦をおえた南方部隊本隊は、3月7日に出撃地のスターリング湾に帰投したが、旗艦愛宕は隣接するケンダリーに入港した。前甲板艦首部に広げられた日章旗は、味方航空機から誤まって攻撃されるのを防ぐための、味方識別標識である

昭和17年3月25日、マカッサルからセレター軍港に向かって航行中の重巡愛宕──ケンダリーで整備を終えた愛宕は、その後バリックパパンおよびマカッサルに寄港したのち占領まもないセレター軍港に向かった。写真は、航海途中に乗員が後甲板で海軍体操を行なっている光景。本艦はその後、4月初旬にセレター軍港を出撃し、機動部隊およびマレー部隊のインド洋機動作戦に呼応して、アンダマン諸島方面で行動している

ケンダリーに停泊中の重巡愛宕艦上における総員入浴の光景──ジャワ南方機動作戦後ケンダリーに入港してから4日目の昭和17年3月11日に撮影したもの。後甲板の左舷部、4番砲塔の横にキャンバス風呂を設け、ひさし振りの総員入浴により、乗員は戦闘航海中の戦塵を洗い落としている

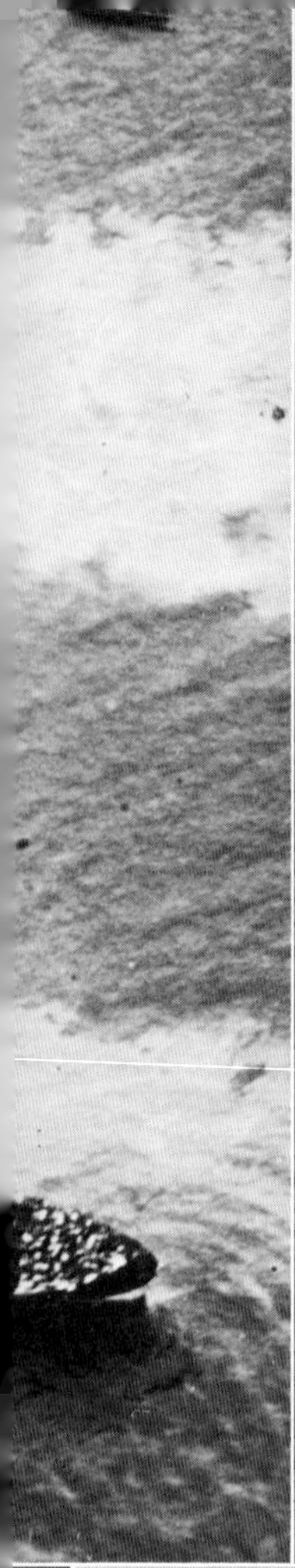

昭和17年３月10日、第２南遣艦隊旗艦となった足柄は、マカッサルを中心として作戦に参加していた。３月26日、マカッサルを出港してクリスマス島攻略作戦を支援した。４月10日、南西方面艦隊に編入され、スラバヤ方面を行動した。写真は南方洋上で僚艦と別れて次の作戦水域へ出撃して行く足柄で、僚艦上でこれを見送る人びとは〝帽振れ〟で見送っている

昭和18年４月、バリックパパン（推定）に入港停泊中の足柄——南西方面防衛のカナメとなっていた本艦が、内地で整備を受けるため帰還の途中における光景。バリックパパンは、日本海軍にとって極めて重要な地区で、昭和17年６月から操業再開された油田から噴出する石油は軽質のもので、採油からオクタン価の高いガソリンが34パーセントもとれ、南西太平洋における我が作戦の遂行に大きく寄与した

昭和18年５月、タラカンの石油積み出し用桟橋に停泊中の重巡足柄——南方攻略作戦が一段落した昭和17年４月に、インド洋、マレー、蘭印、フィリピンなどの防備を担当する南西方面艦隊が創設され、その下で第２南遣艦隊が蘭印の防衛に当たった。緒戦において、フィリピンや蘭印攻略に当たった第３艦隊の旗艦をつとめた足柄は、その後、南西方面艦隊第２南西艦隊旗艦として、南西方面防衛の中核となった

◀蘭印または豪北方面で行動中の姿と推定される軽巡球磨（左）——本艦は第16戦隊に所属し、緒戦期はフィリピン方面で作戦したが、南方地域攻略後は、主として占領した南西方面各地への輸送任務や警備などに従事していた

蘭印・インド洋作戦

佐藤和正

蘭印基地攻略作戦

開戦とともに、怒濤の勢いでフィリピンを席捲した海軍は、十二月二十日にダバオを、二十五日にスル海のホロ島を占領したことによって、次期蘭印作戦の最後の足場が確立された。

これにともなって連合艦隊司令長官山本五十六大将は、第二期兵力部署を発動、第3艦隊を主力とする蘭印部隊を編制し、ボルネオ、セレベス、豪北の各地に散在している敵の航空基地を攻略する準備を下令した。

この攻略作戦の目的は、最終的にはジャワ島の攻略にあるわけだが、それにはジャワをとりまく周辺の敵基地を奪取して、包囲網を構成する必要があった。しかも攻略目標の敵基地のいくつかには、ノドから手が出るほど欲しい油田地帯も含まれていた。

周刻な準備の後、十七年一月初頭から、蘭印航空基地をつぎつぎと攻撃、連鎖的にこれらの要地を攻略していったのである。

最初の攻略目標はボルネオ北東部のタラカン島であった。ここには飛行場と中規模の油田があった。一月十日、歩兵第146連隊を主力とする坂口支隊と、呉2特の陸戦隊が上陸、海陸協力作戦で十二日に占領した。

この戦闘で掃海艇二隻が敵の砲台からの射撃で沈没したが、駆逐艦山風が、脱出中の蘭敷設艦一隻と砲火を交え、これを撃沈した。これは比島・蘭印方面における最初の水上艦艇同士の戦闘であった。

第二の攻略目標は、セレベス北部のメナドである。メナドには良好な泊地があり、その南にランゴアン飛行場があった。

一月十一日、佐連特三、二〇〇名の攻略部隊が上陸、翌十二日にはメナド市街を占領したが、飛行場攻略には、わが国初の落下傘部隊（横1特三二四名）の降下作戦を行なった。敵の意表をついた空挺部隊の攻撃は大成功で、一時間たらずで飛行場を占領した。

第三の攻略目標は、ボルネオ中部にある有数の油田地帯バリクパパンである。一月二十四日未明、第4水雷戦隊の護衛で輸送船一六隻が泊地に進入、攻略部隊は上陸した。

ところが暗夜にまぎれて、米海軍の駆逐艦四隻が、入泊中の船団内を風のように駆け抜けながら魚雷を発射。輸送船四隻が沈没、二隻中破、哨戒艇一隻大破という損害をうけた。完全な奇襲であった。米国側はこの戦闘を「マカッサル海戦」と呼称して勝利を大宣伝した。しかし日本軍は翌二十五日、同地の占領に成功した。

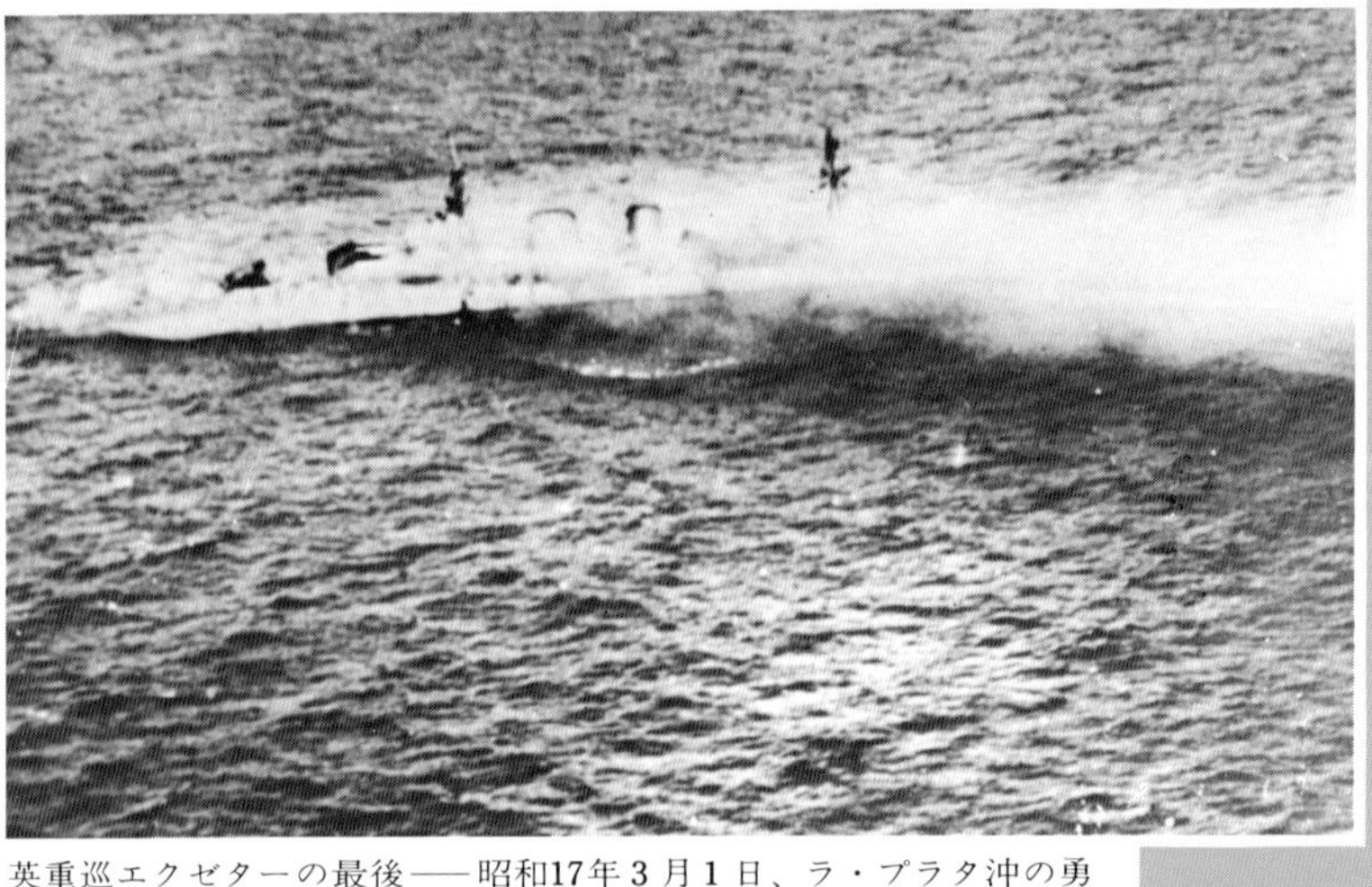

英重巡エクゼターの最後――昭和17年3月1日、ラ・プラタ沖の勇士に終焉のときが近付いた。缶室に砲弾を喫した本艦は間もなく戦闘力を失い、速力もわずか4ノットしか出なくなった。止めは駆逐艦の発射した1本の61センチ魚雷であった。艦は艦底を上にして横転、沈没した

英重巡エクゼターに猛撃をくわえるわが重巡妙高——昭和17年3月1日の戦闘シーンである。4、5番主砲塔が交互打ち方を行なっている。蘭印部隊主隊の砲撃開始は1150、距離は23,500メートルくらいであった。1240頃から多数の命中弾があり、その10分ほどあとに魚雷戦を行なった。主隊の20センチ砲発射弾数は1,171発

第四の攻略目標はセレベス南東部のケンダリーであった。一月二十五日に無血占領。

第五の攻略目標はアンボン。一月三十一日に上陸、予想外の激闘が続いたが二月七日までに制圧、攻略は成功した。

第六の攻略目標はセレベス南端部のマカッサルであった。二月四日、ケンダリーのスターリング湾に攻略部隊の船団が集結した。これにともなって「ジャワ沖海戦」が生起したのである。

日本軍のマカッサル攻略を察知した連合軍は、これを阻止すべく、オランダの提督ドールマン少将の指揮のもと、蘭軽巡デロイテル、トロンプ、米重巡ヒューストン、米軽巡マーブルヘッドをはじめ蘭駆逐艦四、米駆逐艦七隻からなる艦隊がジャワ東部のマヅラ島泊地に集結、四日未明、マカッサル海峡に向けて出撃したのである。

四日の早朝、ケンダリーから飛び立った大艇二機が、バリ島の北方海面を行動している敵艦隊を発見した。この報にケンダリーから鹿屋空の陸攻二七、高雄空の陸攻九、1空の陸攻二四機が出撃、敵艦隊に襲いかかった。

ドールマン少将は麾下部隊に急速回避運動を下令する。各艦は増速しつつ巧妙に回避するので、陸攻隊はなかなか爆撃照準が得られない。一回目は上空を通過してやりなおす。しかし二回目も投弾できない。そして三回目、四隊にわかれた陸攻隊がつぎつぎに投弾。だが命中弾は得られなかった。この間に、高雄空の一機が高角砲弾をうけて墜落する。

鹿屋空の第3中隊がマーブルヘッドの斜め後方から爆撃した。二五〇キロ爆弾一四発が目標を覆って落下、うち二弾が命中した。一発は艦の前部を貫通してガンルームで爆発。もう一発は艦尾の操舵室で炸裂、このため舵故障をおこして左旋回をつづける。

1空隊は中隊ごとに前後四回にわたってデロイテルとヒューストンを攻撃した。そして最後の一斉投弾でヒューストンに一発だけ命中。第3砲塔下の弾薬庫が誘爆を起こし、砲塔を吹き飛ばした。

このとき日本軍は、魚雷攻撃を行なわなかったため、ヒューストンとマーブルヘッドに損害をあたえただけで、一隻も撃沈することができなかった。

ドールマン提督が企図した日本軍船団の攻撃はこうして失敗し、連合国艦隊はジャワ島南部のチラチャップに避退していった。

一方、日本軍攻略部隊は二月八日の夜半、マカッサル港に進入して上陸を開始した。この攻略戦は海軍単独の作戦で、メナドを攻略した佐連特の陸戦隊だけで行なわれた。敵の抵抗は意外に弱く、翌九日

昼ごろまでにマカッサル市街を占領、夕方には飛行場を占領して攻略は成功した。

これに呼応して陸軍が、二月十日ボルネオ南部のバンジェルマシンを攻略したことによって、ジャワ島を中心とするスンダ列島を北方から包囲圧迫する態勢がととのった。そこで第七の攻略目標はバリ島となる。

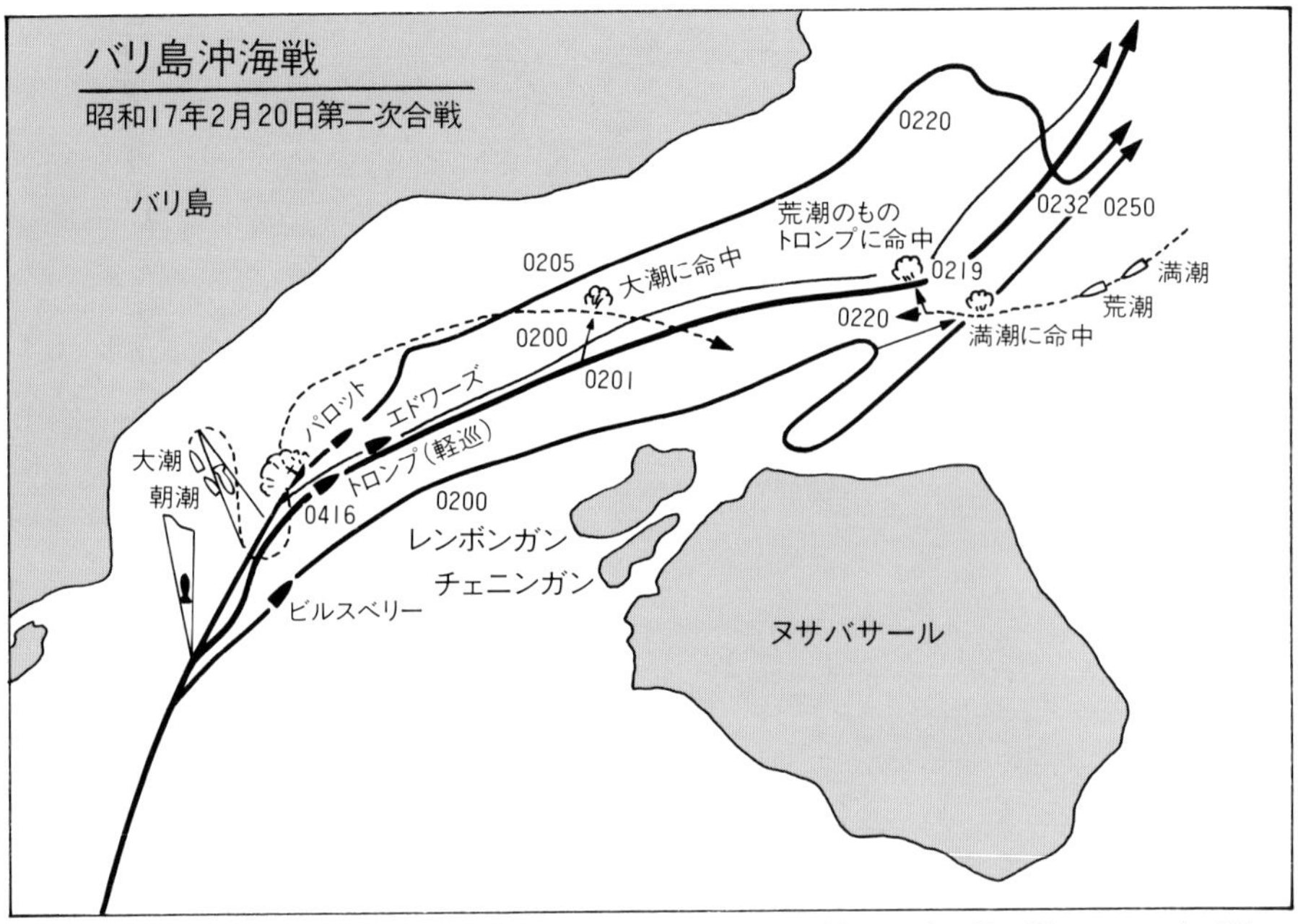

一方、マレー、スマトラ方面では、二月十四日、最大の油田地帯パレンバンを占領、翌十五日には東洋のジブラルタルと呼ばれたシンガポールが陥落した。

二月十九日午前〇時、第8駆逐隊（大潮、朝潮、満潮、荒潮）に護衛されて、一個大隊基幹の陸軍支隊を搭載した輸送船二隻がバリ島のサヌール沖泊地に進入、上陸が開始された。幸い敵の抵抗はなく人員資材の揚陸は順調に行なわれた。

夜明けとともに敵爆撃機数機が反復空襲をくわえてきたが、船団の被害は小さかった。ところがその日の夜、連合軍の艦隊が反撃突入してきて、ここに「バリ島沖海戦」が起こったのである。

夜半、泊地には輸送船笹子丸が揚陸を終了して大潮、朝潮とともに航進を起こそうとしていた。もう一隻の輸送船相模丸は満潮と荒潮に護衛されてすでに出港、マカッサルに向かって外洋に出ていた。そこへドールマン提督指揮の蘭軽巡デロイテル、ジャワ、蘭駆逐艦ピートハイン、米駆逐艦フォード、ポープの五隻が、あい前後して突入してきた。

午前〇時、敵巡洋艦二隻が朝潮を砲撃しながらアッという間に北方へ航過していった。このとき弾片が朝潮の探照燈に当たっただけで被害はなかった。

つづいて接近してくる敵駆逐艦一隻を発見した大潮は、これを攻撃すべく突撃を開始、朝潮も続航して魚雷を発射した。暗夜の戦闘はさすがに日本海軍はお手のものである。砲雷撃はことごとく命中して敵艦は大火災となる。そこへ新たに二隻の駆逐艦が現われた。両艦は新手の敵を追撃、集中砲撃する。

この敵二艦は煙幕を展張しながら南方へ遁走した。反転した両艦は、まだ浮いている敵駆逐艦に止めの砲撃をくわえてこれを撃沈した。この敵艦はピートハインであった。

この夜戦が終わって二時間後の午前三時ごろ、ふたたび敵艦隊が現われた。米駆逐艦スチュワート、パロット、エドワーズ、ピルスベリーの四隻を先頭に、蘭軽巡トロンプが続航していた。大潮、朝潮はこの優勢な敵に対し猛然と砲雷撃しながら突撃する。たちまちスチュワートの舵取機械室に砲弾一発が命中、同艦はよろめくように隊列から離れる。

さらにトロンプにも命中弾多数が認められた。そこへ急を聞いて反転してきた満潮と荒潮が北方から戦闘に参加、遁走をはかる敵艦五隻の隊列の中に突入しながら猛砲撃する。このとき満潮の機関室に敵弾一発が命中して航行不能となった。

日本側の猛反撃に、敵はロンボク海峡を北方へ避退し、輸送船は無事だった。結局、連合国側は巡洋艦三、駆逐艦七隻をくり出しながら、たった二隻の日本駆逐艦（のち二隻追加）に阻止され、駆逐艦一沈没、巡洋艦一中破、駆逐艦一小破の損害を出したのであった。

一方、同じ十九日、赤城、加賀、蒼龍、飛龍を基幹とする機動部隊が豪北に作戦し、ポートダーウィンを猛爆、潰滅的大打撃をあたえていた。また、翌二十日、海陸協力によるチモール島の攻略が行なわれ、北のデリー、南のクーパンに上陸成功、さらにクーパンに横3特の落下傘部隊が降下、二十二日までにチモール島全域の占領に成功したのである。

スラバヤ沖海戦

十七年二月中旬までに、スマトラ、マレー、ボルネオ、セレベス、チモール島など、南西方面の要衝を攻略した日本軍は、あとはジャワ本島を残すのみとなった。すでに包囲態勢を構築した日本軍は、いよいよジャワ攻略にその鉾先を向けたのである。

今村均中将麾下の第16軍は、ジャワ攻略にあたって島の東部と西部に上陸作戦を敢行し、同島を東西から挟撃すべく船団を二手にわけて進撃した。

まず、東部ジャワのスラバヤ軍港の西方、クラガンに敵前上陸する部隊は、第48師団と坂口支隊がこれに当たることとなり、陸軍輸送船三八隻の船団を組んで二月十九日、ホロ島を出撃、マカッサル海峡を南下していた。

これを護衛するのは西村祥治少将の率いる第4水雷戦隊基幹の艦艇二二隻で、これを高木武雄少将麾下の第5戦隊（那智、羽黒）と第2水雷戦隊が支援するという陣容であった。

二十六日の朝、船団は東部ジャワまで三二〇キロの圏内に入った。正午少し前になって連合軍の哨戒機二機が船団を発見、この報告電をうけた連合国海軍総司令官ヘルフリッヒ中将(蘭)は、スラバヤで給油中のドールマン提督に「日本軍船団を殲滅し終わるまで追撃戦を続行せよ」と電令した。

その夜、ドールマン提督は麾下の艦隊を率いてスラバヤ海峡を北上した。旗艦デロイテルにつづく艦隊は蘭軽巡ジャワ、英重巡エクゼター、米重巡ヒューストン、豪軽巡パース、そして駆逐艦は蘭二、英三、米四隻の合計一四隻であった。

ドールマン艦隊は夜通し沿岸水域を航行したが何も発見できなかった。翌二十七日朝、艦隊はいったんスラバヤ港に引き返した。そのときヘルフリッヒ中将から命令電がとどいた。

「スラバヤ北方九〇マイルに日本船団近接中、これを迎撃せよ」

だが、この艦隊は意志の疎通を欠いた四ヵ国の寄せ集め艦隊なので、共通の作戦信号が準備されていない。そこでドールマン少将は命令を簡単な英文に飜訳して、無電、手旗、信号燈などで各艦に伝達した。

「われに続け、敵は九〇マイル前方にあり」

一方、高木少将は、敵の動きを逐一打電してくる水偵の報告で、ドールマン艦隊の動静を正確に把握していた。

敵艦隊の進撃に対し、第2、第4水雷戦隊が敵方に向かって行動を起こした。一六五九、先頭を行く2水戦旗艦神通から、敵発見を報じてきた。いよいよ決戦である。両軍はともに相手を視認しながら砲雷撃のチャンスを待っていた。

砲撃戦となると、二〇センチ砲で日本軍は那智、羽黒の二〇門、連合軍はエクゼターの六門とヒューストンの六門の計一二門で、日本軍が優勢である。このため第5戦隊は遠距離砲戦の策をとることにした。

水雷戦隊は増速してぐんぐん敵方に肉薄していっ

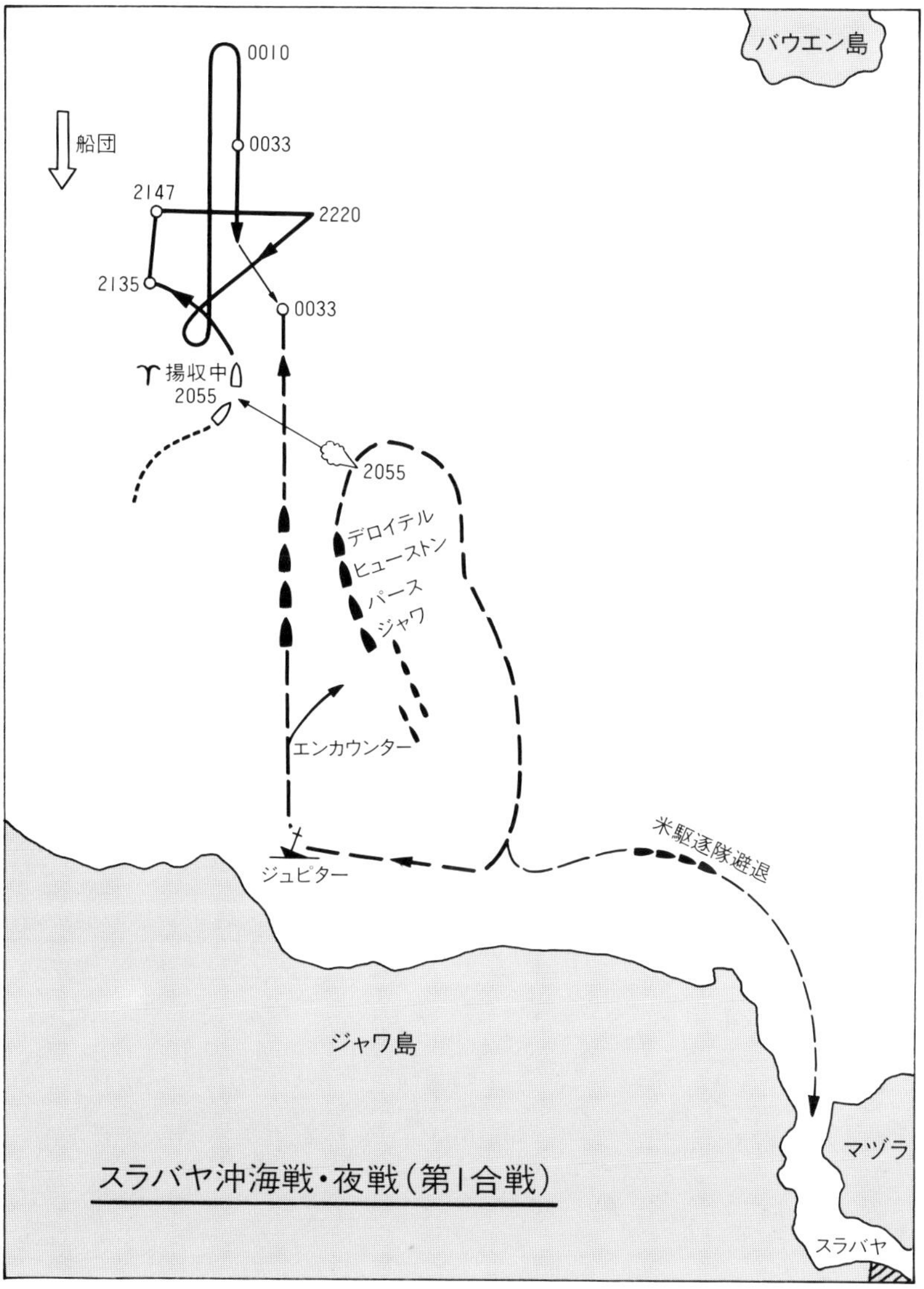

スラバヤ沖海戦・夜戦（第1合戦）

たが、これも遠達高雷速の酸素魚雷を過信して、距離一五、〇〇〇メートルで発射するアウトレンジ戦法をとったのである。

　那智、羽黒は距離二五、〇〇〇メートルに達したとき砲撃を開始した。しかし命中弾は得られない。2水戦、4水戦もそれぞれ統制雷撃したが、魚雷が到達する前に敵艦隊が大きく変針したので空振りに終わった。

　ところが、とりわけ不運なことが起こったのである。発射した魚雷の約三分の一が、駛走中に自爆したのである。

　原因は魚雷頭部の爆発尖があまりに鋭敏に調整されていたため、波の衝撃で爆発してしまったのである。

　しかしこの間、英重巡エクゼターの機械室に砲弾が命中、速力が急に落ちたため、単縦陣形の敵艦隊の隊形が大混乱した。この混乱の中で、蘭駆逐艦コルテノールに魚雷が命中、一瞬のうちに轟沈した。

　敵艦隊は、濃密な煙幕を展張しながら避退しはじめた。だがこのとき第9駆逐隊の司令佐藤康夫大佐は、朝雲と峯雲を率いて4水戦の編隊から飛び出し、敵方に独断突入すると距離六、〇〇〇メートルで魚雷を発射した。そのとき突然、煙幕の中から二隻の駆逐艦が躍り出て妨害する。距離三、〇〇〇メートルで二対二の砲戦がはじまったが、一隻はたちまち遁走。残った英駆逐艦エレクトラを両艦が集中砲撃してこれを撃沈した。しかし朝雲にも敵弾一発が機械室に命中、航行不能となる。

　この突然の攪乱戦法が効を奏し、ドールマン艦隊の隊形はますます混乱し、ついに南方に遁走することとなった。

　このころ日没となり、二〇〇五、日本軍は追撃を中止、夜戦の準備に入った。ところが戦場を離脱した敵艦隊は、態勢を整え、巡洋艦四、駆逐艦二隻で北進してきたのである。

　午後九時前、第5戦隊は近接してくる敵影を認めたが、ちょうど水上機を揚収中で戦闘準備が間に合わなかったので急速回避する。かわって2水戦が敵方に突撃、魚雷発射したが敵もこれを回避、そのまま敵影を見失ってしまった。

　敵部隊は、そのまま陸岸近くを東進していたが、英駆逐艦ジュピターが、オランダ側の敷設した機雷に触れて沈没するというアクシデントが起こった。もう一隻の駆逐艦エンカウンターは、沈没艦の乗員を救助すると、他の艦と同様スラバヤへ避退していった。

　二十八日午前〇時半ごろ、第5戦隊は南下中に、距離一五、〇〇〇メートル前方に、北上してくる四隻の敵巡洋艦と遭遇した。ただちに反転、針路を〇度にとると敵と同航する態勢で砲撃を開始した。ついで距離一〇、〇〇〇メートルで魚雷を発射した(那智八本、羽黒四本)。

　隠密裡の発射は成功だった。突然、先頭の旗艦デロイテルと、最後尾の蘭軽巡ジャワに大火柱が立った。さらに激しい誘爆が起こって両艦とも沈没したのである。沈みゆくデロイテルの艦橋から、ドールマン提督は健在な二艦に最後の命令を下した。

「ヒューストンおよびパースは、わが生存者にかまわずバタビアに避退せよ」

　通信が終わったとき、デロイテルは乗員のほとん

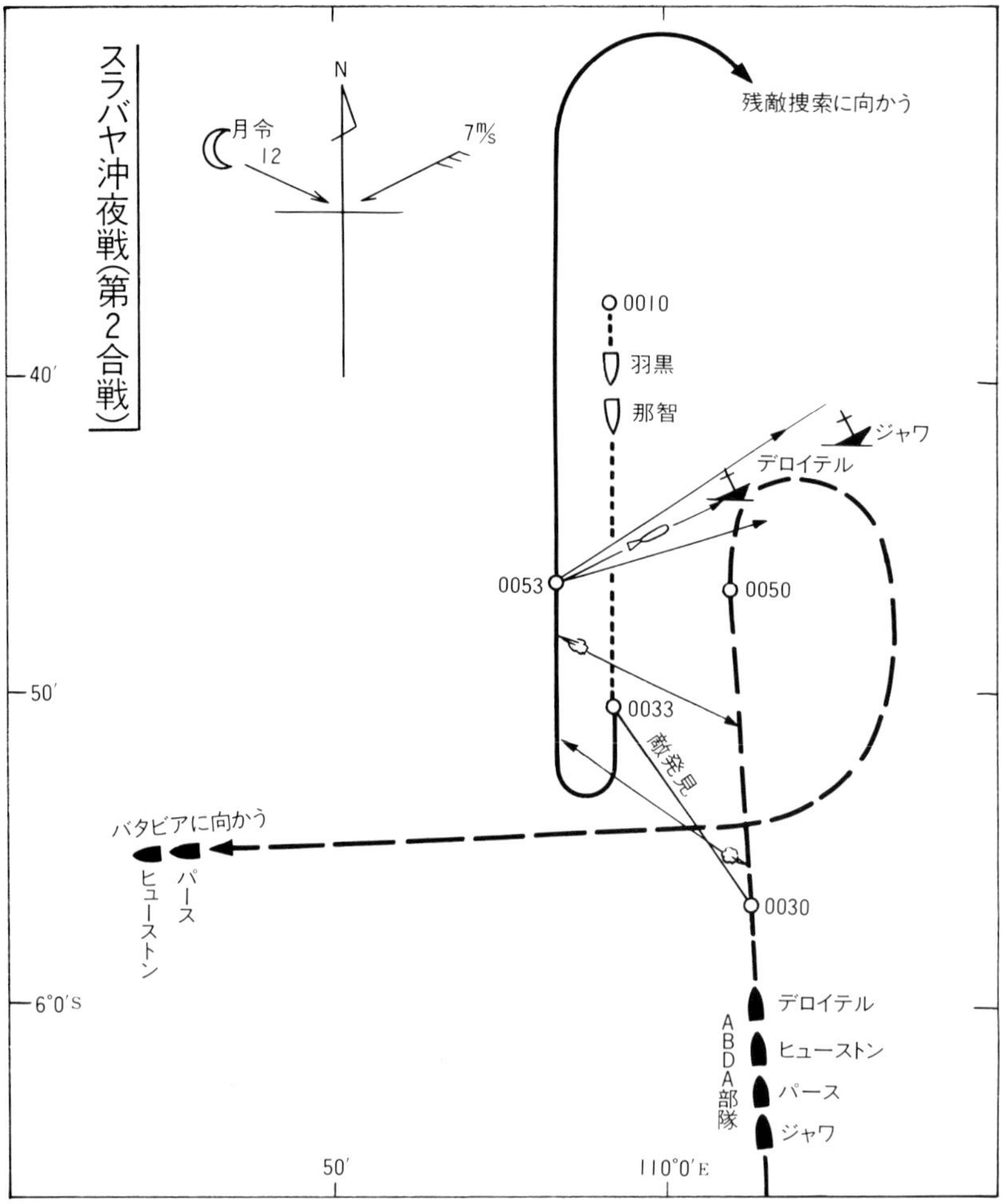

どを道づれにして、ジャワ海深く沈んでいった。
翌三月一日、第5戦隊はジャワ海を西へ移動する巡洋艦一、駆逐艦二隻を発見、足柄と妙高の応援を得てこれを追撃、全艦を撃沈した。英重巡エクゼター、英駆逐艦エンカウンター、米駆逐艦ポープであった。

バタビア沖海戦

ドールマン少将の避退命令をうけた米重巡ヒューストンと豪軽巡パースは、日本軍の目を逃れて南西に変針し、バタビアの港タンジョンブリオクに向かった。日本艦隊は残敵をジャワ島東側に求めていたので、この二艦を見逃してしまった。

二十八日の朝、タンジョンブリオクに入港したヒューストンとパースは、可能なかぎりの燃料を積み、スンダ海峡を抜けてジャワ南岸のチラチャップに避退すべく準備を急いでいた。しかしヒューストンは傷手をうけていた。二月四日のジャワ沖海戦で第3砲塔に直撃弾をうけて使用不能。

さらに二十七日のスラバヤ沖海戦で羽黒の二〇センチ砲弾二発が命中、一発は艦前部に大穴を開け、もう一発は後部のオイルタンクを破壊していた。それに至近弾により船体にヒズミが生じ、このヒズミが主砲発砲による震動のため裂け目となって隙間をつくっていた。

二十八日の夕方、両艦は出港した。パースが先頭に立ち、鏡のように凪いだジャワ海を二〇ノットで西進した。

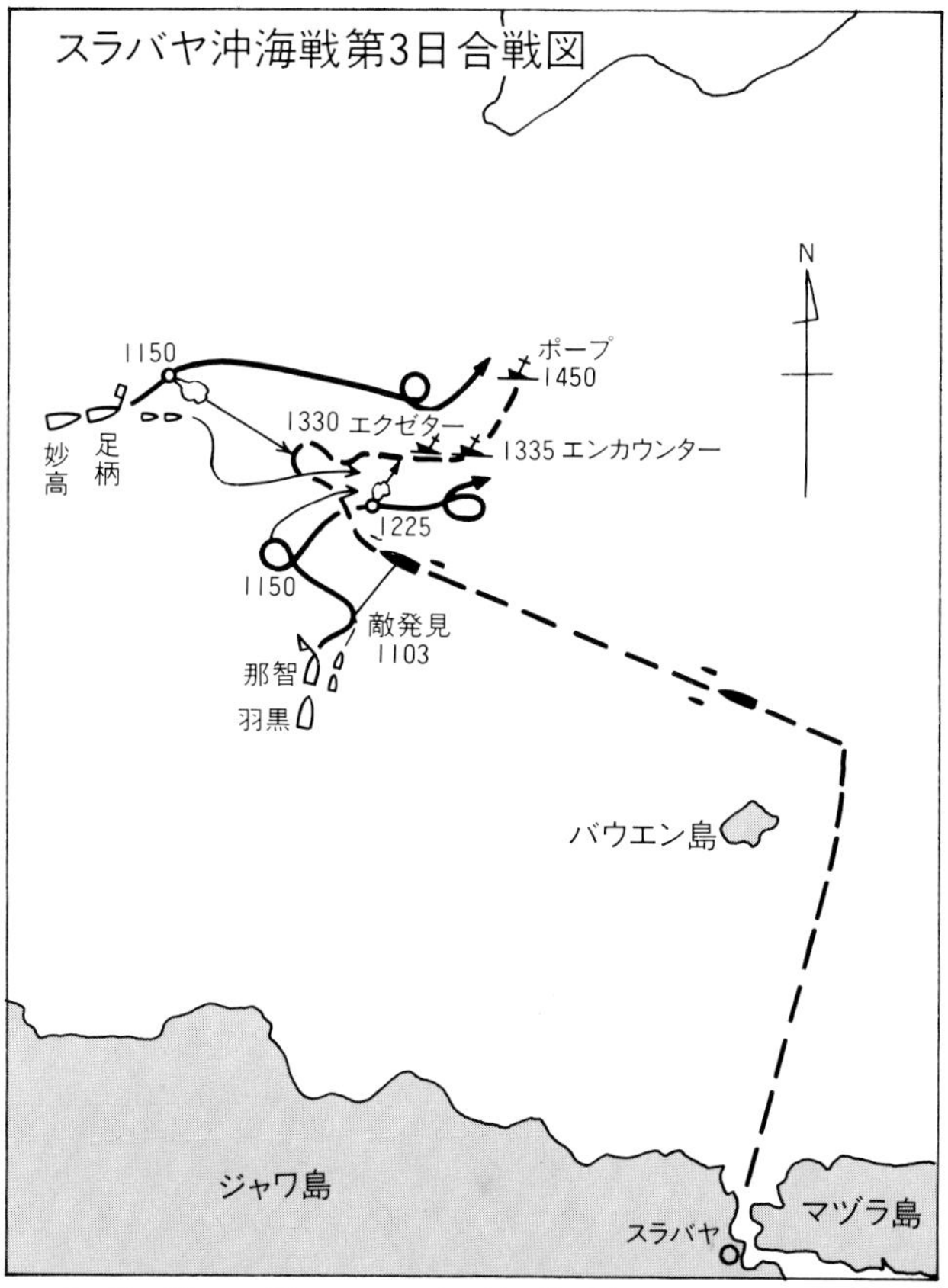

そのころ今村均中将の率いる第16軍主力は西部ジャワ攻略のため五六隻の輸送船をもって、いましも上陸地点のバンタン湾とメラク湾にさしかかっていた。これを掩護するのは第5水雷戦隊司令官原顕三郎少将の指揮する第3護衛隊と、支援隊の第7戦隊である。その兵力は次のとおり。

〈バンダン湾方面〉

第7戦隊第2小隊（三隈、最上）、敷波

第5水雷戦隊＝名取、第5駆逐隊（朝風、春風、旗風）、第11駆逐隊（初雪、白雪、吹雪）

〈メラク湾方面〉

第22駆逐隊（皐月、水無月、長月、文月）

第12駆逐隊（白雲、叢雲）

攻略部隊は三月一日午前〇時を期して一斉に敵前上陸を開始した。ちょうどこのとき、パースとヒューストンがバンタン湾沖のバビ島付近に差しかかった。両艦は前方に並んでいる日本軍の大船団を発見した。千載一遇のチャンスであった。両艦は真一文字に船団に向かって突入を開始した。見回したところ日本の護衛艦隊は見えなかった。

しかし日本軍の警戒は厳重だった。バンタン湾東方哨区にあった吹雪は、〇〇〇九、東方八五度、約一〇、〇〇〇メートルに黒影を発見。

「バビ島の北東に敵らしき艦影二つ見ゆ」

と報じ、それが巡洋艦二隻であることを確認して打電した。一方、セントニコラス岬の沖を哨戒中の名取、初雪、白雪も、〇〇一八、約二〇、〇〇〇メートル東方に敵影を認めた。このころバンタン湾に浮かぶパンジャン島付近を哨戒していた春風も、敵巡洋艦が近づいてくるのを発見した。

原司令官は北方沖合を警戒中の第7戦隊にただちに合同するよう指令し、名取と第11駆逐隊に魚雷戦用意を下令、第5駆逐隊に集結の命令を発した。

このとき敵艦から船団に向けて発砲してきた。春風はただちに敵と船団との間で煙幕を展張した。この煙幕は効果的で、敵は砲撃ができなくなった。

このとき敵艦を追尾していた吹雪がヒューストンに対し約二、五〇〇メートルの近距離で雷撃したが回避された。これに対してパースが吹雪を狙い打ちしたが被害はなかった。

敵の船団砲撃を見た原司令官は、第11駆逐隊と第5駆逐隊に「駆逐隊突撃せよ」を下令するとともに、メラク方面にいる第12駆逐隊を呼びもどした。

突撃命令をうけた各駆逐艦は、隊形をととのえて

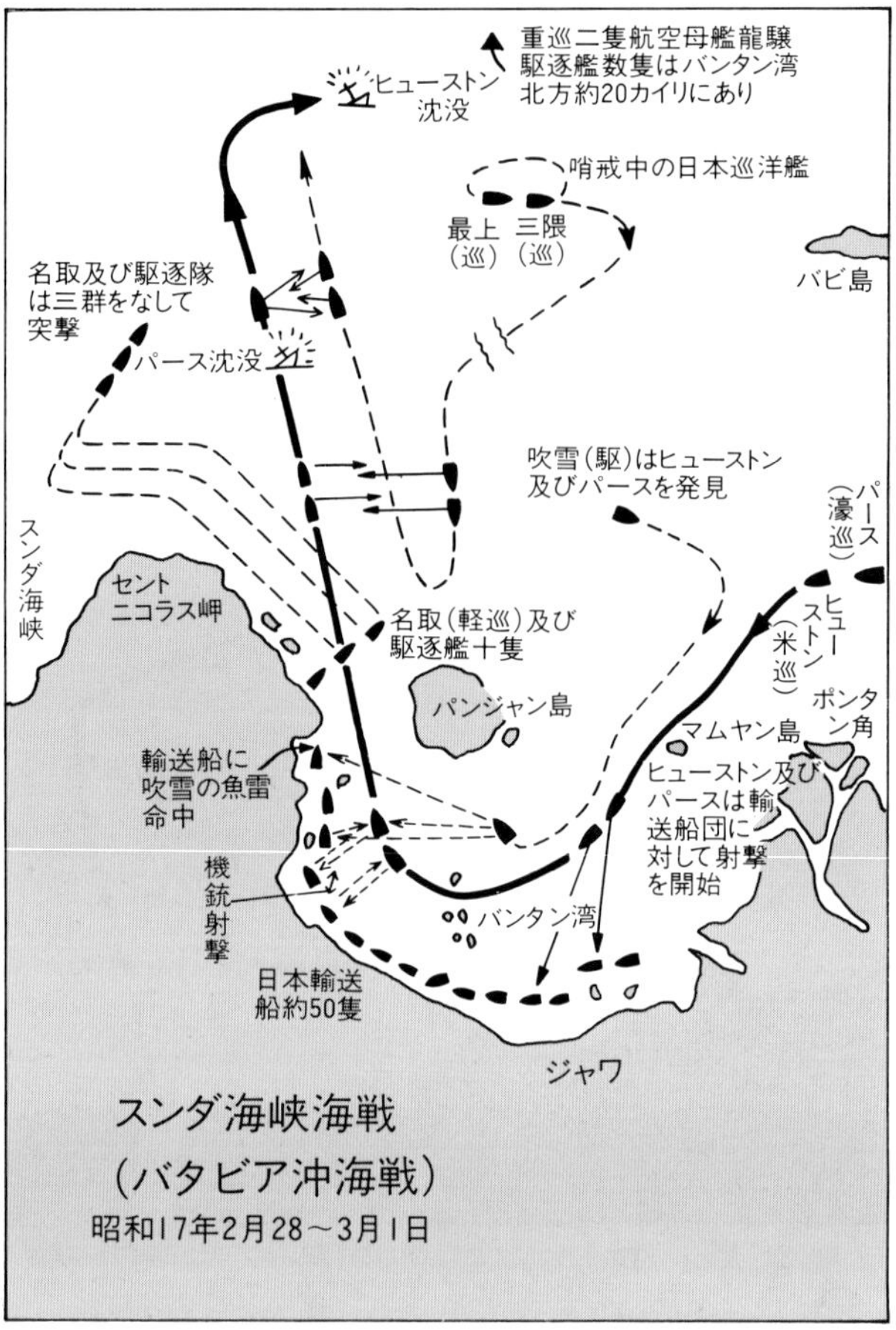

スンダ海峡海戦
（バタビア沖海戦）
昭和17年2月28〜3月1日

一斉に敵方に向かった。〇一一〇、第11駆逐隊は熾烈な敵砲火を冒して近迫、ヒューストンに一八本の魚雷を発射した。同時刻、第5駆逐隊も射点に達したが、敵の猛烈な射撃により春風が発射時期を失し、旗風と朝風の二艦がパースめがけて雷撃した。発射に失敗した春風は、単艦回頭して再度突撃、魚雷を発射した。

戦闘はいまや混戦状態であった。敵艦はあらゆる方向に射撃していた。両艦は最大戦速で、迫る魚雷を回避するため右へ左へ蛇行していた。

一方、名取はパースめがけて主砲射撃を開始していたが、ころあいを見はからって魚雷四本を発射した。しかしこれまでの日本軍の魚雷はことごとくかわされてしまった。水雷戦隊の魚雷攻撃は失敗だった。

それまで駆逐隊の襲撃の邪魔にならないように足ぶみしていた第7戦隊がいよいよ戦闘に参加した。〇一一九、三隈、最上は距離一一、二〇〇メートルからパースに対して各艦六本ずつの魚雷発射を行なった。ついで距離一一、〇〇〇メートルで主砲射撃を開始した。砲撃はヒューストンに集中された。

ヒューストンはたちまち命中弾多数をうけて火災を生じた。さらに斉射がつづく。そのうちの一弾が2番砲塔を貫いた。轟然たる爆発とともに、火柱は艦橋を飛びこえて噴き上がった。

つづいてパースに砲撃が集中され、命中弾多数をうけて停止した。このとき第12駆逐隊が近迫して、航行不能となったパースを砲撃しながら敵二艦に魚雷を発射した。止まっている艦と、速力の落ちた艦を狙うぐらい確実なことはない。両艦ともにこの魚雷をモロにくった。パースは断末魔を迎えた。

「総員退去、各員は自由行動をとれ」

パースの艦長は最後の命令を出した。だがその声が終わる間もなく、〇一四二パースは急速沈没してしまった。

ヒューストンは左舷に傾きながらもまだ一五ノットで走っていた。この重傷の巡洋艦を日本側の探照燈が煌々と照らしていた。そこへ敷波が近づいてきた。三隈の崎山釈夫艦長のはからいで、まだ未発射の敷波にとどめの雷撃を命じたのであった。ヒューストンは五〇発以上の命中弾のほかに、少なくとも四本の魚雷を打ち込まれていた。艦上艦内は破壊され、火炎は荒れ狂い、死傷者がいたるところに倒れていた。

そこへ一本の魚雷がスルスルと延びてくるなり、艦腹中央に命中、轟然たる爆発とともにヒューストンは徐々に沈んでいった。こうしてバタビア沖海戦は日本側の一方的な勝利で幕を閉じた。

だが、このとき椿事が起きていた。最上が発射した魚雷六本が、敵艦に当たらずそのまま伸びて船団泊地に達し、第2号掃海艇、佐倉丸、龍城丸、蓬莱丸、龍野丸に命中、沈没または大破横転という不祥事を起こしてしまったのである。このため今村軍司令官は、重油の海の中を三時間あまりも泳ぐ始末だった。勇み足の同士打ちによる損害であった。

インド洋の制圧

ジャワ島の攻略戦にさいして、基地航空隊をはじめ、機動部隊、南方部隊本隊、潜水部隊などの各隊は、ジャワ島周辺の海域で、逃げ出した敵の艦艇、商船、タンカーなどを大量に撃沈、拿捕していた。

なかでも大きな戦果だったのは、二月二十七日、バリ島の南西約六八〇キロのチラチャップ沖に出現した米水上機母艦ラングレイを、バリ島の高雄空陸攻一六機が攻撃、これを撃沈したことである。ラングレイはジャワの危急を救援するために、P-40戦闘機三二機を輸送している途中であった。

一方、ジャワ攻略戦は順調に進展し、三月九日、バンドンにあったスタルケンボルグ蘭印総督および蘭印軍司令官テルポーテン中将による無条件降伏によって、ジャワ全土の攻略が終了したのであった。

これにともなって連合艦隊司令長官山本大将は、南方部隊指揮官近藤信竹中将にセイロン島奇襲作戦の実施を命じたのである。この作戦目的は、セイロン島方面に健在である英艦隊を撃滅することにあった。この作戦をもって、開戦以来の第一段作戦が終了することになっていた。

三月二十六日、スターリング湾を出撃した機動部隊は、**1**航戦（赤城）、**2**航戦（蒼龍、飛龍）、**5**航戦（瑞鶴、翔鶴）の五空母を基幹とする空襲部隊が主役で、支援部隊に第**3**戦隊（比叡、霧島、榛名、金剛）と第**8**戦隊（利根、筑摩）があたり、警戒隊に第**1**水雷戦隊を配した陣容であった。

機動部隊は厳重に前路警戒しながら、チモール島北側のオンバイ海峡を通過し、ジャワ南方のインド洋上に航路をとり、さらにスマトラ南西方海面を経て、四月五日セイロン島に近接していった。

この日の天候は快晴であった。作戦予定のとおり、コロンボの飛行場および港湾の艦船を攻撃すべく、〇九〇〇、第一次攻撃隊が五空母から飛び立った。淵田美津雄中佐の指揮する九七式艦攻五四機、九九式艦爆三八機、零戦三六機は一〇四五コロンボ上空に進入していった。

このとき敵は、スピットファイア戦闘機、ハリケーン戦闘機など数十機を上空に配して待ち構えていた。たちまち零戦との間に激しい空中戦が展開された。

敵戦闘機は、数においては優勢だったが、性能技量ともに零戦の敵ではなかった。戦闘三十分でスピットファイア一九機、ハリケーン二一機、ソードフィッシュ一〇機、デファイアント一機の合計五一機を撃墜、わが方の損害は自爆一機であった。

この間に艦爆隊が飛行場と船舶を爆撃。つづいて艦攻隊も港内の船舶と施設を攻撃。商船数隻、タンカー、貨物船などを撃沈破した。また飛行場施設、港湾施設などを爆破して大きな被害をあたえた。このとき敵戦闘機の急襲をうけて艦爆六機が撃墜された。

総指揮官淵田中佐は、攻撃の成果が不充分とみて「第二次攻撃の要あり」と連絡した。この連絡を聞いた機動部隊指揮官南雲中将は、敵水上部隊の出現に備えて雷装待機していた艦攻隊に、一一五二、急きょ爆装に転換することを命じたのである。

ところが機動部隊の西方海面を索敵中の利根の水偵から、一三〇〇「敵巡洋艦らしきもの二隻見ゆ」との報告が入った。そこで南雲中将は、先に爆装に転換しつつあった艦攻を再び雷装に転換するよう再下令したのであった。

各空母の艦内はてんやわんやとなった。そこへ一三五〇、阿武隈の水偵から駆逐艦二隻の発見を報じてきた。先に利根機が発見した巡洋艦は駆逐艦の誤りだろうと考えた南雲中将は、それなら艦爆でよかろうと、準備のできていた艦爆に発進を命じた。赤城一七機、飛龍一八機、蒼龍一八機の艦爆が十五時ごろ発進した。ところが利根機から「敵巡洋艦はケント級なり」との念の入った報告が打電されてきたのである。

あわてた南雲中将は**5**航戦に「艦攻および艦爆約半数をもって攻撃せよ」と下令した。しかし再度の兵装転換で時間がかかり、発艦予定は十七時と報告された。

一方、艦爆隊が目標を発見、指揮官機の江草隆繁少佐は一六二九、突撃を令した。眼下の敵艦は英重巡ドーセットシャーと、コンウォールであった。

艦爆隊は太陽を背にして敵重巡に巧妙に接近し、いきなり奇襲爆撃した。敵は応戦のいとまもなく、ほとんど全弾が命中、十数分のうちに両艦とも沈没してしまった。これについて英首相チャーチルは、

「日本の海軍航空戦の成功と威力は真に恐るべきものであった。シャム湾ではわが第一級戦艦二隻が雷撃機によって数分間で沈められた。今はまた二隻の大切な巡洋艦が急降下爆撃というぜんぜん別な空襲のやり方によって沈められた。ドイツとイタリアの空軍を相手にしたわが地中海での戦争全部で、こんなことはただの一度も起こっていない」

とその著『第二次大戦回顧録』で述べている。

けっきょく艦攻隊の発進は取りやめとなったが、再度の兵装転換は大問題であったにもかかわらず、重巡撃沈の成功の影にかくれて取り上げられなかった。しかし、これと同じ情況がその後のミッドウェー海戦で繰り返されることとなるのである。

機動部隊は、次の目標であるトリンコマリの攻撃に向かった。敵重巡の行動からみて、この方面に敵空母が存在すると判断した南雲中将は、特に警戒を厳重にしながら進撃していった。四月九日、予定どおり機動部隊は〇九〇〇トリンコマリ第一次攻撃隊の艦攻九一機、零戦四一機を発艦させた。

一〇二〇、攻撃隊指揮官淵田中佐は、トリンコマリ上空で全軍突撃を令した。艦攻隊はつぎつぎと舞い降りて、港内の軽巡、商船、陸上施設、高角砲陣地などを攻撃、甚大な打撃をあたえて引き揚げた。

この攻撃終了直後の一〇五五、榛名の水偵から「敵空母ハーミス、駆逐艦三隻発見」と報じてきた。ただちに艦爆八五機、零戦六機が発艦、目標に向かって急行する。

一三三〇、攻撃隊はハーミスを発見した。たちまち空母に対して急降下爆撃が行なわれた。艦爆四五

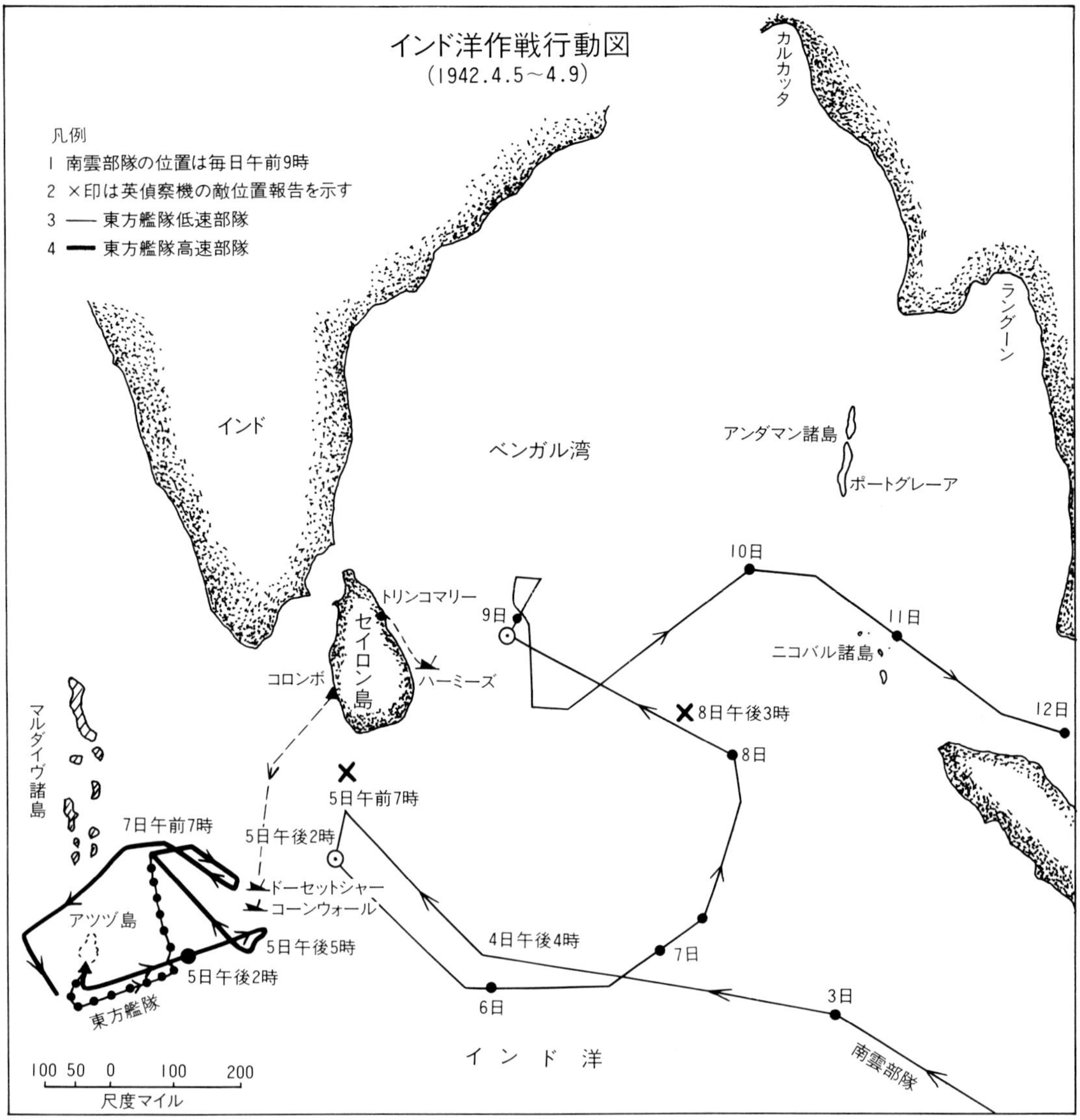

機が、腹に抱いた二五〇キロ通常爆弾をつぎつぎと投下する。このうちじつに三七発がハーミスを直撃した。八二パーセントの命中率である。神技ともいえる技量の優秀さであった。ハーミスは大爆煙を噴き上げながらたちまち沈没していった。

他の攻撃隊は、付近にいた駆逐艦、商船、哨戒艇などを攻撃、駆逐艦バンパイヤー、哨戒艇ホーリー、輸送船二隻を撃沈して帰投した。この日の戦闘で、敵戦闘機四八機、重爆七機、そのほか四機を撃墜した。わが方は艦爆四機、艦攻一機、零戦五機が自爆した。

こうしてインド洋制圧作戦を終了した機動部隊は東方に避退、次期作戦の準備に本国へと向かったのである。

一方、機動部隊の作戦に呼応して、小沢治三郎中将の指揮する馬来部隊が、ベンガル湾の交通破壊戦を買って出たのである。つまりインド洋からベンガル湾をへてカルカッタ方面に通ずる連合国側の補給路に脅威をあたえ、ビルマ戦線における英印軍を牽制すると同時に、占領したばかりのアンダマン諸島に反攻する余地をあたえない、というのがその作戦の目的とされた。

馬来部隊の攻撃実施部隊は三隊に分けられた。まず中央隊に鳥海、由良、龍驤、夕霧、朝霧の五隻。北方隊に熊野、鈴谷、白雲の三隻。南方隊には三隈、最上、天霧の三隻が編成され、インドの東岸中央部で作戦を展開することとなった。

四月六日、それぞれの海域に達した三隊は航行中の商船をつぎつぎに発見、撃沈した。戦果は絶大で、北方隊は八隻の商船を葬り、中央隊は八隻撃沈、八隻大破、南方隊もまた五隻を撃沈した。たった一日の行動で、合計二一隻、約一三七、〇〇〇トンを撃沈、そのほか八隻の大破という戦果は、太平洋戦争の全期を通じても、まれにみる大戦果である。

こうして英国の東洋艦隊は息の根を止められた形となり、インド洋上から英艦艇の姿は消え去った。作戦は予期していた以上の大成功であった。

インド洋作戦

アンダマン諸島無血占領

アンダマン諸島はマレー防衛の前哨線として第二段作戦において、その占領が決定された。これにより3月23日、海軍陸戦隊がロス島、スネーク島に奇襲上陸し無血占領に成功した。写真はロス島アタランタ岬南方の海岸に上陸する陸戦隊

上陸した陸戦隊はポートブレア港と飛行場を占領、在島英軍は無条件降伏をした。写真はロス島政庁における軍艦旗掲揚式。ポートブレアには占領後、東港空の大艇が分遣されてインド洋方面の哨戒飛行を行なった

昭和17年３月21日、龍驤機より撮影したペナン港全景――正面の桟橋には海大型と巡潜型の潜水艦が３隻繋留中である。当時ペナンはインド洋通商破壊戦の中心基地であり、活発な作戦を行なっていた

昭和17年５月上旬、ペナン桟橋に横付け中の特設巡洋艦愛国丸――愛国丸はインド洋での通商破壊戦を行なっており戦果をあげていた。本艦は昭和10年８月31日、大阪商船のアフリカ航路用に竣工した優秀船であったが、16年９月１日、海軍に徴用されて特設巡洋艦となった。写真では舷側に施されたカムフラージと船首の14センチ単装砲が良くわかる。本艦は17年７月11日、英船団攻撃中、護衛の掃海艇に反撃をうけて沈没した

敵影を求めてペナンを出撃

ペナンを出撃する海大Ｖ型潜水艦——第５潜水戦隊隷下の艦である。ペナンはインド洋方面で作戦する潜水艦の重要基地で、昭和17年１月までに整備を概成し、第11潜水艦基地隊が後方支援の任にあたっていた。潜水艦によるインド洋通商破壊戦は大きな戦果をもたらし、同方面に行動した鉄鯨部隊の意気は大いに上がった

インド洋方面の潜水艦作戦

伊達　久

日本海軍の通商破壊戦により撃沈された連合国輸送船――日本海軍は開戦時、艦隊に対しては、敵船は可能なかぎり捕獲することを指示していた。このため開戦直後にはかなりの数の船が捕獲され、日本船として使われたが、現実にはかなり難しかった

昭和十七年一月下旬から二月上旬にかけてペナンに進出した乙潜水部隊（第5潜水戦隊）は、ベンガル湾およびスマトラ方面に作戦してペナンに帰着した。各潜水艦の行動概要は次のとおりであった。

伊59潜＝二月二十一日出撃、スマトラ南西方面を行動し、三月二日ペナンに帰投、この間輸送船一隻（一、〇三五トン）を撃沈。

伊62潜＝二月二十八日出撃、インド東岸から南西岸にかけて行動、三月二十五日ペナンに帰投、この間輸送船二隻（一、一〇〇トン）を撃沈し、一隻を撃破。

伊64潜＝三月六日出撃、インド東岸から南西岸にかけて行動、三月二十七日ペナシに帰投、この間輸送船一隻（一、五一三トン）を撃沈。

伊65潜＝二月五日出撃、セイロン島方面を行動、二月二十八日ペナンに帰投、この間輸送船二隻（九、九六一トン）を撃沈。

伊66潜＝二月九日出撃、セイロン島方面を行動、三月二日ペナンに帰投、この間輸送船一隻（二、〇七六トン）を撃沈。

乙潜水部隊の各潜水艦は、この作戦後それぞれペナンを出港して、三月下旬から四月十二日の間に佐世保へ帰還した。

ジャワ方面に行動してペナンに進出した丙潜水部隊（2潜戦）に対し、三月十四日、南方部隊指揮官近藤信竹中将は、インド洋機動作戦の実施要領を発令したが、丙潜水部隊の作戦について次のように指示した。

「丙潜水部隊は大部をもってセイロン西方海面（ラカデブ、マルデブ、チャゴス列島線）およびボンベイ方面の監視哨戒に任ずるとともに、一部をもってコロンボ、トリンコマリなどの隠密偵察（空襲二日前を標準とす）および天候偵察（空襲当日）を実施すべし」

この命令にもとづき丙潜水部隊指揮官は、各潜水艦の配備を左のように定めた。

伊7潜＝空襲二日前コロンボ、トリンコマリの飛行偵察。

伊2、3潜＝それぞれコロンボ、トリンコマリの偵察および気象報告。

第8潜水隊＝ラカデブ、マルデブ、チャゴス列島線およびボンベイ沖偵察監視。

伊5潜は三月二十五日スターリング湾を、伊6潜は翌二十六日、その他は二十八日ペナンを出撃して、それぞれの配備点へ向かった。各潜水艦の行動概要は次のとおりであった。

伊7潜（2潜戦司令官乗艦）＝四月一日二三三〇、セイロン島方面の敵情を次のように電報した。

「伊7潜一日〇八一七、セイロン島の一四七度一八〇カイリにおいて水上機の爆撃をうけ、至近弾なりしも不発のため被害なし。爆撃四時間後、哨戒艇現場に来る。飛行機夜間通信状況ならびに第5潜水隊情況とも併せ考えるに、敵は目下の月明を利用し、飛行機をもって夜間対潜掃蕩を実施しつつあるものと認む。厳に警戒を要す」

丙潜水部隊指揮官は、セイロン島方面の敵警戒状況から、コロンボの飛行偵察を取り止め、伊7潜は哨戒配備につき、三日、貨物船一隻（九、四一五トン）を撃沈した。

九日、機動部隊のトリンコマリ攻撃終了にともない、丙潜水部隊指揮官は、各潜水艦に配備を撤しシンガポールへの帰投を命じ、伊7潜は十五日帰投した。

伊3潜（第7潜水隊司令乗艦）＝コロンボの監視配備につき、偵察および気象通報に任じた。七日コロンボの西一〇〇〜一五〇カイリにおいて、貨物船六隻、油槽船一隻を認め、その三隻を攻撃、そのうちの一隻（四、八七二トン）を砲撃して損傷をあたえた。八日には貨物船一隻（五、〇五一トン）を雷撃で撃沈し、十日、哨区を撤して十五日に帰投した。

伊2潜＝トリンコマリ沖の配備につき、偵察および気象通報に任じた。七日、貨物船一隻の撃沈を報じ、十日哨区を撤して十五日に帰投した。

伊4潜（第8潜水隊司令乗艦）＝所定配備点において貨物船一隻（六、六一七トン）を撃沈、機帆船一隻大破を報じ、十五日に帰投した。

伊6潜＝ボンベイ方面を行動、二隻（一一、三二一トン）を撃沈し、四月十七日に帰投した。

伊5潜＝コモリン岬方面を行動し、四月十六日に帰投した。

四月十日、連合艦隊第二段作戦第一期兵力部署の発動により、丙潜水部隊（2潜戦）は南方部隊からのぞかれて先遣部隊に復帰し、五月一日、横須賀に帰還した。

三月十日、第8潜水戦隊が編成されて、第二次特別攻撃を担当することとなった。先遣部隊指揮官は8潜戦および一時指揮下に編入された特設巡洋艦報国丸、愛国丸などを左のように部署した（区分、指揮官、兵力の順）。

甲先遣支隊＝8潜戦司令官、伊10、16、18、20、30潜、報国丸、愛国丸。

乙先遣支隊＝第14潜水隊司令、伊27、28、29潜。

丙先遣支隊＝第3潜水隊司令、伊21、22、24潜。

作戦海域は、甲先遣支隊がインド洋（アフリカ東岸）と定められていたが、乙、丙先遣支隊については未定であった。この作戦がハワイ特別攻撃隊と異なるところは、あらかじめ攻撃地点を定めることなく、偵察の結果で決定することであった。

甲先遣支隊は四月二十六日までにペナンに進出した。伊30潜は愛国丸と二十二日に出撃、五日後に洋上補給を行ない、愛国丸はペナンに帰った。その他の潜水艦は報国丸、愛国丸と共に三十日出撃した。

先行した伊30潜はアデン、ジブチ、ザンジバル、モンバサの飛行偵察または潜航偵察を行ない、有力艦のいないむねを報告した。

その他の甲先遣支隊は、五月十七日、マダガスカル島南端から約三〇〇カイリに達して分散した。この間、報国丸、愛国丸は油槽船一隻を拿捕した。

伊10潜は二十日ダーバンを飛行偵察したが、有力艦艇を認めなかった。石崎司令官は諸情報からディエゴスワレスに攻撃を指向するに決定し、攻撃日を五月三十一日と発令した。

五月十八日、荒天のため各潜水艦とも機械故障を起こし、伊18潜はこれが原因で特別攻撃に参加できなかった。五月三十一日、伊10潜はディエゴスワレスの飛行偵察を行ない、戦艦一隻などの在泊を認め、〇二三〇、特殊潜航艇による攻撃を下令した。かくして伊16潜、伊20潜は特殊潜航艇を発進させた。

発進後、各潜水艦は収容配備につき、六月二日まで捜索したが、発見することはできなかった。

伊30潜はマダガスカル島東岸方面、その他はモザンビーク海峡へ向かい、五日ころから一斉に交通破壊戦を開始した。

六月十二日、各潜水艦は作戦海域を離れ、マダガスカル島南端セント・メアリー岬の南東約二五〇カイリの集合点に向かった。この間モザンビーク海峡方面で一二隻を撃沈したが、東岸方面を行動した伊30潜は、敵をまったく見なかった。

六月十七日、甲先遣支隊は予定の集合点に集まり、報告丸、愛国丸から補給をうけた。補給を終えた甲先遣支隊は、訪独行の伊30潜の壮途を送り、六月下旬から七月上旬までモザンビーク海峡、アデン湾方面の交通破壊戦を実施し、輸送船一〇隻撃沈の戦果をあげて八月上旬までにペナンへ帰投、修理のため内地に帰還した。

連合艦隊はインド洋交通破壊戦を重視し、ペナンを基地とする日・独の潜水艦作戦は終戦近くまで続行された。

ペナンに停泊中の伊29潜――本艦は昭和17年夏から18年にかけて、ペナンを中心に通商破壊戦を行なった。写真は"帽振れ"を行なっているところから他の艦の出撃を見送っているところであろう。乙型潜独特の飛行機格納庫が良く写っている。後に本艦は訪独に成功、ドイツよりメッサーシュミットMe163およびMe262の資料を持ち帰るという偉業を達成した。しかし、惜しくもその直後の19年7月26日、米潜水艦の攻撃をうけ撃沈された

昭和18年、インド洋へ出撃する伊37潜——乙型に属する本艦は、旗艦設備を持たないので甲型より軽くできていた。また16ノットで14,000カイリという長大な航続力を持っているので長期にわたる作戦を可能としていた。本艦のインド洋方面の初出撃は18年5月で、アラビヤ海で交通破壊戦に従事し、商船2隻を撃沈する戦果を初めとし、9月にはアフリカ東岸方面に進出して商船5隻を撃沈している

洋上で零式小型水偵を射出する伊37潜——この潜偵といわれる機体は約800キロメートルの航続力を持ち、見張り能力の小さな潜水艦の目として活躍した。写真は訓練時のものと思われるが、波の静かな場合、浮上してから発進するまで30分弱であった。インド洋のような連合軍の勢いの弱いところでは、この潜偵は有効に働くことができた

航空隊ペナン飛行場に進出

上空より見たペナン飛行場 ──昭和17年3月20日、龍驤の飛行隊が一部移動したおりの撮影である。この飛行場はペナン港のそばにあり、もともと民間用で夜間照明設備などは完備していたが、直距離800メートルぐらいしかなかった。16年12月19日の占領後、ただちに工事に取りかかり、ほぼ使用可能となった17年2月下旬に、美幌空の陸攻全機がここに移動した。ほとんど円形に近い形の飛行場で、港の防空のほか空母飛行隊の使用にも便利であった

昭和17年夏、ペナン飛行場で訓練中の零戦二一型──機体は鹿屋空のものである。本来、鹿屋空は陸攻隊であるが、17年4月になって零戦が配属され、護衛および防空の任にあたった。初め鹿屋空の零戦隊は陸攻隊のプリンス・オブ・ウェールズ撃沈などの派手な戦果のため目立たなかったが、9月にラバウルに転じ、ソロモン航空戦では華ばなしい活躍をした

インド洋へ機動部隊出撃

ジャワ南方機動作戦

昭和17年２月25日、ジャワ南方機動作戦のためスターリング湾を出撃中の金剛前甲板――この作戦の一つとしてクリスマス島攻略が行なわれ、本艦もこれに参加した。１番砲塔の天蓋の詳細が見られるが、追加された装甲鈑がいかにも物ものしい。この金剛の主砲は昭和11年の改装で43度にされ、最大射程は33,000メートルに達していた

▶インド洋上における３戦隊金剛型戦艦の一斉回頭――手前より金剛、榛名、霧島、比叡の順である。大改装により各艦微妙にシルエットが異なっているのが興味ぶかい。この４隻はインド洋作戦の前後は分離して作戦に参加していたため、この写真のように４隻が揃って行動したのは、わずかな期間であった。まさに日本海軍高速戦艦群の栄光を後世に残すために写されたような見事な一葉である。左後方に見えるのは２航戦の蒼龍である

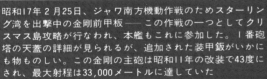

前ページ写真と同じくジャワ南方機動作戦でスターリング湾を出撃後、進撃中の金剛——航海艦橋のまわりと4.5メートル測距儀には弾片防御がほどこされている。艦首に砕け散る波が甲板上を洗っている

17年２月、進撃中の金剛──艦橋右舷より後方を望んだもので、２機の九五式水偵が見られる。後部主砲塔は訓練中らしく砲身が右舷をむいている。こうして見ると搭載機は大小の砲にかこまれており、ひとたび砲戦となると空中に退避しないかぎり、自艦の発砲で破壊されてしまうことが良くわかる。ちなみに手前に見えるのは12.7センチ連装高角砲、舷側に見えるのは15センチ副砲、中央のキャンバスで覆われているのは110センチ探照燈である

17年２月25日スターリング湾を出港中の榛名——前檣トップの10メートル測距儀がひときわ大きく見える。開戦いらい砲戦の機会にめぐまれなかったが、「今回こそは」という期待を持っての出撃であった。榛名の右方に空母が見えるが、おそらく２航戦の飛龍であろう。金剛より撮影

インド洋上を行く高速戦艦部隊——金剛の航海艦橋天蓋上より撮影したもので、前方を航行中の艦は同じく第３戦隊の榛名である。右手に薄く見えるのはチモール島で、榛名の前にはかすかに霧島が見える。この出撃で第３戦隊は米駆逐艦エドソールほか多くの船舶を砲撃により撃沈し、積年の訓練の成果をあげた

昭和17年２月22日ごろスターリング湾に停泊中の榛名——このときスターリング湾内には１航戦、２航戦の空母赤城、加賀、蒼龍、飛龍と３戦隊の金剛型戦艦４隻が揃っていた。これら空母と高速戦艦による機動部隊こそ、当時いかなる国も編成し得なかった強力な艦隊であり、事実上、日本海軍の戦力の中心であった

セイロン島空襲へ出撃

17年３月30日、インド洋上を行く機動部隊——空母瑞鶴の艦橋上より撮影したもので、艦隊は大きく左舷に転舵中である。手前飛行甲板に書かれた「ス」の文字は瑞鶴の対空識別マークで、翔鶴には「シ」の文字が書かれていた

17年４月５日、コロンボ空襲のために攻撃隊発進準備中の瑞鶴飛行隊——甲板上には零戦９機、九九式艦爆27機が数えられる。全機試運転中であるが、このようにギッシリと並べる場合、前の機の尾翼とプロペラの距離は80センチほどしかなく、緊張の高まる一瞬であった

上写真と同じく４月５日、発進中の九九式艦爆——飛行甲板先端より薄く蒸気が出ているが、これは艦首が風に対して正面を向いているかどうかを知るためのもので、放射状に引かれた白線は偏流を見るためのものである。この日は好天で波もおだやかであった。飛行甲板のサイドに張り出している曲がったアームは、飛行甲板作業員の転落防止ネットである

▶17年３月30日インド洋上を進撃する機動部隊——瑞鶴の左舷前部高角砲後部より見たもので、空母は先頭より赤城、蒼龍、飛龍で、戦艦は比叡、霧島、榛名、金剛。この機動部隊は当時世界の海軍史はじまっていらい、最大の戦力を持った艦隊であった。このような空母機動部隊を編成、運用できたのは、歴史上、日本海軍と米海軍だけであったことを考えると、当時の日本海軍の実力の高さが改めて認識されよう

昭和17年4月、セイロン島作戦を終えて帰投中の機動部隊——金剛より見た蒼龍(左)と飛龍(右)　このインド洋作戦は英空母ハーミス、重巡コンウォール、ドーセットシャーほか20隻を越える商船を撃沈するなど大きな戦果をあげたが、米海軍との決戦のさいの主力である機動部隊を、このような戦いに使用する必要があったのかどうか、部内でも疑問視する向きもあった

17年４月７日、随伴の駆逐艦不知火に燃料を補給する金剛――作戦時の機動部隊はタンカーの随伴が困難であるため、航続力のない駆逐艦などには大型艦より燃料を補給する必要があった。ちなみに不知火の属する陽炎型駆逐艦では、全速力（36ノット）で航海すると満載の燃料がわずか30時間ほどで無くなってしまうために、燃料の残高はつねに機関長の頭痛の種だったのである

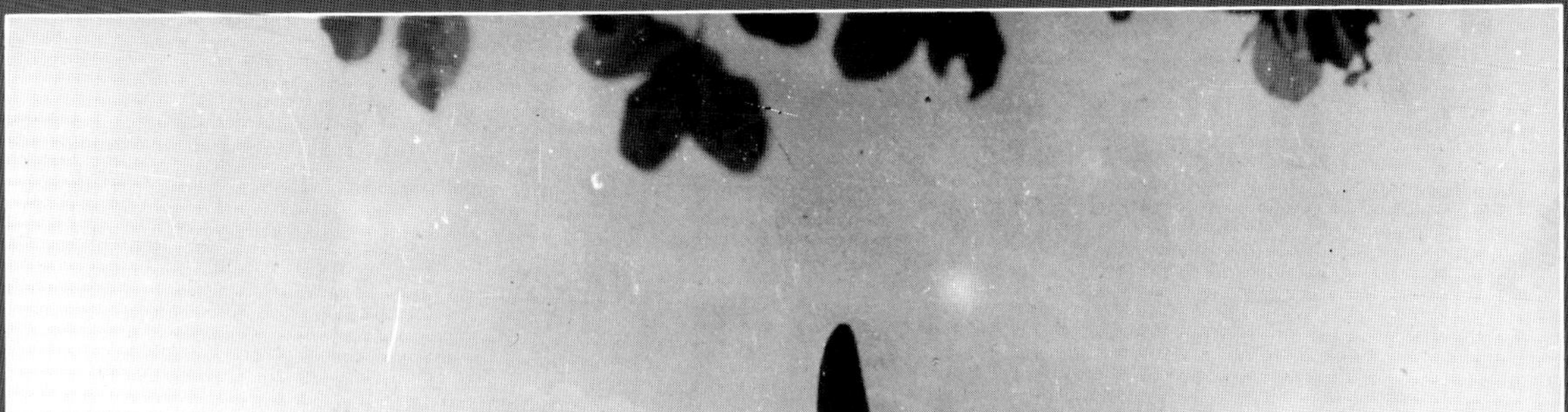

昭和17年４月中旬、シンガポールにおける熊野――とうじ熊野は７戦隊の１艦としてベンガル湾方面での通商破壊戦を行なっていた。かすかではあるが２番砲塔の主砲が大改装により20.3センチ砲になったため大きく、１番砲塔の上にかぶさっているのが認められる。手前の零式水上観測機は日本海軍最後の制式複葉機として偵察、観測などに働いた。翼下に吊られているのは30キロ対潜弾であろう

セイロン島空襲

トリンコマリ空襲を終えて帰路につく瑞鶴艦攻隊——この日、瑞鶴艦攻隊は嶋崎重和少佐の指揮で砲台および海軍施設を爆撃したほか、同地方の州知事官邸ふきんも爆撃した。写真後方にトリンコマリ港が見え、なおも攻撃続行中で爆煙が立ち昇っている。後部座席にみえる7.7ミリ機銃が戦場の緊張感を伝えている

昭和17年3月26日スターリング湾を出撃した機動部隊は、セイロン島攻撃に向かった。4月5日コロンボ攻撃のために機動部隊の空母を発進した攻撃隊は総計200機におよんだが、悪天候のために7～8隻の船舶に被害をあたえたに止まり、さらに20隻ほどの船が在泊していたために攻撃指揮官は第二次攻撃を要請、待機中の艦攻の魚雷を爆弾に変更するため混乱を引き起こした。なお零戦隊は、この攻撃のさい迎撃してきた英軍機のうち40機以上を撃墜するという戦果をあげた。写真は日本軍の攻撃によりコロンボ港内で炎上中の英国武装商船ヘクトール

昭和17年４月９日、機動部隊より発進した九七式艦攻91機、零戦41機は、午前10時トリンコマリ港を攻撃した。写真はトリンコマリで被弾大破し座礁した英貨客船ザディグ号

機動部隊は４月５日に次いで９日、トリンコマリを攻撃した。トリンコマリには英空軍の基地があり、多くのハリケーンが迎撃したが、ここでも約40機を撃墜し、在泊船舶、地上設備に多くの損害をあたえた。写真はトリンコマリの英軍飛行場で、上方の湾がトリンコマリ港である

セイロン島沖海戦

17年4月5日、機動部隊の攻撃隊が大挙コロンボを攻撃中に、午後1時、利根の索敵機が英巡洋艦を発見、午後3時前後に赤城、蒼龍、飛龍の3艦より53機の艦爆が発進、4時29分から4時58分までの僅か30分ほどの攻撃で2隻の重巡を撃沈した。写真は爆撃下のコンウォール(右)とドーセットシャー。この時の攻撃の爆弾命中率は88パーセントという驚くべきものであった

昭和17年3月中旬、スターリング湾に停泊中の蒼龍飛行甲板上での2航戦司令部——前列左から二人目が勇猛果敢な指揮ぶりで有名な司令官山口多聞中将である。ハワイの大勝利いらい向こうところ敵なく、新たなインド洋作戦を前に余裕綽々たるムードである。この無敵の機動部隊はわずか2ヵ月半の後に破綻が訪れようとは、だれ一人想像する者もいなかったであろう

沈みゆくコンウォール——本艦は1928年に竣工したケント級の1隻でながく極東にあり、日本にも何度か来航したことがあった。本艦を攻撃したのは蒼龍隊の九九式艦爆であったが、全機の投弾が終わらないうちに沈みはじめてしまった。竣工当時とくらべると艦橋が拡大され、飛行機格納庫が設置されるなど、かなりの改装がくわえられているのがわかる

▼17年4月5日の機動部隊の攻撃をうけ転覆したドーセットシャー——本艦は改ケント級ともいうべきノォーフォーク級に属し、戦前には江田島の海軍兵学校を訪れたこともあった。第二次大戦開戦後はビスマルク追撃戦に参加するなどの戦歴があった。しかしインド洋では日本機の攻撃の前になすところなく撃沈されてしまった。航跡も消えないこの写真を見ても、いかに急速な沈没であったかわかろう

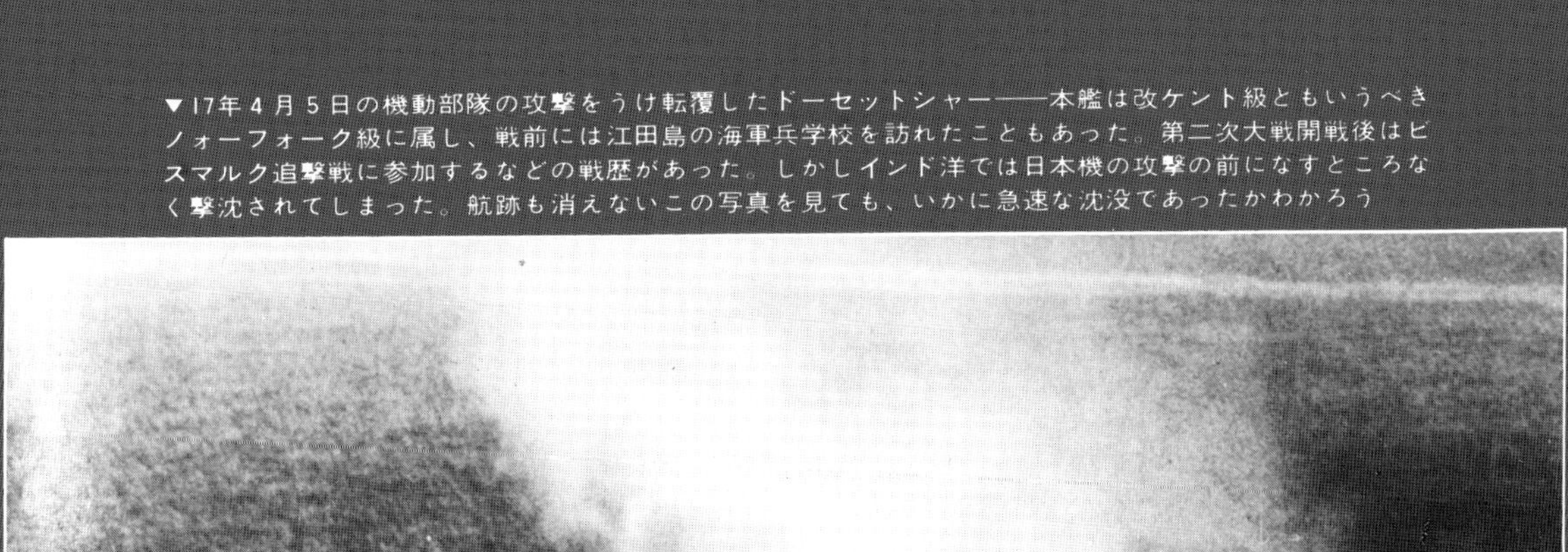

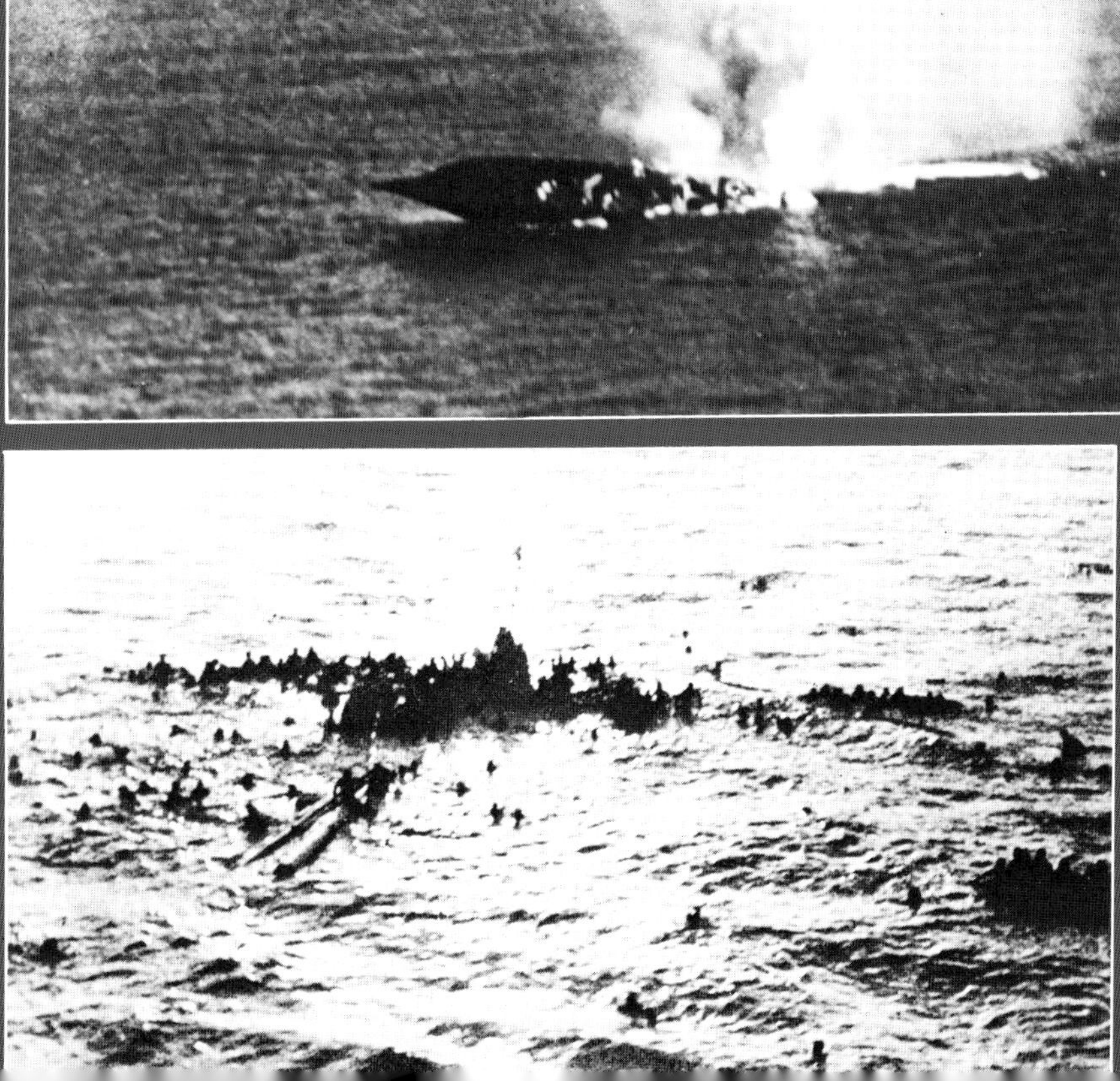

漂流するコンウォールの生存者——彼らは28時間の漂流ののち軽巡エンタープライズに救助された。とうじ英首相チャーチルは、プリンス・オブ・ウェールズとレパルスの雷撃機による沈没につづいて、2隻の重巡の急降下爆撃による沈没を「ドイツとイタリアの空軍を相手にした我が地中海での戦争全部で、こんなことは、ただの一度も起こっていない」と書き残した

英東方艦隊を撃沈した驚異の命中率

梅野和夫

第二次大戦中、多数の艦船が航空攻撃で撃沈されたが、インド洋作戦における日本機動部隊艦載機による英重巡コンウォール、ドーセットシャー、英空母ハーミス撃沈時のような驚異的な命中率をあげた例は、他にない。そのときの日本機動部隊艦載機の技量は、まさに神業ともいうべきで、日本海軍機動部隊絶頂期の快挙であった。

インド洋機動作戦は、陸軍のビルマ進攻作戦に協力する形で実施されたもので、インド洋方面に展開していた英東方艦隊を撃滅することを目的としていた。

昭和十七年三月二十六日、南雲中将率いる第1航空艦隊麾下の第1、2、5航空戦隊の空母五隻（赤城、蒼龍、飛龍、翔鶴、瑞鶴）は、艦載機三一五機を搭載し、セレベス島スターリング湾を出撃した。

機動部隊は長駆インド洋を横断し、四月五日コロンボ南方二〇〇カイリに進出、コロンボへ向け第一次攻撃隊一八〇機（艦戦三六機、艦爆五四機、艦攻九〇機）が発進した。

第一次攻撃隊がコロンボ港内の輸送船を攻撃し、帰途についていた頃の一三〇五、機動部隊の西方海面を索敵中の重巡利根の九四式水偵から、「敵巡洋艦らしきもの二隻発見」の報告が入った。この報告にもとづき南雲中将は、第二次攻撃隊の発艦準備を命令すると共に、利根、筑摩の水偵各一機を接触のため発進させた。

一三五〇、軽巡阿武隈の水偵から「駆逐艦二隻発見、そのほか敵を見ず」と打電してきた。これにより先に利根機の発見した巡洋艦は駆逐艦の誤りではないかと思われたが、一四二七、南雲中将は攻撃隊の発艦を命令した。

江草隆繁少佐を指揮官とする艦爆隊は、一四四九、赤城から一七機、一四五九、飛龍から一八機、一五〇三、蒼龍から一八機の合計五三機が次つぎと発艦した。艦爆隊は九九式艦爆で、各機は二五〇キロ爆弾を一発ずつ搭載していた。

接触に向かった利根偵察機は、一四五五、敵を発見し「敵巡洋艦はケント級なり、敵巡洋艦付近に敵を認めず」と打電してきた。これにより敵は最初の報告どおり、巡洋艦であることが判明した。

一五五四、艦爆隊指揮官江草少佐は「敵艦見ゆ」を発電、つづいて一六二九「突撃せよ、突撃法第三法、爆撃方向五〇度、風二三〇度六分を命令した。

英巡洋艦を利根偵察機はケント級として報告してきたが、一隻はケント級のコンウォール、もう一隻はノーフォーク級のドーセットシャーで、日本機動部隊接近中の報告にもとづき、四月五日夜コロンボを出港し、英東方艦隊主力と合流するため、アッヅ環礁へむけ南下中のところであった。

艦爆隊は二手にわかれ、第2航空戦隊の小林道雄大尉指揮の飛龍艦爆隊一八機は、ドーセットシャトに、江草少佐指揮の蒼龍艦爆隊一八機はコンウォールに襲いかかった。阿部善次大尉指揮の赤城艦爆隊は二手にわかれ、阿部大尉の率いる第1中隊九機はコンウォール、山田昇平大尉率いる第2小隊八機はドーセットシャーを攻撃した。

艦爆隊は太陽を背に巧妙に接敵し、一六三八から爆撃を開始したが、ほとんど全弾が命中し、攻撃開始後一三分でまずドーセットシャーが撃沈され、一八分後にはコンウォールも相次いで撃沈され、一八

母艦	攻撃機数	投下弾数	命中弾数	命中率	平均命中率
赤城	一七機	*一六	一五	九四%	八八%
蒼龍	一八機	一八	一四	七八%	
飛龍	一八機	一八	一七	九四%	

*赤城の艦爆一機は不投弾

〈上写真〉コンウォールとドーセットシャーの撃沈につづき、機動部隊は4月9日に132機でトリンコマリを攻撃した。この攻撃終了直後、索敵中の榛名水偵が英空母ハーミスを発見した。これに対し艦爆85機、零戦6機が攻撃に向かい、約20分で撃沈した。写真は左舷に傾き沈みゆくハーミス。本艦は新造時より空母として建造された世界最初の艦であり、日本の鳳翔と同時期の艦であった。写真で見ると煙突にカムフラージがほどこされ、エレベーターが下がっているのが見られる

五六、両艦とも南海に姿を消した。この攻撃時の各隊の命中率は右下表のとおりで、平均命中率八八パーセントと驚異的なスコアを記録した。

また命中弾四六発のうちドーセットシャーに三一発、コンウォールに一五発命中しており、飛龍艦爆隊一七発のほか、二手にわかれて攻撃した赤城艦爆隊一七機の多くが、ドーセットシャーに攻撃をくわえたものと思われ、一〇、〇〇〇トン巡洋艦といえども、三一発の二五〇キロ爆弾を短時間に集中攻撃をうけては、ひとたまりもなかった。この日使用された爆弾は、二五〇キロ通常爆弾三七発、二五〇キロ陸上爆弾一六発であった。

艦爆隊は一七四五までに全機ぶじ母艦に帰投したが、攻撃待機中であった第5航空戦隊の翔鶴、瑞鶴の艦爆隊は、第一次攻撃であまりにもあっさり敵艦が撃沈されてしまったため、発進をとりやめた。

四月五日の敵巡洋艦の行動や、コロンボ空襲のさい、英海軍の艦載攻撃機ソードフィッシュが現われたこともあり、付近に敵空母が存在する可能性が大であると判断され、南雲中将は警戒を厳重にしながら、いったんセイロン島の警戒圏を離脱した後、北上してトリンコマリに向かった。

四月九日〇九〇〇、トリンコマリ攻撃にむけ、五隻の空母より第一次攻撃隊の艦攻九一機、制空隊の零戦四一機が発艦した。トリンコマリ攻撃隊は一〇三〇～一〇四五にかけて攻撃を行ない、敵の艦船、地上施設に甚大な損害をあたえた。

一〇五五、索敵中の榛名艦載水偵から「敵空母ハーミス、駆逐艦三隻見ゆ」と報告してきた。一一四三、待機中であった高橋赫一少佐指揮の第二次攻撃隊九九式艦爆八五機（赤城一七機、蒼龍一八機、飛龍一八機、瑞鶴一四機、翔鶴一八機）、零戦六機（蒼龍、飛龍各三機）が発艦した。

第二次攻撃隊は一三三〇、直衛駆逐艦、商船を随伴して行動中の空母ハーミスを発見した。艦爆隊は、まずハーミスに急降下爆撃をくわえ、わずか数分でこれを撃沈したが、この時の命中率も平均八二パーセントと高い命中率をあげた。各隊の命中率は左表のとおりである。

母艦	攻撃機数	投下弾数	命中弾数	命中率
赤城	二機	二発	二発	一〇〇%
飛龍	一一機	一一発	九発	八二%
瑞鶴	一四機	一四発	一三発	九三%
翔鶴	一八機	一八発	一三発	七二%

攻撃隊は引き続き付近を行動中であった駆逐艦、哨戒艇、商船にも攻撃をくわえ、駆逐艦一隻（豪駆逐艦バンパイアー）、哨戒艇一隻、商船二隻を撃沈したが、これらの攻撃に対しても高い命中率をあげた。

すなわち駆逐艦に対しては一六発のうち一三発で八一パーセント、哨戒艇に対しては六発中一発で一七パーセント、大型商船に対しては一二発のうち一一発で九二パーセント、小型商船に対しては六発中五発で八三パーセントとなっている。

また命中率を母艦艦爆隊別に見ると、赤城艦爆隊一〇〇パーセント（一七発中一七発）、飛龍艦爆隊七二パーセント（一八発中一三発）、蒼龍艦爆隊六一パーセント（一八発中一一発）、瑞鶴艦爆隊九三パーセント（一四発中一三発）、翔鶴艦爆隊七二パーセント（一八発中一三発）となっており、赤城、瑞鶴隊が特に高いスコアを記録している。

コンウォール、ドーセットシャー、ハーミスに対する命中率は、航行中の艦船に対する急降下爆撃の命中率としては画期的なことであり、気象条件にめぐまれたこと、指揮官の指揮が適切であったこと、搭乗員の練度がきわめて高かったこと、および我が攻撃隊の攻撃が急であったため、敵に回避の時間をあたえなかったことがあげられるが、一番の要因は、この当時、世界一の高い技量を有した艦攻、艦爆隊の搭乗員の活躍にある。

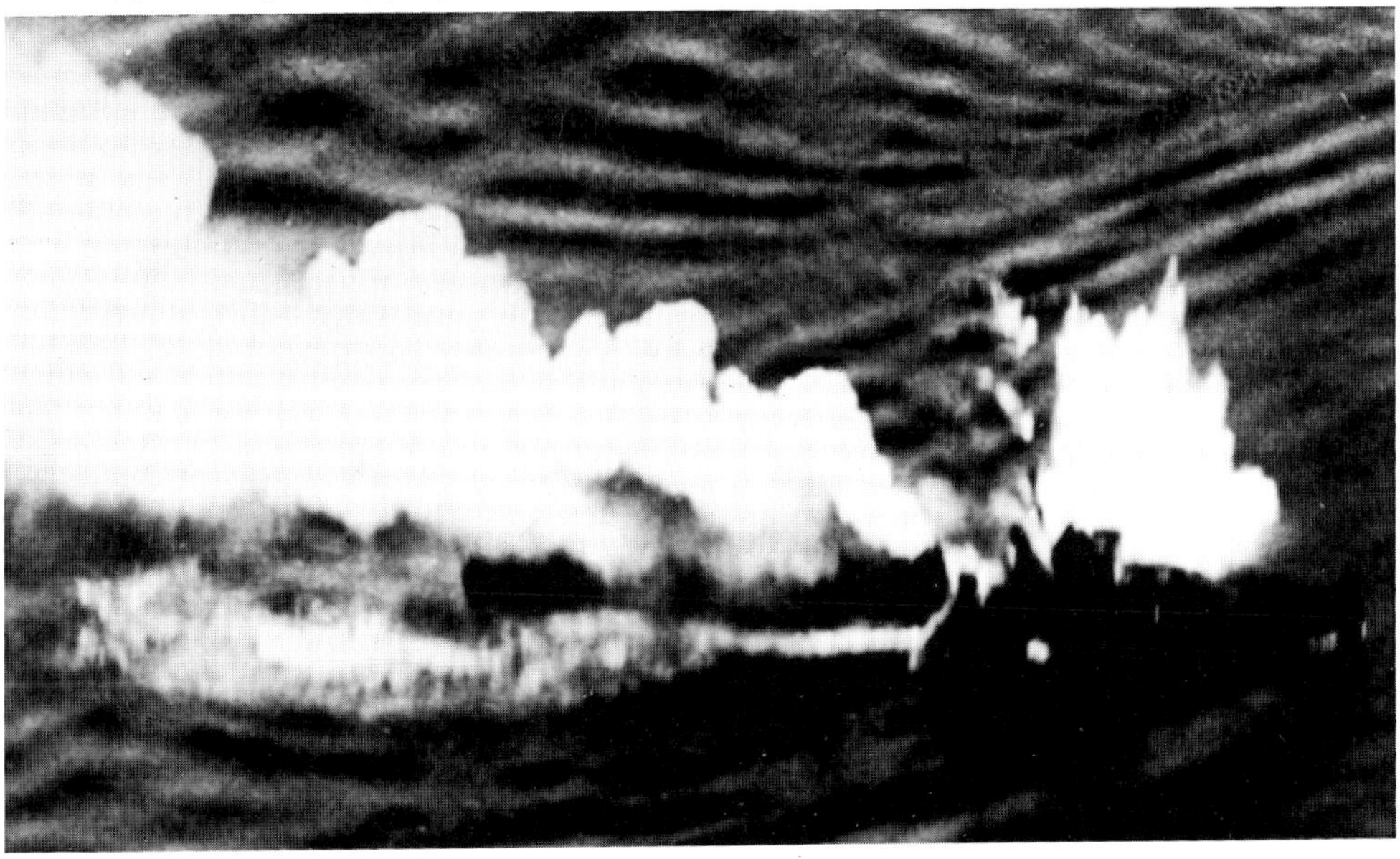

ハーミス攻撃隊の爆撃命中率も高く、直撃37発ではやくも沈没してしまった。このためまだ爆弾を持っていた残りの機は、随伴の駆逐艦ほかの艦船に目標を変え、駆逐艦1、哨戒艇1、商船3隻をたちまちのうちに撃沈した。写真は至近弾をうける哨戒艇で、すでに後部は大破しており間もなく沈んだ。この攻撃での赤城艦爆隊の命中率は空前の100パーセントを記録したのである

ベンガル湾作戦

17年4月6日午前9時、龍驤より発艦した4機の九七式艦攻がビザガパタム港を索敵攻撃および近くのコリンガの重油タンクを爆撃した。写真はビザガパタム港の全景で英国商船が避難中である。ビザガパタムはカルカッタとマドラスの中央インド大陸の東岸にある通商港である

昭和17年4月6日、ベンガル湾制圧攻撃中の龍驤は、この日1日で商船2隻撃沈、6隻大破の戦果をあげた。写真は後部に爆弾をうけて航行不能になった英商船ハーパサ号。ほかにも水上艦艇により15隻の商船を撃沈した。しかし重巡が砲撃した徹甲弾の多くは船体を突き抜けてしまい、撃沈までにはかなり弾丸を消費してしまった。7戦隊の最上型4隻などは合計780発もの主砲弾を発射したのである

ピザガパタムの近くにあるコリンガのタンク群――爆撃によりタンク２基を破壊した。これら一連のベンガル湾作戦を終えた馬来機動部隊は、龍驤機の護衛をうけながらマラッカ海峡を通過、４月11日シンガポールに帰投した

４月６日、ピザガパタム港で爆撃をうける英商船――中央２隻の商船のあいだに弾着が見えるが、惜しくも至近弾となっている。龍驤は同型艦がないため、つねに単艦で作戦を行なっていたが、全体の作戦上かなり有効な打撃力を発揮していた

ニコバル諸島無血占領

泊地を出撃する初鷹(敷設艦)――南遣艦隊に編入された本艦は、セレター、ペナンを中心として船団護衛をしていた。本来、前進基地での防潜網敷設を目的とした艦であったが､機雷敷設にも活躍した。なお本艦は石炭・重油の混焼缶であったため他の重油専焼缶の艦より黒煙が発生しやすく、機関科は苦労したようである

▲昭和17年6月中旬、ニコバル諸島攻略作戦中の初鷹――本艦は初めビッカース式の40ミリ連装機銃を装備していたが、この機銃は初速が遅く敵潜水艦に対しての効力には疑問があった。写真の時点で、すでに後部の機銃は25ミリに換装されているようであるが､詳明は明らかでない。19の小島からなり、ほとんどが無人島で英国もまったく防御をしていなかったために、文字どおりの無血占領となった

島内を一回りして抵抗のないことを確認した後「大日本帝国海軍占領」と書いた標柱を立てて占領式を行なった。しかし占領はしたものの食料の自給もできないような小島であり、戦略的にもそれほど重要なポイントともいえず、警備のためにいたずらに兵力を割かれるような結果となってしまった

決定版　写真太平洋戦争　第1巻

目次

ハワイ作戦

南方攻略作戦

中部・南部太平洋方面攻略作戦

蘭印攻略作戦／インド洋作戦

〈協力された方々〉
阿部安雄・石橋孝夫・梅野和夫・瀬名尭彦・伊達　久・鈴木範樹・朝長静子・木俣滋郎・戸高一成・山口孝子・嶋崎友子・今村一郎・中村正晴・沢島栄次郎・志摩亥吉郎・青山文子・上農達生・吉田　巴・武山治郎・嵯峨　武・古川　明・萱島浩一・山口孝夫・高橋治夫・雑誌「世界の艦船」・National Archives
〔順不同・敬称略〕

太平洋戦争戦域図

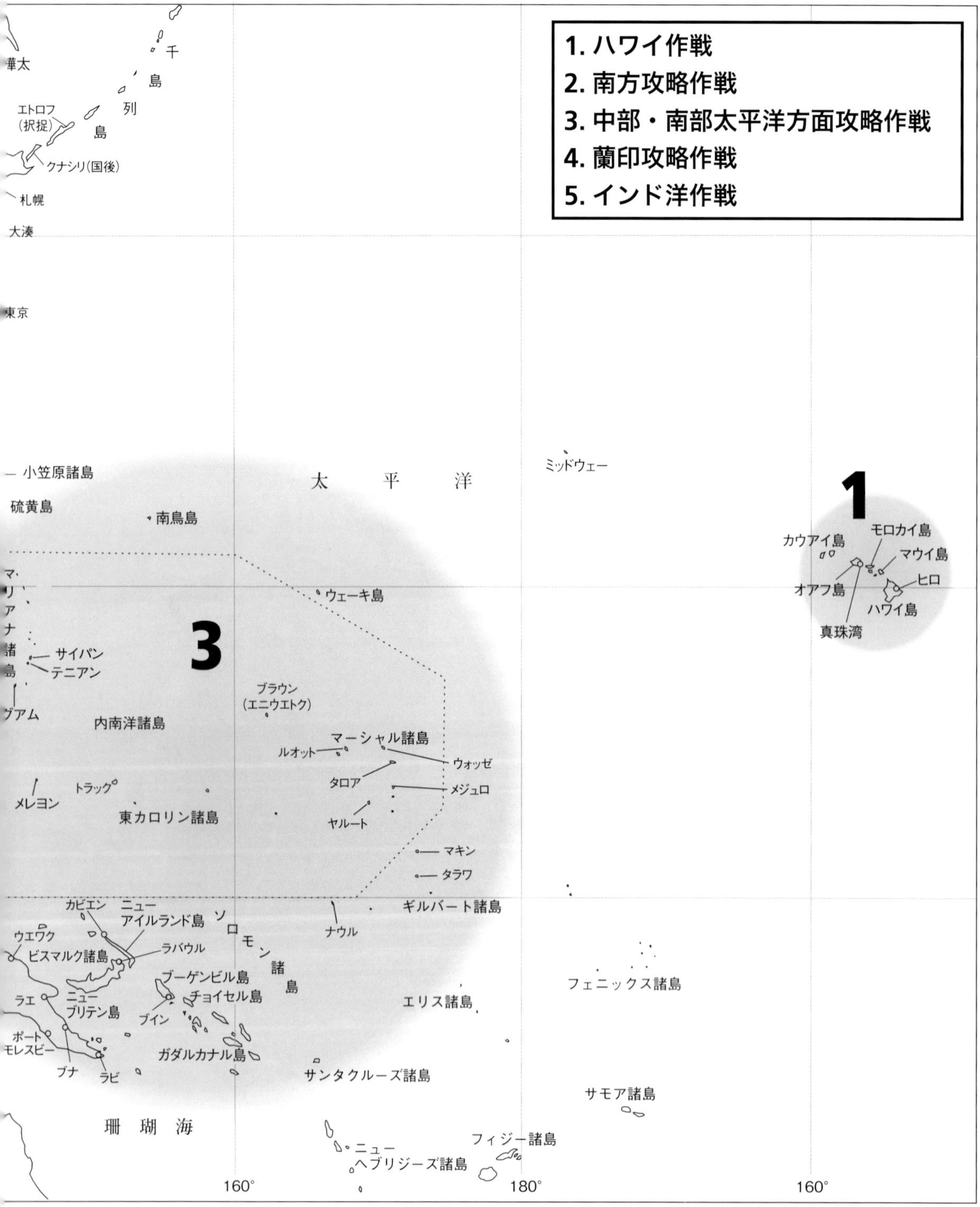

1. ハワイ作戦
2. 南方攻略作戦
3. 中部・南部太平洋方面攻略作戦
4. 蘭印攻略作戦
5. インド洋作戦
華太
千
島
列
島
エトロフ
(択捉)
クナシリ(国後)
札幌
大湊
東京
小笠原諸島
硫黄島
南鳥島
太
平
洋
ミッドウェー
1
カウアイ島
モロカイ島
マウイ島
オアフ島
ヒロ
ハワイ島
真珠湾
マ
リ
ア
ナ
諸
島
サイパン
テニアン
グアム
3
ウェーキ島
ブラウン
(エニウエトク)
内南洋諸島
マーシャル諸島
ルオット
ウォッゼ
タロア
メジュロ
ヤルート
トラック
メレヨン
東カロリン諸島
マキン
タラワ
ギルバート諸島
ナウル
カビエン
ニュー
アイルランド島
ウエワク
ビスマルク諸島
ラバウル
ソ
ロ
モ
ン
諸
島
ブーゲンビル島
チョイセル島
ラエ
ニュー
ブリテン島
ブイン
ポート
モレスビー
ブナ
ラビ
ガダルカナル島
サンタクルーズ諸島
エリス諸島
フェニックス諸島
サモア諸島
珊
瑚
海
ニュー
ヘブリジーズ諸島
フィジー諸島
160°
180°
160°

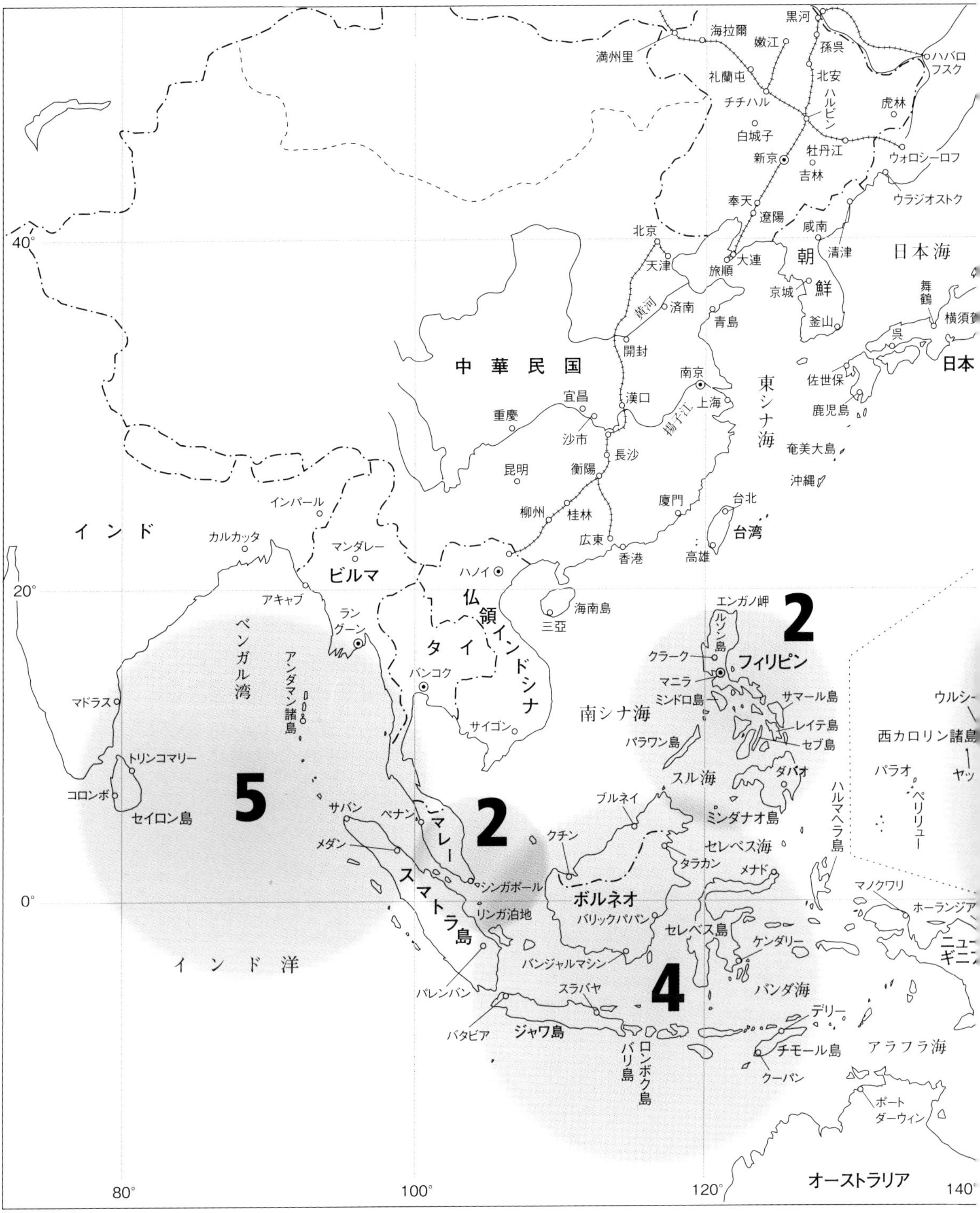

黒河
海拉爾
嫩江
満州里
孫呉
ハバロフスク
礼蘭屯
北安
チチハル
ハルビン
虎林
白城子
牡丹江
ウォロシーロフ
新京
吉林
ウラジオストク
奉天
遼陽
北京
咸南
40°
天津
大連
旅順
清津
朝
鮮
日本海
京城
舞鶴
横須賀
黄河
済南
青島
釜山
呉
開封
中華民国
南京
東シナ海
日本
佐世保
宜昌
漢口
上海
重慶
沙市
揚子江
鹿児島
長沙
奄美大島
昆明
衡陽
沖縄
インパール
柳州
桂林
厦門
台北
インド
カルカッタ
マンダレー
ビルマ
広東
香港
高雄
台湾
ハノイ
20°
アキャブ
仏領インドシナ
海南島
三亞
エンガノ岬
ルソン島
2
ラングーン
ベンガル湾
アンダマン諸島
タイ
クラーク
フィリピン
マニラ
バンコク
ミンドロ島
サマール島
マドラス
ウルシー
南シナ海
レイテ島
セブ島
西カロリン諸島
サイゴン
パラワン島
トリンコマリー
パラオ
ヤップ
スル海
ダバオ
ハルマヘラ島
5
コロンボ
ブルネイ
ペリリュー
セイロン島
サバン
ペナン
マレー
2
ミンダナオ島
クチン
セレベス海
メダン
タラカン
メナド
シンガポール
マノクワリ
0°
スマトラ島
ボルネオ
リンガ泊地
ホーランジア
バリックパパン
セレベス島
ニューギニア
ケンダリー
バンジャルマシン
インド洋
4
バンダ海
パレンバン
スラバヤ
デリー
バタビア
ジャワ島
アラフラ海
チモール島
バリ島
ロンボク島
クーパン
ポート
ダーウィン
80°
100°
120°
オーストラリア
140°

【決定版】写真太平洋戦争〈第1巻〉

2015年5月3日　印刷
2015年5月9日　発行

編　者　「丸」編集部
発行者　高城直一
発行所　株式会社　潮書房光人社
〒102-0073
東京都千代田区九段北1-9-11
振替番号／00170-6-54693
電話番号／03(3265)1864代表
http://www.kojinsha.co.jp
装　幀　天野昌樹
印　刷　慶昌堂印刷株式会社
製　本　東京美術紙工

定価はカバーに表示してあります。
乱丁、落丁のものはお取り替えいたします。
 ISBN978-4-7698-1593-8 C0095